메이저리그

일러두기

1. 책은『 』로, 작품(시, 소설, 그림, 노래, 영화) 제목은「 」로, 신문과 잡지는〈 〉로 구분했다.
2. 인물 이름과 지명 등의 외래어는 되도록 국립국어원의 표기 원칙에 따랐다.
3. 주요 인물은 영문과 생몰년을 함께 표기했다.

MLB

Major League Baseball

메이저리그

메이저리그에 관한 거의 모든 것

한상범 지음

지성사

변변한 구멍가게 하나 없는 시골마을에서 '찜뿌'(야구 형식의 하나로, 투수와 포수가 없이 한 손으로 고무공을 공중에 띄워 다른 손으로 그 공을 치는 아이들 놀이)로 무료한 하루하루를 달래던 꼬마에게 어느 날 스포츠용품사에 다니는 이모께서 야구 용품들을 선물해 주셨다. 필자의 야구 인생은 이렇게 시작되었다.

그날 이후 촌구석 꼬마는 학교에서 돌아오기 무섭게 친구들과 하천변 모래밭에서 야구를 하고, 날이 저물면 고물 라디오 옆에 누워 지글지글 끓는 잡음과 함께 들려오는 야구 중계방송 진행자와 해설위원의 목소리에 따라 야구장의 모습을 머릿속으로 그리며 울고 웃기를 반복하다 잠드는 것이 일상이 되었다. 때문에 야구 경기가 없는 겨울에는 봄을 기다리느라 몸살이 날 지경이었다.

시간이 흘러 고물 라디오의 자리는 스마트폰으로 바뀌었지만 그사이 스포츠 신문사에서 프로야구 대학생 명예기자 활동을 하고 사회인 야구를 즐기는 등 필자에게 야구가 갖는 의미는 한결같았다.

이렇게 야구를 하나의 종교로 삼고 지내던 필자가 책을 펴내게 된 계기는 지극히 우연이었다. 평소 과묵하기 그지없는 필자이지만 야구, 특히 메이저리그 이야기가 나오면 강의라도 하듯 주구장창 떠들어댔고, 다행히 많은 이들이 이를 흥미롭게 들어주었다. 그리고 이들 중 상당수가 필자에게 다가와 그 머릿속 메이저리그 지식을 많은 사람들과 공유하는 차원에서 책 출판을 권유했다. 글을 쓴다는 것이 결코 쉬운 일이 아니라는 것을 알기에 처음에는 웃으며 넘겼다.

그러나 시중에 나온 야구 책들 중 메이저리그 전문서적은 턱없이 부족하고 그마저도 코리안 메이저리거들에게만 집중되어 있는 현실에 어느덧 마음이 움직였다. 결국 메이저리그를 사랑하는 한 사람으로서 메이저리그 팬들이 메이저리그를 제대로 이해하고 즐길 수 있게 안내서를 출판하는 것도 의미 있는 일이라는 생각에 컴퓨터 자판기를 두드리기로 결정했다.

이러한 과정 속에서 세상 밖으로 나오게 된 이 책은 9이닝으로 구성된 야구 경기처럼 9가지 테마로 구성되어 있으며 연장전이 추가되어 있다. 순서대로 읽으면 좋겠지만 마음 가는 대로 읽어도 상관은 없다. 아무쪼록 이 책을 읽은 독자들께서 메이저리그를 바라보는 식견이 조금이나마 넓어진다면 필자는 만루 홈런을 친 기분이 들 것이다.

이 책이 빛을 보기까지 많은 분들의 도움이 있었다. 야구에 빠져 사는 아들에게 잔소리 대신 "하고 싶은 일을 해야 행복한 인생"이라며 늘 격려해주신 아버님(한 철字수字), 삶을 향한 뜨거운 열정과 강인한 인내심을 몸소 보여주신 어머님(오 정字례字), 가장 오랜 캐치볼 친구 상균, 신 형들께 먼저 감사의 인사를 드린다.

또한 메이저리그와 관련된 다양하고 소중한 정보를 공유해준 케일럽 Caleb(외조부께서 전직 메이저리거), 늘 큰형님 같은 모습으로 야구에 대한 시야를 넓혀주시는 前 〈스포츠조선〉 이백일 기자님께도 고마움을 표하고 싶다.

마지막으로 부족한 원고 때문에 불철주야 애써주신 이원중 대표님을 비롯한 지성사 가족들, 과분한 추천의 글을 적어주신 허구연 해설위원님, 자기보다 야구를 더 사랑하는 것 같다며 가끔 바가지를 긁곤 하는 사랑스러운 아내 박소담, 언제나 힘이 되어주는 비타민A 건희, 비타민B 준희 두 아들 딸에게도 고마움을 전한다.

한 상 범

20여 년 전 IMF 외환위기로 힘겨운 시기를 보내던 시절, 메이저리그를 누비던 박찬호 선수의 활약에 시름을 덜며 희망을 얘기하던 우리 국민들이 최근에는 류현진 선수의 맹활약에 큰 자부심을 느끼고 있다.

이처럼 대한민국에서 메이저리그에 대한 관심은 높아졌으나 메이저리그 전문서적은 손에 꼽을 만큼 부족한 것이 현실이다. 때문에 메이저리그의 진정한 매력을 느끼며 즐기는 팬들은 그리 많지 않아 보인다. 이 책의 출간이 무척 반갑게 느껴지는 이유다.

사실 임시로 엮은 책을 펼쳐 보이며 추천의 글을 써달라는 요청을 받았을 때만 해도 큰 기대를 갖지 않았다. 그런데 책을 펼치는 순간, 메이저리그에 관한 기본 상식을 다양한 에피소드와 함께 이해하기 쉽게 소개하고, 여기에 봄부터 겨울까지의 흐름, 주요 구성원들의 역할과 요건, 비바람이나 야간 경기 같은 다양한 환경이 경기에 미치는 영향 등 다른 책에서 접하기 힘든 내용들을 흥미진진하게 읽었다. 1984년부터 메이저리그와 오랫동안 인연을 맺고 살아왔지만 이렇게 단 한 권에 메이저리그를 완벽하게 잘 정리한 책을 본 적이 없었기 때문이리라.

"아는 만큼 보인다"는 말이 있다. 이 책이 팬들에게는 메이저리그 전반의 교양을 쌓을 수 있는 지식서로, 어린 야구선수들에게는 메이저리거를 향한 뜨거운 열정을 심어주리라 믿는다.

MBC 해설위원 허 구 연

차
례

5회 타격

6회 피칭

7회 수비

8회 베이스 러닝

9회 승리와 패배

연장전
못다 한 이야기

1회 역사

MLB

001_ 야구의 기원

19세기 말 미국인들은 미국 사회를 지배하던 유럽 문화에서 벗어나 자신들만의 문화를 갖고 싶어했다. 뛰어난 투수 출신이자 성공한 야구용품 사업가로 야구계에 큰 목소리를 내고 있던 앨버트 스폴딩Albert Spalding, 1849~1915도 예외는 아니었다. 그는 미국 사회에서 많은 인기를 차지하는 야구가 미국에서 자생한 스포츠가 아니라 영국의 크리켓이나 라운더스와 같은 스포츠에서 유래했다는 미국 사회의 인식에 자존심이 상해 있었다. 결국 스폴딩의 강력한 후원 속에 내셔널리그 회장을 역임했던 에이브러햄 밀스Abraham Mills, 1844~1929를 위원장으로 하는 야구 기원 조사 위원회가 1906년에 조직되었다. 그리고 위원회는 1907년에 "야구는 애브너 더블데이Abner Doubleday, 1819~1893 장군이 1839년에 자신의 고향인 뉴욕주 쿠퍼스타운에서 창안했다"는 결론을 발표하는데 이에 따라 남북전쟁의 영웅이었던 더블데이는 1893년에 세상을 뜬 지 10여 년이 지난 후부터 자신의 의지와는 상관없이 야구를 만든 사람으로 인정받게 된다.

하지만 야구의 진정한 기원 찾기가 아니라 '야구의 기원은 미국'이라는 스폴딩의 신념을 뒷받침할 근거 찾기에 몰두했던 위원회가 내세운 증거는 더블데이의 어린 시절 친구였던 애브너 그레이브스 노인의 진술 하나뿐이었다. 결국 스폴딩의 입맛 맞추기에 급급했던 위원회의 결론은 날조되었음이 곧 드러났다. 1839년 당시 미 육군사관학교 2학년에 재학 중이던 더블데이가 사관학교를 벗어나 야구를 하겠다고 170킬로미터나 떨어진 마을까지 외출을 했다는 기록이 없는 데다 그의 일기 어디에도 야구에 관한 내용이 없었던 것이다. 많은 역사가들이 이를 근거로 위원회의 결론에 이의를 제기했으나 메이저리그는 꿈쩍도 하지 않았고, 1939년에는 야구 탄생 100주년을 기념하여 쿠퍼스타운에 명예의 전당을 세우기까지 한다. 그러나 이렇게 더블데이가 야구를 만들었다는 장소에 명예의 전당까지 세웠음에도 더블데이 야구 창시론은 설득력을 얻지 못했다. 그 결과 야구의 창시자라는 더블데이가 명예의 전당에 헌액되지 못하는 아이러니한 상황까지 벌어졌다. 어찌 보면 더블데이가 야구를 만든 것이 아닌 야구가 더블데이를 만든 꼴이 되어버린 것이다.

알렉산더 카트라이트

그렇다면 야구는 도대체 누가 언제 만들었을까? 고대에 배트와 공을 가지고 놀았던 흔적들이 세계 각지에서 발견되고 있는 현실에 비추어 볼 때 야구는 누군가 독자적으로 창안한 것이 아니라 놀이들에서 진화한 것이라고 할 수 있겠다. 따라서 야구의 기원을 찾는다면 현재 야구와 유사한 규칙을 누가 만들었는지에서 답을 찾는 것이 바람직하며 이러한 관점에서 볼 때 야구의 창안자로 알렉산더 카트라이트Alexander Cartwright, 1820~1892가 꼽힌다. 니커보커스라는 최초의 야구팀을 조직한 그가 1845년 20개 조항으로 구성된 야구 규칙을 만들면서 오늘날과 유사한 야구의 틀을 구축했기 때문이다. 카트라이트가 야구사에서 차지하는 의미 때문에 야구계에서는 1846년 6월 19일에 펼쳐진 니커보커스와 뉴욕 나인과의 경기를 최초의 야구 경기로 인정하고 있다.

002_ 양대 리그

1846년 최초의 야구 경기가 열린 후 야구는 중상류층뿐만 아니라 중하위층에서도 즐기는 대중적인 스포츠로 점점 자리 잡았고 마침내 1857년에는 전국야구선수연맹National Association of Base Ball Players이라는 조직까지 등장한다. 팀 간 경쟁은 날이 갈수록 치열해졌다. 아마추어 선수여야 한다는 원칙이 있었음에도 상당히 많은 선수들이 후원자들로부터 직업을 제공받거나 금전적인 지원을 받는 등 야구는 단순한 취미를 넘어 비즈니스의 성격을 띠기 시작했다. 이러한 분위기 속에 1869년 해리 라이트Harry Wright, 1835~1895가 신시내티 레드스타킹스라는 최초의 프로야구팀을 창단하여 흥행에 성공을 거두자 기량이 출중한 선수들은 너나없이 프로선수로 뛰기를 희망했다. 자연스레 프로야구팀들이 생겨났고 마침내 1871년 최초의 프로야구 리그인 내셔널 어소시에이션National Association이 등장한다. 하지만 내셔널 어소시에이션은 고정된 경기 스케줄이 없었고, 선수들이 수시로 팀을 여기저기 옮겨 다녀 팬들을 혼란시켰으며 기량이 뛰어난 선수들이 보스턴

윌리엄 헐버트

레드스타킹스와 같은 특정팀에 몰려들어 흥미를 떨어뜨린 데다 도박사들의 개입으로 승부조작까지 벌어지는 등 여러 문제점들을 안고 있었다. 그럼에도 리그 운영의 주체가 선수단이다 보니 선수나 팀에 대한 통제력이 약해 이런 문제들을 시원스레 해결하지 못하고 있었다.

이렇듯 답답한 상황이 이어지자 프로야구가 제대로 정착하려면 선수가 아닌 구단 중심의 강력한 조직이 필요하다는 분위기가 일었다. 마침내 윌리엄 헐버트William Hulbert, 1832~1882의 주도로 1876년 2월 내셔널리그National League가 창설된다. 프로야구판을 새롭게 짜기로 단단히 마음먹은 헐버트는 원칙에 입각한 강력한 리더십으로 도박과 구장에서 술 판매를 금지시켰고 엄격한 청교도주의에 따라 일요일 경기를 하지 않았으며 1879년부터는 보류 조항을 신설해 선수들의 자유로운 이적을 제한했다. 이 원칙들을 무시하고 더 많은 돈을 벌 목적으로 리그 외 다른 팀과의 경기를 치르려고 정규 경기를 취소하거나 구장에서 술을 판매한 팀이나 승부조작에 관여한 선수들은 가차없이 추방해버렸다. 이런 노력 덕분에 내셔널리그의 권위는 날이 갈수록 높아졌고 최고 수준의 야구를 보여주는 유일한 메이저리그라는 인식을 대중에게 심어주었다.

기량이 뛰어난 선수들이 여기저기서 쏟아져 나왔지만 8개팀으로 구성된 내셔널리그에서 이 선수들을 다 수용할 수는 없었다. 그러자 야구로 맥주 판매 촉진을 비롯한 다양한 이익 사업을 벌이고자 했던 주류업자들이 중심이 되어 1882년 아메리칸 어소시에이션American Association을 출범시킨다. 이들은 내셔널리그에 맞서 입장료를 50센트에서 25센트로 낮추고 평일에 일하느라 야구를 볼 수 없던 노동자들을 위해 일요일 경기를 추진하며 저소득층을 야구장으로 끌어모으는 전략을 썼다. 또한 구장에서 맥주 판매를 허용하고 원활한 경기 진행을 위한 전담 심판제를 도입했다. 이런 차별화된 전략으로 아메리칸 어소시에이션은 성공적으로 자리를 잡았고 내셔널리그 역시 한때의 불편했던 관계를 잊고 1883년부터 아메리칸 어소시에이션을 메이저리그의 지위로 인정하면서 메이저리그는 양대 리그 시대를 맞이한다.

이렇게 내셔널리그와 아메리칸 어소시에이션이 공존의 길로 접어들었다고 해서 모든 것이 해결된 것은 아니었다. 이번에는 재력가인 헨리 루커스Henry Lucas, 1858~1910가 1883년 유니언 어소시에이션Union Association이라는 제3의 리그를 결성했는데 사실 내셔널리그와 아메리칸 어소시에이션이 화해를 한 배경에는 이러한 제3의 리그의 등장에 대한 양대 리그의 부담감이 작용했었다. 유니언 어소시에이션은 양대 리그에서 짜디짠 연봉에 불만이 쌓였던 선수들을 높은 연봉을 미끼로 꼬드겼다. 그러나 대부분의 선수들은 넘어오지 않았다. 유니언 어소시에이션이 명확한 비전을 보이지 않는 데다 섣불리 리그를 옮겼다가는 블랙리스트에 올라 평생 야구를 못 할 수도 있다는 두려움과 함께 새로운 리그의 등장으로 연봉이 조금이나마 올랐기 때문이었다. 유니언 어소시에이션이 1884년부터 본격적인 리그 활동을 시작하면서 3개의 메이저리그에는 내셔널리그 8팀, 아메리칸 어소시에이션 13팀, 유니언 어소시에이션 12팀 등 총 33팀이 난립했다. 그리고 이는 관중 감소로 이어져 3개 리그 모두 타격을 입게 되었다. 특히 리그 운영에 대한 뚜렷한 계획이 없었던 유니언 어소시에이션이 받은 충격은 훨씬 컸다. 결국 1884년 가을 루커스가 소유한 세인트루이스 마룬스를 내셔널리그에 편입해주는 대가로 유니언 어소시에이션은 1년 만에 사라졌다.

메이저리그가 다시 양대 리그로 돌아가 구단들은 쏠쏠한 재미를 봤지만 선수들은 여전히 낮은 연봉과 이적의 자유를 잃어버린 상황에서 불만이 쌓여갔다. 설상가상으로 1888년 전체 선수를 5등급으로 나눈 후 각 등급마다 연봉 상한선을 두는 제도까지 등장하자 선수들은 더 이상 가만히 당하고 있을 수 없었다. 선수 겸 변호사 존 워드를 중심으로 1885년 프로야구 선수 동맹을 결성한 선수들은 1889년 말 재력 있는 투자자들의 지원 속에 내셔널 어소시에이션처럼 선수가 중심이 되는 플레이어스리그Players' League를 결성하여 1890년부터 본격적인 제3의 리그로 활동하기 시작했다. 플레이어스리그는 양대 리그에 전쟁을 선포했고 내셔널리그의 과반수 이상의 선수들과 아메리칸 어소시에이션의 일부 선수들이 플레이어스리그로 넘어가는 바람에 내셔널리그는 수준이 떨어지는 선수들을 긁어모아야 했다. 당하고만 있을 수 없던 내셔널리그는 뛰어난 지략가 앨버트 스폴딩을 전면에 내세웠고 스폴딩은 이 전쟁에서 밀리면 내셔널리그가 무너질 수 있겠다는 생각에 비록 출혈이 크더라도 플레이어스리그를 고사시키기로 굳게 마음먹었다. 그래서 연대의식이 약했던 플레이어스리그 소속 선수들에게 좋은 조건을 제시하며 끌어들이는 한편, 플레이어스리그에 우호적인 은행이나 기업과는 앞으로 거래를 하지 않겠다는 협박을 가했다.

방송 중계권과 같은 부수입이 없던 시절에 입장료 수입은 무시할 수 없는 수입원이었다. 한정된 관중으로 3개 리그가 경기 일정을 동일하게 잡고 입장료 할인 경쟁까지 더하는 제 살 깎아먹기 전쟁을 치르다 보니 3개 리그 모두 큰 타격을 입을 수밖에 없었다. 과거 라이벌 리그와 싸워본 경험이 많고 자금력이 비교적 탄탄했던 내셔널리그는 그나마 버틸 수 있었지만 나머지 두 리그는 상황이 달랐다. 플레이어스리그는 내셔널리그보다 많은 관중을 유치했지만 선수들의 높은 보수 인상과 각종 경비의 지나친 지출로 큰 손실을 보자 투자자들은 이 싸움에서 더 이상 버티기 힘들다는 것을 눈치챘다. 기업인일 뿐이었던 투자자들은 내셔널리그로의 합병 또는 미지급금 지급이라는 스폴딩의 제안을 받아들였고 결국 선수들의 반란은 1년 만에 허무하게 끝났다. 3개 리그가 싸우는 과정에서 인기가 떨어져 제3의 리그로 전락한 아메리칸 어소시에이션 역시 이 후유증을 극복하지 못하고 1년을 겨우겨우 버티다 결국 1891년에 막을 내린다. 이 과정에서 4팀이 내셔널리그에 합류하여 내셔널리그는 12팀으로 늘어났고 천하 통일에 성공한 내셔널리그는 1892년부터 유일무이한 메이저리그로 올라섰다.

한편, 1893년에 재정적으로 어려움에 처하며 해산 위기에 놓인 웨스턴리그Western League라는 마이너리그가 재건을 위해 찰스 코미스키의 추천을 받아 스포츠 기자 출신의 밴 존슨Ban Johnson, 1864~1931을 회장으로 영입한다. 이렇듯 웨스턴리그가 강력한 추진력과 날카로운 판단력을 지닌 존슨을 앞세워 리그 재건을 넘어 더 큰 꿈을 꾸며 차근차근 나아간 반면, 1892년부터 독점체제에 들어서면서 장밋빛 미래를 꿈꿨던 내셔널리그는 예상과 달리 각종 내분에 휩싸이며 경영상황이 악화되었고 결국 1900년부터 4팀이 줄어든 8팀으로 리그를 운영하기로 결정한다. 이에 따라 많은 선수들이 일자리를 잃었고 장사가 될 만한 도시에 야구팀이 사라지는 아픔을 겪었다.

밴 존슨

그러나 이는 존슨의 얼굴에 미소가 넘치게

하는 일들이었다. 존슨은 일자리를 잃은 선수들을 끌어모으는 한편, 웨스턴리그 소속 팀의 연고지를 클리블랜드를 비롯한 내셔널리그 소속 팀이 떠난 도시들로 옮겼고 1899년 가을에는 리그명을 아메리칸리그American League로 바꾸는 등 자신의 야망을 이루기 위한 사전 작업을 치밀하게 준비한다. 구장에서 술 판매와 불손한 행동을 철저히 금지함과 동시에 심판에게 강력한 권위를 부여하여 품위 있는 리그 운영으로 아메리칸리그를 성공적으로 이끌던 존슨은 1900년 시즌 종료 후, 이듬해부터 아메리칸리그를 메이저리그로 운영한다고 일방적으로 발표한다. 아메리칸리그는 연봉 상한제 철폐와 높은 연봉을 약속하며 금전 공세를 펼쳤고 이에 사이 영, 휴 더피 등 많은 선수들이 아메리칸리그로 넘어왔다. 실제로 첫해 아메리칸리그 선수 182명 중 무려 111명이 내셔널리그 출신이었다. 내셔널리그는 아메리칸리그를 붕괴시키기 위해 온갖 수단을 동원했지만 아메리칸리그는 유니언 어소시에이션, 플레이어스리그 등과는 달랐다. 권위 있는 리그 운영으로 자신들보다 더 많은 관중을 동원하는 아메리칸리그를 무시할 수 없다고 판단한 내셔널리그는 한발 물러서며 존슨에게 내셔널리그로 들어오라고 제안했으나 존슨은 이를 거부하고 아메리칸리그를 동등한 메이저리그로 인정할 것을 요구한다. 결국 내셔널리그가 이를 받아들이며 양대 리그 시대가 다시 열렸고 1903년부터 양대 리그 챔피언끼리 맞붙는 월드시리즈가 개최된다.

내셔널리그와 아메리칸리그는 서로 협력하며 나날이 성장했다. 이 모습을 지켜보던 제임스 길모어James Gilmore를 비롯한 투자자들은 1913년에 양대 리그에 대항하여 페더럴리그Federal League를 출범하면서 1914년부터 본격적으로 리그에 뛰어든다. 페더럴리그는 고액의 연봉을 제시하며 양대 리그에 속한 선수들을 꼬드겼고 이에 양대 리그는 페더럴리그로 이적하면 다시는 양대 리그로 돌아오지 못할 것이라고 협박하는 한편, 언론을 향해 페더럴리그 경기를 알리지 말라고 협조를 구하는 식으로 페더럴리그에 맞섰다. 결국 페더럴리그는 재정문제로 휘청거리다가 1915년을 마지막으로 백기를 들었다. 그러나 양대 리그는 협박 내용과 달리 페더럴리그로 옮겨갔던 선수들을 다시 받아주었다. 페더럴리그는 2년 만에 사라졌지만 시카고 웨일즈의 홈구장 위그먼파크(현 리글리필드)를 1916년부터 시카고 컵스가 사용하면서 유서 깊은 야구장 하나를 야구사에 남겼다. 양대 리그 시대로 복귀한 메이저리그는 1950년대 후반 브랜치 리키가 주도한 '콘티넨털리그Continental League'라는 제3의 리그 창설을 팀 증설 승인으로 막아냈고, 그 결과 양대 리그가 지금까지 이어지고 있다.

003_ 팀 증설과 이동

19세기까지 여러 리그와 팀들이 등장하고 사라지기를 정신없이 반복하던 메이저리그는 20세기에 들어서 내셔널리그와 아메리칸리그라는 양대 리그가 각각 8개 팀으로 구성돼 안정적으로 운영된다. 그러나 잔잔하던 양대 리그의 바다에 1950년대 후반 브랜치 리키가 제3의 리그인 '콘티넨털리그' 창설이라는 큼지막한 돌을 던졌다. 이 때문에 1910년대 '페더럴리그'라는 제3의 리그가 잠시 등장하면서 흥행 수익이 줄어든 반면, 선수 연봉은 껑충 뛰어올라 경제적으로 큰 손실을 입었던 과거가 재현될 조짐이 보이자 메이저리그 사무국과 구단주들은 리키의 움직임을 초조한 눈빛으로 지켜봤다. 결국 메이저리그가 몇몇 도시에 신생팀 창단을 승인하는 것으로 콘티넨털리그의 등장은 없었던 일이 되었다. 그 결과 1961년 아메리칸리그에는 LA 에인절스와 워싱턴 세너터스, 1962년 내셔널리그에는 뉴욕 메츠와 휴스턴 콜트.45s가 뛰어들면서 20세기 최초의 메이저리그 확장이 이루어진다. 이후 1969년 내셔널리그에 샌디에이고 파드레스와 몬트리올 엑스포스, 아메리칸리그에 캔자스시티 로열스와 시애틀 파일러츠의 등장으로 각각 12개 팀이 된 양대 리그는 리그를 동부지구와 서부지구로 나누는 변화까지 시도한다. 그리고 1977년 아메리칸리그에 토론토 블루제이스와 시애틀 매리너스가 등장한 후 한동안 잠잠하던 메이저리그는 1993년 내셔널리그에 콜로라도 로키스와 플로리다 말린스가 등장하고 1998년 내셔널리그에 애리조나 다이아몬드백스, 아메리칸리그에는 템파베이 데블레이스가 잇달아 창단됐다.

이렇게 메이저리그에 등장한 팀들 중에는 연고지와 관련하여 마치 꼬리에 꼬리를 물듯 연결된 팀들이 있다. 최초의 워싱턴 세너터스가 1961년에 미네소타 트윈스로 바뀌자 이 빈자리를 제2의 워싱턴 세너터스가 꿰찼으나 제2의 워싱턴 세너터스 역시 워싱턴에서 재미를 보지 못하고 11년간의 워싱턴 생활을 정리한 뒤 1972년부터 텍사스로 옮겨 레인저스가 되었다. 밀워키 브루워스 역시 연고지와의 사연이 복잡하다. 당초 1969년에 시애틀 파일러츠로 출발했으나 흥행에 실패한 데다 밀워키 브레이브스가 1965년을 마지막으로 애틀랜타로 떠난 것에 대한 밀워키 팬들의 불만을 잠재우고자 메이저리그 사무국은 1970년 시애틀 파일러츠를 밀워키로 옮겨 밀워키 브루워스가 탄생하게 된다. 이번에는 시애틀 팬들의 불만이 높아지자 이에 따라 1977년에 등장한 팀이 바로 시애틀 매리너스였다.

팀 증설과 연고지 이전으로 일부 팀들은 지구와 리그를 넘나드는 이동을 해야 했다. 1972년에 제2의 워싱턴 세너터스가 텍사스 레인저스로 옮기며 아메리칸리그 동부지구에서 서부지구로 이동하고, 밀워키 브루워스는 서부지구에서 동부지구로 이동을 했다. 1994년에는 양대 리그가 기존의 동부와 서부에 중부 지구를 추가하여 클리블랜드 인디언스, 밀워키 브루워스, 세인트루이스 카디널스, 신시내티 레즈 등 10개 팀들이 양대 리그의 중부지구로 5개 팀씩 각각 편성되는 대대적인 지구 이동이 있었다. 이후 1998년 애리조나 다이아몬드백스와 템파베이 데블레이스의 창단에 따라 아메리칸리그를 14개 팀, 내셔널리그를 16개 팀으로 구성하기 위한 메이저리그의 조치가 따랐다. 밀워키 브루워스가 1998년에 메이저리그 최초로 내셔널리그로 옮겨 갔고, 빈 중부지구 자리에는 줄곧 아메리칸리그 동부지구에 속했던 디트로이트 타이거즈가 들어갔다. 2013년에는 내셔널리그의 휴스턴 애스트로스가 아메리칸리그로 이동함으로써 양대 리그는 팀 수가 15개로 같아지고 지구별 팀 수도 5팀으로 모두 같아지게 되었다.

지금까지의 내용을 바탕으로 메이저리그 지구별 팀 수의 변화를 표로 정리해보면 다음과 같다.

리그(지구) \ 연도	1901~1960	1961	1962~1968	1969~1976	1977~1992	1993	1994~1997	1998~2012	2013
NL	**8**	**8**	**10**	**12**	**12**	**14**	**14**	**16**	**15**
(East)				6	6	7	5	5	5
(West)				6	6	7	4	5	5
(Central)							5	6	5
AL	**8**	**10**	**10**	**12**	**14**	**14**	**14**	**14**	**15**
(East)				6	7	7	5	5	5
(West)				6	7	7	4	4	5
(Central)							5	5	5

결국 20세기 시작 시점과 비교해 보면 팀 수가 2배 가까이 증가했음을 알 수 있는데 이는 그만큼 메이저리그에서 뛰는 선수가 늘어났음을 의미하기도 한다.

이러한 팀 증설은 마이너리그에 맴돌고 있을 만한 선수들이 메이저리그에서 뛰게 되어 메이저리그의 전반적인 수준이 떨어졌다는 비난과 함께 타력 수준이 낮아진 원인으로 꼽는다. 마이너리그급 투수와 타자들이 메이저리그에서 똑같이 뛰는데, 타력만 수준이 낮아졌다고 강조하는 이유는 팀 증설이 투타에 미치는 영향이 다르기 때문이다. 물론 마이너리그급 투수의 등판 덕분에 기존의 강타자들이 혜택을 누리게 된 것도 일정 부분 맞는 말이다. 팀이 증설된 1961년에 로저 매리스Roger Maris, 1934~1985가 61개의 홈런을 때리고, 1998년에 마크 맥과이어Mark McGwire, 1963~가 70개의 홈런을 때리며 당시 기준으로 단일 시즌 최다 홈런을 기록한 사실은 이러한 주장을 뒷받침하고 있다.

그럼에도 대부분의 전문가들은 리그 내 7개 팀을 상대로 각각 22경기만을 치르면 끝이었던 과거와 달리, 팀이 늘어난 요즘은 리그 내 14개 팀뿐만 아니라 인터리그에서 만나는 리그 팀까지 상대하는, 과거에 비해 두 배 이상의 팀들과 경기를 벌이는 것은 타자에게 불리할 수밖에 없다고 주장한다. 왜냐하면 타자가 특정 투수를 계속 상대하다 보면 그 공이 눈에 익숙해지기 마련이지만 요즘 타자들은 워낙 다양하고 많은 투수를 상대해야 하는 어려움이 있기 때문이다.

이러한 생소함에 더해 강타자들의 분산도 타력 약화의 주범이다. 투수는 강타자 뒤에 물방망이 타자가 준비하고 있으면 정면 승부가 아니라 전략적으로 도망가는 피칭을 해서 좀처럼 때리기 좋은 공을 던지지 않는다. 따라서 강타자들이 팀 증설로 여러 팀에 분산되어 띄엄띄엄 등장하는 것은 타력의 집중도를 떨어뜨려 결과적으로 타력을 약화시켰다. 또한 팀 증설로 선수들이 여러 지역으로 더 많이 이동하게 되면서 수면과 식사가 불규칙해지고, 이에 따라 투수와 달리 매일 경기에 나서는 타자가 좀 더 불리해질 수밖에 없다.

얼핏 보기에 팀 증설은 질 좋은 일자리를 늘리고 더 많은 지역의 팬들에게 볼거리를 제공한다는 점에서 긍정적인 측면만 생각할 수 있다. 하지만 역사적으로 봐도 1892년부터 1899년까지 내셔널리그의 팀 수가 기존의 8팀에서 12팀으로 부쩍 늘어나 리그 전체의 수준이 떨어져 장기적으로 팬들에게 야구에 대한 흥미를 잃게 한 적이 있다. 실제로 거액의 가입비를 내고 메이저리그에 등장한 신생팀들은 기존 팀들로부터 선수 지원을 받지만, 그럼에도 참담하기 그지없는 성적으로 리그 수준 하락의 원흉으로 꼽혀왔다. 대표적인 예로 1962년에 창단한 뉴욕 메츠는 120패라는 참담한 데뷔 시즌을 보낸 이후 4년 연속 100패 이상을 당하며 순위표 맨 아래를 고정석으로 차지하는 수모를 겪기도 했다.

지금도 일부 도시에서는 메이저리그 팀 유치를 위해 애쓰고 있고, 기존 도시들은 연고팀을 빼앗기지 않으려 연고팀에게 다양한 혜택을 주고 있다. 메이저리그의 매력은 뭐니 뭐니 해도 수준 높은 경기력이다. 팀 수를 축소하면 실력이 뛰어난 선수들이 리그에 집중되어 리그 수준을 높이겠지만 팀 하나를 줄인다는 것은 26개의 일자리가 사라진다는 것을 의미하기에 선수 노조에서 강력하게 반대하고 있으며, 야구장에서 일하는 직원은 물론이고 야구장 주변의 식당과 호텔들의 저항도 무시할 수 없는 것이 현실이다. 야구 보수주의자들은 메이저리그의 질적 수준을 보존하기 위해 팀 수를 축소해야 한다고 주장하지만 현실적으로 팀 수는 오히려 늘어날 가능성이 높다.

004_ 블랙삭스 스캔들

100년을 훌쩍 넘는 역사를 자랑하며 세계 최고의 야구리그로 우뚝 선 메이저리그는 전 세계 모든 야구 선수들에게 꿈의 무대로 통한다. 하지만 메이저리그가 지금의 위치에 오르기까지의 길이 순탄했던 것만은 아니다. 역사적으로 메이저리그에는 세 차례의 큰 위기가 있었다. 1919년 승부조작 사건으로 야구에 대한 대중의 신뢰가 완전히 무너져버린 적이 있었고, 1940년대 초에는 수백 명의 메이저리거들이 제2차 세계대전에 참전하는 바람에 선수 부족으로 경기의 심각한 질적 하락이 있었으며, 1994년에는 노사 간의 깊은 갈등으로 시즌 중에 리그가 중단되는 아픔이 있었다. 이 중 1919년 시카고 화이트삭스 8명의 선수들이 도박사와 공모하여 고의로 경기에서 패한 승부조작 사건은 '블랙삭스 스캔들Black Sox Scandal'로 불리며 메이저리그의 존립 자체를 뒤흔든 가장 큰 위기로 꼽힌다.

1910년대 후반 시카고 화이트삭스는 최강의 전력을 갖추었으나 팀 분위기는 그야말로 최악이었다. 그 원흉은 뛰어난 1루수에서 악명 높은 구두쇠로 변해버린 찰스 코미스키Charles Comiskey, 1859~1931 구단주였다. 그는 보류 조항에 묶여 선수들이 다른 팀으로 자유롭게 옮길 수 없었던 당시의 규정을 최대한 악용했다. 그래서 다른 팀들과 달리 원정경기를 치를 때도 선수들에게 세탁비조차 지급하지 않았는데 이 때문에 땟국물이 줄줄 흐르는 유니폼을 입고 다녔던 화이트삭스 선수들은 '블랙삭스'라는 조롱을 받기까지 했다. 연봉에 대해서는 더욱 악랄해서 웬만한 스타급 선수들이 1만 달러 이상의 연봉을 받던 시절, 당대 최고의 타자로 꼽히는 조 잭슨Joe Jackson, 1887~1951에게 달랑 6천 달러의 연봉을 주는 등 선수들에게 터무니없이 낮은 연봉을 지급했고, 팀의 에이스 에디 시카티

Eddie Cicotte, 1884~1969에게는 단일 시즌 30승 이상을 올리면 1만 달러의 보너스를 주기로 약속한 후 시카티가 실제로 30승 달성이 가까워지자 감독에게 시카티를 마운드에 올리지 말라는 지시까지 내리기도 했다. 이러한 구단주의 처사에 선수들의 분노는 극에 달했고 먹잇감을 찾던 도박사들은 음흉한 눈빛으로 이들의 성난 모습을 지켜보고 있었다.

시카고 화이트삭스와 신시내티 레즈가 맞붙은 1919년 월드시리즈는 수익 확대 차원에서 7전 4선승제가 아닌 9전 5선승제로 열리게 됐다. 팬들은 자신이 응원하는 팀의 우승을 간절히 바라고 있었으나 이러한 팬들의 순수한 마음을 배신하는 어둠의 그림자가 야구장에 잔뜩 드리워져 있었다. 월드시리즈가 열리기 3주 전에 도박사들과 화이트삭스의 1루수 칙 갠딜Chick Gandil, 1888~1970이 접촉해 화이트삭스가 시리즈에서 패할 경우 8만 달러를 지급하기로 약속한 것이었다. 갠딜은 작전의 성공을 위해 에디 시카티, 조 잭슨, 레프티 윌리엄스 등 팀 동료 7명을 포섭해 시리즈에서 고의로 패한 후 돈을 나눠 갖기로 했다.

드디어 월드시리즈가 시작됐고 8명의 선수들은 볼넷을 남발하고 평소와 달리 느슨한 실책성 플레이를 하는 등 승리가 아닌 패배를 위한 혼신의 연기를 펼쳤다. 이들의 어설픈 플레이에 화이트삭스의 키드 글리슨 감독은 어쩔 줄 몰라 했고 최선을 다해 경기를 뛰던 포수 레이 샬크는 성의 없이 투구하는 윌리엄스와 크게 싸우기도 했다. 시리즈는 신시내티의 일방적인 우승으로 끝날 뻔했으나 시리즈 중반 무렵 도박사들이 패배에 따른 금전적 보상을 제대로 하지 않을 것 같은 분위기를 파악한 승부조작 가담 선수들이 마음을 바꿔 경기에 최선을 다한 결과 8차전까지 이어졌다. 패배를 약속했던 선수들의 변심으로 큰돈을 날릴 위기에 빠진 도박사들은 윌리엄스에게 접근해 약속을 어기면 가족을 살해하겠다고 위협을 가했다. 이에 굴복한 윌리엄스는 8차전 선발 투수로 나서서 아웃카운트 하나를 잡는 동안 무려 4실점을 선사한 후 마운드에서 내려왔다. 결국 시리즈는 신시내티 선수들의 땀이 아닌 도박사들과 8명의 화이트삭스 선수들이 공모했던 대로 신시내티의 우승으로 끝이 났다.

월드시리즈는 끝났지만 월드시리즈 시작 전부터 승부조작에 대한 소문이 무성했던 데다 실제로 시리즈 내내 화이트삭스 선수들이 평소와 다른 어설픈 플레이를 보이며 패하자 많은 잡음이 일었고 결국 아메리칸리그 밴 존슨 회장은 승부조작 여부를 조사하라고 지시한다. 조사 결과 8명의 화이트삭스 선수들이 승부조작에 관여했다는 구체적인 정황이 드러나며 법원의 심판을 받게 됐지만 법원은 이 사건에 대해 증거 불충분의 사유로 이들에게 무죄를 선고했다. 하지만 이들의 유죄 여부는 큰 의미가 없었다. 이 사건을 계기로 당시 야구계에 만연해 있던 승부조작을 뿌리째 뽑아내 야구에 대한 대중의 신뢰를 회복하려고 작심한 초대 커미셔너인 케네소 랜디스가 판결 결과에 관계없이 8명의 선수들을 야구계에서 영구 추방한다는 초법적 결정을 내린 것이다. 이어서 메이저리그 규정 21조에 선수, 심판, 직원들은 어떠한 도박에도 참여할 수 없으며 자신이 관여하지 않은 경기는 1년 자격정지, 어떤 방식으로든 관여한 경기라면 영구 추방한다는 규정을 신설하기에 이른다.

따지고 보면 역사적으로 야구와 승부조작은 떼려야 뗄 수 없는 관계에 있었으며, 블랙삭스 스캔들은 어느 날 우연히 벌어진 일이 아니었다. 1876년에 내셔널리그가 출범하기 훨씬 이전부터 야구계에는 도박사들과 선수들이 사전에 모의하여 승부조작을 벌이는 일이 흔했고, 브루클린 애틀랜틱스는 경기장에 내기를 건 사람들의 좌석을 별도로 마련해 놓을 정도였다. 이렇듯 야구계에 만연한 도박과 승부조작이 리그를 좀먹는 암적인 존재라고 확신한 내셔널리그는 1877년 루이빌 그레이스 팀의 4명의 선수가 도박사와 공모해 승부조작에 관여한 사실이 밝혀지자 이들을 가차없이 영구 추방했고, 1882년에는 도박사와의 부정행위가 드러난 딕 하이엄 심판을 제명하며 리그의 기강을 바로 세우고자 했다. 그럼에도 야구계의 도박사들과 선수들의 유착 관계는 사라지지 않았고 결국 크게 터진 사건이 블랙삭스 스캔들일 뿐이다.

승부조작에 관여한 선수들에게 강경한 조치를 내리고 베이브 루스가 연일 홈런쇼를 펼치자 팬들이 다시 야구장으로 몰려들면서 메이저리그는 블랙삭스 스캔들이라는 큰 위기에서 빠져나올 수 있었다. 메이저리그 역사상 가장 치욕적인 사건으로 남아 있는 블랙삭스 스캔들에서 코미스키의 잘못이 크다고 하지만 선수들 역시 그 책임에서 자유로울 수 없다. 선수들은 팬들이 즐겁고 건전한 여가를 보낼 수 있는 문화를 만들 책임이 있다. 선수들이 검은 돈의 유혹을 거절하지 못하고 '짜고 치는 고스톱'이 되는 순간 야구는 더 이상 스포츠가 아닌 사행성 게임에 지나지 않으며, 이는 팬들에 대한 모독일 뿐만 아니라 특히 야구를 보며 꿈을 키우는 어린아이들을 생각하면 절대 용서할 수 없는 범죄다. 메이저리그는 역사상 가장 많은 4256안타를 치며 명예의 전당에 오를 것이 분명했던 피트 로즈Pete Rose, 1941~가 감독 시절 자신의 팀에 돈을 거는 도박을 했다는 이유로 1989년에 영구 추방을 결정했고, 지금까지도 로즈에 대한 어떤 동정론에도 전혀 흔들림 없다. 이는 그가 때려낸 최다 안타 기록의 의미보다 야구의 순수함을 훼손한 죄가 훨씬 컸기 때문으로 이러한 메이저리그의 강경한 제재는 메이저리그의 권위를 지켜내는 밑거름이 되고 있다.

005_ 재키 로빈슨

지금은 실력만 있으면 누구나 메이저리그에서 뛸 수 있지만 한때 메이저리그는 백인들만의 잔치였다. 초창기 메이저리그는 인종차별이 심해 백인 선수들이 흑인 선수가 있는 팀과의 경기를 거부하거나 흑인 선수를 향한 거친 플레이가 빈번하게 일어났다. 이처럼 혹독한 상황에서 1879년 윌리엄 화이트William E. White, 1860~1937가 흑인 최초의 메이저리거로 데뷔한 후 플릿 워커Fleet Walker, 1856~1924를 비롯한 10여 명의 흑인 선수들은 야구에 대한 열정 하나로 꿋꿋이 메이저리그를 누볐다. 그러나 이들이 메이저리그에서 뛴 시간은 그리 길지 않았다. 이들은 식인종이나 야만인이 아니라 단지 피부색이 검을 뿐이었지만 지독한 인종차별주의자였던 캡 앤슨Cap Anson, 1852~1922은 이들이 그라운드를 누비는 모습을 도저히 눈 뜨고 볼 수 없었다. 결국 시카고 화이트스타킹스 감독이자 당대 최고의 스타플레이어로 야구계에 막강한 영향력을 행사하던 앤슨의 주도로 1887년 흑인 선수들을 메이저리그에서 쫓아내며 메이저리그는 백인들만의 무대로 변했다.

이러한 분위기에서 볼티모어 오리올스의 존 맥그로 감독이 1901년에 찰리 그랜트라는 흑인 선수를 영입하고자 그의 이름을 토코하마로 바꾸고 외모를 인디언처럼 위장했다가 발각되는 해프닝이 벌어지기도 했다.

메이저리그뿐만 아니라 미국 사회의 흑인들에 대한 차별도 여전해 1903년 오하이오 웨슬리언 대학 야구부가 다른 대학팀과의 원정경기를 치르려고 숙박하려던 호텔에서 야구부원 중 한 명인 찰스 토머스가 흑인이라는 이유만으로 숙박을 거부당하는 일까지 벌어졌다. 토머스는 하염없이 눈물을 흘리며 자신의 검은 피부가 원망스럽다는 듯 손톱으로 피부를 마구 긁어댔고 이 모습을 지켜보던 브랜치 리키 코치가 토머스와 자신의 방에 함께 머물겠다며 호텔 직원을 설득하고 나서야 이 갈등은 해결되었다. 이와 같은 상황이 이어지는 가운데 1921년, 앤슨만큼이나 인종차별 의식이 강했던 케네소 랜디스가 초대 커미셔너로 취임하여 흑인 선수들의 메이저리그 진출 장벽은 높아만 갔다. 메이저리그는 정부 차원의 온갖 혜택을 받으며 국민 스포츠로 성장했지만 같은 국민인 흑인 선수들을 거부하는 고약한 차별을 당연하게 여기고 있었던 것이다.

그러던 중 제2차 세계대전의 발발로 수많은 메이저리거들과 마이너리거들이 전쟁터로 향하자 심각한 선수 부족 현상이 벌어졌다. 게다가 흑인들이 피부색에 관계없이 조국인 미국을 위해 전쟁터에서 피를 흘리고 있음에도 흑인이라는 이유만으로 메이저리그에서 뛰지 못하게 하는 것은 옳지 못하다는 여론이 일기 시작했고, 1944년에는 초대 커미셔너 랜디스가 세상을 떴다. 이러한 이유들로 흑인 선수들의 메이저리그 진출 가능성이 높아지자 대학 야구부 코치 시절에 인종차별 문제의 심각성을 생생하게 겪었던 브루클린 다저스의 브랜치 리키 단장이 발 빠르게 움직였다. 그는 뛰어난 타자였던 조지 시슬러에게 출중한 실력과 함께 뛰어난 인품을 가진 흑인 선수를 찾아달라고 부탁했다. 그가 실력 외에 인품을 강조한 것은 흑인 선수가 메이저리그에 진출해 갈등을 빚으며 실패할 경우 다른 흑인 선수들의 메이저리그 진출이 더욱 어려워질 것이라는 우려에서였다.

이러한 리키의 조건에 걸맞은 적임자가 시슬러의 눈에 들어왔으니 바로 '재키 로빈슨Jackie Robinson, 1919~1972'이었다. 리키는 로빈슨이 니그로리그에서 활약하는 흑인 선수들 중 가장 뛰어난 선수는 아니었지만, 육군 소위로 복무할 당시 흑인 전용 좌석으로 이동하라는 버스 운전사의 명령을 거부하는 바람에 군법회의에 회부돼 강제 전역을 당한 경력이 있

재키 로빈슨

는 데다 훌륭한 인품을 지닌 것을 높이 평가했다. 로빈슨을 마주한 리키 단장은 로빈슨에게 앞으로 겪게 될 온갖 시련을 생생하게 설명하며 한쪽 뺨을 맞으면 다른 쪽 뺨을 내줄 수 있는 마음가짐을 가져야 한다고 강조했고, 이에 로빈슨은 그 어떤 시련도 이겨내겠다고 굳게 약속했다.

이듬해 1946년 다저스는 로빈슨의 적응을 위해 로빈슨을 다저스 산하 마이너리그 팀 몬트리올 로열스로 보냈다. 몬트리올은 인종차별이 상대적으로 덜한 곳이었지만 로빈슨을 마주한 로열스 선수들은 로빈슨을 사람으로 바라보지 않았다. 그러나 얼마 지나지 않아 팀을 리그 우승으로 이끌 정도의 뛰어난 실력과 함께 훌륭한 인품을 지닌 로빈슨 앞에서 피부색을 따지는 것이 얼마나 무의미한 짓인지를 깨닫고 로빈슨을 따스하게 대했다. 드디어 1947년 로빈슨은 다저스의 일원으로 메이저리그 데뷔를 앞두고 있었다. 이때 다저스의 일부 선수들이 흑인과는 도저히 함께 뛸 수 없다며 로빈슨을 쫓아내야 한다는 탄원서까지 작성해서 반발했지만 다저스는 커비 힉비Kirby Higbe, 1915~1985를 비롯한 5명의 선수들을 피츠버그 파이어리츠로 트레이드하는 것으로 선수단의 분위기를 정리했다.

마침내 4월 15일 보스턴 브레이브스와의 개막전에서 로빈슨은 1루수 겸 2번 타자로 출전해 1887년 이후 60년 만에 메이저리그에 흑인 선수가 다시 등장했음을 알렸다. 예상대로 로빈슨을 향해 다저스의 백인 팬들까지 심한 야유를 퍼부었고 이러한 악조건에서 로빈슨은 3타수 무안타를 기록했지만 7회말 좋은 번트와 결승 득점을 올리는 나름 쏠쏠한 데뷔전을 치렀다.

그러나 로빈슨을 바라보는 주변의 시선은 어디를 가도 마찬가지였다. 로빈슨이 경기장에 들어설 때마다 관중석에서는 "검둥이는 꺼져"라는 험한 욕설이 여기저기서 쏟아졌고, 상대 투수는 걸핏하면 빈볼을 던져댔으며 세인트루이스 카디널스 팀은 경기 자체를 거부했다. 경기장 밖에서도 로빈슨의 고독한 싸움은 이어졌다. 온갖 협박 편지가 수북이 쌓였고 원정경기를 치를 때면 동료들과 떨어져 혼자서 흑인 전용 숙소를 이용해야 했으며 식사 역시 동료들처럼 편하게 레스토랑에서 하지 못하고 다른 곳에서 외로이 해결해야 했다.

이렇듯 직간접적인 폭력에 시달리면서도 로빈슨이 타율 0.297, 12홈런, 29도루의 기록으로 신인왕에 오를 만큼 좋은 경기력을 선보이고 늘 신사다운 모습을 보여주자 미국 사회에서 흑인을 바라보는 시선이 조금씩 변화하기 시작했다. 로빈슨의 행동 하나하나가 인종차별 철폐를 위한 수천 마디의 말보다 효과가 있었던 것이다.

로빈슨이 교두보 역할을 훌륭히 해낸 덕분에 다른 흑인 선수들의 메이저리그 진출이 꼬리에 꼬리를 물고 이어졌다. 같은 해 7월 래리 도비 Larry Doby, 1923~2003가 클리블랜드 인디언스에 입단하면서 아메리칸리그 최초의 흑인 선수가 탄생했고 이후로 윌리 메이스, 행크 아론 등 많은 흑인 선수들이 메이저리그에 진출했다. 1959년, 보스턴 레드삭스가 펌시 그린을 영입하며 16개 모든 메이저리그 팀에 흑인 선수들이 활약하게 된다. 1956년 7퍼센트 수준이었던 흑인 선수들의 비율은 1975년 27퍼센트까지 상승했고, 1971년도에는 우승팀 피츠버그 파이어리츠의 주전 선수 과반수가 흑인 선수들로 채워질 정도였다. 그러나 흑인 선수들의 비율은 1992년 17퍼센트, 2005년 9퍼센트, 2020년 8퍼센트로 꾸준히 감소했고,

가끔은 선수 명단에 흑인 선수가 전혀 없는 팀도 생겨났다. 같은 시기에 NBA와 NFL에는 흑인 선수들이 70퍼센트를 차지할 정도였다.

이처럼 메이저리그에서 흑인 선수들이 감소하는 이유는 흑인들이 주로 거주하는 도심에 야구를 할 수 있는 공간이 부족하고, 빈곤층이 많은 흑인들이 장비 구입 비용이 많이 드는 야구를 접하기가 힘들기 때문이다. 또한 농구나 미식축구는 흑인 특유의 운동 능력을 극대화하기에 적합해 재능이 뛰어나면 1~2년 안에 주전으로 뛸 수 있지만 야구는 3~4년이 넘는 오랜 기간 마이너리그에서 기량을 쌓아야 하고, 라틴아메리카계 선수들이 메이저리그에 대거 진출해 자리를 차지하고 있다는 점도 흑인 선수 감소의 이유 중 하나로 꼽힌다.

베이브 루스가 야구를 바꿨다면 로빈슨은 야구로 인종차별을 무너뜨리며 미국 사회를 바꿨다는 평가를 받고 있다. 이는 모든 스포츠를 통틀어 가장 위대한 업적으로 꼽히며, 이러한 로빈슨의 업적을 기리고자 다저스는 1972년 로빈슨의 유니폼 넘버 '42'를 영구 결번시킨 데 이어 로빈슨의 데뷔 50주년인 1997년에는 메이저리그 모든 팀들이 '42'를 영구 결번으로 결정했다. 또한 메이저리그 사무국은 2004년부터 4월 15일을 '재키 로빈슨 데이'로 지정하여 기념하고 있으며 2009년부터는 재키 로빈슨 데이에 모든 메이저리그 선수들이 '42'가 새겨진 유니폼을 입고 그라운드를 누빔으로써 인종차별에 반대하는 모습을 보여주고 있다.

006_ 자유계약선수(FA)

1876년 내셔널리그가 출범할 당시 선수들은 이 구단, 저 구단을 자유롭게 옮겨다닐 수 있었다. 이 때문에 구단들은 고정팬 확보에 어려움을 겪었다. 여기에 재정 상태가 좋은 구단으로 기량이 뛰어난 선수들이 몰려 구단 간 전력 차가 커지면 흥미가 줄어들 수 있다는 의견이 제기됐다. 결국 1879년에 내셔널리그는 구단에 반드시 필요한 선수들의 이적을 막기 위해 보류 조항reserve clause 제도를 도입한다. 보류 조항은 구단이 보유하고 있는 선수에 대해 이듬해에도 독점적 계약 권리를 인정해주는 것으로, 이 제도의 도입은 구단과 한번 계약한 선수는 소속 구단의 동의 없이 다른 구단과 계약할 수 없는 시대가 되었음을 의미했다.

도입 첫해 구단들은 각각 5명의 선수를 보유 선수 명단에 올렸는데 당시만 해도 해당 선수들은 구단으로부터 자신의 가치를 인정받았다는 사실에 자부심을 느꼈고 이듬해 실업자가 될 걱정을 안 해도 된다는 마음에 흐뭇해했다. 그러다 2년 정도의 시간이 흐르자 구단들은 소속 선수를 보유 선수 명단에 올리면 선수 확보가 수월해질 뿐만 아니라 실력이 뛰어난 선수라도 자유롭게 구단을 선택할 수 있는 권리가 사라져 높은 연봉을 요구할 수 없다는 사실을 깨달았다. 구단 경영의 강력한 무기를 손에 쥐었다고 판단한 구단들은 선수들의 연봉을 삭감하고 유니폼과 식대를 자비로 부담하게 하는 등 횡포를 부리는 한편, 보유 선수 명단에 올리는 선수도 8명, 11명으로 점점 늘리더니 1880년대 중반에 이르러 모든 선수를 올렸다.

보류 조항의 족쇄를 풀고자 선수들은 다양한 방식으로 저항했지만 구단의 거대한 힘 앞에 무기력할 수밖에 없었다. 1953년에는 뉴욕 양키스 산하 마이너리그 구단에서 활약하던 조지 툴슨George Toolson이 보류 조항 때문에 다른 구단으로 이적하지 못했다며 소송을 제기했으나 패배하기도 했다. 메이저리그의 인기가 높아지면서 구단들의 수입은 나날이 늘어났지만 선수들의 처우는 보류 조항에 묶여 예전과 다를 바 없었다. 보류 조항을 근거로 선수에 대한 소유권을 구단에서 영구적으로 가질 수 있으므로 구단과 선수가 수직 관계가 된 것은 당연한 일이었다.

한 예로 미키 맨틀이 1956년에 홈런, 타율, 타점 부문에서 1위를 휩쓸며 트리플을 달성하자 연봉을 인상해줬던 뉴욕 양키스는 이듬해 맨틀이 타율 0.365, 홈런 34개를 때려냈음에도 다시 트리플 크라운을 달성하지 못했다는 이유로 연봉을 깎아야 한다고 외칠 정도였다. 이러한 분위기에서 1966년 마빈 밀러Marvin Miller, 1917~2012를 초대 위원장으로 하는 메이저리그 선수 노동조합이 탄생한다. 밀러의 노력으로 선수들의 노동권에 대한 의식은 높아졌지만 여전히 많은 선수들은 자신들이 노동자라고 생각하지 않았고 보류 조항에 대해서도 리그의 안정적인 운영을 위해 필요하다고 생각했다. 하지만 커트 플러드Curt Flood, 1938~1997는 달랐다. 1960년대를 대표하는 외야수로 올스타에 세 차례 뽑혔고, 골드글러브를 7년 연속 수상했던 플러드는 1969 시즌이 끝난 어느 날 자신이 세인트루이스 카디널스에서 필라델피아 필리스로 트레이드됐다는 소식을 듣게 된다. 다른 선수였다면 군말 없이 짐을 꾸렸겠지만 플러드는 12년이라는 오랜 세월 동안 활약한 구단에서 자신의 의지와 상관없이 일방적으로 다른 구단으로 팔려가야 하는 현실을 받아들일 수 없었다.

보위 쿤 커미셔너에게 트레이드 취소를 요청했지만 보기 좋게 묵살당하자 그는 100년 가까이 단단히 유지되어온 보류 조항에 반기를 들며 소송을 제기한다. 1970년, 달걀로 바위치기라는 주변의 시선과 필리스에서 제안한 9만 달러 연봉의 유혹을 뒤로한 채 그는 글러브가 아닌 서류가방을 들고 법정에서 싸우는 것에 몰입했다. 은퇴 선수들이 플러드 편이 되어 법정 증언에 나섰으나 구단으로부터 받게 될 불이익이 두려웠던 현역 선수들은 단 한 명도 나서지 않았다. 400만 달러가 넘는 소송비를 들이며 고군분투했음에도 1972년, 판결 결과는 플러드의 패배로 끝났다. 판결 결과는 아쉬웠지만 이 과정을 겪으면서 보류 조항에 대한 논란이 본격적으로 벌어졌다.

1974년 오클랜드 어슬레틱스의 캣피시 헌터Catfish Hunter, 1946~1999는 구단이 자신의 연봉 10만 달러 중 5만 달러를 일방적으로 생명보험기금으로 전환한 것은 계약 위반이라며 문제를 제기했다. 이 문제를 심의한 중재위원회의 피터 사이츠는 헌터와 구단 간 계약은 불공정 계약에 해당하기 때문에 무효이며, 따라서 구단은 헌터에 대한 소유권이 없으므로 헌터는 자유계약선수라고 발표했다. 그러자 많은 구단에서 헌터를 영입하기 위해 달려들었고 헌터는 뉴욕 양키스와 5년간 350만 달러라는 당시 기준으로 대형 계약을 맺게 된다. 헌터는 자유계약선수가 됐지만 다른 선수들에게까지 해당되는 일은 아니었다.

1년 후 보류 조항의 근간을 뒤흔드는 일이 벌어진다. 1974 시즌 종료 후 앤디 메서스미스Andy Messersmith, 1945~와 데이브 맥널리Dave McNally, 1942~2002는 계약서에 서명하지 않은 상태에서 1975 시즌을 뛰었다. 시즌이 끝나자 이들은 계약 기간뿐만 아니라 옵션인 1년까지 채웠으므로 이제 자유계약선수라고 외쳤다. 이들은 중재위원회에 회부되었고 위원회는 계약서상 계약 만료 후 1년 외에는 기간을 연장할 근거가 없다며, 두 선수는 보류 조항에 구속되지 않는 자유계약 신분이라고 결정 내렸다. 100년 남짓 선수들을 옭아맸던 보류 조항의 덫이 무너지는 순간이었다. 크게 당황한 구단들은 소송으로 맞섰으나 실패하자 1976년 스프링캠프를 폐쇄하는 결정을 내렸다. 결국 이해 노사 양측이 메이저리그에서 6년 이상 뛴 선수에게는 소속 구단에 구속되지 않고 다른 구단과 자유롭게 계약할 수 있는 자격을 주기로 합의함으로써 자유계약선수FA : Free Agent 제도가 막을 올리게 된다. 플러드, 메서스미스 등과 같은 용기 있는 선수들과 밀러 위원장의 치밀하고 부단한 노력이 결실을 맺게 된 것이다.

FA 시대를 맞아 실력 있는 선수들이 시장으로 나왔고 이들을 영입하려는 구단들 간 경쟁이 치열해지면서 선수들의 몸값이 폭등했다. 1979년에 놀런 라이언이 휴스턴 애스트로스와 4년간 450만 달러에 계약하면서 사상 최초로 백만 달러 연봉 시대를 연 것을 시작으로 1996년 앨버트 벨이 시카고 화이트삭스와 5년간 5500만 달러에 계약하며 천만 달러 연봉 시대를 열었고, 2014년 클레이턴 커쇼는 LA 다저스와 7년간 2억 1500만 달러에 계약하며 3천만 달러 연봉 시대를 여는 초대형 FA 계약을 체결했다. 이렇듯 FA 계약에 거대한 자금이 오가다 보니 구단은 계약에 앞서 많은 고민을 하게 됐고 그 결과에 따라 희비가 크게 엇갈리고 있다. 예를 들어 애리조나 다이아몬드백스는 1998년 4년간 5240만 달러에 계약한 랜디 존슨이 계약 기간 4년 연속 사이영상을 수상하자 크게 웃을 수 있었다. 반면, LA 에인절스는 2012년 5년간 1억 2500만 달러에 계약한 조시 해밀턴이 2년간 타율 0.255에 31개의 홈런과 123타점을 올리는 데 그쳐 '연봉 도둑'으로 몰리는 비참함을 지켜봐야 했다.

자유계약선수 제도는 연봉을 비롯한 선수들의 권익을 강화하고 선수들에게 강한 동기를 부여하여 경기력 상승에도 큰 영향을 끼쳤다. 그밖에 자신의 심기를 불편하게 한 선수들의 생명에 치명타를 가할 만큼 강력했던 감독의 권위를 떨어뜨렸고, 예상과 달리 구단 간 전력 평준화에 기여했으며 에이전트들의 활동도 본격화되었다. 뿐만 아니라 다른 구단 선수들의 기량과 몸 상태 파악을 위한 노력이 강화되고, 선수들의 소속 구단에 대한 충성도가 낮아지고 구단 역시 선수들을 언제든지 바꿀 수 있는 존재로 여기게 되면서 한 구단에서 오랫동안 활약하는 선수들의 수가 눈에 띄게 줄어드는 등 자유계약선수 제도는 야구의 여러 분야에 많은 영향을 끼쳤다.

007_ 인터리그

1994년 메이저리그는 연봉 상한제를 둘러싸고 노사 간 첨예한 갈등이 벌어졌고 결국 선수 노조가 파업을 결정하면서 시즌을 마치지 못한 채 중단됐다. 이 때문에 노사 모두 금전적으로 막대한 피해를 입었고 무엇보다 팬들의 싸늘한 시선 속에 메이저리그는 NFL, NBA 등 다른 스포츠에 밀리는 위기를 맞았다. 이런 상황에서 벗어나기 위해 야구 관계자들이 지혜를 모은 결과 1997년에 등장한 작품이 인터리그Interleague다. 인터리그는 정규 시즌 중 내셔널리그 팀과 아메리칸리그 팀이 맞붙는 경기를 의미한다. 인터리그의 경기 방식은 홈팀이 속한 리그 규칙에 따라 진행된다. 따라서 내셔널리그 팀의 홈구장에서 아메리칸리그 팀은 지명타자 없이 투수가 타석에 들어서야 하고, 아메리칸리그 팀의 홈구장에서 내셔널리그 팀은 지명타자를 내세울 수 있다.

사실 인터리그가 갑작스레 등장한 것은 아니었다. 1933년 윌리엄 베크가 인터리그 도입을 제안한 후 그의 아들 빌 베크 역시 1953년에 같은 제안을 했다가 똑같이 묵살당했고, 1972년에는 아메리칸리그가 극심한 투고타저로 관중수가 줄어들고 수입 감소로 이어지자 내셔널리그에 인터리그를 제안했다가 보기 좋게 퇴짜를 맞기도 했다. 이에 아메리칸리그에서 궁여지책으로 도입한 것이 지명타자 제도였다.

이러한 과거를 뒤로하고 1997년 6월 12일 샌프란시스코 자이언츠와 텍사스 레인저스의 경기를 시작으로 인터리그가 시작됐다. 이 경기는 파업으로 메이저리그에 등을 돌렸던 팬들을 다시 끌어들이는 부활의 신호탄이 됐다. 당초 인터리그는 1996년 노사협정에 따라 1997년에 치르고 이듬해부터는 선택사항이었으나 1997년 6월에만 관중이 38퍼센트가 늘어나자 계속 열리게 됐다. 그렇다면 인터리그 경기에 이렇게 많은 관중이 몰린 이유는 무엇일까? 양대 리그를 대표하는 에이스 간 대결을 볼 수 있고 아메리칸리그 투수의 방망이 솜씨를 볼 수 있다는 점도 있겠지만 가장 큰 이유는 정규 시즌에 라이벌 팀 간의 경기를 볼 수 있다는 점이었다.

메이저리그에는 지역 연고지를 비롯해 이런저런 사연으로 엮인 라이벌 관계의 팀들이 있는데 이들 대부분은 소속 리그가 다르다. 그러다 보니 이들의 맞대결은 시범경기 또는 월드시리즈가 아니면 볼 수 없었다. 하지만 시범경기는 그 결과가 정규 시즌 성적에 반영되지 않아 싱거운 면이 있고, 월드시리즈는 두 팀 모두 리그 우승을 차지해야 하므로 현실적으로 가능성이 높지 않았다. 그러나 인터리그의 도입으로 뉴욕 양키스와 뉴욕 메츠, LA 다저스와 뉴욕 양키스처럼 리그는 다르지만 라이벌 관계에 있는 팀들의 맞대결을 정규 시즌에 볼 수 있게 된 것이다. 이런 라이벌 팀 간 인터리그 경기에는 이런저런 별칭이 따라붙는다. 예를 들어 뉴욕 양키스와 뉴욕 메츠의 경기를 '서브웨이 시리즈'라고 하는데 두 팀이 지하철로 이동이 가능하기 때문이다. 실제로 두 팀은 2003년 6월 29일에 더블헤더를 치를 때 첫 경기를 양키 스타디움에서 벌인 후 지하철로 이동해 셰이 스타디움에서 두 번째 경기를 벌였다. 미시건호에서 불어오는 강한 바람 때문에 시카고 컵스와 시카고 화이트삭스의 경기는 '윈디 시티 시리즈'라고 한다. 샌프란시스코 자이언츠와 오클랜드 어슬레틱스의 경기를 '베이 브리지 시리즈'라고 하는 이유는 두 도시가 샌프란시스코만을 사이에 두고 다리로 연결돼 있기 때문이다.

인터리그 도입 첫해인 1997년, 내셔널리그와 아메리칸리그의 팀 수가 각각 14개로 같아 인터리그 기간 중 28개팀 모두가 인터리그 경기를 치렀다. 그러나 1998년 템파베이 데블레이스와 애리조나 다이아몬드백스가 창단되고 아메리칸리그 소속의 밀워키 브루워스가 내셔널리그로 이동하자 내셔널리그는 16개팀, 아메리칸리그는 14개팀이 되면서 내셔널리그 두 팀은 인터리그가 아닌 내셔널리그 경기를 치르는 불완전한 인터리그가 운영됐다. 또한 최초에는 양대 리그의 같은 지구 팀끼리 경기를 벌였으나 2002년부터는 이러한 원칙을 지키되 라이벌 팀 간 경기나 팬들의 관심을 끌 만한 경기를 메이저리그 사무국에서 임의로 짜고 있다.

인터리그는 파업으로 위기에 빠졌던 메이저리그의 부활에 큰 기여를 했음에도 야구의 정통성을 훼손했다는 이유로 야구 보수주의자들에게 많은 비난을 받아왔다. 여기에 인터리그로 올스타전과 월드시리즈에 대한 관심이 줄어들 수 있다는 문제점도 꾸준히 지적돼왔다. 하지만 인터리그에 대한 이러한 비난과 지적은 2013년부터 사실상 무의미해졌다. 내셔널리그에 속해 있던 휴스턴 애스트로스가 아메리칸리그로 이동하면서 양대 리그가 각각 15개의 홀수 팀으로 구성돼 인터리그가 시즌 내내 열리는 구조로 변했기 때문이다. 과거 팀당 18경기 총 252경기가 6월 무렵에 집중적으로 열렸던 인터리그는 요즘은 팀당 20경기 총 300경기가 정규 시즌 전반에 걸쳐 열리고 있다. 한편, 리그 간 대결 성격도 약간 띠고 있는 인터리그에서 역대 전적을 살펴보면 아메리칸리그가 5할2푼2리의 승률로 내셔널리그에 조금 앞서 있다.

2회 사계

008_ 스프링 트레이닝

추운 날씨에 타격을 하거나 공을 던지면 몸 이곳저곳에 부상을 당하기 쉬워 야구는 겨울 동안 휴식기를 갖는다. 그래서 겨울은 야구에 대한 목마름으로 가득한 계절이다. 다행히 목마름의 기간은 길지 않다. 추위가 누그러들고 따스한 봄기운이 밀려올 무렵 스프링 트레이닝Spring training이 시작되면서 기다리고 기다리던 야구의 계절이 왔음을 알려준다.

스프링 트레이닝은 정규 시즌을 앞두고 날씨가 따뜻한 지역에 모여 진행하는 팀 훈련을 의미한다. 1870년 시카고 화이트스타킹스가 겨울철에 미국 남부의 뉴올리언스로 이동하여 전지훈련을 했다는 기록에서 알 수 있듯 스프링 트레이닝은 역사가 길다. 과거에는 겨울잠에서 깨어난 선수들이 둔한 몸을 이끌고 곧장 경기를 치러 훈련 효과가 크지 않았으나 1910년대 브랜치 리키가 타격, 슬라이딩 등과 같은 기본적인 훈련에 이론 수업까지 곁들이는 체계적인 훈련 방식을 도입해 스프링 트레이닝의 가치를 한 단계 끌어올렸다. 그리고 고액 연봉 시대를 맞아 치열한 주전 경쟁을 치러야 하는 요즘 선수들은 몸을 완벽하게 만든 상태로 스프링 트레이닝에 합류하여 눈앞에 다가온 시즌을 성공적으로 치르기 위해 그 어느 때보다 굵은 땀방울을 흘린다. 준비에 실패하면 실패가 준비되어 있다는 것을 선수 스스로 잘 알기 때문이다. 스프링 트레이닝은 2월 중순경 투수-포수조가 먼저 합류하고 5일 정도 후에는 야수조가 합류하여 1주일 정도 합동 훈련을 실시한 후 3월 말까지 약 6주간 30게임 정도 시범경기를 치른다. 이때 투수-포수조가 먼저 합류하는 이유는 투수가 야수보다 몸 만드는 시간이 많이 걸릴 뿐만 아니라 투수의 몸이 덜 풀린 상태에서는 야수조가 타격 훈련을 제대로 할 수 없어서다.

스프링 트레이닝에서는 신인급 선수들과 FA 계약, 트레이드 등으로 새롭게 영입한 선수들의 능력을 평가하면서 이들이 팀 분위기에 편안하게 적응할 수 있도록 돕고, 겨우내 녹슨 선수들의 실전 감각을 회복시킴과 동시에 팀에 필요한 분야를 집중적으로 훈련하는 등 다양한 활동이 펼쳐진다. 이 기간 동안 가장 중요한 것은 역시 26명의 메이저리그 선수 명단, 즉 로스터roster를 추려내는 것이다. 그래서 신인급 선수들이나 부상 또는 부진 등의 이유로 팬들의 기억에서 잊힌 선수들이 26명에 들기 위해 특히 많은 땀을 흘린다. 예를 들면, 1999년 드래프트 13라운드에 뽑혀 주목받지 못했던 앨버트 푸홀스는 2001년 스프링 트레이닝에서의 맹활약을 발판으로 삼아 로스터에 들었고 정규 시즌에도 괴물 같은 활약을 이어가며 만장일치로 신인왕을 수상했다. 이후로는 잘 알다시피 메이저리그를 대표하는 선수로 성장했다.

메이저리그 팀들은 따뜻한 날씨와 훈련하기에 좋은 환경을 갖춘 플로리다 또는 애리조나에 스프링 캠프를 차린다. 연고가 동부 지역인 팀들은 플로리다로, 서부 지역인 팀들은 애리조나로 향하는 경향을 보이며 중부 지역인 팀들은 상황에 따라 둘 중의 한 곳을 선택한다. 플로리다는 1888년 워싱턴 내셔널스가 스프링 캠프를 차린 이후 스프링 트레이닝의 메카가 됐으며 지역을 대표하는 과일 '자몽'에서 이름을 따 '그레이프 프루트 리그Grapefruit League'라고 한다. 애리조나는 플로리다가 아닌 새로운 스프링 트레이닝 장소를 찾던 클리블랜드 인디언스의 빌 베크 구단주가 선택하면서 1946년부터 등장해 처음에는 '애리조나 스테이트 리그'라고 했으나 1954년부터 지역 명물인 '선인장'에서 이름을 따 '캑터스 리그Cactus League'라고 한다. 스프링 캠프에 가면 선수들을 가까운 거리에서 지켜볼 수 있고 선수들의 사인을 받기도 수월하며 운이 좋으면 선수들과 대화까지 나눌 수 있다. 그러다 보니 스프링 캠프는 야구팬들의 휴양지로도 인기가 높다. 이래저래 스프링 캠프가 지역 경제에 미치는 영향이 크기 때문에 플로리다와 애리조나 사이에 메이저리그 팀 유치 경쟁이 뜨겁게 펼쳐진다.

스프링 트레이닝

의외로 많은 팬들이 스프링 트레이닝 중 열리는 시범경기 성적을 정규 시즌과 다름없이 심각하게 받아들인다. 하지만 시범경기는 말 그대로 시범경기일 뿐이다. 1997년 플로리다 말린스처럼 시범경기에서 26승 5패를 한 후 월드시리즈 우승을 차지한 경우가 있긴 하나 상식적으로 시범경기 성적과 정규 시즌 성적은 전혀 관련이 없다. 따라서 시범경기에서 날마다 지는 팀이라 해도 그 결과에 그다지 걱정하지 않는다. 이 시기에 감독들은 성적에 대한 걱정보다는 허풍을 떨며 팀 분위기를 긍정적으로 이끌고 선수들에게 자신감을 심어주는 것에 힘을 쏟으며 정규 시즌에 감히 펼칠 수 없는 작전을 과감히 시도해보기도 한다. 여러모로 스프링 트레이닝은 여유와 긍정적인 분위기가 넘쳐흐르는 시기다.

009_ 정규 시즌

스프링 트레이닝이 끝나고 따스한 봄 햇살이 야구장을 가득 채우는 4월이 되면 팬들의 뜨거운 환호 속에 정규 시즌이 개막된다. 진짜 승부가 시작된 것이다. 개막전은 162경기 중 단 1경기에 지나지 않지만 겨우내 야구에 목말라 있던 팬들은 눈에서 레이저가 나올 만큼 뜨거운 관심을 보인다. 선수들은 스프링 트레이닝으로 정규 시즌을 치르기 위한 만반의 준비를 다했음에도 개막전을 앞두고 글러브와 배트를 계속 매만지며 마음을 가다듬을 만큼 1경기 이상의 의미를 가진다. 그래서 공식 개막전에는 대통령이 시구하는 전통이 생겨났고, 밥 펠러의 노히터, 미키 맨틀의 172미터 초대형 홈런, 행크 아론의 역사적인 714호 홈런 등은 개막전에 나온 덕에 더 뜨거운 관심과 주목을 받을 수 있었다.

모든 팀이 같은 출발선에서 개막전을 시작으로 정규 시즌 우승을 향해 쫓고 쫓기며 팀당 162경기를 치르지만, 그 경기 수는 계속 변해왔다. 내셔널리그가 탄생한 1876년에는 70경기였으나 이후 60경기, 84경기, 140경기 등으로 변화를 거듭했고 1904년부터 도입된 154경기 체제가 오랜 기간 유지되어오다가 아메리칸리그는 1961년부터, 내셔널리그는 1962년부터 162경기 체제를 도입해 지금에 이르고 있다. 한편, 경기 수는 162경기로 변함없지만 162경기의 세부적인 일정은 조금씩 변화되어왔으며 현재는 같은 지구팀과 19경기씩 총 76경기를 치르고, 같은 리그 내 다른 지구팀과 6~7경기씩 총 66경기를 치르며, 나머지 20경기는 다른 리그 팀과의 인터리그로 치른다. 이런 경기 일정 속에서 만나는 각 팀과 보통 3연전을 치르지만, 때로는 2연전 또는 4연전을 치르기도 한다. 1주일에 6경기를 치르면 하루 중간 휴식일을 갖지만 때론 쉬지 않고 20연전을 치를 정도로 팀별 일정이 각양각색이며 중간 휴식일도 다르다.

정규 시즌은 봄에 시작해 여름을 지나 가을에 마무리되는 장기전이지만 아주 드물게 시즌의 허리를 끊는 전·후기리그 제도가 도입되기도 했다. 전·후기리그 제도를 본격적으로 도입하지 않는 이유는 전기리그 우승 가능성이 없는 팀이 남은 경기를 일찌감치 포기하고 후기리그에 집중할 우려가 있기 때문이다. 또한 전기리그에 우승한 팀이 후기리그에 좀 느슨한 경기를 펼치거나 포스트시즌에 만나고 싶은 팀을 은연중에 지원하는 것과 같은 다양한 문제들이 발생할 수 있기 때문이다. 그럼에도 메이저리그 역사에는 두 차례에 걸쳐 전·후기리그 제도가 등장했다.

첫 번째는 1892년으로, 당시 내셔널리그 팀 수가 12개로 늘어나면서 하위팀들의 경기가 팬들에게 외면당하고 결국 관중 동원 수입에까지 문제가 생길 우려가 커지자 전·후기리그 제도를 도입해 전기 우승팀과 후기 우승팀이 우승 결정전을 벌이는 방식을 채택했다. 그러나 기대했던 것과 달리 흥행에 전혀 도움이 되지 않자 이듬해 곧바로 단일 시즌 방식으로 돌아섰다. 이후, 더 이상 메이저리그에서 볼 수 없을 것만 같았던 전·후기리그 제도가 다시 등장한 것은 1981년으로 이는 FA 제도를 둘러싼 노사 갈등으로 발생한 선수들의 파업이 원인이었다.

이해 6월 중순부터 8월 중순까지 50여 일간의 파업으로 시즌이 중단되자 메이저리그는 관중의 흥미를 높이기 위해 파업 전은 전기, 파업 후는 후기로 시즌을 쪼개 각 지구의 전·후기 우승팀끼리 지구 우승 결정전을 치른 후 리그챔피언십시리즈와 월드시리즈를 치르는 방식을 한시적으로 도입하게 된다. 그러나 이런 결정으로, 시즌 전체에서 최고 승률을 올린 신시내티 레즈가 포스트시즌에 진출하지 못하는 억울한 일이 벌어진 데다 앞서 열거한 전·후기리그 제도의 문제점까지 나타나면서 기대했던 효과는 거두지 못했다.

6개월이라는 긴 시간 동안 치열한 순위 다툼을 벌여 마라톤에 비유되기도 하는 정규 시즌에서 좋은 성적을 올리려면 핵심 선수의 부상이 없어야 하고 감독이 선수들로부터 무한한 신뢰를 받아야 하며 선수단을 지원하는 구단의 사무 조직인 프런트와 선수들과의 원활한 관계가 더해져야 한다. 이와 함께 감독이 한 경기도 허투루 날리지 않게 전체 일정을 잘 관리하면서도, 때로는 버릴 경기를 최소 희생으로 과감히 버리는 등의 경기 운영 능력도 중요하다. 162경기를 모두 이기려고 배수의 진을 치고 덤비다가는 선수들의 체력이 머지않아 바닥나고 말아 정작 힘이 필요할 때 힘을 쓰지 못하기 때문이다. 이러한 실수는 의욕만 넘쳐나는 초보 감독들에게서 의외로 쉽게 볼 수 있다. 감독은 하루하루의 승부에 일희일비하지 않고 큰 틀에서 정규 시즌을 바라보며 벤치 멤버들을 시의적절하게 투입해 선수들의 체력 부담을 분산시키는 한편, 주전 선수들의 이적이나 부상에 대비해 벤치 멤버들의 실력을 끌어올림으로써 팀의 미래를 준비하는 것까지 고려해야 한다.

정규 시즌의 중요성은 과거보다 대폭 떨어진 반면, 애초 상업적 의도로 번외경기 성격을 띠었던 포스트시즌의 비중이 지나치게 커져 주객이 뒤바뀐 것이 현실이다. 심지어 일부에서는 정규 시즌을 포스트시즌을 위한 장기 예선전으로까지 깎아내리기도 한다. 하지만 야구는 불규칙 바운드처럼 언제 어디에서 무슨 일이 벌어질지 모르는 의외성이 높은 스포츠다. 그래서 강팀이 약팀을 상대할 때도 3경기 중 1경기는 패할 확률이 높고 3할 타자가 연신 삼진만 당하는 날이 있는가 하면, 임시 선발로 등판한 투수가 완벽한 투구를 선보이는 일도 심심치 않게 벌어진다. 따라서 포스트시즌 같은 단기전보다는 정규 시즌과 같은 장기전을 통해서만 팀 전력을 정확히 알 수 있어 "정규 시즌 우승은 실력이지만 포스트시즌 우승은 실력만으로 되지 않는다"는 말까지 있을 정도다. 월드시리즈에서 우승하지 못했다고 해서 2001년 시애틀 매리너스의 116승과, 1991년부터 14년 연속 정규 시즌의 지구 우승을 차지한 애틀랜타 브레이브스의 위대한 기록을 소홀히 여겨선 안 된다.

찬밥 신세가 된 정규 시즌의 가치를 되살리기 위해, 메이저리그 사무국은 2017년부터 월드시리즈 홈 어드밴티지를 올스타전에서 승리한 리그에 속한 팀에 주던 방식에서 월드시리즈 진출 팀 중 정규 시즌 승률이 높은 팀에 주는 방식으로 변경했다.

010_ 올스타전

뜨거운 태양만큼이나 정규 시즌의 열기가 한창 타오르는 7월 중순, 메이저리그의 별들이 총출동하는 '한여름의 고전Midsummer Classic' 올스타전이 열린다. 올스타전의 역사는 한참을 거슬러 1858년까지 올라간다. 이해 7월 20일 뉴욕 브루클린에서 야구 좀 한다는 선수들이 모여 올스타전을 펼친 것이다. 이 경기는 야구 역사상 최초로 입장료를 받기로 했음에도 슈퍼스타들이 한 자리에 모인다는 사실에 4천여 명의 관중이 50센트의 입장료를 기꺼이 내고 경기장으로 몰려들었다. 이 경기 외에 1911년 갑자기 세상을 떠난 애디 조스Addie Joss, 1880~1911를 추모하기 위한 올스타전 등 비공식 올스타전도 가끔 열렸다. 1915년 〈베이스볼 매거진〉의 편집장 퍼디낸드 레인이 내셔널리그와 아메리칸리그를 대표하는 선수들 간 라이벌전을 아이디어로 내놓기도 했다. 이 아이디어는 금전적으로 좋을 것이 없다고 판단한 구단주들의 반대로 아쉽게 무산됐지만, 리그 간 경쟁의식이 강했던 당시 분위기에서 리그를 대표하는 선수들끼리 벌이는 라이벌전에 대한 관심이 사라진 것은 아니었다.

1933년, 시카고 시는 시 탄생 100주년을 기념하여 만국박람회를 개최할 예정이었다. 시는 박람회에 맞춰 시민들의 관심을 끌 만한 스포츠 이벤트를 계획했고 이에 〈시카고 트리뷴〉의 스포츠 편집장 아치 워드Arch Ward, 1896~1955는 레인과 같은 아이디어를 제안했다. 다행히 이번에는 구단주들이 흔쾌히 동의했고 드디어 7월 6일 시카고 화이트삭스의 홈구장 코미스키파크에서 경기가 열렸다. 경기는 베이브 루스의 2점 홈런을 앞세운 아메리칸리그가 4 대 2로 승리했는데 경기 결과보다 중요한 것이 있었다. 스프링 트레이닝의 시범경기와 월드시리즈를 제외하면 리그

에어쇼가 펼쳐지고 있는 2014년 올스타전

간 맞대결을 볼 수 없던 시절 '세기의 게임Game of Century'라는 이름으로 열린 이 단발성 경기에 4만 8천여 명의 수많은 관중이 모여들었다는 사실이었다. 이 모습을 흡족한 표정으로 지켜보던 케네소 랜디스 커미셔너는 이 경기를 매년 개최하기로 결정한다. 훗날 '올스타전All-Star Game'이라 불리는 이 경기는 1945년 제2차 세계대전, 2020년 신종 코로나 바이러스 감염증(코로나19) 확산으로 두 차례 취소된 것을 제외하면 지금까지 꾸준히 열리고 있고, 1959년부터 1962년까지 4년 동안은 한 해에 두 번씩 개최되기도 했다.

1970년 올스타전에서 피트 로즈가 상대 포수 레이 포시의 어깨를 망가뜨리는 강력한 헤드퍼스트 슬라이딩으로 결승 득점을 올리는 장면이라든지 2001년 시즌을 마지막으로 은퇴를 선언한 '살아 있는 전설' 칼 립켄 주니어가 올스타전에서 박찬호를 상대로 홈런을 때리는 모습 등 올스타전에는 수많은 명장면들이 펼쳐졌다. 그중 최고의 명장면으로는 1934년 '스크루볼의 제왕' 칼 허벨이 달성한 5타자 연속 삼진 처리가 꼽힌다. 5타자 연속 삼진이 뭐 그리 대단하냐고 하겠지만 허벨이 상대한 5명의 타자는 다름 아닌 베이브 루스, 루 게릭, 지미 팍스, 알 시몬스, 조 크로닌으로 훗날 명예의 전당에 입성한 왕별들이었기 때문이다.

올스타전 감독은 전년도 월드시리즈에 진출한 팀의 감독이 맡고 출전 선수는 야수 20명, 투수 12명 총 32명으로 구성된다. 메이저리그라는 최고의 무대에서 뛰는 800여 명의 선수들 중 64명에 뽑힌 이들은 말 그대로 '하늘의 별 따기'에 성공한 선수들이라고 할 수 있겠다. 이렇게 영광스러운 자리에 행크 아론은 무려 25차례, 피트 로즈는 내야와 외야를 넘나들며 4개의 포지션에 뽑혔으며, 조 디마지오는 13년의 선수 생활 내내 올스타에 뽑히는 기쁨을 누렸다. 올스타전 선수 선발 방식은 이런저런 논란 속에 변화를 거듭했다. 선발은 주로 팬 투표와 감독의 추천을 조합하는 방식이었으나 1957년 신시내티 레즈 선수들이 팬들의 몰표에 힘입어 8개의 포지션을 휩쓰는 황당한 상황이 벌어졌다. 이에 포드 프릭 커미셔너가 3개 포지션의 선수를 변경해야 했고, 이런 논란을 없애기 위해 이듬해부터는 코칭스태프와 선수들이 뽑는 방식을 채택했다. 이후로도 선발 방식은 조금씩 바뀌어 최근에는 야수는 팬 투표로, 투수와 후보 야수는 선수단 투표와 커미셔너의 손을 거쳐 선발하는 방식으로 바뀌었다.

1969년 7월 전 세계인의 뜨거운 관심 속에 아폴로 11호가 인류 최초로 달에 착륙하면서 우주 시대의 막이 올랐다. 수천 년간 신비의 대상이었던 달에 인류의 손길이 닿자 많은 사람들은 마치 우주를 정복한 것처럼 들뜬 마음을 감추지 못했다. 아폴로 11호 우주 비행사들은 많은 관심 속에 지구로 복귀했고 이들을 반갑게 맞이한 닉슨 대통령이 꺼낸 첫마디는 "자네들, 올스타전 결과가 어찌 됐는지 궁금하지 않나?"였다. 여전히 언론에서는 '별들의 전쟁'이라며 요란을 떨고 팬들 역시 정규 시즌보다 높은 관심으로 지켜보지만 언제부턴가 올스타전이 싱겁다는 말이 나오기 시작했다.

선수들로서는 올스타로 뽑힌 것이 실력과 인기를 인정받았기에 명예롭고 경기장에서 최고의 선수들과 친분을 쌓을 수 있어 유쾌한 일이지만, 한편으로는 올스타전이 돈벌이에 도움이 거의 되지 않고 올스타전 기간 동안 꿀맛 같은 휴식을 취하고 있을 여느 선수들과 달리 빠듯한 일정 속에 올스타전을 위해 힘겹게 오가는 고충을 감수해야 한다. 구단 관계자들에게도 올스타전이 반갑지 않기는 마찬가지다. 이들은 1937년 올스타전에서 발가락 부상을 당한 후 평범한 선수로 전락한 디지 딘처럼, 정규 시즌이 한창 진행 중인 상황에서 소속팀 선수가 공연한 경기에 나가 부상이라도 당하지 않을까 노심초사한다. 그래서 일부 선수들은 올스타전에 불참하려고 온갖 핑계를 대기도 한다. 이처럼 맥 빠지는 분위기 속에서 올스타전이 열리는 데다 과거와 달리 정규 시즌 중 인터리그에서 리그 간 대결이 매일 열리고 FA 제도의 활성화로 선수들이 리그를 바꾸며 팀을 자주 옮겨 리그 간 맞대결이라는 올스타전의 매력이 많이 줄었다.

이런 상황에서 벗어나기 위해 메이저리그 사무국은 2003년부터 월드시리즈 1, 2, 6, 7차전을 개최할 수 있는 어드밴티지를 올스타전에서 승리한 리그에 부여하기로 결정한다. 고육지책으로 내세운 대책이었다지만 잠시 생각해보면 이것이 얼마나 비합리적인 발상인지를 쉽게 알 수 있다. 예컨대 내셔널리그가 승리하면 월드시리즈에서 LA 다저스가 어드밴티지를 얻기 때문에 샌프란시스코 자이언츠 선수들이 올스타전에서 열심히 뛸 것이라는 생각이 과연 합리적일까? 말도 많았던 월드시리즈 어드밴티지 부여 제도가 2016년에 종료되고, 메이저리그 사무국은 2017년

도부터 올스타전에서 승리한 리그의 선수들에게 총 64만 달러의 승리 수당을 제공하는 등의 금전적인 측면에서 선수들의 동기 부여를 끌어올리는 방식을 채택했다. 2019년까지 올스타전 역대 전적을 살펴보면 아메리칸리그가 45승 2무 43패로 근소한 차이로 앞서 있다. 하지만 친선경기 성격이 매우 강해진 오늘날 올스타전 결과를 리그의 우열을 가리는 잣대로 활용하는 것은 어리석은 생각일 뿐이다.

011_ 포스트시즌

6개월이라는 긴 정규 시즌을 정신없이 치르다 보면 어느덧 선선한 바람이 부는 가을이다. 그리고 많은 사람들의 기다림 속에 포스트시즌이 열린다. 포스트시즌Postseason은 정규 시즌 종료 후 '가을의 고전Fall Classic' 월드시리즈까지의 모든 경기를 의미하며 10월 한 달 동안 펼쳐진다. 정규 시즌보다 긴장감이 높고 뜨거운 에너지가 넘쳐 야구에 문외한인 사람들조차 야구장으로 발걸음을 옮기게 하는 것이 바로 포스트시즌이다. 포스트시즌은 1882년 아메리칸 어소시에이션이 출범하면서 기존의 내셔널리그와 정규 시즌 종료 후 리그 우승팀 간 대항전을 벌이기로 한 것에서 시작됐다. 이해 내셔널리그의 시카고 화이트스타킹스와 아메리칸 어소시에이션의 신시내티 레드스타킹스가 정규 시즌을 마친 후 두 차례 대항전을 벌였고 양 리그는 1884년부터 정기적으로 정규 시즌 우승팀 간 월드시리즈를 갖기로 합의한다. 다만 공식적으로 제도화한 것이 아닌 리그 우승팀 간 합의에 따라 펼쳐지는 이벤트 성격이 짙다 보니 대전 방식은 매년 달랐다. 월드시리즈에서 금전적으로 큰 수익을 얻지는 못했지만 자신의 이름을 많은 팬들 앞에서 알릴 수 있는 데다 소액의 상금까지 배당받을 수 있어 선수나 구단 입장에서 거부할 이유가 없었다. 하지만 내셔널리그가 아메리칸 어소시에이션을 흡수하며 아메리칸 어소시에이션이 1891년에 문을 닫자 결과적으로 1890년에 열린 월드시리즈가 마지막이 되고 말았다.

아메리칸 어소시에이션을 흡수하며 팀 수가 8팀에서 12팀으로 늘어난 내셔널리그가 1894년부터 정규 시즌 1, 2위 팀이 맞붙는 템플컵시리즈Temple Cup Series를 개최했지만 과거 월드시리즈만큼 관심을 끌지 못하고 1897년을 끝으로 역사 속으로 사라진다. 이런 가운데 1901년 아메리칸리그가 등장했고 양 리그는 치열한 생존 전쟁을 시작했다. 그러나 얼마 지나지 않아 이들은 이러한 적대관계가 서로에게 도움 될 것이 전혀 없음을 깨달았고 이들 사이에 1880년대 팬들의 관심을 끌었던 월드시리즈를 부활하자는 의견이 서서히 퍼졌다. 그 결과 1903년 내셔널리그 우승팀 피츠버그 파이어리츠와 아메리칸리그 우승팀 보스턴 아메리칸스가 9전 5선승제의 월드시리즈를 벌이게 된다. 승부는 호너스 와그너가 이끄는 피츠버그의 압도적 승리가 예상됐지만 보스턴이 5승 3패로 우승을 차지했고, 덕분에 신생 리그였던 아메리칸리그의 위상이 크게 올라갔다. 월드시리즈가 부활했지만 엄밀히 보면 이는 공식적으로 제도화한 것이 아닌 순전히 당사자들끼리 합의로 개최한 것이었다. 따라서 시리즈를 몇 차전까지 치르고 입장 수입을 어떻게 배분할지 등에 대한 원칙이 전혀 없었던 탓에 결국 1904년 월드시리즈 무산으로 이어진다.

1904년 정규 시즌 중 양 리그는 월드시리즈 제도화의 필요성을 논의했으나 평소 아메리칸리그를 마이너리그나 다름없는 리그로 여기며 존재 자체를 부정해오던 뉴욕 자이언츠의 구단주 존 브러시John Brush, 1845~1912는 자신의 팀이 정규 시즌 우승을 차지하면 월드시리즈에 참여하지 않겠노라고 선언했다. 그런데 공교롭게도 자이언츠가 정규 시즌 우승을 차지하는 일이 벌어졌다. 월드시리즈를 손꼽아 기다리던 팬들은 일개 구단주의 의견 때문에 월드시리즈가 무산된 현실에 분노했고, 원인 제공자인 브러시는 여론에 떠밀려 결국 양 리그 관계자들과 월드시리즈 제도화에 앞장섰다. 그 결과 1905년부터 7전 4선승제의 형태의 월드시리즈 정기 개최를 핵심으로 한 브러시 규칙Brush rules이 시행됐고 이후 월드시리즈는 1994년 선수 파업으로 한 차례 무산된 것을 제외하고 지금까지 매년 열리고 있다.

월드시리즈만 존재하던 포스트시즌에 변화가 시작된 것은 1969년이었다. 1968년까지만 해도 리그당 10팀이 존재하여 리그 1위끼리 맞붙는 월드시리즈만 열렸으나 1969년부터 4개의 신생팀이 한꺼번에 들어서자 양 리그를 각각 동부지구와 서부지구로 나누어 각 지구 1위 팀끼리 월드시리즈 진출권을 놓고 5전 3선승제로 대결을 펼치는 리그챔피언십시리즈를 도입한 것이다. 이 시리즈는 1985년부터 7전 4선승제로 확대된다. 포스트시즌으로 벌어들이는 돈맛에 푹 빠진 메이저리그는 1994년부터 양 리그를 아예 각각 동부지구, 중부지구, 서부지구로 재편성한다. 그러면서 각 지구 1위 3팀을 제외하고 승률이 가장 높은 1팀에게 와일드카드를 부여하여 리그챔피언십시리즈 진출권을 놓고 4팀이 2개조로 나뉘어 격돌하는 5전 3선승제의 디비전시리즈를 도입하기로 결정했다. 이 제도는 그해에 발생한 선수 파업 문제로 1995년부터 적용하게 된다. 2012년부터는 한술 더 떠 와일드카드를 1팀에서 2팀으로 확대해 해당되는 2팀이 디비전시리즈 진출권을 놓고 단판 승부를 벌이는 와일드카드 결정전까지 도입하기에 이른다. 과거 월드시리즈만 존재하던 포스트시즌은 이제 와일드카드 결정전, 디비전시리즈, 리그챔피언십시리즈, 월드시리즈라는 4개의 무대를 거치게 되었고, 결과적으로 10팀이 포스트시즌에 진출해 월드시리즈 우승을 노리게 되었다. 야구 보수주의자들은 메이저리그가 돈벌이에 혈안이 돼 정규 시즌 승률 5할에도 오르지 못한 평범한 팀까지 월드시리즈 우승을 노릴 수 있는 상황을 만들었다며 마뜩지 않은 시선을 보내고 있다. 이러한 논란에도 30개 팀 중 10팀이 포스트시즌 진출을 노릴 수 있는 33퍼센트의 높은 확률에 예전 같으면 8월 무렵부터 관중석에 파리가 날렸을 만한 팀들도 정규 시즌 마지막까지 많은 관중을 끌어모을 수 있게 됐다.

겨우내 몸을 단단히 만들고 스프링 트레이닝으로 본격적인 시즌 준비를 하고 긴 정규 시즌 동안 다람쥐 도토리 모으듯 1승, 1승을 열심히 모아 기분 좋은 가을을 맞이한 10팀 중 오직 1팀만이 월드시리즈 우승의 기쁨을 누릴 수 있다. 우승이 확정되는 순간 선수들은 그라운드로 뛰어나가 서로를 뜨겁게 껴안고 라커룸에서는 제3차 세계대전이라도 벌어진 것처럼 동료들에게 샴페인을 무차별적으로 퍼부어댄다. 이렇게 우승이 가져다주는 행복은 그 무엇과도 바꿀 수 없기에 마이너리거는 메이저리거를 꿈꾸고, 메이저리거는 월드시리즈 우승을 꿈꾼다는 말까지 있다. 문제는 우승이 말처럼 쉽지 않다는 것. 타이 코브, 테드 윌리엄스, 로드 커류, 어니 뱅크스 등 많은 슈퍼스타들이 월드시리즈 우승의 맛을 느끼지 못하고 은퇴를 했다. 팀으로 보면 애리조나 다이아몬드백스처럼 창단 후 4년 만에 우승을 차지하는 반면 텍사스 레인저스와 시애틀 매리너스 등 6개 팀들은 여전히 우승 경험이 없고, 시카고 컵스는 1908년 우승 이후 100여 년간 우승과 담을 쌓고 지내다 2016년이 되어서야 우승을 맛보기도 했다. 이렇게 힘든 월드시리즈 우승을 가장 많이 달성한 팀은 1949년부터 1953년까지 5년 연속 월드시리즈를 손에 넣는 등 총 27회에 달하

100여 년 만에 월드시리즈 우승을 차지한 시카고 컵스

는 뉴욕 양키스로 이는 11회를 달성한 세인트루이스 카디널스에 훌쩍 앞선 기록이다. 이러한 양키스의 화려한 우승 기록 덕분에 양키스의 전설 요기 베라Yogi Berra, 1925~2015는 무려 10개의 월드시리즈 우승 반지를 끼었다.

경기 운영 면에서 포스트시즌이 정규 시즌과 다른 특성은 한 팀과만 맞붙게 되므로 정규 시즌과 달리 상대가 껄끄러운 팀이라고 해서 피해 갈 수가 없는 점, 단기전이라 이길 가능성이 높은 경기는 전력을 총동원해 잡으려 한다는 점이다. 또한 4~5명의 선발 투수가 교대로 등판하는 정규 시즌과 달리 중간 휴식일이 자주 있는 포스트시즌에서는 3~4명의 선발 투수로 마운드 운영이 가능해 2명 정도의 확실한 에이스급 투수를 보유한 팀이 훨씬 유리하고, 점수를 올리기 위해 번트나 도루 같은 작전 수행 능력이 더 필요하며, 접전으로 경기가 진행되는 경우가 많아 마무리 투수의 중요성이 좀 더 커진다. 포스트시즌에 관해 "결정적인 실책 하나로 승부가 갈린다", "미친 듯 큰 활약을 해주는 선수가 나와야 이긴다” 등과 같은 말들이 쏟아지지만 정규 시즌에서도 결정적인 실책 하나로 승패가 갈리고, 그날 승부에 유독 눈에 띄는 활약을 펼치는 선수는 늘 있어왔다. 그럼에도 이렇게 비합리적인 말들에 많은 팬들이 고개를 끄덕이는 이유는 포스트시즌이 시작되면 언론에서 이런 말들이 사실인 것처럼 주구장창 떠들어대기 때문이다.

포스트시즌은 애당초 디저트에 지나지 않았지만 이제는 그 비중이 정규 시즌을 압도하고 있다. ‘야구 몰라요’라는 유행어처럼 야구는 언제 어디서 무슨 일이 벌어질지 모르는 스포츠이므로 포스트시즌 같은 단기전에서는 더더욱 실력과 승패가 비례하지 않는다. 1924년 월드시리즈 7차전에서 3 대 1로 뒤지고 있던 워싱턴 세너터스가 8회말 3루수 앞 불규칙 바운드 안타에 힘입어 동점을 만들고 나서 12회말 다시 3루수 앞 불규칙 바운드 안타 덕분에 우승을 차지하게 될 줄 누가 알았겠는가? 야구는 언제나 통계와 전문가들의 예상을 비웃으며 전혀 엉뚱한 결과를 보여줘왔고 이는 야구가 지닌 대표적 매력으로 통한다. 진정한 야구 실력은 이미 6개월간의 정규 시즌 대장정으로 충분히 가려졌다. 포스트시즌은 디저트를 맛본다는 기분으로 즐기는 것이 어떨까 싶다.

012_ 스토브리그

월드시리즈를 끝으로 그라운드에 눈이 쌓이고 선수들이 가족의 품으로 향하면 야구장 주변은 적막에 잠긴다. 이렇게 그라운드에서의 승부는 끝이 났지만 그렇다고 야구가 끝난 것은 아니다. 멋진 미래를 다지려는 구단의 소리 없는 전쟁이 스토브리그에서 본격적으로 시작되기 때문이다. 스토브리그Stove league란 시즌 종료 후 다음 시즌이 시작되기 전까지의 비시즌 기간을 의미한다. 여기서 '난로'를 뜻하는 '스토브'를 쓰게 된 것은 겨울철에 구단 관계자들이 난로 주변에 둘러앉아 선수들의 몸값을 흥정하고 선수들 맞바꾸기 등으로 입씨름을 벌였던 초창기 야구계의 모습에서 비롯되었다.

초창기 야구 선수들은 부족한 연봉 탓에 스토브리그 동안 일자리를 찾아나서야만 했다. 하지만 연봉이 천정부지로 솟은 요즘 선수들은 모처럼 가족과 여유 있는 시간을 보내며 자신만의 방식으로 다음 시즌을 준비한다. 일반적으로 메이저리그에서 확실한 위치에 오른 선수들은 개인 트레이너를 고용해 자율 훈련을 하고, 그렇지 않은 선수들은 주로 도미니카공화국, 베네수엘라 등 중남미 지역에서 열리는 윈터리그에 참여해 실전 감각을 쌓으며 자신의 이름을 메이저리그에 알린다.

이처럼 스토브리그 동안 선수들은 그나마 여유 있는 시간을 보내지만 구단 관계자들은 구단의 철학을 바탕으로 구단의 미래를 설계하기 위해 시즌보다 더 바쁜 하루하루를 보낸다. 이렇게 바쁜 일정은 매년 12월에 4~5일간 열리는 윈터미팅Winter meetings에서 절정에 이른다. 윈터미팅은 메이저리그 30개 구단 관계자와 에이전트는 물론이고 마이너리그 구단, 중남미와 동아시아 야구 관계자 등 야구와 관련된 수많은 사람들이 한곳에 모여 야구를 주제로 다양한 이야기를 나누는 장이다. 1876년에 출범한 후 첫 시즌을 마친 내셔널리그가 그해 겨울 한자리에 모여 리그 운영에

윈터미팅

관한 다양한 사안을 논의하고 윌리엄 헐버트를 리그 회장으로 선출한 것이 윈터미팅의 기원으로, 1901년부터 연례행사로 개최되고 있다.

이 자리는 야구 관계자들이 모여 한가롭게 먹고 마시고 잡담이나 나누는 곳이 절대 아니다. 이들은 잠까지 설쳐가며 선수 계약이나 트레이드 등에 관한 수많은 정보를 얻고자 하는데 이 과정에서 특급 선수들의 FA 계약이나 트레이드와 관련하여 무성한 소문이 나돌곤 한다. 이 소문들 중에는 아니 땐 굴뚝에 연기라도 나듯 근거 없는 소문들도 많지만 실제로 성사되는 경우도 적지 않다. 뿐만 아니라 구단에서 일할 직원을 모집하고 또 하나의 드래프트인 룰 5 드래프트Rule 5 draft 역시 윈터미팅 기간 중 열린다. 스토브리그를 휴식을 의미하는 off를 사용하여 오프시즌Off-season이라고도 하지만 이는 경기 위주로 표현한 용어일 뿐이다. 또 하나의 시즌인 스토브리그를 지켜보노라면 야구는 1년 내내 하는 스포츠라는 것을 알 수 있다.

3회 사람들

MLB

013_ 선수

오늘날 시각으로는 이해가 힘들겠지만 메이저리그 초창기만 해도 야구는 교양 없는 건달들의 운동이라는 인식이 사회 전반에 퍼져 있었다. 그러다 보니 제아무리 메이저리거라도 고급 호텔에 들어가기 힘들었고 들어간다 해도 다른 손님들의 눈에 잘 띄지 않는 구석진 자리에 배치받기 일쑤였다. 그러나 오늘날 메이저리거는 존경과 부러움의 대상 그 자체다. 천문학적인 연봉을 받는 것은 물론 수많은 관중과 미디어의 주목 속에 경기를 펼치고 자신의 이름이 적힌 유니폼을 입은 팬들이 여기저기서 사인을 해달라고 한다. 게다가 전용기의 1등석을 이용하고 특급호텔에서 숙식을 해결하며 단 한 경기만 뛰어도 평생 의료보험 혜택을 누릴 수 있다. 무엇보다 선수 명단에 43일 이상 등록되면 사망할 때까지 연금 혜택을 받을 수 있는데 그 금액은 45세부터 수령할 때 연 6만 달러가 넘고 60세부터 수령할 때에는 연 20만 달러에 이를 정도로 어마어마하다.

이러한 부와 명예를 좇아 전 세계의 날고 기는 야구 유망주들이 메이저리그를 향해 몰려든다. 실제로 최근 메이저리거들의 국적을 살펴보면 약 30퍼센트는 미국이 아닌 20여 개국에서 모인 외국인 선수들로 도미니카공화국, 베네수엘라 등 중남미 선수들이 가장 많고 네덜란드, 일본, 한국 등 유럽과 아시아 선수들도 있으며 남아프리카공화국 출신의 기프트 은고에페Gift Ngoepe, 1990~ 와 같은 아프리카 선수도 등장했다. 제한된 자리를 놓고 전 세계 야구 유망주들이 몰리다 보니 메이저리거가 되는 것은 낙타가 바늘구멍을 통과하는 것만큼이나 어려운 일이다.

이들 대부분은 메이저리그로 직접 향하는 대신 보유한 기량에 따라 루키리그부터 트리플 A까지 여섯 단계로 구성된 마이너리그 중 한 단계에 배치되는데 상위 단계로 올라갈수록 더 강하고 더 빠르고 더 똑똑한 선수들과 치열한 경쟁을 벌이기 때문에 살아남고 살아남고 또 살아남으려면 뼈를 깎는 노력을 해야 한다. 과거에 비해 많이 나아지긴 했지만 여전히 싸구려 호텔과 음식으로 숙식을 해결하고 때로는 15시간 넘게 버스를 타고 이동한 후 곧장 경기를 펼쳐야 하는 열악한 환경에도 맞서야 한다. 이렇게 힘든 마이너리그에서 기량을 인정받은 10퍼센트 정도의 선수들만이 끔찍이도 멀었던 메이저리그 문턱을 넘어설 수 있다.

험난한 과정 끝에 입성한 메이저리그 생활도 마냥 달콤한 것만은 아니다. 선배들을 위해 허드렛일을 하고 선배들이 지정한 우스꽝스러운 복장을 입는 '루키 헤이징Rookie hazing'이라는 '새내기 신고식'도 치러야 한다. 또한 메이저리그라는 무대에 서 있다는 자체만으로 마음이 뿌듯하면서도 이곳이 예상보다 만만치 않은 곳이라는 생각에 자꾸만 걱정이 들게 마련이다. 그럴 수밖에 없는 것이 자신의 먹잇감이 되던 선수들은 여전히 마이너리그에 남아 있거나 고향으로 돌아간 반면, 자신을 먹잇감으로 삼던 선수들만이 이곳에 올라와 있기 때문이다. 무엇보다 이곳에서 조금만 뒤처지면 언제 어디서든 무시무시한 경쟁자가 자신의 자리로 밀고 들어오겠다는 초조함까지 느낀다.

날고 기는 선수들끼리 치열한 경쟁을 벌이는 이곳에 선수들이 머무는 기간은 평균 6년으로, 놀런 라이언처럼 27년간 활약한 선수가 있는가 하면 래리 욘트처럼 1경기 만에 마이너리그로 돌아가 화려한 나들이를 끝낸 선수도 있다. 알 칼라인, 치퍼 존스처럼 데뷔 후 은퇴까지 오랜 기간 한 팀에서만 활약하며 많은 팬들의 사랑을 받는 원 클럽 맨One-club man들이 드물게 있지만, 대부분의 선수들은 여러 팀을 옮겨 다니고 일부 선수들은 자신이 입어본 유니폼이 몇 벌인지 헷갈리기도 한다. 이렇게 유랑극단원처럼 많은 팀을 떠도는 선수를 저니맨Journey man이라고 한다. 저니맨은 팀의 주축이 될 만한 실력은 갖추지 못했으나 원하는 팀에서 부족한 부분을 메꿀 수 있는 기량을 갖추었기에 영입되는 경우가 대부분이다. 그래서 불행한 선수라고만 볼 수는 없으며 대표적인 저니맨으로는 무려 14개 팀에 몸을 담은 에드윈 잭슨Edwin Jackson, 1983~이 꼽힌다.

이처럼 화려한 겉모습과 달리 언제 마이너리그로 떨어지거나 다른 팀으로 옮겨야 할지 모르는 치열한 경쟁과 긴장의 연속 속에 살다 보니 메이저리거들 중에는 별의별 징크스를 갖고 있는 선수들이 많다. 이런 징크스는 자신에게 익숙한 행동으로 심리적 안정을 취하려는 과정에서 자연스레 생기는 경우가 대부분이다. 대표적으로 노마 가르시아파라Nomar Garciaparra, 1973~는 오른쪽과 왼쪽 장갑을 번갈아가며 조이고 배트를 돌리며 왼쪽과 오른쪽 발끝을 찍는 요란한 타격 준비 동작을 습관적으로 했고, 웨이드 보그스Wade Boggs, 1958~는 매일 같은 시간에 일어나 수비 훈련을 하면서 150개의 땅볼을 처리하고 경기 전에는 닭고기를 먹었으

웨이드 보그스

며 유태인도 아니면서 타격 전 히브리어로 '삶'을 의미하는 'Chai'라는 단어를 쓰는 등 다양한 징크스로 뭉친 선수였다.

메이저리거들은 일반인들이 사회생활을 시작할 무렵인 20대 중후반에 전성기를 보낸 후 서서히 내리막길을 걷는다. 어느덧 허리통이 굵어져 배트를 시원하게 휘두르지 못하고 베이스를 달리는 것이 오르막길을 오르는 것처럼 느껴지는 노장이 되면 부진한 경기력이 일시적인 슬럼프인지 아니면 영구적으로 기량이 떨어진 것인지 본인 스스로도 헷갈린다. 고목나무에 피는 꽃처럼 가끔 전성기 시절의 기량이 튀어나오지만 분명 한 방 날릴 수 있을 것으로 생각했던 실투를 앞에 두고 헛스윙을 하는 자신의 모습에 '이제 낚시질을 다닐 때가 왔구나'라고 생각한다. 주변에서도 '이제는'이라는 말이 슬슬 들리기 시작한다. 그러나 자신의 인생과 다름없는 그라운드를 떠나는 것은 여간 미련이 남는 일이 아니다.

정상에서 박수를 받으며 은퇴하든 구질구질하게 선수 생활을 이어가다 초라하게 은퇴하든 은퇴를 결정하는 것은 선수 본인의 자유다. 그리고 누구나 세월 앞에 장사는 없기에 언젠가는 담담하게 은퇴를 결정한다. 은퇴 후 이들은 지도자, 구단 프런트, 해설가 등으로 제2의 야구 인생을 시작하고 일부는 사업 또는 선수 생활 동안 소홀했던 가정에 헌신하며 야구와 거리를 둔 삶을 살아간다. 매우 드문 경우로 라이언 샌버그, 트로이 퍼시발처럼 선수 생활에 대한 미련을 버리지 못하고 은퇴를 번복하며 다시 그라운드로 돌아와 활약하는 선수들도 있다. 지금까지 메이저리그라는 화려한 무대에 2만여 명의 선수들이 올랐고 그중 1퍼센트에 해당하는 240여 명만이 명예의 전당에 올랐다. 메이저리거가 되고 그 무대에서 독보적인 활약을 펼치기까지의 치열함을 곰곰이 생각해보면 왜 명예의 전당이 '야구의 신'에게만 허락된 곳인지 알 수 있을 것이다.

014_ 감독

야구 감독은 스트레스와 과로를 먹고 산다는 말이 있을 만큼 극한 직업으로 꼽힌다. 그럼에도 남자들의 장래 희망 직업으로 꼬박꼬박 등장하고 선수들이나 코치들이 언젠가 감독을 해봐야겠다는 욕심을 갖는 것은 야구라는 화려한 무대의 중심을 차지하기 때문이다. 감독은 선수들을 지휘하며 경기 전반을 책임지는 사람으로 1920년대 단장 제도가 등장하기 전까지만 해도 선수 스카우트와 육성은 물론 선수단 이동과 회계 업무 등 주무 역할까지 직접 하며 야구단 전체를 통솔했다. 보통 스포츠에서 감독을 헤드코치Head coach라고 하는 것과 달리 야구 감독을 매니저Manager라고 하는 이유가 여기에 있다. 또한 과거에는 타이 코브, 루 부드로, 프랭크 로빈슨 등처럼 선수를 겸한 감독들도 꽤 많았으나 야구가 전문화되면서 감독과 선수 역할의 간격이 나날이 벌어지자 그 숫자가 점점 줄어들었고 결국 1986년 피트 로즈를 마지막으로 사라졌다. 그 역할이 과거에 비해 대폭 줄어들기는 했지만 야구 감독은 경기 중은 물론 그 외의 시간에도 여전히 많은 일을 한다.

최고의 선수들이 모인 메이저리그는 선수 중심의 경기가 펼쳐지므로 경기 중 감독의 역할은 제한적인 편이다. 감독은 상대 팀 공략에 적합한 타순표를 제출하는 것을 시작으로 선수들이 경기에서 승부 근성을 발휘하도록 분위기를 이끌며 중간중간 대타를 넣는다. 수비에서는 야수들이 상황에 적합한 수비 위치를 잡고 있는지 확인하고, 마운드 위 투수의 구위와 제구력이 정상적인지 유심히 관찰하면서 적시에 투수를 교체하기도 한다. 이 가운데 적정한 시점에서의 투수 교체 능력은 감독의 중요한 역할이자 감독의 능력을 평가하는 척도로 사용된다. 하지만 이와 같은 경기장 안의 일만으로 유능한 감독이 되는 것은 아니다. 경기 중이 아닐 때에도 감독은 언론을 상대하는 등 다양하고 중요한 일들을 한다. 기자들을 상대하는 것은 분명 귀찮고 힘든 일이지만, 잘못된 얘기를 들은 기자들이 엉뚱한 기사를 내는 것은 예방해야 한다. 그리고 팀 홍보 차원에서도 언론에 적극 다가서야 한다.

또한 감독은 관중 동원에도 책임감을 가져야 한다. 물론 관중이 감독을 보러 오는 것은 아니지만 비싼 돈과 귀한 시간을 들여 경기장에 입장한 관중을 위해 어떻게 경기를 풀어가야 관중이 흥미진진하게 경기를 관람할 수 있을지를 고민하는 것 역시 감독의 중요한 역할이다. 경기 중과 그 외의 시간을 통틀어 감독의 가장 큰 역할은 '사람 다루기'라고 할 수 있다. 천차만별인 연봉에 연령과 개성이 다양한 선수들을 이끄는 것은 상당히 어려운 일이다. 1970년대 FA 제도가 들어서기 전만 해도 감독은 선수들에게 일방통행식으로 강하게 지시하고 때론 심한 질책을 가할 수 있었다. 그러나 시대가 바뀌면서 선수들에게 이러한 방식은 더 이상 통하지 않게 되었다. 이제는 선수들을 편하게 대해주고 지시가 아닌 당부를 해야 하는 위치로 변했다. 감독과 선수들 사이에 갈등이 발생하는 가장 큰 원인은 '선수 기용 문제'다. 선수 입장에서 최고의 감독은 지략이 뛰어나거나 덕이 많은 사람이 아니라 자신을 많이 뛰게 해주는 사람이다. 하지만 9개의 포지션으로 구성된 야구에서 26명의 선수를 모두 만족시킬 수는 없는 노릇이다. 26명 중 주전 15명과 맨 밑에 처져 있는 6명 정도는 그나마 자신의 위치를 알기에 큰 문제가 없지만 그 중간에 끼어 있는 5명 정도는 자신들이 경기에 자주 나서지 못하는 것에 불만이 쌓이기 마련이며 자칫 팀 분위기가 좋지 않게 흘러갈 수 있다. 선수 개개인에게 좋은 일이 팀에 좋은 일과 일치하지 않기 때문에 발생하는 이런 문제를 해결하기 위해 감독은 선수 개개의 성향에 맞게 합리적인 이유를 들며 지속적인 대화로 갈등을 풀어야 한다.

이렇게 다양한 역할을 성공적으로 해내려면 감독은 프런트의 팀 운영 방침을 정확히 이해하고, 1년 중 7개월이 넘는 시즌을 버틸 수 있도록 건강을 유지해야 하며 직업의 특성상 운도 많이 따라줘야 한다. 또한 코치들을 자신의 부하가 아닌 동반자로 생각하고 그들의 분야와 권한을 보장함으로써 코치들이 감독을 잘 보좌하기 위해 어떻게 할지를 스스로 고민하게 해야 한다. 무엇보다 감독은 선수들로부터 이 팀의 리더는 오직 감독 한 사람이라는 권위를 인정받아야 한다. 타순을 짜고 투수를 교체하는 것 등의 최종 결정과 그 결과에 대한 책임은 모두 감독에게 있다. 지독한 침체기에 빠져 있던 시카고 컵스는 1961년 감독을 두지 않고 8명의 코치들이 번갈아가며 팀을 이끄는 집단지도체제를 도입한 바 있다. 그러나 감독의 권위가 여러 명에게 분산되고 지휘체계가 확고하지 못하다 보니 팀이 일사분란하게 움직이지 못했고 사공이 많아 배가 산으로 가는 문제까지 생기자 결국 도입한 지 5년 만에 집단지도체제는 막을 내렸다.

감독이 팀을 이끌어가는 유일한 보스라는 권위는 선수들에게 강요해서 얻을 수 있는 것이 아니다. 야구에 대한 깊은 조예로 감독의 지시를 잘 따르면 경기에서 이길 수 있다는 것을 선수들에게 증명해 보이고, 훌륭한 인품으로 처신을 올바르게 함으로써 감독의 권위를 스스로 만들어나가야 한다. 권위를 확보할 때 감독의 화려한 선수 경력은 분명 도움이 되는 요소다. 그러나 존 맥그로와 조 토레처럼 스타플레이 출신으로 2000승을 넘어선 명장이 있긴 하지만, "스타플레이어 출신은 감독으로 성공하기 힘들다"는 말이 있듯 화려한 선수 시절을 보냈던 감독이 명장으로 올라선 경우는 매우 드물다. 명장이 되기 위해서는 벤치 워머의 설움을 이해하고 2할을 넘지 못하는 물방망이 타자의 고충도 함께 나눌 수 있어야 한다. 그러나 테드 윌리엄스를 비롯한 대부분의 스타플레이어 출신 감독들은 자신의 생각만을 고집하고 재능이 부족한 선수들의 서툰 플레이를 이해하지 못했다. 울어보지 않은 사람은 우는 사람을 이해하기 힘든 법이다. 반면 월터 앨스턴, 토니 라 루사, 조 매든 등처럼 선수 시절 메이저리그에서 별 볼일 없는 성적을 기록했거나 아예 메이저리그에 오르지 못했던 감독들은 자신의 스타일을 고집하지 않고 선수 역시 평범한 인간이라는 전제 아래 선수들의 고충을 이해하며 개성을 존중하는 지도 방식으로 팀을 잘 이끌어 명장의 반열에 올랐다.

메이저리그에서 최고의 감독과 최악의 감독의 차이는 최고의 선수와 최악의 선수 사이의 능력 차이에 비해 훨씬 작다. 오랜 야구 역사에서 경기 중 나올 만한 작전은 이미 정해져 있을뿐더러 감독이 지시한 대로 작전이 수행되지 않는 경우도 많기 때문이다. 클리블랜드 인디언스가 관중 한 명을 추첨해 그날의 감독 역할을 맡기는 이벤트를 열고, 애틀랜타 브레이브스의 테드 터너 구단주가 직접 감독 자리에 앉아 경기를 지휘했던 해프닝도 감독이라는 자리가 승패에 미치는 영향이 크지 않기 때문에 가능했다. 물론 감독이 어떻게 하느냐에 따라 승패에 미치는 영향이 크게 달라질 수 있긴 하다. 그러나 일반적으로 최고의 선수들이 모인 메이저리그에서 감독의 역량으로 얻는 승리는 1년에 겨우 5승 내외라고 한다. 결국 팀이 많이 이기고 지는 것의 차이는 선수층에 달려 있으며 감독 한 명이 바뀐다고 약한 팀이 강한 팀으로 바뀌지 않는다. 그럼에도 선수, 구단, 팬들은 팀이 보유한 전력은 생각하지 않고 성적 부진의 책임을 감독의 무능으로 돌리려는 경향이 강하며 이것이 심해지면 감독은 옷을 벗어야 한다. 그래서 감독의 연봉은 욕먹는 대가이며 성적이 나쁠 때 책임을 지기 위해 자리에 앉아 있다는 말까지 있다.

케이시 스텡겔

감독이 해임되는 이유는 이러한 성적 부진 외에도 구단과의 불화, 선수들과의 마찰 등 다양하다. 1949년부터 12년간 뉴욕 양키스에 아메리칸리그 우승 10회, 월드시리즈 7회 우승을 안긴 케이시 스텡겔Casey Stengel, 1890~1975 감독은 나이가 많다는 이유로 해임되자 "다시는 70세가 되는 실수를 하지 않겠다"는 명언을 남기기도 했다. 감독이라는 자리가 '파리 목숨'에 비유되는 대표적인 사례는 빌리 마틴에게서 볼 수 있는데 그는 1975년부터 1988년까지 뉴욕 양키스 감독으로 5번 취임하고 5번 잘렸다. 이렇게 뉴욕 양키스의 조지 스타인브레너 구단주가 여러 핑계로 양키스 감독을 갈아 치우는 재미에 빠지자 미국 실업자들의 대부분은 양키스 감독 출신이라는 뼈 있는 농담까지 등장할 정도였다. 아무튼 감독은 취임과 동시에 해임을 대비해야 하며 자리를 계속 유지하려면 자신이 구단을 소유하는 수밖에 없다. 실제로 피츠버그 파이어리츠에서 3년, 필라델피아 어슬레틱스에서 50년 동안 통산 7755경기에서 3731승 76무 3948패를 기록하며 경기 수, 승수, 패수 모두 최다를 기록한 코니 맥이 1915년부터 7년 연속 리그 꼴찌를 기록하고도 자리를 지킬 수 있었던 것은 그 자신이 어슬레틱스의 구단주였기 때문이다.

감독이라는 자리가 쉽게 버려지는 소모품과 같다 보니 대부분의 감독들은 "간이 좁쌀만 하다"는 말을 듣더라도 교과서적인 정석 플레이를 선호하게 마련이다. 경기 흐름상 정석을 무시한 모험적인 플레이가 최선의 선택이라고 생각하면서도, 좋은 결과를 얻었을 때의 성취감보다 나쁜 결과를 얻었을 때 결과론에 따른 무수한 비난을 감수해야 하는 부담감이 훨씬 크기 때문이다. 예를 들어 양 팀이 팽팽하게 맞선 경기 후반 무사 1루에서 타자에게 희생 번트와 같은 정석 플레이가 아닌 강공을 지시했으나 더블 플레이가 나오면 감독은 비난을 피하기 힘들다. 반면 타자에게 희생 번트를 지시했으나 실패하면 비난의 화살은 감독이 아닌 작전을 제대로 수행하지 못한 타자에게 향한다. 또 희생 번트가 성공해 1사 2루가 된 상황에서 후속타가 터지지 않아 점수를 내지 못해도 비난은 선수에게 쏟아진다. 벌어놓은 돈이 많거나 감독 자리가 확고하지 않은 이상 현실적으로 감독에게 자리 보존만큼 중요한 것은 없다. 감독이 정석 플레이를 선호할 수밖에 없는 이유다.

015_ 단장

명문 구단이란 단순히 좋은 성적을 거두는 것만으로 이루어지지 않는다. 명문 구단으로 인정받으려면 우수한 선수, 유능한 프런트, 충성심 높은 팬이 삼위일체를 이뤄야 한다. 특히 프런트는 구단의 백년대계를 그리는 조직으로 이러한 삼위일체를 조화롭게 가꾸어 나가며 선수단 구성 및 지원, 재무, 마케팅, 구장 관리, 의료 등 다양한 역할을 수행한다. 이들은 비록 유니폼을 입고 그라운드를 누비지는 않지만, 선수들을 내세워 치르는 대리전쟁의 결과에 선수들보다 더 큰 기쁨과 쓰라림을 느낀다. 프런트를 이끄는 단장은 구단주와 사장의 지휘를 받지만 사실상 구단을 총괄하는 책임자로 막강한 권한을 갖고 있다.

초창기 메이저리그에서는 감독이 곧 단장이었다. 감독은 그라운드에서 강력한 카리스마를 앞세워 선수들을 지휘하는 한편, 선수단 구성과 운영, 재무 등 구단 전반의 업무를 책임지며 강력한 권한을 누렸다. 1920년 뉴욕 양키스가 에드 배로우Ed Barrow, 1868~1953를 단장으로 임명하며 단장 제도가 탄생한 이후에도 감독은 보통 선수들보다 많은 연봉을 받았고 선수 영입에 많은 권한을 가지며 여전히 막강한 힘을 유지해왔다. 그러나 1970년대 FA 제도의 등장으로 선수들의 위상이 높아진 대신 감독의 입지는 좁아지고 프런트 중심의 구단 운영이 점차 확대되었다. 그리고 오늘날 감독은 프런트가 제공한 여건에서 최선의 승부를 펼치는 것에만 집중하고 그 외의 모든 일은 단장의 몫이 되었다. 심지어 감독 선임 역시 단장의 역할이다. 과거에는 성적은 선수들과 코칭스태프들의 책임이고 단장의 책임은 흥행이라는 통념이 강했으나 최근에는 성적과 흥행 모두 단장의 책임이라는 인식이 높아졌다.

물론 이러한 단장 야구에 반감을 느끼는 야구인들도 있다. 그러나 야구는 재미와 감동을 주는 스포츠이면서 동시에 구단 입장에서 보면 재정적으로 흑자를 내야 하는 철저한 비즈니스 대상이다. 게다가 감독은 자신의 야구관이 아닌 구단의 야구관을 그라운드에 심기 위해 임시적으로 고용된 나그네일 뿐이다. 계약 기간 동안 성적에 급급해 장기적으로 팀을 망가뜨리더라도 계약 만료 후 떠나면 그만인 나그네에게 끌려다니며 구단의 운명을 맡기는 것이 과연 현명할까? 구단의 미래를 책임져야 할 단장의 역할이 강화될 수밖에 없는 이유다. 이렇게 과거에 비해 단장의 역할이 대폭 강화되긴 했지만, 여전히 감독과 명확하게 구분되지 않는 부분이 있다 보니 둘 사이에 불협화음이 발생하곤 한다. 특히 팀 성적이 좋지 않을 때면 단장을 비롯한 프런트가 그라운드에서 펼친 내용에 이러쿵저러쿵 간섭하다가 감독과 갈등을 빚는 모습을 종종 볼 수 있다. 이러한 모습에 대부분의 야구인들은 아무리 단장 야구의 시대라지만 그라운드에서만큼은 최고 결정권자인 감독의 권위를 존중해주는 것이 바람직하다는 의견을 내놓는다.

자리가 자리인 만큼 야구에 대한 깊은 조예로 구단의 장기 비전과 합리적인 구단 운영 마인드를 지닌 사람들이 단장을 맡다 보니 메이저리그 전반의 발전을 가져온 경우가 꽤 많다. 대표적으로 '야구계의 혁명가'로 불리는 브랜치 리키Branch Rickey, 1881~1965 단장이 꼽힌다. 그는 재키 로빈슨을 메이저리그에 데뷔시키며 인종차별의 벽을 허물었고, 플로리다주 베로비치의 허름한 군사시설을 사들여 현대식 스프링 캠프를 차렸다. 또한 메이저리그 팀에서 마이너리그 팀으로부터 선수를 사오던 기존 방식에서 벗어나 마이너리그 팀을 사 모은 후 구단에서 계약한 선수들을 보내 육성하는 팜 시스템을 고안했다. 뿐만 아니라 피칭 머신과 배팅 케이지 등의 각종 장비의 개발은 물론이고 야구에 통계의 가치를 접목시키는 등 리키 단장은 메이저리그에 숱한 업적을 남겼다.

브랜치 리키

한편, 최근 메이저리그에는 야구 선수 경험은 없지만 하버드대를 비롯한 미국에서 손꼽히는 명문대를 졸업하고 통계 분석 능력이 뛰어난 단장들이 중용되는데 이들의 활약을 지켜보는 것도 메이저리그를 즐기는 또 하나의 즐거움이라 할 수 있겠다.

016_ 심판

모든 스포츠가 그러하듯 야구 역시 규칙과 이에 대한 심판의 판정에 따라 진행된다. 야구 심판은 선수들과 함께 뛰며 신체가 충돌하는 농구나 축구 등의 심판과 비교해볼 때 판정을 내려야 할 사항이 제각기 벌어지는 데다 어디서 어떠한 플레이가 펼쳐질지 예측이 가능해 판정을 내리기가 수월한 편이다. 그러나 판정을 내려야 할 상황을 많은 사람들이 지켜보고 있어 판정 결과를 놓고 많은 이견과 다퉈야 하는 어려움을 안고 있다. 심판은 판정을 내리기 위해 기본적으로 시각을 활용하지만 가끔은 청각을 동원하기도 한다. 예를 들어 1루에서 접전 상황이 펼쳐질 때 눈으로는 타자주자가 베이스를 밟는 모습을 보고 귀로는 1루수 미트에 공이 들어오는 소리를 들으며 판정을 내리는 식이다. 참고로 심판이 판정 결과를 요란한 몸동작으로 표현하는 모습은 1880년대 후반에 활약한 청각 장애인 선수 더미 호이가 타석에 들어섰을 때 스트라이크에는 오른손을 들어 알려준 것을 계기로 점차 확대된 것이다.

1846년 6월 19일에 열린 최초의 야구 경기에서 야구 규칙을 창안한 알렉산더 카트라이트가 심판을 맡았다. 1880년 무렵부터 심판 판정의 정확성을 높이기 위해 심판에게 보수가 지급되고 전담심판 제도가 등장했다. 다만 심판 한 명이 경기 전체를 관장하던 1심제라 제아무리 유능한 심판이라도 경기 전체를 샅샅이 살피기는 힘들었다. 그러다 보니 타자가 외야 쪽으로 안타를 때려 심판이 타구를 좇는 사이 2루 주자가 3루를 밟지 않고 중간을 가로질러 홈으로 쇄도하거나, 야수들이 주자의 발을 걸어 넘어뜨리거나 붙잡고 늘어지는 황당한 일들이 벌어지곤 했다. 이러한 1심제의 한계에서 1911년부터 양대 리그 모두에 2심제가 시작됐고 이후 3심제를 거쳐 현재와 같은 4심제가 정착됐다.

주심, 1루심, 2루심, 3루심으로 구성된 4명의 심판 중 주심은 포수 뒤에 서서 볼 판정과 홈플레이트에서의 아웃과 세이프를 판정하고 나머지 3명의 누심은 누 근처에서 벌어지는 아웃과 세이프를 판정하는데 포스트시즌 같은 중요한 경기에서는 외야 좌측과 우측에 선심까지 세워 6심제로 진행된다. 이 중 가장 어려운 자리는 높은 집중력으로 경기당 200개 이상의 볼 판정을 해야 하는 주심이다. 타자는 자기가 휘두르지 않은 공은 볼이라고 생각하고 투수는 자기가 던진 공은 스트라이크라고 생각하다 보니 둘 중 하나는 늘 판정에 불만을 갖기 마련이다. 여기에 포수는 스트라이크 존을 벗어난 공을 포구할 때 미트를 스트라이크 존으로 슬쩍 옮기며 판정의 정확성을 해치고 스트라이크가 선언되지 않으면 주심의 판정이 잘못되었다고 미트를 뻗쳐든 채 버티는 무언의 시위로 주심을 자극하기까지 한다. 이러한 어려움과 함께 홈플레이트에서 아웃과 세이프에 대한 판정은 당장 득점 여부를 가르다 보니 양 팀 모두 민감하기 마련이어서 주심은 이래저래 힘든 자리다.

메이저리그 심판들 대부분은 마이너리그 또는 아마추어 야구 선수 출신으로 마이너리그에서 쥐꼬리만 한 연봉을 받으며 10여 년간 1000경기 정도를 심판으로 뛴 후 능력을 인정받아 메이저리그로 승격된 베테랑들이다. 나날이 번창해온 메이저리그이지만 한때 이들에 대한 처우는 초라하기 그지없었다. 그러다 1960년대 후반 메이저리그 심판협회가 조직돼 단체 협상권을 따낸 후 몇 차례 파업을 일으키며 투쟁한 결과 연봉 상승과 업무 추진 경비 증액, 휴가 확대 등과 같은 성과를 이끌어내 처우가 많이 개선되었다. 하지만 가족과 오랜 시간 떨어져 장거리 이동을 수시로 해야 하고 가끔은 강한 파울 타구에 맞아 큰 고통을 겪기도 한다. 게다가 심판만 없었더라면 4할은 거뜬히 때렸을 것이라고 생각하는 선수들의 이런저런 불만을 들어야 하는 어려움이 사라진 것도 아니다. 심한 경우에는 봉변을 당하기까지 하는데 빌 피네란 주심은 볼 판정에 불만을 터뜨린 셰리 맥기에게 얼굴을 두들겨 맞았고, 존 허쉬백 주심 역시 볼 판정에 강력히 항의하던 로베르토 알로마가 뱉은 침에 얼굴을 맞고, 아들을 잃은 후 정신이 이상해졌다는 모욕감 넘치는 말까지 들어야 했다.

도를 넘는 선수들의 거친 항의도 문제이지만 심판의 오심 역시 문제다. 1985년 월드시리즈 6차전에서 우승까지 단 1승만을 남겨둔 세인트루이스 카디널스는 9회말 1루 땅볼 타구를 완벽히 처리했으나 1루심이 세이프를 선언하자 평정심을 잃어 역전패를 당하고 다음 경기까지 내주며 허무하게 우승을 놓쳤다. 2002년에 블라디미르 게레로는 홈런 타구를 때리고도 2루타로 인정받는 바람에 호타준족(장타력과 발이 빠른 선수)의 상징인 40홈런-40도루를 놓쳤으며, 2010년 아르만도 갈라라가는 9회초 2사 후 누가 봐도 아웃인 평범한 1루 땅볼 타구를 유도해냈으나 1루심이 세이프를 선언하는 바람에 눈앞에서 퍼펙트게임을 놓치고 말았다. 이러한 오심이 일어나는 이유는 심판이 정확한 판정을 내릴 수 있는 위치를 확보하지 못했거나 쉬운 판정 상황에서 판단 미숙으로 엉뚱한 판정을 내렸거나 심판이 특정 팀이나 선수에게 호감 또는 불만을 가진 경우가 대부분이다.

이와 함께 초고속 카메라로도 구별하기 힘들 만큼 인간의 한계를 넘어선 접전 상황에서 오심이 발생하기도 하는데 이는 그나마 용서받을 수 있는 오심이다. 오심을 저지른 심판이 절대 해서는 안 될 일은 오심으로 손해를 본 팀에 미안한 마음 또는 비난에 대한 두려움으로 보상 판정을 내리는 것이다. 이러한 보상 판정은 두 번의 오심을 저지른 꼴이 되어 더 많은 비난을 불러와 경기를 완전히 망칠 수 있다.

사실 오심은 야구가 시작됐을 때부터 계속 이어져온 논란거리다. 그래서 1970년 무렵에는 볼 판정의 정확성을 높이고자 기계 심판이나 특수 칩을 넣은 공 등 독특한 발명품까지 등장했지만 이런저런 결함으로 실전에는 사용되지 못했다. 무엇보다 야구계에서는 '오심도 경기의 일부'라며 사람 냄새 나는 야구의 전통을 훼손해서는 안 된다는 의견이 힘을 받아왔다.

2000년대 들어서 홈런성 타구를 놓고 시비가 잦아지자 메이저리그는 2008년에 미국 4대 스포츠 중 마지막으로 비디오 판독을 도입한다. 다만 홈런성 타구의 홈런 여부를 판독할 때만 활용하는 것으로 비디오 판독을 되도록 제한하면서 심판의 권위와 야구의 전통을 최대한 지키려 노력했다. 그러나 2010년에 명백한 오심으로 아르만도 갈라라가가 퍼펙트 게임을 놓치는 일로 오심에 따른 큰 시비가 벌어지고, TV중계 화면에서 오심이 쉽게 발견되는 시대에 비디오 판독으로 오심을 방지하여 경기의 공정성을 높이는 것이 심판의 권위와 야구의 전통을 지키는 것보다 더 중요하다는 의견이 힘을 받기 시작했다. 그 결과 2014년부터 비디오 판독 범위가 아웃과 세이프 판정, 태그 플레이 등 13개 부분으로 확대됐다. 이제 납득하기 힘든 심판 판정에 대해 감독이 챌린지를 요청하면 뉴욕에 있는 비디오 판독 센터의 심판들이 경기장 구석구석에 설치되어 있는 24대의 카메라가 촬영한 영상으로 판정을 내리는 시대가 열렸고 이에 약 40퍼센트의 판정이 번복되고 있다.

빌 클렘

1905년부터 1941년까지 37년 동안 무려 5374경기의 심판을 맡은 '심판계의 전설' 빌 클렘Bill Klem, 1874~1951은 "나는 지금껏 단 한 번도 오심을 하지 않았다"고 큰소리치며 심판으로서의 자부심과 자신감을 약간 허세 넘치게 표현했다. 당시만 해도 오심 장면이 실린 신문 기사를 들고 항의하는 선수에게 촬영 각도에 문제가 있었다고 우기면 그만이었던 시절이었기에 이러한 허세가 통할 수 있었다. 하지만 첨단 기술의 영상 앞에서 심판들은 안면에 철판을 깔기가 힘들어졌다.

아홉 번 못하다가 한 번 잘하면 영웅이 될 수 있는 선수와 달리 아흔아홉 번 잘하다가 한 번 못하면 무수한 욕을 들어야 하는 심판의 권위는 날이 갈수록 추락하고 있다. 야구가 생긴 이래 심판이 공정하고 정확한 판정으로 경기를 잘 진행했다는 뉴스는 한 번도 본 적이 없다. 그러나 분명한 사실은 지금까지 심판 없이 열린 경기는 단 한 번도 없다는 점이다. 경기의 주인공이 선수라는 것은 두말할 필요도 없지만 멋진 경기를 위해서는 공정하고 정확한 판정으로 경기를 매끄럽게 진행하는 심판의 조력자 역할이 필수 요소라는 사실을 잊어서는 안 되겠다.

017_ 공식기록원

모든 스포츠가 기록을 정리하지만 야구는 그라운드에서 펼쳐지는 플레이가 낱낱이 기록되는 '기록의 스포츠'다. 이러한 기록이 모이고 모여 야구의 역사를 이룬다. 1800년대 중반까지만 해도 득점을 체크하는 수준에 지나지 않았던 야구 기록은 1800년대 후반 헨리 채드윅이 야구 기록법을 창안하고 신문에 박스 스코어box score를 게재하기 시작하면서 많은 사람들의 주목을 받기 시작했다. 덕분에 경기의 승패에 집중하는 여느 스포츠와 달리 야구는 이슈가 될 만한 개인 기록이나 타이틀 경쟁이 승패만큼이나 높은 관심을 끌었고 이는 야구가 최고 인기 스포츠로 자리잡을 수 있는 큰 원동력이 되었다. 또한 수십 년이 지난 경기가 어제 펼쳐진 것처럼 생생하게 복기될 수 있는 것도 야구 기록이 가진 힘이다. 이러한 기록의 중심에 있는 인물이 바로 '야구의 사관'인 공식기록원Official scorer이다. 한동안 공식기록원은 직업 특성상 야구에 높은 식견과 객관적인 시각을 갖춘 기자들이 주로 맡아 왔으나 1980년부터 메이저리그는 기록의 공정성을 더욱 높이기 위해 독립적 위치의 공식기록원을 고용하기 시작했는데 이들 대부분은 은퇴한 기자, 코치, 심판들로 경기당 일정 금액의 보수를 받으며 활동하고 있다.

공식기록원의 역할은 크게 두 가지로 볼 수 있다. 먼저 투수가 던진 공을 스트라이크, 볼, 스윙, 파울로 구분하고 타자가 파울을 쳤는지 번트를 댔는지 등 그라운드에서 펼쳐지는 플레이 하나하나를 숫자, 로마자, 부호 등으로 기록하고 경기 종료 후 리그 사무국으로 보고한다. 이 기록이 공식 기록으로 남으며 특별한 경우가 아니면 번복되지 않는다. 다음으로 안타와 실책, 폭투와 패스트 볼, 희생 번트와 기습 번트 등을 구분하고 실책의 책임 소재, 자책점 판단 등과 같이 플레이에 대한 기록을 판정한다. 이 중 가장 대표적이면서 어려운 판정은 안타와 실책을 구별하는 것이다. 안타와 실책의 경계가 애매한 타구일 때 공식기록원이 실책으로 기록하면 타자는 타율에 손해를 보지만 투수는 점수를 내줘도 비자책점으로 기록되어 평균자책점에 손해를 보지 않는다. 또한 9회 2사까지 투수가 노히터를 유지하는 상황에서 내야수가 강한 내야 땅볼 타구를 잡았다 놓쳐 아웃카운트를 잡아내지 못한 경우 공식기록원의 판정에 따라 노히터가 유지될 수도 깨질 수도 있다. 이처럼 안타와 실책을 구분하는 판정의 중요성을 보여주는 대표적인 사례가 1941년에 나왔다. 당시 조 디마지오는 위 윌리 킬러Wee Wille Keeler, 1872~1923의 44경기 연속 안타를 뛰어넘어 56경기 연속 안타라는 불멸의 기록을 세웠다. 그러나 시카고 화이트삭스와의 경기에서 유격수 루크 애플링의 몸에 맞고 튄 타구를 댄 대니얼Dan Daniel, 1890~1981 공식기록원이 안타가 아닌 실책으로 기록했다면 그의 연속경기 안타 기록은 30경기에서 끝났을 것이다.

그렇다면 공식기록원이 안타와 실책을 구별하는 기준은 무엇일까? 야수가 건드리면 실책이고 그냥 빠져나가면 안타? 아니다. 이에 대한 판단은 공식기록원의 눈으로 봤을 때 '보통의 수비'로 처리할 수 있는 타구였는지가 유일한 기준이다. 따라서 내야수 정면으로 빠르게 날아간 타구가 내야수 가랑이 사이로 빠져나갔더라도 보편타당한 기준에서 봤을 때 타구 속도가 너무 빨라 내야수가 글러브를 댈 수 없었을 것이라고 판단하면 실책이 아닌 안타로 판정한다. 결국 안타와 실책의 기준은

댄 대니얼

공식기록원의 재량권에 좌우될 수밖에 없다.

이렇듯 중요한 역할이기에 불리한 기록 판정을 받은 일부 선수들은 공식기록원에게 "왜 소중한 내 안타를 날려버렸냐?"고 노발대발하며 불만을 표출하기도 한다. 선수 입장에서는 기록이 연봉으로 연결되고 더 크게 보면 자신의 야구 인생을 담고 있기에 예민하게 반응하는 것이 당연하다. 그래서 공식기록원에게는 정확성과 중립성이 매우 중요하다. 이를 위해 3시간 넘게 공에서 눈을 떼지 않는 집중력과 함께 플레이가 이루어지고 나서 수초 안에 기록을 판정하는 결단력이 필요하다. 순간적으로 발생하는 플레이를 놓치지 않으려면 눈 관리도 철저해야 한다. 또한 특정 팀과 선수를 좋아하거나 싫어하는 사적인 감정을 가져서도 안 되고 방송을 보고 들으며 판정해서도 안 된다. 오직 자신이 본 그대로 기록해야 한다. 공식기록원이 잘못 써 내린 기록은 곧 잘못된 야구 역사가 되기 때문이다.

018_ 커미셔너

메이저리그에서 리그 간, 구단 간 발생하는 이해관계를 조율하는 메이저리그 사무국의 수장을 가리킨다. 선수 노조와 협상을 하며 각종 수익향상 및 제도 개선을 추진하는 등 메이저리그를 전반적으로 이끌어간다. 이러한 중책을 맡은 커미셔너 Commissioner의 능력에 따라 메이저리그의 흥망성쇠가 갈릴 정도인데 커미셔너의 탄생 배경을 알기 위해서는 1903년으로 거슬러 올라가야 한다.

1892년부터 유일무이한 메이저리그로 군림해온 내셔널리그에 맞서 1901년에 아메리칸리그가 등장하며 양대 리그는 더 많은 관중과 우수 선수 확보를 위해 출혈을 감수하는 경쟁을 벌였다. 그러나 이러한 경쟁이 모두에게 불이익이라는 것을 깨달은 양대 리그는 공생의 길을 걷고자 1903년 리그 운영과 분쟁 조정을 책임지는 내셔널 커미션National Commission을 출범시켰다. 하지만 양대 리그의 회장과 신시내티 레즈의 구단주 개리 허먼을 의장으로 하는 이 기구는 3명 모두가 내부인으로 구성되다 보니 리그 운영과 분쟁 조정 과정에서 구단들의 이기주의가 나타나 그 역할을 제대로 수행하지 못했다. 이런 상황에서 1919년에 메이저리그 역사상 최악의 오점인 승부조작 사건 '블랙삭스 스캔들'이 터지면서 메이저리그가 존폐 위기에까지 몰리자 구단주들은 강력하고 독립된 권한으로 외부 인사 1인이 양대 리그를 총괄하는 커미셔너제도를 신설하여 내셔널 커미션을 대체하기로 결정한다. 마침내 1921년 1월 야구광이자 연방법원 판사 출신인 케네소 랜디스Kenesaw Landis, 1866~1944가 초대 커미셔너로 집무를 시작하며 본격적인 커미셔너 시대가 열렸다.

구단주들로부터 종신계약과 함께 무소불위의 권한을 위임받은 랜디스는 블랙삭스 스캔들에 연루된 8명의 선수들이 법정에서 증거 불충분으로 무죄를 받았음에도 야구계에서 영구 추방하는 강력한 조치를 취했다. 일부에서는 랜디스의 이러한 초강수가 메이저리그의 도덕성을 회복해 결과적으로 메이저리그를 살려냈다고 평가한다. 그러나 엄밀히 말해 메이저리그를 위기에서 구해낸 주인공은 그 무렵 홈런을 펑펑 쏘아올리며 팬들을 다시 야구장으로 끌어모은 베이브 루스였다. 또한 랜디스에 관해 야구계의 전반적인 평가가 긍정적으로 묘사되다 보니 그가 블랙삭스 스캔들에 연루

케네소 랜디스

된 선수들에게 강경하게 대응했던 것과 달리 타이 코브와 트리스 스피커의 승부조작 사건에는 관대하게 넘어가는 이중잣대를 들이댔다는 것과, 흑인 선수들의 메이저리그 진출을 끝까지 막은 철저한 인종차별주의자였다는 것은 잘 알려지지 않은 사실이 되었다. 참고로 흑인 선수들은 랜디스가 1944년에 사망하고 후임자로 등장한 앨버트 챈들러가 구단주들의 반대를 무릅쓰며 메이저리그 진출을 승인한 후에야 비로소 메이저리그에서 뛸 수 있었다.

랜디스를 시작으로 현재 제10대 커미셔너인 롭 맨프레드까지 법조인, 기자, 사업가, 정치인, 군인 등 다양한 분야에서 활동하던 인물들이 커미셔너의 자리에 올랐다. 제4대 커미셔너인 윌리엄 에커트처럼 자리만 지킨 커미셔너도 있었지만 대부분은 나름의 업적을 남겼다. 특히 1992년 밀워키 브루어스 구단주를 겸한 커미셔너 대행으로 시작해 1998년부터 2015년까지 정식 커미셔너로 활동한 버드 실릭Bud Selig, 1934~은 역사상 최고의 커미셔너로 꼽힌다. 그는 선수 노조와의 원만한 관계로 메이저리그 역사상 가장 긴 노사 평화를 유지하였음은 물론, 참신한 아이디어와 과감한 실천력을 바탕으로 인터리그와 포스트시즌 와일드카드 도입으로 흥행 강화, 월드베이스볼클래식WBC 개최로 야구의 세계화, 사치세 도입으로 구단 간 부의 불균형 최소화, 각 구단 홈페이지를 'mlb.com'으로 통합해 미디어 환경에 적극 대응하는 등 메이저리그의 눈부신 성장을 주도했다. 구단주들이 그를 세 차례에 걸쳐 임기를 연장하게 하고 웬만한 스타플레이어 못지않은 2000만 달러가 넘는 연봉을 지급한 것만으로도 그의 능력을 알 수 있겠다. 다만 스테로이드와 같은 금지약물 시대의 커미셔너로서 선수들의 금지약물 사용에 신속하고 과감하게 대응하지 못했던 것은 옥의 티로 남아 있지만.

커미셔너에 대한 가장 큰 오해는 커미셔너를 어마어마한 권한을 지닌 메이저리그의 황제로 여긴다는 점이다. 메이저리그가 큰 위기에 빠졌을 당시 구원 투수로 등판한 랜디스만이 유일하게 구단주들에게 그러한 권한을 위임받았을 뿐 랜디스 시대가 끝나자 구단주들은 커미셔너의 권한을 대폭 축소했다. 커미셔너가 구단주들을 설득하고, 겉으로 보기에 메이저리그의 최종 결정권자라는 지위를 바탕으로 여론을 형성해나가며 메이저리그에서 큰 역할을 하는 것은 분명하다. 하지만 구단 증설, 노사문제 등과 같은 주요 의사 결정은 구단주들의 몫이며, 커미셔너의 권한은 그를 고용한 구단주들에 의해 언제든지 조정되거나 회수될 수 있다. 왜냐하면 그는 엄밀히 봤을 때 구단주들의 이익을 대변하기 위해 고용된 사람이기 때문이다. 그러다 보니 권한을 사용할 때 팬들과 선수들보다는 구단주들의 이익을 최우선으로 고려해야 하고, 그렇지 않을 경우 구단주들로부터 해임될 각오까지 해야 한다. 이처럼 커미셔너에 대한 구단주들의 입김이 세다 보니 커미셔너 선출 방식과 임기 역시 구단주들의 의지에 따라 계속 바뀌었다. 현재는 30명으로 구성된 구단주들의 투표로 선출되며 그 임기는 5년으로 되어 있다.

019_ 기자

구단들이 경기를 준비하고 선수들이 경기를 펼치는 이유는 무엇일까? 간단히 말하자면 '돈을 벌기 위함'이다. 그래서 대중에게 경기 일정을 알리는 일은 이러한 목적 달성을 위한 가장 기본적인 요소이다. 요즘처럼 다양한 미디어가 존재하지 않던 시절 구단들은 대중에게 경기 개최를 효율적으로 알릴 수 있는 신문사들의 힘이 필요했고, 대중의 흥미를 끌 기삿거리를 찾는 신문사들 입장에서도 야구는 좋은 소재였기에 양측은 자연스레 협력관계를 맺게 된다. 대중이 신문을 통해 경기 일정과 결과는 물론 구단과 선수의 시시콜콜한 동정까지 접하면서 사회적으로 야구에 관한 관심이 높아졌다. 이는 구단 입장에서는 관중 증대로, 신문사 입장에서는 판매부수 확대로 이어졌다.

이와 같은 야구와 미디어의 끈끈한 관계를 우려하는 구단들도 있었다. 이들은 1800년대 후반 신문에서 각종 야구 소식을 전하고 술집이나 도박장과 같은 특정 장소에서 경기 상황을 전보로 중계하자, 장기적으로 구단 수입이 줄어들 것을 우려했는데 입장료와 야구장의 부대시설에서 거두는 수입에 절대적으로 의존하던 당시 구단들의 상황을 생각하면 이들의 우려도 한편으론 타당성이 있었다. 이렇게 야구와 미디어와의 관계에 대한 부정적 인식이 야구계에 남아 있는 상황에서 1921년 불특정 다수를 대상으로 한 라디오 중계가 시작되고, 1939년부터는 TV 중계까지 시작되자 야구장이 썰렁해질 것이라는 우려의 목소리가 여기저기서 쏟아졌다. 다행히 이런 상황은 일어나지 않았고 미디어의 확장은 메이저리그의 대중화를 이끄는 한편, TV 시청률과 신문 판매부수 상승 등 미디어에도 긍정적인 효과를 가져왔다.

미디어의 중심에서 대중에게 경기 결과를 비롯한 다양한 소식을 전하는 사람이 바로 기자다. 스탠 바움가트너Stan Baumgartner, 1894~1955처럼 메이저리거로 활약한 후 저명한 야구 기자가 된 경우가 있긴 하나, 유능한 기자가 되려면 선수 출신 여부보다 야구에 관한 높은 열정과 야구계 전반을 이해하는 풍부한 지식을 바탕으로 객관적이고 정확하면서도 흥미를 끄는 기사를 작성하는 능력이 중요하다. 일부에서는 기자들을 선수들에게 기생하며 공연히 분란만 일으키고 조그만 일도 시끄럽게 만들어 아니 땐 굴뚝에 연기를 피우는 족속으로 보기도 한다. 그러나 기자들은 야구에 관한 전문성은 물론 객관적이고 공정한 시각을 인정받는 집단이다. 이 때문에 한동안 공식기록원의 임무가 기자들에게 맡겨졌고, 여전히 이들이 선정하는 신인왕, MVP, 사이영상 등에 대다수가 신뢰를 보이고 있다.

기자들에게는 경기 결과를 전하는 것 못지않게 대중이 관심을 가질 만한 이야깃거리를 찾아 기사화하는 것도 중요한 업무다. 그래서 이들은 경기 시작 두어 시간 전부터 경기장 이곳저곳을 돌며 선수, 감독, 구단 관계자, 동료 기자 등과 이야기를 나누고 그 대화를 나름 정리한다. 경기가 시작되면 기자실에서 본격적인 취재를 시작하는데 기자실은 1908년에 설립된 전미야구기자협회BBWAA에서 구단 측에 설치를 요청한 결과 구장마다 경기가 잘 보이는 위치에 마련되었으며 보통 홈플레이트 뒤편에 있다. 취재 장소 중 하나인 라커룸은 샤워를 마친 후 거의 벌거숭이 상태로 돌아다니는 선수들의 반대로 여기자들의 출입금지는 하나의 불문율이었다. 이후 1978년 여기자 멜리사 러트케Melissa Ludtke가 메이저리그를 상대로 출입 거부에 대한 소송을 벌여 승소한 후 자유로운 출입이 가능해졌고, 이제는 여기자들도 갓 샤워를 마친 선수들과 당당히 인터뷰를 하고 있다.

한편, 취재와 보도 과정에서 벌어진 갈등으로 기자들과 견원지간이 된 선수들이 종종 있다. 역대 최고 타자 중 한 명인 테드 윌리엄스는 기자들과 가장 거리를 둔 선수로 기자들에게 키보드의 기사Knight of keyboard라는 별명을 붙이기도 했다. 윌리엄스와 기자들의 불편한 관계는 그가 신인 시절 결정적인 홈런을 때린 후 열광하는 관중 앞에서 모자를 벗어

답례하는 모습을 본 기자가 '건방진 신인'이라는 기사에서 시작돼 기자들이 부모의 이혼, 형의 투옥과 같은 그의 불행한 가정사를 공격하며 더욱 악화됐다. 종이에 잉크 발라 파는 사람들에 맞서서 좋을 것이 없다는 말이 있듯 기자들과 날카로운 대립각을 세웠던 윌리엄스는 이런저런 손해를 봐야 했다. 한 예로 1947년 타율 0.343에 32홈런과 114타점으로 트리플 크라운을 달성하며 타율 0.315에 20홈런과 97타점을 기록한 조 디마지오보다 훨씬 뛰어난 성적을 거두고도 MVP를 빼앗기고 말았다. 이는 야구팬들을 대표하여 투표에 참여한 기자들이 개인 감정을 앞세운 몰상식한 행동으로 상의 권위는 물론, 기자의 책임과 품위까지 떨어뜨린 안타까운 사건으로 꼽힌다.

기자들은 선수들처럼 그라운드를 누비지도, 팬들처럼 스탠드에서 관전하지도 않는다. 그라운드와 스탠드의 중간에 존재하는 이들은 다양한 스펙트럼을 통해 야구 전반의 모습을 객관적으로 지켜보는 습성을 가졌다. 그러다 보니 기자들은 단순히 경기 결과를 전달하고 선수와 팀의 동정을 보도하는 본업에서 벗어나 핫코너, 세이브, 퀄리티 스타트 등 다양한 용어와 기록을 만들어내고, 올스타전과 같은 이벤트를 제안하기도 하며, 블랙삭스 스캔들과 같은 승부조작 사건을 파헤치는 등 여러 분야에서 야구 발전에 많은 기여를 해왔다. 특히 최초의 기자로 알려진 헨리 채드윅Henry Chadwick, 1824~1908이 야구 발전에 기여한 공은 이루 말할 수 없다. 1824년 영국에서 태어나 10대 초반 부모를 따라 미국으로 이주한 그는 어느 날 우연히 접한 니커보커스 팀의 경기를 보며 야구의 매력에 빠져들었고 그 길로 야구 기자의 삶을 시작했다. 그는 각종 신문에 야구 기사를 싣는 것은 물론 『비들스 다임 베이스볼 플레이어Beadle's Dime Base-Ball Player』와 같은 야구 가이드북을 비롯한 수많은 야구 관련 서적을 저술

하는 한편, 중립적이면서 공정한 기록을 위한 기록법의 체계를 세워 '기록의 스포츠'로서 야구의 기초를 닦았다. 뿐만 아니라 야구 규칙을 정리하고 수많은 야구 용어를 개발하는 등 평생을 야구 발전에 바쳤다. 이러한 채드윅의 야구를 향한 열정은 야구의 대중화를 이끌었고 이는 메이저리그 탄생으로 이어졌는데 이렇게 야구 발전에 빛나는 공을 세운 그에게 1904년 미국의 시어도어 루스벨트 대통령은 '야구의 아버지'라는 칭호를 수여했고, 1938년 야구 기자 최초로 명예의 전당에 모셨다.

헨리 채드윅

020_ 에이전트

선수를 대신하여 개인 업무를 처리해주고 일정한 수수료를 챙기는 사람이다. 1921년 크리스티 월시Christy Walsh, 1891~1955가 베이브 루스의 에이전트를 맡은 것이 그 효시로 이후 프랭크 스콧이 요기 베라의 에이전트를 맡는 등 한때 소수의 에이전트들이 메이저리그에서 활동했다. 당시 이들의 역할은 선수들의 잔심부름을 해주고 방송 출연을 돕는 등 기초적인 수준이었다. 그러다 1976년 FA 제도가 도입되자 에이전트들의 활동도 본격화되었다. 선수가 열심히 뛰어서 번 돈의 일부를 챙겨가는 에이전트들의 활동을 부정적으로 바라보는 시선도 있었지만 에이전트의 활성화로, 연봉 협상 시 다양한 자료로 완벽히 무장한 구단 앞에서 한없이 작아졌던 선수들의 권익 보호가 가능해졌다. 다승을 많이 올린 선수에게는 평균자책점이 나쁘다고, 평균자책점이 좋은 선수에게는 다승이 적다는 식으로 온갖 트집을 잡으며 선수들의 연봉을 깎아내던 단장들에겐 땅을 칠 일이었지만. 뿐만 아니라 선수가 구단과의 연봉 협상 과정에서 티격태격하며 불필요한 에너지를 소모하고 감정의 골이 깊어지는 대신 훈련과 경기에 집중할 수 있게 되어 선수의 경기력 향상에도 긍정적인 변화를 가져왔다.

선수들의 활동 범위가 그라운드를 벗어나 다양한 범위로 확대된 오늘날 에이전트의 업무 영역 역시 연봉이나 이적 관련 협상에서 집사 역할까지 무척 다양하고 복잡해졌다. 선수의 스케줄 관리, 광고 출연, 스폰서십 계약, 자산관리, 언론 상대 등은 물론, 다른 구단으로 이적할 때 주거지를 알선하고 은퇴 후의 삶을 설계해주는 일까지 온갖 일들을 도맡고 있는 것이다. 선수들이 연봉의 5퍼센트에 달하는 수수료를 선뜻 내놓는 이유다. 이렇게 다양한 일들을 효과적으로 추진하기 위해 에이전트는 메이저리그에 관한 이해를 바탕으로 법률과 세무 지식, 마케팅 전략, 협상력 등을 두루두루 갖춰야 한다. 특히 가장 중요한 역할인 연봉 협상을 비롯한 각종 계약을 다양한 조건과 형태로 체결해야 하므로 풍부한 법률 지식이 필요한데 이때 어리숙한 일 처리로 신뢰를 깨뜨렸다가는 선수로부터 해고를 면하기 힘들다.

'슈퍼 에이전트' 스콧 보라스Scott Boras, 1952~는 탁월한 협상력으로 선수들의 몸값을 올려 구단들에게 악마, 선수들에게 천사로 통한다. 메이저리그를 넘어 세계 최고의 스포츠 에이전트로 꼽히는 보라스의 꿈은 본래 메이저리거였다. 실제로 그는 세인트루이스 카디널스와 시카고 컵스 산하 마이너리그 팀에서 4년 남짓 나름대로 준수한 활약을 펼쳤다. 그러나 1976년 불의의 사고로 무릎 부상을 당하는 바람에 메이저리거의 꿈을 접고 학업으로 복귀한 보라스는 약사와 변호사 자격증을 취득한 후 의료분쟁 소송 변호사로 활동을 시작했다. 1980년부터 자신의 법률 지식에 야구 선수의 경험을 살려 에이전트의 길로 들어선 그는 1983년 빌 코딜에게 750만 달러라는 당시 기준으로 엄청난 계약을 안겨주며 에이전트로서 이름을 알렸다. 시장 상황을 치밀하게 분석해 소속 선수들에게 최대한 유리한 자료를 작성하고 능수능란한 협상력까지 갖춰 구단들의 돈보따리를 풀어내는 능력이 탁월한 그에게 자연스레 많은 선수들이 몰려들었다. 메이저리그 최초로 1억 달러 이상 계약인 케빈 브라운의 8년 1억 500만 달러 계약을 이끌어냈고 이후 알렉스 로드리게스의 10년 2억 7500만 달러, 맥스 셔저의 7년 2억 1000만 달러 대형 계약은 보라스가 아니었으면 성사되기 힘들었을 것이다. 특히 셔저의 계약을 성사시킬 때는 3000만 달러의 평균 연봉이 워싱턴 내셔널스에 큰 부담이 될 것을 감안해 지급 기간을 14년으로 늘려 평균 연봉을 1500만 달러로 낮추는 독특한 전략을 펼치기도 했다. 보라스가 대표로 있는 보라스코퍼레이션에는 전직 메이저리거, 변호사, 통계학자, 경제학자 등이 모여 철저한 분석으로 선수들의 몸값을 산출하는데 이 조직은 한 해에만 20억 달러 수준의 계약을 성사시키며 수수료로만 무려 1억 달러 정도를 벌어들이고 있다.

스콧 보라스

021_ 팬

무언가를 열정적으로 좋아하고 지지하는 사람을 의미하며 광신자란 뜻을 가진 패너틱fanatic에서 유래된 말이다. 이러한 팬의 의미에 비추어볼 때 야구팬이란 시즌 중에는 야구를 꼬박꼬박 챙겨보고, 시즌이 종료되면 야구 얘기를 나누며, 그것도 없을 때면 야구만을 생각하는 사람이라고 할 수 있겠다. 모든 프로 스포츠가 그러하듯 메이저리그 역시 팬 없이는 존재할 수 없다. 메이저리그가 지금처럼 성장할 수 있었던 배경에는 팬들의 열렬한 지지가 있었고, 오늘날 선수들이 평균적으로 400만 달러가 넘는 연봉을 받고 구단들의 평균 가치가 16억 달러를 넘는 것도 결국은 팬들의 힘 덕분이다. 당연한 사실이지만 선수와 구단의 가치를 정하는 것은 팬들이며 만약 메이저리그에 대한 팬들의 관심이 줄어들면 선수들의 연봉과 구단의 가치는 떨어지게 마련이다. 이렇게 팬들의 소중함을 너무나 잘 알기에 선수들은 팬들의 사인이나 사진 촬영 요청에 적극 응하고 구단들은 다양한 팬서비스를 제공하고 있다.

팬이 갖는 이러한 의미 때문에 관중 수는 메이저리그와 구단별 인기를 가늠할 수 있는 대표적인 척도로 사용된다. 양대 리그가 시작된 1901년 3천 명에 지나지 않았던 경기당 관중 수는 오늘날 10배에 이르는 3만 명으로 대폭 증가했고, 구단별 한 시즌에 250만 명 정도의 관중을 동원하는 요즘과 달리 1900년대 초중반까지만 해도 뉴욕 자이언츠와 같은 인기 구단조차 100만 명 이상을 동원하기 힘들었다. 심지어 1935년 8만 922명을 동원한 세인트루이스 브라운스처럼 한 시즌 동안 10만 명을 넘기지 못하는 구단들도 있었다. 이는 2008년 3월 29일 메모리얼 콜리세움에서 열린 LA 다저스와 보스턴 레드삭스의 시범경기에 몰려든 11만 5301명의 관중보다 적은 숫자다. 참고로 한 경기 최소 관중 기록은 2015년 4월 29일 볼티모어 오리올스와 시카고 화이트삭스 경기의 '0명'으로 이는 볼티모어 지역에서 흑인 청년이 경찰에 체포된 후 사망하자 시위가 일어났고, 안전상의 문제와 경기 일정의 연기에 어려움이 겹쳐 관중을 입장시키지 않고 경기를 치르기로 결정했기 때문이다. 이와 같은 의도적인 무관중 경기를 제외한 최소 관중 경기는 1882년 9월 28일에 열린 워세스터 루비 레그스와 트로이 트로얀스의 경기로, 당시 하위 1, 2위였던 두 팀의 시즌 막바지 경기에는 단 6명의 관중만이 야구장에 입장해 선수들은 절간 같은 분위기에서 경기를 펼쳐야 했다.

팬들이 적지 않은 비용을 부담하면서까지 야구장을 방문하는 것은 단순히 생동감 있는 야구를 보기 위해서만은 아니다. 야구장에서 다른 팬들과 어울려 펼치는 응원은 야구만큼이나 흥미로운 일로, 응원의 진미는 경기가 막판에 접어들며 긴장감이 높아지는 7회말 홈팀의 공격을 앞두고 열리는 스트레칭 타임seventh-inning stretch이다. 이 시간에는 팬들이 몸의 피로를 풀며 홈팀의 승리를 기원하는데 이 전통은 본래 1870년대 등장했으나 1910년 개막전에 야구장을 방문한 윌리엄 태프트 대통령이 7회말을 앞두고 육중한 몸을 펴기 위해 자리에서 일어나자 팬들이 그가 야구장을 떠나려는 것으로 알고 자리에서 일어나 예의를 갖추려다 태프트 대통령이 도로 자리에 앉자 팬들도 따라 앉은 것을 계기로 널리 확산됐다. 이보다 2년 전인 1908년 「나를 야구장에 데려가줘요Take me out to the ball game」라는 노래가 탄생했다. 이 노래 역시 한동안 알려지지 않다가 1971년 전설적인 캐스터 해리 캐레이Harry Caray가 야구장에서 불러 메이저리그의 대표적인 응원가가 됐다. 팬들은 스트레칭 타임에 함께 온 일행들과 어깨동무를 하고 이 노래를 부르며 야구장에 온 기분을 만끽한다.

해리 캐레이

응원만큼이나 즐거운 일은 야구장에서 맥주, 핫도그 등을 즐기며 야구를 관람하는 것이다. 지금은 상상하기 힘들지만 엄격한 청교도주의를 바탕으로 1876년 창설한 내셔널리그는 야구장에서 술 판매를 금지했고 이를 어긴 신시내티 레즈를 쫓아내기까지 했다. 1882년에 창설한 아메리칸 어소시에이션 역시 야구장에서 술, 핫도그 등의 판매로 따가운 시선을 받았다. 그러나 야구장에서 술을 비롯한 핫도그, 땅콩 같은 간식 판매로 구단들이 짭짤한 소득을 올리자 지금처럼 확대됐다. 다만 1949년 필라델피아 필리스와 뉴욕 자이언츠와의 경기에서 오심에 화가 난 필리스 팬들이 그라운드로 병이나 캔을 던져댄 후 메이저리그에서는 병이나 캔을 가지고 야구장에 들어갈 수 없게 됐고 맥주는 병이나 캔이 아닌 컵에 담아 판매하고 있다.

이 밖에도 야구장을 방문한 팬들이 놓칠 수 없는 큰 재미는 스탠드로 날아온 공을 잡는 것이다. 1916년 시카고 컵스가 스탠드로 날아간 공을 관중이 가지도록 허용하기 전까지만 해도 공은 구단 소유여서 스탠드로 날아온 공을 놓고 가져가려는 팬과 회수해가려는 야구장 안내원 사이에 몸싸움이 벌어지기도 했다. 공에 대한 팬의 욕심이 안타까운 사고로 이어진 적도 있다. 2011년 텍사스 레인저스의 좌익수 조시 해밀턴은 파울 타구를 잡은 후 공을 던져달라고 외치는 셰넌 스턴이라는 팬의 요청에 공을 던져주었으나 공은 스턴에게 약간 미치지 못한 곳으로 날아갔다. 야구장에 함께 온 여섯 살 난 아들에게 공을 선물하고 싶은 마음이 가득했던 스턴은 몸을 숙이면서 공을 잡으려 했지만 그만 6미터 아래의 콘크리트 바닥으로 추락하여 사망하고 말았다. 해밀턴은 물론 스턴의 옆에 있던 아들과 야구장의 모든 팬들은 충격에 빠졌다. 그해 아메리칸리그 디비전시리즈에 진출한 텍사스는 시리즈 1차전 시구자로 스턴의 아들을 초대했고, 이듬해에는 야구장 앞에 스턴과 아들의 동상을 세워 스턴을 기리고 있다.

1870년대 팬들은 1심제 아래에서 플레이를 놓친 심판에게 도움을 주고, 1900년대 초까지만 해도 툭하면 그라운드로 뛰어들어 선수나 심판과 실랑이를 벌이는 등 경기에 적극적으로 개입했다. 최근 들어 이러한 팬들의 모습은 사라졌지만 경기에 대한 팬들의 개입이 완전히 사라진 것은 아니다. 뉴욕 양키스와 볼티모어 오리올스가 맞붙은 1996년 아메리칸리그 챔피언십시리즈 1차전에서 8회초까지 양키스가 오리올스에 4 대 3으로 뒤지고 있는 가운데 8회말 양키스의 데릭 지터는 우측 방향으로 펜스를 넘기기에 조금 부족한 타구를 날렸다. 그런데 이 타구를 향해 오리올스의 우익수 토니 타라스코가 점프하며 잡으려는 순간 황당한 일이 벌어졌다. 관중석의 제프리 마이어라는 양키스 팬이 이 타구를 낚아챈 것이다. 오리올스의 거친 항의에도 심판은 이 타구를 홈런으로 인정했고 연장으로 접어든 경기에서 양키스는 11회말 버니 윌리엄스가 때린 끝내기 홈런으로 기분 좋은 승리를 챙기며 결국 월드시리즈까지 진출했다.

유사한 사례는 또 있다. 2003년 내셔널리그 챔피언십시리즈에서 5차전까지 플로리다 말린스에 3승 2패로 앞서 있던 시카고 컵스는 6차전에서도 7회까지 3 대 0으로 앞서며 월드시리즈 진출이라는 기대에 부풀어 있었다. 그러나 이 기대는 엉뚱한 곳에서 벌어진 일로 허무하게 무너졌다. 8회초 말린스의 루이스 카스티요가 좌측 높이 뜬 파울 타구를 날리자 컵스의 좌익수 모이세스 알루가 이 타구를 잡기 위해 글러브를 내밀었으나 스티브 바트만이라는 컵스 팬이 먼저 공을 낚아챈 일이 벌어진 것이다. 기사회생한 카스티요가 볼넷을 얻어 출루한 후 타선이 폭발한 말린스는 8회에만 8점을 올리며 경기를 8 대 3 역전승으로 마무리했고 7차전에서도 승리하며 월드시리즈에 진출했다.

어쨌든 팬들의 경기 개입은 과거에 비하면 대폭 줄었고 이제 팬들은 응원으로나마 경기에 영향을 미치려 한다. 어느 스포츠나 팬들의 응원이 선수들의 경기력에 끼치는 영향을 무시할 수 없지만 고도의 집중력과 세밀한 기술이 필요한 야구는 농구, 축구 등과 달리 팬들의 악머구리 끓듯 하는 열띤 응원이 그다지 도움이 되지 않는 편이다. 그럼에도 응원하는 팬들이 많으면 선수들의 집중력을 높이고 몸을 사리지 않는 투혼을 발휘하게 이끄는데 이러한 선수들의 플레이는 야구장으로 많은 팬들을 끌어모으는 원동력이다. 결국 팀 성적이 팬들의 수를 좌우한다고 하나 거꾸로 보면 팬들의 응원이 팀 성적을 가른다고 볼 수 있으며 이러한 이유로 팬들을 27번째 선수라고 한다.

팬들은 상대 팀이나 선수에게 야유를 보내는 것으로도 경기에 영향을 미치려 한다. 그러나 도가 지나친 야유로 낭패를 겪는 경우도 있다. 클로드 루커라는 팬은 타이 코브를 향해 끊임없이 야유를 퍼붓다 참다 못해 관중석으로 뛰어든 타이 코브에게 마구 두들겨 맞았고, 존 크리스티안이라는 팬은 리오 더로셔 감독에게 온갖 야유를 퍼붓다 바닥에 내동댕이 쳐진 후 강펀치를 맞기도 했다. 그밖에도 지나친 야유를 보내다 선수가 던진 의자나 배트에 맞는 팬들도 있다.

아무리 손님이 왕이고 팬이 메이저리그의 진짜 주인공이라고 하지만 저급한 특권의식을 가진 팬은 주인공 자격이 없다. 진정한 야구팬이라면 야유도 건전한 수준으로 해야 하고, 응원은 그날그날의 결과에 일

희일비하지 않고 선수단이 경기를 마칠 때까지 최선을 다하는 플레이를 펼치도록 끝까지 기를 불어넣어 줘야 한다. 또한 팀 성적이 신통치 않을 때 전성기를 지난 선수에게 거액을 성급하게 투자하는 대신 선수 육성에 많은 투자를 할 수 있도록 인내심을 갖고 묵묵히 팀을 응원하는 자세를 가져야 한다. 여기에 안타를 때린 타자에게만 박수를 보낼 것이 아니라 2루 주자를 3루로 보내기 위해 자신의 타율이 깎이면서까지 그라운드 오른쪽으로 땅볼 타구를 굴린 타자에게 더 큰 박수를 쳐줄 만큼 야구에 대한 깊은 조예까지 갖춘다면 최고의 팬이라 할 수 있겠다.

4회 장비와 환경

MLB

022_ 야구공

코르크를 털실로 감은 후 여기에 흰색 가죽 두 쪽을 감싸고 붉은색 실로 솔기가 108개에 이르도록 꿰맨 공이다. 이때 가죽의 재료는 전통적으로 말가죽을 사용해왔으나 1974년부터 소가죽도 함께 사용하더니 최근 들어서는 소가죽을 주로 사용하고 있다. 이렇게 만들어진 야구공은 경기에 곧바로 투입되지 않는다. 이 야구공을 바로 사용할 경우 매끄러워 투수가 불편함을 느끼고 공에서 강한 빛이 반사돼 타자나 야수의 시각을 방해하기 때문이다. 야구공은 '러빙 머드rubbing mud'라는 특수한 진흙을 바르고 나서야 경기에 투입된다. 한곳에 모아놓은 야구공은 모두 똑같아 보이지만 일란성 쌍둥이도 어딘가 다른 부분이 있듯 공도 자세히 살펴보면 미세한 차이점들을 느낄 수 있다. 이는 투수가 공을 만지고 나서 심판에게 다른 공으로 바꿔달라는 모습에서도 알 수 있다. 이러한 야구공에서 눈여겨봐야 할 것이 솔기다. 투수가 빠른공을 던지고 타자가 홈런을 펑펑 쏘아올릴 수 있는 것은 공기의 저항을 줄여주는 솔기가 있어 가능하고, 특히 투수들이 변화무쌍한 변화구를 던질 수 있는 것도 바로 이 솔기를 활용하기 때문이다.

야구공은 한 손으로 쥐기에 알맞게 작고 무게는 약 145그램에 지나지 않지만 '야구공의 역사'가 곧 '야구의 역사'라 할 만큼 야구공이 야구에 미친 영향은 매우 크다. 예를 들어 1840년대 야구공은 무게가 요즘 야구공의 절반 수준이었고 반발력이 너무 높았다. 마치 '탱탱볼'과 같았던 공을 사용하다 보니 점수가 펑펑 쏟아져 나왔고 그 결과 1845년 21점을 먼저 올린 팀이 승리한다는 규칙이 도입됐다. 또한 야수가 원바운드로 타구를 잡으면 타자가 아웃되는 '원바운드 아웃' 규칙이 1859년에 사라진 것은 1854년부터 야구공의 무게가 무거워져 점수 나기가 어려워진 것이 원인이었다.

무게와 크기 등에서 변화를 거듭하던 야구공은 1872년 이후로 변화가 거의 없었으나 야구공의 반발력은 언제든지 야구의 흐름을 바꿀 수 있는 큰 변수로 작용해왔다. 반발력이 낮은 데드볼dead ball의 사용으로 점수가 적게 나던 시절만 해도 1루에 출루한 주자가 도루에 성공한 후 후속 타자의 안타 때 홈플레이트를 밟는 것이 주된 득점 방식이었다. 공을 아무리 강하게 때린다 한들 공이 멀리 나가지 않았기에 타자들은 큰 스윙보다는 야수가 없는 곳으로 타구를 보내기 위해 톡톡 쪼듯 배트를 휘둘렀고, 도루는 자연스레 최고의 공격 수단으로 통했다. 하지만 공에 스테로이드를 먹인 것처럼 반발력이 높아진 라이브볼live ball이 등장하자 야구는 전혀 다른 모습으로 변했다. 공이 쭉쭉 뻗어 나가는 모습에 감명을 받은 타자들은 큰 스윙을 거침없이 휘둘러대기 시작했고, 홈런 등 장타를 때릴 수 있는 타자가 타석에 들어선 상황에서 도루를 하는 것은 무모한 작전으로 취급될 만큼 도루의 가치는 크게 떨어졌다. 또한 장타에 대한 두려움으로 투수들이 항상 전력투구를 하다 보니 선발 투수에게 긴 휴식이 필요해져 자연스레 구원투수의 중요성이 높아졌고 수비에서는 장타에 대비한 야수들 간 중계 플레이의 중요성이 커졌다. 이러한 데드볼과 라이브볼 시대의 차이점은 1919년 이전과 그 후의 기록에서 확연히 드러난다. 데드볼을 마지막으로 사용했던 1919년 메이저리그 평균 타율은 0.263에 홈런 수는 447개였지만 도루 수는 무려 2081개에 달했다. 반면 1920년에 반발력이 높은 공이 도입되고 이에 걸맞은 야구 스타일이 완전히 자리 잡은 1930년 메이저리그 평균 타율은 무려 0.296에 홈런 수는 1565개에 이르렀지만, 도루 수는 1080개로 확 줄어들었다.

야구공의 반발력이 야구에 미치는 영향과 관련하여 대표적인 사례에서 보듯이, 야구에서 심한 투고타저 또는 타고투저 현상이 나타나면 메이저리그 사무국은 가장 쉬운 해결책으로 공의 반발력을 조절했고, 앞으로도 그럴 것이다. 이처럼 야구공의 반발력이 야구에 미치는 영향이 큰데다 공의 반발력이 차가운 곳과 더운 곳, 습한 곳과 건조한 곳 등 보관 장소에 따라 민감하게 달라지다 보니 한때 일부 홈팀이 차가운 곳에서 보관해 반발력이 줄어든 공을 원정팀이 공격할 시점에 심판에게 건네주는 꼼수를 쓰기도 했다.

야구공 제작 기술이 발달한 요즘에는 공이 그라운드에 살짝만 스쳐도 새 공으로 바꾸지만, 이는 구단에서 공을 찾아내려고 요원을 배치할 만큼 공을 신주단지 모시듯 했던 초창기 야구에서는 도저히 상상할 수 없는 일이었다. 당시만 해도 야구공이 워낙 귀하다 보니 뉴욕 양키스처럼 부자 구단에서는 시즌이 끝난 후 선수들에게 공 몇 개를 선물하여 환심을 사기도 했다. 이런 시대 상황에서 공이 짱구처럼 찌그러지거나 가죽이 찢어져도 전혀 문제가 될 리 없었고, 오로지 공을 도저히 찾지 못한 경우에만 새 공이 투입되었다. 따라서 서너 개의 공으로 한 경기를 마무리하는 일이 다반사였으며 심지어 공 하나로 한 경기를 마무리할 때도 있었다. 하지만 1920년 레이 채프먼이 투수가 던진 공에 머리를 맞아 사망하는 일이 터졌다. 그 원인으로 너무 오래 사용해 회색빛으로 변한 공을 채프먼이 잘 볼 수 없어 피하지 못했다는 결론이 나온 후 새 공이 적극 사용되고 있다.

야구공에 얽힌 가장 큰 해프닝은 오렌지색 야구공의 등장일 것이다. 1938년 브루클린 다저스가 오렌지색 야구공이 흰색 야구공보다 더 잘 보일 수 있다는 신선한 아이디어를 내놓았으나 아이디어에 머물고 말았다. 한참 잠자고 있던 이 아이디어는 1973년 오클랜드 어슬레틱스의 괴짜 구단주 찰리 핀리Charlie Finley가 제안하여 다시 등장했는데 핀리는 컬러 TV시대를 맞이하여 야구공도 오렌지색으로 바꾸면 공이 잘 보일 것이고, 이는 타자들의 공격력 향상으로 이어져 투고타저로 고민하는 야구계에 좋은 해법이 될 것이라고 주장했다. 핀리의 정성 어린 노력 끝에 리그 사무국은 1973년 시범경기에 오렌지색 야구공으로 개막전을 치르도록 허락했으나 결과는 허탈했다. 투수들은 오렌지색 야구공이 매끄러워 불편하다고 입이 튀어나왔고, 타자들 역시 솔기와 공의 회전이 잘 보이지 않는다고 불만을 나타내어 오렌지색 야구공은 단 한 경기 만에 퇴출되었다.

023_ 배트

56경기 연속 안타 기록의 주인공으로 널리 알려진 조 디마지오Joe DiMaggio, 1914~1999는 본인이 직접 20그램

가량 줄여 만든 배트에 깊은 애착을 보인 것으로도 유명했다. 디마지오가 41경기 연속 안타 행진을 이어가던 어느 날 배트를 도둑맞는 황당한 일이 벌어졌다. 어쩔 수 없이 동료의 배트를 빌려 타석에 들어선 그는 심리적으로 위축된 상황에서 힘겹게 4경기 연속 안타를 추가해냈다. 그리고 훔쳐간 배트를 가져오면 새 배트 6자루를 주겠다는 소식을 들은 도둑에게 배트를 돌려받은 후 편안한 마음으로 11경기 연속 안타를 추가하며 56경기 연속 안타라는 불멸의 기록을 세웠다.

디마지오의 사례에서 알 수 있듯 타자에게 배트는 자신의 분신과도 같은 소중한 존재다. 그도 그럴 것이 타자는 맨주먹이 아닌 배트를 이용해 공을 때리므로, 좋은 타자가 되기 위해 자신에게 어울리는 배트를 사용하는 것은 너무나도 당연한 일이다. 그래서 배트를 전쟁터에 나가는 장군의 칼에 비유하며 그 중요성을 높이 평가한다. 이러한 이유로 베이스볼을 일본에서는 들판에서의 공놀이라는 뜻에서 야구野球라고 하지만 배트에 주목한 중국은 '방망이 봉' 자를 써서 '봉구棒球'라고 한다.

타격에서 배트의 중요성이 워낙 높다 보니 어떤 타자들은 배트에 스테로이드를 먹이는 사기를 치기까지 한다. 진짜 스테로이드는 아니고, 타구를 멀리 뻗어나가게 하려는 욕심에 정당하지 않은 방법으로 배트 반발력을 높인 부정 배트를 사용한다는 의미다. 놈 캐시, 그레그 네틀스, 윌튼 게레로, 새미 소사 등 여러 선수들이 부정 배트를 사용하다 적발돼 징계를 받았다. 부정 배트를 만드는 방법은 과거에는 배트에 못이나 바늘을 박았지만 요즘은 주로 배트 윗부분에 구멍을 뚫고 코르크처럼 반발력이 좋은 물질을 넣은 후 뚜껑을 덮는 식이다. 이러한 부정 배트는 배트가 부러지면서 속이 훤히 드러나거나 상대 팀에서 이의를 제기해 심판이 X-레이 촬영으로 검사해 들통나곤 한다.

배트의 모양과 길이에 관한 규정이 제정되기 전까지 타자들은 자신의 취향에 따라 원하는 배트를 들고 타석에 들어설 수 있었다. 테니스 라켓 형태의 배트를 들고 타석에 들어서도 제지할 수 있는 근거가 없어 타자들의 능력을 정확하고 공정하게 측정하기가 힘들었다. 마침내 1859년 배트의 지름을 6.35센티미터로 제한하는 규정이 등장했고 1869년에는 길이를 106.7센티미터로 제한하기 시작했다. 1885년에는 배트 한쪽 면을 평평하게 해도 되는 약간 황당한 규정이 등장했는데 야구계에서 흔히 말하는 '공도 둥글고 배트도 둥글다'는 표현은 적어도 이 시기에는 맞지 않는 셈이다. 1893년 배트는 반드시 둥글어야 한다는 규정에 이어 1895년에는 배트의 지름을 6.985센티미터로 확대했고 이러한 배트 관련 규정이 현재까지 이어지고 있다. 이처럼 규정상 배트의 길이는 106.7센티미터로 제한돼 있지만 대부분의 선수들은 90센티미터 이내의 배트를 즐겨 사용한다. 짧은 배트를 사용할 경우 바깥쪽 공을 공략할 때 어려움이 있지만 타자가 타석에서 홈플레이트 쪽으로 바짝 붙는 것으로 어느 정도 해결할 수 있다. 통산 타율 0.341로 정교한 타격을 선보였던 위 윌리 킬러가 77센티미터가량의 매우 짧은 배트를 사용할 수 있었던 이유다.

배트의 길이도 중요하지만 타자들에게 가장 큰 고민은 역시 배트의 무게다. 타자들은 배트 윗부분을 둥그렇게 파서 30그램 정도를 줄이기도 하고 여름철처럼 체력이 떨어질 시기에는 평소보다 가벼운 배트로 바꾸는 등 무게에 민감하게 반응한다. 규정상 배트 무게에 관한 제한은 없지만 상식적으로 배트가 무거울수록 타구가 멀리 나가게 마련이다. 과거 대부분의 선수들은 1킬로그램 이상의 배트를 사용했고 1920년대 활약했던 핵 밀러는 무려 1.843킬로그램의 배트를 휘둘러대기도 했다. 배트를 짧게 쥐고 배트 컨트롤에 집중했던 당시 선수들은 무거운 배트를 사용하는 것이 유리하다고 생각했기 때문이다. 그때만 해도 배트가 쉽게 부러지지 않아 1913년 데뷔 후 20년 가까이 활약하며 통산 타율 0.323라는 성적으로 명예의 전당에 입성한 에드 로시는 선수 생활 내내 단 한 자루의 배트만을 사용했다고 주장하기도 했다.

장타를 향한 욕심이 커지면서 타자들은 가벼운 배트를 좀 더 빠르게 휘두르면 타구를 멀리 보낼 수 있고, 빨라진 배트 스피드만큼 공을 오래 볼 수 있어 투구에 대한 판단 시점을 조금이나마 늦출 수 있다는 점에 주목하기 시작했다. 그래서 오늘날 대부분의 타자들은 손잡이 쪽이 가늘면서 900그램 내외인 가벼운 배트를 되도록 길게 쥐고 빠르게 휘두르려고 한다. 이 때문에 배트가 쉽게 부러져 한 해에만 선수 한 명당 수십 자루의 배트를 소모하고 그러다 보니 경기 중 배트의 부러진 부분이 야수에게 날아가는 경우도 자주 볼 수 있다. 참고로, 이를 수비 방해 행위로 생각할 수 있겠으나 수비 방해가 적용되지 않는다. 물론 배트가 통째로 날아갔다면 수비 방해가 인정되겠지만.

배트는 주로 물푸레나무를 재료로 사용했다. 단풍나무는 단단해서 좋지만 습기가 많아 무겁다는 단점 때문에 사용하지 않았다. 하지만 배트 제조 기술의 발전으로 단풍나무의 가치를 살릴 수 있게 되었고 마침내 1997년 조 카터가 최초로 단풍나무 배트를 들고 타석에 들어섰다. 이후 배리 본즈가 단풍나무 배트를 들고 홈런을 팡팡 쏘아올리자 선수들 사이에 빠르게 확산되어 현재는 선수들의 60퍼센트 이상이 단풍나무 배트를 사용하고 있다. 다만 무거운 단풍나무 배트의 단점을 메우고자 손잡이 부분을 가늘게 만들기 때문에 잘 부러지는데 부러질 때 물푸레나무 배트처럼 손잡이 부분만 두 동강이 나지 않고 날카로운 파편이 튀어 선수는 물론 관중에게까지 안전상 위협을 가한다는 문제점이 있다.

한편, 메이저리그에서 알루미늄 배트를 사용하지 않는 이유는 무엇일까? 1970년대 등장한 알루미늄 배트는 부러질 일이 거의 없어 경제적 가치가 높다는 장점이 있다. 하지만 힘이 좋은 선수들이 즐비한 메이저리그에서 알루미늄 배트를 사용할 경우 배트의 높은 반발력으로 타구 속도가 지나치게 빨라져 선수와 관중의 생명을 위협하고, 무엇보다 과거 야구 기록과의 비교가 무의미해진다는 문제점을 일으킬 수 있다.

024_ 글러브

선수들이 좀 더 공을 쉽게 받고, 공을 받을 때 전달되는 충격을 최소화하여 손을 보호할 목적으로 착용하는 장갑이다. 야구 글러브는 엄밀히 따지면 글러브와 미트로 분류되는데 다섯 손가락이 각각 구분된 것은 글러브, 네 손가락에 엄지만 구분된 것은 미트라고 한다. 미트는 포수, 1루수처럼 공을 많이 받는 포지션에서 착용하며 손의 움직임이 불편한 대신 손을 보호하는 기능은 글러브보다 뛰어나다. 글러브와 미트에 무게 제한은 없지만 포수 미트 길이는 39.4센티미터, 1루수 미트를 비롯한 다른 야수들의 글러브 길이는 30.5센티미터 이내로 크기에 제한을 두고 있다.

똑같아 보이는 글러브이지만 유심히 살펴보면 포지션별 수비 특성에 따라 착용하는 글러브가 다름을 알 수 있다. 투수용 글러브는 내야수용과 외야수용의 중간 크기로 구종이 노출되는 것을 막기 위해 검지와 엄지 사이를 막아 놓았고, 포수용 미트는 빠르고 변화무쌍한 투구를 받아내야 하므로 크고 두터우며, 1루수용 미트는 1루로 날아오는 다양한 송구를 쉽게 받아내게 깊고 길지만 포수용 미트보다는 덜 두텁다. 2루수용 글러브가 가장 작고 가벼운 것은 촌각을 다투는 더블 플레이를 시도할 때 글러브에서 공을 빨리 빼내기 위함이고, 3루수용 글러브가 2루수와 유격수가 착용하는 글러브보다 큰 것은 타자와 가까운 위치에서 빠른 타구를 많이 받아내야 하는 반면, 포구 후 송구까지 시간적 여유가 많아 포구 쪽에 비중을 두기 때문이다. 마지막으로 유격수용 글러브는 2루수용과 3루수용의 중간 크기이고, 외야수용 글러브는 뜬 공을 포구하기 적합하게 깊고 크다.

상상하기 힘들겠지만 초창기 야구에서는 선수들이 맨손으로 공을 받아내는 것을 당연하게 여겼다. 분위기가 이렇다 보니 1870년 신시내티 레드스타킹스의 포수 덕 앨리슨Doug Allison, 1846~1916이 왼손을 다쳐 어쩔 수 없이 사슴가죽으로 만든 글러브를 착용했다가 사나이답지 않은 나약한 모습이라며 많은 이들에게 비웃음거리로 몰리는 일이 벌어졌다. 1875년에는 세인트루이스 브라운 스타킹스의 1루수 찰스 웨이트Charles Waite가 눈에 잘 띄지 않는 살색 글러브를 착용하고 경기에 나섰다가 앨리슨과 마찬가지로 수모를 겪었다. 그러나 타구의 세기가 강해지면서 맨손으로 공을 잡는 것이 큰 고통으로 다가오자 선수들은 서서히 글러브를 착용하기 시작했다. 일부 선수들은 양손에 글러브를 착용하고 경기에 나서기까지 했는데 이는 당시의 글러브가 손바닥보다 조금 크고 두터운 정도였기에 가능한 일이었다. 1880년대 들어서 글러브가 제대로 개발되기 시작하며 크기는 조금 커졌으나 글러브를 끼는 주목적은 여전히 공을 쉽게 받는 것이 아니라 공을 받을 때 통증을 줄이는 것이었다. 하지만 글러브 제조 기술이 워낙 보잘것없던 시절이다 보니 그 충격 흡수 기능조차 매우 미미했고 이러한 이유로 사이 영의 공을 가장 많이 받은 포수로 알려진 치프 짐머Chief Zimmer, 1860~1949는 영의 강속구를 받을 때 전달되는 충격을 줄이려 미트 속에 고기 덩어리를 넣기까지 했다.

시간이 흐르면서 선수들의 글러브 착용은 더 이상 조롱거리 대상이 되지 않았고 1900년대 초 무렵에는 글러브 착용이 대중화되기에 이르렀다. 선수들은 구둣방 같은 곳을 찾아가 글러브를 맞추기 시작했고 1940년대부터는 포지션별로 규격화된 글러브가 등장하더니 1950년대에 기술의 발달로 글러브의 대량 생산이 가능해지면서 지금과 비슷한 글러브가 등장했다. 이러한 글러브의 등장과 발전은 선수들의 손을 보호함과 동시에 타율 하락과 수비 자세에도 많은 영향을 끼쳤다. 작은 글러브를 착용한 시절이었다면 잡을 수 없었을 타구들을 글러브 크기가 커진 요즘에는 쉽게 잡아낼 수 있게 되었다. 또한 작은 글러브를 착용할 때만 해도 공이 튕겨 나가지 않게 다른 손으로 글러브를 감싸는 것이 당연했지만 요즘에는 공을 향해 대충 글러브를 내밀기만 해도 공을 쉽게 옮아 넣을 수 있어 수비를 할 때 글러브를 낀 손으로만 공을 잡는 모습이 흔해졌다. 이러한 모습을 초창기 야구 선수들이 본다면, 선수가 아닌 글러브가 공을 잡는다고 생각할지도 모르겠다.

글러브 역사에서 독특한 사항은 1954년까지만 해도 야수들이 공수교대를 할 때 자신의 글러브를 자기 수비 위치 근처에 홱 던져둔 채로 덕아웃으로 들어왔다는 점이다. 이 독특한 관습은 야수들이 상대 팀 야수들이 팽개쳐 놓은 글러브에 걸려 넘어지거나 타구가 글러브에 맞고 굴절되는 등 논란이 거세지자 1955년부터 사라졌다.

한편, 경기 도중 투수와 포수가 글러브와 미트로 입을 막고 대화를 나누는 모습을 볼 수 있다. 이는 상대 팀에서 자신들의 입 모양을 보고 작전을 파악해내는 것을 방지하기 위한 것이다. 대표적인 사례는 시카고 컵스와 샌프란시스코 자이언츠가 맞붙은 1989년 내셔널리그 챔피언십시리즈 1차전을 들 수 있다. 당시 컵스의 선발 투수 그레그 매덕스가 4회초 2사 만루의 위기에 몰리자 돈 짐머 감독은 즉시 마운드로 올라가 매덕스와 이런저런 작전을 논의했다. 이 모습을 예리한 눈으로 지켜보던 자이언츠의 윌 클락은 매덕스가 짐머에게 '안쪽 패스트볼'이라고 말하는 입 모양을 뚜렷이 보았고 잠시 후 매덕스가 던진 투구를 그대로 받아쳐 담장 밖으로 넘기는 만루 홈런을 터뜨렸다. 이 홈런에 힘입어 1차전을 가져간 자이언츠는 이 기세를 바탕으로 컵스를 누르며 월드시리즈에 진출할 수 있었다.

025_ 헬멧

투수가 던진 공이 타자의 머리 근처로 날아오면 타자와 투수 사이에 미묘한 신경전이 벌어지고 심한 경우 주먹다짐으로 이어지곤 한다. 여기에서 제아무리 오랫동안 야구를 해온 타자라도 투구에 머리를 맞는 것을 얼마나 두려워하는지 짐작해볼 수 있고, 한편으로는 신체에서 가장 중요한 머리를 보호해주는 헬멧이 왜 야구에 사용되는 다양한 보호 장비 중 핵심으로 꼽히는지 알 수 있다.

주먹만 한 돌멩이와 다름없는 야구공에 머리를 맞으면 사망할 수 있어 타자의 헬멧 착용은 오늘날엔 너무나 당연하다. 하지만 1920년 레이 채프먼이 투구에 머리를 맞아 세상을 떠나고 1937년 미키 코크레인, 1954년 카스 마이클스처럼 투구에 머리를 맞은 충격으로 그라운드에 복귀하지 못하는 선수들이 발생할 때마다 천으로 만든 모자 대신 헬멧을 착용해야 한다는 의견이 제기됐으나 실행되지는 못했다. 이러한 분위기 속에 투구에 머리를 맞아 뜨거운 맛을 본 일부 타자들이 헬멧의 필요성을 절실히 느끼고 스스로 살 길을 찾아나서기도 했다. 1907년 로저 브레스나한Roger Bresnahan, 1879~1944이 공기를 불어넣은 튜브 형태의 헬멧을 착용하고, 니그로리그에서 활약한 윌리 웰스Willie Wells, 1906(5)~1989가 1942년에 건설 현장의 안전모를 헬멧 대용으로 착용했던 것처럼 말이다.

그렇다면 당시 타자들은 헬멧의 뛰어난 충격 흡수 효과를 알면서도 왜 천 모자를 고집했을까? 헬멧을 착용할 때 느끼는 불편함도 어느 정도 작용했겠지만 가장 큰 이유는 헬멧을 착용하면 겁쟁이로 여기는 당시 야구계의 따가운 시선 때문이었다. 실제로 1941년에 투수들의 빈볼을 더 이상 견딜 수 없었던 브루클린 다저스 선수들이 천 모자 안에 단단한 보호대를 넣고 경기장에 나섰다가 겁쟁이라며 조롱받기도 했다. 그러나 투구에 머리를 맞아 큰 고통을 받는 선수들이 계속 발생하자 헬멧 착용을 바라보는 야구계의 시선이 조금씩 변했고 결국 1971년 메이저리그는 타자의 헬멧 착용을 의무화했다. 다만 기존에 뛰던 선수들에게는 헬멧 착용에 대한 선택권을 주었는데 이에 밥 몽고메리를 비롯한 일부 선수들은 끝까지 헬멧을 착용하지 않았다. 결국 몽고메리가 1979년 시즌을 끝으로 은퇴하며 1980년부터는 모든 타자들이 헬멧을 착용하고 타석에 들어섰다. 헬멧 착용 의무화로 타자가 투구에 맞았을 때 충격을 줄이는 긍정적인 효과가 있는 반면, 투구에 대한 타자들의 긴장감과 집중력을 떨어뜨려 타격에 부정적인 효과를 줄 수 있다는 의견이 일부에서 제기됐으나 전반적으로는 타자들의 심리적 안정을 도와 타격 향상에 기여했다는 평이다.

2008년부터는 헬멧 착용 의무가 주루 코치까지 확대됐다. 2007년 마이너리그 더블A 경기에서 1루 코치박스에 있던 마이크 쿨보Mike Coolbaugh, 1972~2007 코치가 파울볼에 머리를 맞아 생명을 잃는 사고가 발생하자 메이저리그에서 이듬해부터 주루 코치들의 헬멧 착용을 의무화한 것이다. 홈플레이트로부터 1루 또는 3루까지의 거리가 27.43미터에 지나지 않은 상황에서 시속 160킬로미터가 넘는 빠른 타구가 날아오면 피하기도 힘들고 머리에 맞으면 쿨보 코치처럼 생명을 잃을 수 있으므로 이러한 조치는 늦었지만 당연하다 할 수 있겠다.

헬멧 착용 확대 흐름 속에 머지않아 투수들이 헬멧을 착용하는 날도 올 것이다. 타자와 가까운 곳에 위치한 투수는 투구를 마친 후 빠른 타구가 날아올 경우 수비 자세를 취할 시간이 부족하고 이 때문에 브랜든 매카시, 알렉스 코브 등처럼 타구에 머리를 맞아 고통받는 투수들이 계속 생겨나고 있다. 메이저리그는 이미 2014년부터 투수의 헬멧 착용을 허용하고 있지만 헬멧이 무거운 데다 불편해 실제로 착용하는 투수는 거의 없는 상황이다. 하지만 가벼우면서 편리성을 높인 헬멧이 등장하면 투수들도 안전을 위해 헬멧을 착용할 것이고 결국에는 의무화로 진행될 가능성이 높다.

한편, 메이저리그 역사에는 타자도 투수도 아닌 야수가 헬멧을 착용하고 경기에 나서서 관심을 끈 적이 있다. 물 흐르듯 부드러운 스윙으로 1993년 아메리칸리그 타격왕을 차지했던 존 올레루드John Olerud, 1968~가 그 주인공이다. 그는 뛰어난 타격 솜씨보다 헬멧 쓴 1루수로 더 유명했는데 그가 무겁고도 불편한 헬멧을 수비할 때까지 착용한 이유는 1989년에 뇌수술을 받고 나서 타구에 머리를 맞으면 죽을 수도 있다는 두려움 때문이었다고 한다.

026_ 배팅 장갑

'코리안 특급' 박찬호가 LA 다저스에서 전성기를 보낼 당시 팀 동료였던 숀 그린Shawn Green, 1972~이 홈런을 친 후 덕아웃으로 들어오며 관중석의 어린이 팬에게 배팅 장갑을 벗어 던져주는 독특한 팬서비스로 눈길을 끌었다. 이후 그가 홈런을 때리면 모두들 배팅 장갑을 가장 먼저 떠올릴 정도였다.

배팅 장갑은 타격을 할 때 손에 착용하는 얇은 가죽 장갑으로 착용 목적은 타격을 할 때 충격 완화에 있다. 타격을 할 때 타자의 손에 적지 않은 충격이 전달되는데 특히 배트에 공이 빗맞으면 상당한 충격을 받아 자칫 부상으로 이어질 수 있기 때문이다. 이 외에 배트를 움켜쥐는 느낌을 더해주는 것도 배팅 장갑 착용으로 누릴 수 있는 효과다. 하지만 배팅 장갑 착용이 의무 사항이 아니다 보니 배트와 손 사이의 미세한 감촉을 느끼려고 맨손으로 배트를 쥐고 타격을 하는 일부 타자들도 있다. 대표적인 타자로 블라디미르 게레로, 호르헤 포사다가 꼽힌다.

배팅 장갑의 유래는 정확히 알려져 있지 않다. 다만 1900년대 초부터 휴이 제닝스, 레프티 오둘, 바비 톰슨 등 극히 일부 선수들이 착용한 것으로 알려졌을 뿐이다. 그러다 1964년 켄 해럴슨Ken Harrelson, 1941~이 착용한 모습을 본 선수들이 조금씩 따라하기 시작했고 1980년대부터는 대부분의 선수들이 착용하고 있다.

타자는 타석에 들어서기 전 배팅 장갑을 착용하면서 자신이 마운드에서 있는 투수와 승부를 펼쳐야 할 타자임을 재확인하고 마음을 가다듬는다. 이처럼 배팅 장갑은 타격할 때 충격 완화 효과 외에 타자의 집중력도 올려주는 도구라 할 수 있겠다.

027_ 유니폼

한 팀의 감독, 코치, 선수들이 같은 팀이라는 일체감으로 상대 팀과의 구별이 쉽도록 착용하는 셔츠, 바지, 스타킹 등을 의미한다. 규칙상 소속 팀 유니폼과 다른 색깔, 디자인으로 제작된 유니폼을 착용하고 경기에 나설 수 없으며, 야구공과 유사한 모양을 새기거나 유리단추, 금속 등 선수들의 시야에 방해가 되는 것을 부착할 수 없다.

최초의 야구팀 니커보커스가 1849년에 착용했던 유니폼은 파란색 바지에 옷깃이 달린 흰 셔츠 그리고 밀짚모자로 이루어져 평상복에 활동성을 조금 높인 정도였다. 이는 당시의 야구가 생활에 여유가 있는 중상류층이 즐기는 점잖은 스포츠였기에 가능한 유니폼이었다. 그러나 시간이 흐르면서 야구가 좀 더 활동적으로 변하자 유니폼도 함께 바뀌었다. 1869년에 최초의 프로야구팀 신시내티 레드스타킹스가 통이 넓고 무릎까지 내려오는 니커스 스타일의 바지에 빨간 양말을 무릎 아래까지 올려 신는 파격적인 변화를 시도하자 많은 팀들이 이를 따라했고 이러한 스타일의 유니폼이 오랫동안 이어졌다. 그러다 1950년대 들어서 니커스 스타일이 사라지고 스타킹의 길이도 줄어들며 조금씩 변화가 생기더니 1960년대부터는 섬유산업의 발달과 컬러 TV 시대를 맞이해 몸에 달라붙고 다양한 색상의 유니폼이 등장했다. 이후로도 변화를 거듭하여 최근에는 야구장에서 선수들의 이름이 새겨진 유니폼을 입고 응원하는 관중을 쉽게 찾아볼 수 있을 만큼 하나의 패션으로까지 자리 잡았다.

유니폼과 관련하여 다음과 같은 궁금증 두 가지가 있다. 먼저 "왜 원정팀이 유색 유니폼을 입을까?"이다. 최근에는 홈팀, 원정팀에 관계없이 오래전에 착용했던 유니폼, 핑크색이 들어간 유니폼, 밀리터리 유니폼

등처럼 '제3의 유니폼'을 입기도 하지만 기본적으로 홈팀은 흰색 계통의 유니폼을 입고 원정팀은 팀을 상징하는 색으로 물들인 유색 유니폼을 입는다. 당초에는 홈팀, 원정팀을 구분하지 않고 흰색 계통의 유니폼만을 입었으나 1890년대부터 원정팀이 유색 유니폼을 입는 것으로 바뀌었다. 이렇게 바뀐 배경은 정확히 알려지지 않았으나 세탁 시설이 발달하지 않았던 시대에 땀과 흙먼지에 찌든 유니폼을 세탁하는 것이 쉽지 않아 원정팀에서 상대적으로 때가 덜 타는 유색 유니폼을 입게 되었다는 설이 유력하다.

다음으로 "왜 감독은 선수들과 똑같이 유니폼을 입을까?"이다. 축구나 농구 등 다른 스포츠의 감독은 정장을 차려입지만 유독 야구 감독만큼은 선수들과 똑같이 유니폼을 입고 있다. 물론 과거에 일부 야구 감독들이 유니폼이 아닌 정장을 입긴 했으나 코니 맥Connie Mack, 1862~1956 감독이 1950년에 물러나면서 더 이상 정장 입은 감독을 볼 수 없게 되었다. 이렇게 감독이 선수와 똑같이 유니폼을 입게 된 배경을 놓고 다양한 의견이 있으나 감독과 선수를 겸했던 초창기 야구의 전통이 이어졌다는 의견이 가장 높은 설득력을 얻고 있다.

정장 차림의 코니 맥 감독

팀 분위기 쇄신 또는 마케팅 전략 차원에서 유니폼을 자주 바꾸는 팀이 있는 반면 그렇지 않은 팀도 있다. 툭하면 유니폼을 바꿨던 시카고 화이트삭스는 1976년에 반바지 유니폼을 내놓기까지 했는데 슬라이딩을 많이 하는 야구에 맨살을 드러낸 반바지 유니폼은 적합하지 않았을 뿐만 아니라 상대 팀 선수들과 팬들의 조롱까지 더해지자 한 경기 만에 사라지고 말았다. 반면, 뉴욕 양키스는 월스트리트의 주요 인사들이 입고 다니던 줄무늬 양복에서 아이디어를 얻어 1915년부터 핀스트라이프 유니폼을 입기 시작한 후 지금까지 변함없는 디자인을 유지하고 있다. 이렇게 유니폼에 관점이 전혀 다른 두 팀은 등번호Uniform number 위에 이름을 새기는 것에도 관점이 다르다. 1960년에 화이트삭스가 등번호 위에 이름을 새기는 것을 최초로 도입하며 다른 팀들로 확산되었으나 양키스는 이에 아랑곳하지 않고 선수 개인보다는 팀을 먼저 생각하자는 의미에서 이름을 새기지 않는 전통을 여전히 고수하고 있다.

한편, 유니폼의 등 쪽에 적혀 있는 등번호는 1907년에 마이너리그 팀에서 처음 등장했다. 이후 1916년 클리블랜드 인디언스가 유니폼 소매에 처음으로 번호를 새겼지만 얼마 지나지 않아 사라졌다. 그러다 1929년에 뉴욕 양키스가 유니폼의 등 쪽에 번호를 새기기 시작했는데 당시의 등번호는 선수 개개인이 선호하는 번호가 아니라 3번 타자 베이브 루스는 3번을 달고, 4번 타자 루 게릭은 4번을 새기는 것처럼 타순에 따라 번호를 배정하고 투수들은 11번에서 20번이 매겨지는 식이었다. 선수 이름을 알리기 위해 확성기를 사용했음에도 야구장 구석구석까지 전달하기에 무리가 있던 시절에 등장한 등번호로 관중은 타석에 들어선 타자가 누구이고 누상의 주자는 누구인지 쉽게 알 수 있게 되었다. 곧이어 많은 팀들이 이를 따라하기 시작했고 1932년에는 모든 팀이 유니폼에 등번호를 새기게 되었다. 이렇게 선수 구별을 쉽게 하고자 도입된 등번호이지만 지금은 단순한 숫자를 넘어 선수의 상징과도 같다는 인식으로 그 가치가 높아졌다. 그러다 보니 선수들은 다른 팀으로 이적할 때 자신의 등번호를 계속 달고 싶어 하는데 문제는 규칙상 한 팀에 같은 등번호가 겹쳐서는 안 된다는 점이다. 다행히 원하는 등번호가 비어 있거나 마음씨 좋은 동료가 양보해주면 상관없지만, 그렇지 않은 경우 수만 달러에 이르는 금전적 보상을 지불하면서까지 원하는 등번호를 차지하는 일도 벌어진다. 이렇게 선수들이 자신의 분신처럼 생각하는 등번호에는 다양한 사연들이 숨어 있게 마련이다. 1968년 2월 22일 2시 22분에 태어난 사사키 가즈히로는 22번을 달았고, 앤디 메서스미스는 구단주가 운영하는 방송의 채널 번호인 17번을 달았으며, 박찬호는 16번을 달고 싶었으나 론 페로나스키 투수 코치가 이미 달고 있어 어쩔 수 없이 61번을 달게 된 것처럼 말이다.

이제 등번호는 단순한 숫자가 아닌 선수의 이미지를 담는 그릇이 되었고 각 팀들은 영구 결번을 지정하여 등번호에 생명을 불어넣기까지 한다. 영구 결번이란 소속팀에 큰 공헌을 하고 은퇴한 선수를 기리기 위해 해당 선수의 등번호를 앞으로 다른 선수들이 영원히 사용하지 못하게 팀에서 지정하는 '임자 있는 번호'를 의미한다. 선수가 대부분 해당되지만 감독, 구단주 등도 드물게 영구 결번이 되는데 등번호가 없는 구단주의 경우 결번될 당시의 나이 등을 임의로 부여한다. 1939년에 뉴욕 양키스가 루 게릭의 4번을 최초로 영구 결번한 뒤 1944년 뉴욕 자이언츠가 내셔널리그 최초로 칼 허벨의 11번을 영구 결번하는 등 지금까지 200여 명이 영구 결번의 영광을 누렸다. 로드 커류, 행크 아론 등처럼 2개 팀에서 영구 결번된 경우도 있고 놀런 라이언처럼 3개 팀에서 영구 결번된 경우도 있으며 재키 로빈슨이 달고 뛰었던 42번은 전 구단에서 영구 결번됐다.

028_ 야구장

사례 하나. 1884년 시카고 화이트스타킹스는 4명의 선수가 20개가 넘는 홈런을 터뜨리는 활약 속에 총 142개의 홈런으로 내셔널리그 팀 홈런 1위에 올랐다. 당시 팀 홈런 2위에 오른 버팔로 바이슨스의 팀 홈런 수가 39개에 그치는 등, 리그의 나머지 7개 팀에서 때린 총 홈런 수는 179개였다. 이처럼 화이트스타킹스는 리그 홈런의 약 50퍼센트를 차지할 만큼 엄청난 폭발력을 자랑했다. 이렇게 화이트스타킹스가 압도적인 홈런 수를 기록할 수 있었던 데는 홈구장으로 사용했던 레이크 프런트 파크의 영향이 컸다. 레이크 프런트 파크의 양쪽 파울라인은 60미터 정도였고 센터 방향 펜스도 홈에서 90미터 정도밖에 떨어지지 않는 작디작은 야구장이었던 것이다. 그래서일까? 이듬해 새로운 구장 웨스트 사이드 파크로 이동한 화이트스타킹스가 기록한 홈런은 겨우 54개로 대폭 줄어들었다.

사례 둘. 뉴욕 자이언츠와 클리블랜드 인디언스가 맞붙은 1954년 월드시리즈 1차전에서 양 팀이 2 대 2로 맞선 8회초 클리블랜드의 빅 워츠는 우중간으로 130미터 정도를 날아가는 타구를 날렸다. 그러나 잘 알려진 것처럼 이 타구는 '더 캐치The Catch'로 불리는 윌리 메이스의 호수비에 막혀 아웃됐고 뉴욕은 10회말에 대타로 등장한 더스티 로즈의 3점 홈런에 힘입어 5 대 2로 승리했다. 여기서 흥미로운 사실은 로즈의 타구는 고작 80미터 정도를 날아갔을 뿐이지만 타구가 우측 펜스 근처로 향한 덕분에 펜스를 훌쩍 넘어갔다는 점이다. 워츠의 타구에 비해 50미터 정도 짧은 거리를 날아간 로즈의 타구가 홈런이 될 수 있었던 것은 이 경기가 펼쳐진 폴로 그라운드의 센터 방향 펜스는 홈에서 140미터가 넘을 정도로 깊었지만 양쪽 파울라인은 80미터 정도에 지나지 않은 독특한 형태였기 때문이다.

극단적인 사례 두 가지를 들었지만 야구장의 크기와 형태가 경기에 미치는 영향은 이루 말할 수 없다. 예를 들어 파울 지역에서 잡히는 타구가 경기당 두어 개 정도 나오는데 파울 지역이 좁은 야구장에서는 이러한 타구가 관중석으로 들어가므로 타자가 아웃되지 않고 투수와 다시 대결할 기회를 가질 수 있다. 또한 심리적인 측면에서 볼 때 크기가 작은 구장에서는 투수들이 홈런에 대한 두려움 때문에 공을 제대로 던지기 힘든 반면, 큰 구장에서는 타자들이 광활한 외야를 보며 스윙이 저절로 움츠러드는 경향이 있다. 이렇게 야구장의 크기와 형태가 경기에 미치는 영향이 크다 보니 팀들은 선수를 영입하거나 팀 컬러를 구상할 때 홈구장의 크기와 형태를 고려하거나 기존의 선수 또는 팀 컬러에 맞춰 홈구장을 개조하기도 한다.

홈구장의 크기와 형태에 예민한 것은 선수들 역시 마찬가지다. 피츠버그 파이어리츠가 디트로이트 타이거즈를 대표하는 강타자 행크 그린버그Hank Greenberg, 1911~1986를 영입할 수 있었던 데는 극단적으로 당겨치는 타격을 펼쳤던 그린버그를 위해 홈구장인 포브스 필드의 좌측 펜스를 10미터 정도 줄여주겠다는 제안이 컸다. 홈구장으로 사용할 야구장이 마음에 들어 입단한 그린버그와 달리 바뀐 홈구장이 마음에 들지 않아 떠난 선수들도 많다. 대표적인 선수로는 켄 그리피 주니어Ken Griffey Jr., 1969~가 꼽힌다. 킹돔이라는 작은 구장을 홈구장으로 사용한 시애틀 매리너스는 1991년 팀의 최고 유망주 그리피 주니어를 위해 우중간 펜스를 114미터에서 107미터로 7미터를 앞당기는 배려를 했다. 그러다 1999년 7월 15일에 새로운 홈구장 세이프코 필드가 문을 열었고 동시에 타자들은 킹돔이었으면 펜스를 훌쩍 넘어갔을 타구들이 외야수에게 허무하게 잡히자 당황하기 시작했다. 특히 우중간이 118미터로 킹돔보다 11미터나 멀어진 데다 바닷바람까지 가세해 홈런을 치기가 더 힘들어졌고 여기에 넓은 파울 지역 또한 타자들의 불만 요소였다. 당시 통산 최다 홈런 기록인 행크 아론의 755홈런 경신을 목표로 삼고 있던 그리피 주니어는 참다 못해 구단에 펜스를 앞당겨줄 것을 강력히 요구했다. 실제로 그리피 주니어의 기록을 살펴보면 킹돔을 사용하던 전반기 87경기에서는 타율 0.310 29홈런 81타점을 기록했으나 세이프코 필드로 옮긴 후반기 75경기에서는 타율 0.255 19홈런 53타점에 머물며 3년 연속 50홈런 달성에 실패했으니 그리피 주니어로서는 충분히 불만을 제기할 만했다. 그러나 매리너스는 그리피 주니어의 요구를 받아들이지 않았고 결국 그는 이듬해 정든 매리너스를 떠나 신시내티 레즈로 팀을 옮기게 된다.

1958년 메이저리그는 야구장의 표준화를 위해 앞으로 건설하는 야구장은 좌우 펜스까지의 거리는 99미터 이상, 센터 방향 펜스까지의 거리는 122미터 이상이어야 한다고 정했으나 이 역시 외야 끝까지의 최소 거리만 정했을 뿐 최대 거리에는 제한이 없었다. 가지각색의 크기와 형태의 야구장에 대해 일부에서는 다른 스포츠와 마찬가지로 야구장의 크기와 형태도 모든 구장이 동일해야 한다고 주장한다. 그러나 야구장이 위치한 곳의 고도나 바람 등의 영향이 똑같지 않는 한 구장의 형태를 동일하게 하는 것은 의미가 없을뿐더러 야구장 크기와 형태의 다양성은 야구를 더욱 재미있게 이끄는 중요한 요소이므로 더더욱 의미가 없는 주장이라고 할 수 있겠다.

029_ 돔구장

1950년대 후반 '야구계의 혁명가' 브랜치 리키는 제3의 리그 '콘티넨털리그'를 창설하겠다며 내셔널리그와 아메리칸리그로 구성된 메이저리그에 강력한 도전장을 내밀었다. 리키는 메이저리그 팀 유치를 원하는 도시의 관계자들과 리그 창설을 위해 치밀하면서도 분주히 움직였다. 그러나 이들의 모습을 주의 깊게 살펴보던 메이저리그는 이들이 앞으로 메이저리그의 독점적 지위를 위협할 것이라는 우려에서 결국 몇몇 도시에 신생팀 창단을 승인하는 것으로 이들의 도전을 잠재웠다. 그 결과 1961년 아메리칸리그에 LA 에인절스와 워싱턴 세너터스, 1962년 내셔널리그에 뉴욕 메츠와 휴스턴 콜트.45s가 뛰어들게 됐다. 이 과정에서 휴스턴은 시장성만 놓고 보면 신생팀을 창단할 자격이 충분했지만 실외 스포츠인 야구를 하기에는 40도에 육박하는 한여름 찜통더위와 잦은 비가 내리는 날씨가 걸림돌로 작용했다. 이에 휴스턴 시장 출신으로 메이저리그 팀 창단에 열을 올리던 로이 호프하인츠Roy Hofheinz는 돔구장 건설을 대안으로 내세우며 이러한 우려를 잠재웠다. 그는 과거 로마를 방문했을 당시 콜로세움 위쪽에서 내리쬐는 햇빛을 차단하기 위해 설치되었던 구조물에서 아이디어를 얻어 돔구장 건설이라는 파격적인 아이디어를 제안했다. 그의 아이디어는 기발했으나 문제는 이를 실행할 방법이었다. 일반적인 건축물을 생각하면 지붕을 씌우기 위해 실내 여기저기에 기둥을 세우는 것으로 간단히 해결할 수 있겠지만 야구장에 그렇게 기둥들을 세웠다가는 정상적인 경기 운영이 힘들기 때문이다. 어려웠던 이 문제는 고심에 고심을 더한 끝에 196미터의 강철 스팬span 하나로 지름 215미터의 큰 지붕을 떠받치는 기술을 활용해 지붕을 올리는 것으로 해결했다.

휴스턴은 돔구장 완공 전까지 콜트 스타디움에서 고온다습한 기후와 극성스러운 모기 떼를 떨쳐내며 힘겨운 경기를 펼쳤다. 마침내 3년여 간의 공사 끝에 3500만 달러가 투입된 애스트로돔이 1965년 4월 9일 개장하며 날씨와의 전쟁을 끝냈고 팀명도 콜트.45s에서 애스트로스로 바꾸며 힘찬 출발을 한다. 야구는 당연히 실외에서만 하는 것으로 인식되던 시절이었기에 애스트로돔의 등장은 충격 그 자체로 다가왔다. 돔구장의 등장은 입장료를 내지 않고 외야로 들어오는 사람들 때문에 펜스가 설치된 1862년 이후로 야구장에 가장 큰 변화로 평가받았다. 이러한 분위기를 반영하듯 애스트로돔은 중국의 만리장성, 이집트의 피라미드 등과 함께 '세계 8대 불가사의'로 불리며 전 세계 곳곳에서 온 수많은 관광객과 시찰단으로 붐볐는데 애스트로돔에 대한 경외감 때문인지 관중은 먼지만 한 쓰레기조차 마음 놓고 버릴 수 없을 정도였다.

애스트로돔에서는 계속된 비로 경기가 연달아 취소돼 선수들이 경기 감각을 잃거나 팬들의 야구에 대한 관심이 멀어지는 일이 사라졌다. 또한 폭염으로 비 오듯 땀을 흘리며 상대 팀이 아닌 악천후와 더 열심히

애스트로돔

싸우는 바람에 본연의 실력을 발휘하지 못했다는 선수들의 핑계도 통하지 않게 되었다. 1년 365일 적정한 실내 환경에서 야구를 할 수 있는 돔구장은 대단한 장점이 확실했다. 물론 돔구장이라고 날씨의 영향을 전혀 받지 않는 것은 아니어서 1976년 6월 15일에 애스트로돔에서 열릴 예정이었던 휴스턴 애스트로스와 피츠버그 파이어리츠의 경기가 폭우로 관중과 심판이 경기장에 오지 못해 취소되기도 했지만 이는 아주 드문 경우일 뿐이다.

애스트로돔에 이어 1976년 시애틀 매리너스가 아메리칸리그 최초의 돔구장 '킹돔'을 개장했고, 1982년 미네소타 트윈스가 공기부양식 기술로 지붕을 지은 '메트로돔'을 개장하면서 1세대 돔구장 시대가 저문다. 이후 토론토 블루제이스가 5억 7천만 달러라는 천문학적인 비용을 들여 20여분 만에 지붕이 열리거나 닫히는 최초의 개폐식 돔구장 '로저스 센터'를 1989년에 개장하며 2세대 돔구장의 시작을 알린다. 2세대 돔구장 시대가 열렸지만 돔구장에서는 여전히 천연 잔디가 자라지 못해 인조잔디를 사용할 수밖에 없었고 이는 선수들의 부상 위험을 높이고 경기력을 떨어뜨리는 문제점으로 작용했다. 이를 해소하기 위해 애리조나 다이아몬드백스는 개폐식이면서 지붕이 열리는 각도를 조절해 경기장 구석구석까지 햇빛이 퍼져 천연 잔디를 사용할 수 있는 3세대 돔구장 '체이스필드'를 3억 5400만 달러를 투입해 1998년에 개장한다. 악천후 속에서도 야구를 편안하게 즐기게 하겠다는 끔찍한 야구 사랑이 애스트로돔의 탄생을 넘어 3세대 돔구장 시대로 이어진 것이다.

이처럼 3세대 돔구장 시대가 열렸지만 메이저리그에서 돔구장의 인기는 최근 많이 시들고 있다. 현재 메이저리그에서 돔구장을 사용하는 팀은 7개팀으로 애리조나 다이아몬드백스, 템파베이 레이스 등 야구 경기에 적합하지 않은 날씨를 보이는 지역에 연고를 둔 팀들뿐이다. 한때 세계 8대 불가사의로 불렸던 돔구장의 인기가 사그라진 이유는 무엇 때문일까? 이는 돔구장 건설에 천문학적인 비용이 들어가고 하늘이 지붕으로 꽉 막혀 있어 관중이 답답함을 느낀다는 점도 이유가 될 것이다. 그러나 가장 큰 이유는 비, 바람, 추위, 폭염 등으로 선수는 물론 관중까지 고통을 받지만 야구는 처음부터 이러한 악천후와 떼려야 뗄 수 없는 관계였고, 앞으로도 이러한 관계를 하나의 전통으로 유지해야 한다는 분위기가 워낙 컸기 때문이다.

돔구장과 관련하여 가장 많이 제기되는 질문은 돔구장 지붕에 맞은 타구에 대한 판정으로, 이러한 경우 돔구장마다 정한 그라운드룰에 따른다. 예를 들어 1974년 애스트로돔에서 마이크 슈미트는 홈런을 확신하는 대형 타구를 날린 뒤 1루를 향해 느릿느릿 걸어 나갔으나 이 타구가 그만 홈플레이트에서 100미터가량 떨어진 지점의 높이 33미터 지붕을 때리고 말았다. 이 타구는 애스트로돔 그라운드룰에 따라 홈런으로 인정되지 않았고 홈런을 확신하며 느릿느릿 걸었던 슈미트는 1루에 멈춰야 했다. 결국 슈미트는 대형 홈런성 타구를 날리고도 지붕 때문에 역사상 가장 긴 단타를 친 주인공으로 남아 있다.

030_ 인조 잔디

1962년 내셔널리그에 뛰어든 휴스턴 콜트.45s는 3년 동안 콜트 스타디움에서 경기를 치른 후 1965년 세계 최초의 돔구장 애스트로돔으로 홈구장을 옮기고 팀명도 미국 항공우주국NASA이 자리 잡은 지역 특성을 반영해 '애스트로스'로 바꾸며 힘찬 출발을 한다. 그러나 얼마 지나지 않아 '세계 8대 불가사의'로 불리며 많은 사람들의 관심을 끌었던 애스트로돔에 치명적인 문제점이 발생했다. 애스트로돔은 잔디가 잘 자라도록 천장에 햇빛이 잘 투과되는 투명 유리판을 설치했는데 이 때문에 눈이 부셔 야수들이 뜬 공을 놓치는 일이 자주 일어났다. 구단에서 유리판에 흰색 페인트를 칠하는 것으로 이 문제점을 해결하는 듯했으나 이번에는 햇빛을 받지 못한 잔디가 죽어가는 새로운 문제점이 나타났다. 어쩔 수 없이 선수들은 죽어가는 잔디와 초록색 페인트를 칠한 맨땅에서 경기를 치러야 했고, 이듬해 그라운드 전체가 맨땅으로 변할 경우 국제적 망신을 당할 위기에 처한 애스트로스의 고민은 깊어만 갔다. 이러한 상황에서 해결책으로 등장한 것이 바로 인조 잔디였다.

당시만 해도 인조 잔디 개발은 초창기라 많은 양의 인조 잔디를 구할 수 없어 1966 시즌 전반기에 외야는 초록색 페인트를 칠한 맨땅으로 하고 내야에만 '켐그래스ChemGrass'라는 인조 잔디를 깔아야 했다. 그리고 올스타전 휴식기를 얼마 남기지 않은 시점에서 애스트로스가 원정경기를 떠난 사이 외야까지 인조 잔디를 깔아 결국 7월 19일에 애스트로돔의 그라운드는 인조 잔디로 가득 메워졌다. 이후 인조 잔디는 최고 인기 상품으로 떠올랐다. 배수성이 뛰어나 비가 그치면 곧장 경기를 할 수 있고 한번 깔아 놓으면 반영구적으로 사용할 수 있고, 문제가 생기면 해당 부분만 교체하면 되므로 관리가 수월해 장기적으로 경비를 절감할 수 있다는 장점 때문이었다. 또한 1960년대부터 미식축구와 야구를 겸용할 수 있는 경기장을 신축하는 흐름 속에 미식축구를 펼치기 위한 스탠드 이동 과정에서 발생하는 잔디 손상 문제도 인조 잔디 설치로 해결할 수 있었다. 여기에 오늘날과 달리 인공적인 것을 현대적이고 아름답게 바라봤던 당시의 분위기도 인조 잔디의 인기에 한몫 거들었다.

인조 잔디의 등장과 확산은 야구에 많은 변화를 가져왔다. 이러한 변화의 근본적인 원인으로는 인조 잔디와 콘크리트 바닥 사이에 까는 두꺼운 고무의 충격 흡수력이 천연 잔디를 심은 흙에 비해 매우 약하다는 점이 꼽힌다. 이 때문에 천연 잔디 위에서라면 잡혔을 땅볼들이 내야수 옆을 꿰뚫는 안타로 변했고, 단타에 그칠 짧은 라인 드라이브 타구들은 외야수들 사이를 뚫고 펜스까지 굴러가 장타로 이어졌으며, 인조 잔디에 바운드 돼 높이 튀어 오른 타구의 긴 체공시간을 틈타 발 빠른 주자들은 한 베이스를 더 진루했다.

주루선상까지 인조 잔디가 깔린 구장에서는 주자의 스피드도 빨라져 도루 성공 확률이 높아졌으나 빨라진 타구 속도로 단타가 터졌을 때 2루 주자가 득점을 올리기는 힘들어졌다. 마찰에 따른 화상 위험으로 다이빙 캐치는 위험천만한 기술이 됐고, 어깨가 약한 외야수는 홈으로 쇄도하는 주자를 아웃시키려 포수를 향해 노바운드로 느리게 날아가는 송구 대신 빠르고 낮은 각도로 공을 던져 포수 앞에서 바운드되는 송구를 했다. 이 외에 인조 잔디 위에서 달릴 때의 큰 충격으로 육체적 피로가 커져 노장 선수들이 경기 후반부 또는 더블헤더의 두 번째 경기에 휴식을 취하는 경우도 잦아졌다.

인조 잔디가 확산되자 타율과 장타율이 치솟을 것으로 예상됐으나 그 결과는 예상을 밑돌았다. 그 이유는 천연 잔디에서 어렵지 않게 볼 수 있었던 빗맞거나 불규칙 바운드를 일으킨 타구가 안타로 둔갑하는 사례가 대폭 줄어들었고, 타구 속도가 빨라진 만큼 1루에 송구할 시간을 벌 수 있어 야수들이 수비 위치를 좀 더 뒤에 자리를 잡을 수 있게 됐으며, 장타를 막기 위해 발 빠른 외야수를 기용하거나 외야수들의 수비 위치가 깊어졌기 때문이다.

뛰어난 실용성으로 확산되던 인조 잔디는 1990년대부터 사양길로 접어들었다. 심지어 천연 잔디가 자랄 수 있는 개폐식 돔구장의 등장으로 돔구장에서까지 밀려나는 신세가 됐다. 인조 잔디가 찬밥 신세로 전락한 이유는 콘크리트 벽에 묻혀 사는 현대인들에게 편안한 느낌을 주는 천연 잔디를 보여주겠다는 생각도 작용했지만 가장 큰 이유는 부상 위험이 높고 선수 생명을 단축시키기 때문이다. 기술의 발달로 오늘날 인조 잔디가 천연 잔디에 가까워졌다고 하나 인조 잔디는 결국 콘크리트 바닥 위에 깔아놓은 녹색 카페트에 지나지 않는다. 따라서 충격 흡수력이 약해 무릎, 발목, 허리 등에 무리를 주고 기온이 높은 날에는 슬라이딩할 때의 마찰로 인한 화상 위험도 여전히 안고 있다.

한때 야구계에서 '신의 선물'로 칭송받던 인조 잔디가 '혐오의 대상'으로 추락하며 다시 천연 잔디의 시대가 돌아왔다. 천연 잔디든 인조 잔디든 그라운드 표면은 눈에 보이는 것 이상으로 상당히 중요한 의미가 있다. 천연 잔디 시대를 맞아 내야 수비가 약하거나 땅볼 유도 능력이 좋은 투수들이 많은 팀은 땅볼 타구를 느리게 할 목적으로 운동장 관리인에게 내야 잔디를 길게 유지하라고 지시해뒀을 가능성이 높다.

031_ 배터스 박스

비록 통산 홈런 수에서 배리 본즈에게 추월당했지만 여전히 최고의 홈런왕으로 기억되고 있는 행크 아론Hank Aaron, 1934~2021의 홈런 수는 잘 알려진 대로 755개다. 그러나 아론의 홈런 수는 755개가 아닌 756개가 될 뻔했는데 그 사연은 다음과 같다.

배터스 박스 안의 타자

1965년 8월 18일 아론은 상대 투수 커트 시먼스가 던진 공을 받아쳐 우측 펜스를 넘기는 타구를 날렸다. 모두들 홈런이라고 생각했으나 주심은 아론이 타격을 할 때 왼쪽 발이 배터스 박스에서 벗어났다며 아웃을 선언했고 결국 이 타구는 펜스를 넘기고도 홈런으로 인정받지 못했다.

그렇다면 타석이라고도 하는 홈플레이트 좌우에 가로 122센티미터, 세로 183센티미터의 직사각형 모양으로 그려져 있는 이 배터스 박스의 의미는 무엇일까? 먼저 타자가 배터스 박스에 들어서면 경기에 출장한 것으로 인정받는다. 예를 들어 대타로 기용된 타자가 배터스 박스에 들어섰다면 비록 교체 발표가 없었다 해도 이 대타는 경기에 출장한 것으로 간주되며 따라서 이 대타가 어떠한 플레이를 하였거나 상대 팀이 이 대타에 대하여 행한 플레이는 모두 인정된다.

또한 배터스 박스에 선 타자의 위치로 타자의 성향이나 노림수를 짐작할 수 있다. 일반적으로 몸쪽 공에 약한 타자는 배터스 박스에서 홈플레이트로부터 되도록 멀리 떨어져 서려 하고, 바깥쪽 공에 약한 타자는 홈플레이트 쪽에 가깝게 서려는 경향이 있다. 이렇게 배터스 박스에 서는 위치에 따라 타격에 미치는 영향이 다르기에 배터스 박스에는 타자들이 약간의 이익이라도 챙기려고 발버둥친 흔적이 여기저기 남아 있다.

변화구가 변하기 전에 때리거나 페어볼을 때리기 위한 각도를 좀 더 확보하려는 타자는 투수 쪽으로 다가가고 싶은 욕심에 배터스 박스 앞쪽 라인을 발로 비벼 지워버리곤 한다. 이런 행동이 애교 수준을 넘어 과한 욕심으로 부정 타격을 저지른 선수도 있다. 테드 윌리엄스가 그 주인공으로 그는 1946년 올스타전에 지상에서 7미터 가까이 솟은 후 스트라이크 존에 살짝 걸치는 립 서웰의 이퓨스Eephus pitch라는 마구를 공략해 홈런을 때려냈으나 훗날 배터스 박스 맨 앞에서 타격을 하다가 발이 배터스 박스에서 벗어난 부정 타격이었다고 고백했다. 하지만 대부분의 타자들은 투수 쪽이 아닌 포수 쪽으로 최대한 다가가려 애쓴다. 주자가 도루를 시도할 상황에서는 포수가 조금이라도 뒤로 물러나 앉게 해야 도루 성공률을 높일 수 있고 기습 번트를 노리는 상황에서는 뒤쪽에서 앞으로 나오는 탄력을 이용해 1루로 빨리 달릴 수 있기 때문이다. 물론 가장 큰 이유는 뒤로 물러서 있을수록 공이 날아오는 시간이 길어져 패스트볼 공략에 유리하다는 점이다.

배터스 박스 라인을 발로 비벼가며 지울 필요 없이 아예 고의로 배터스 박스의 크기를 잘못 그린 경우도 있다. 1981년 4월 25일 시애틀 매리너스의 모리 윌스 감독은 홈구장 관리인에게 배터스 박스의 길이를 투수 쪽으로 30센티미터 늘려 그리라고 지시했는데 이는 상대 팀 오클랜드 어슬레틱스의 선발 투수 릭 랭퍼드의 커브가 휘기 전에 타격을 하려는 꼼수였다. 그러나 이 속임수는 어슬레틱스의 빌리 마틴 감독에게 들통났고 윌스 감독은 2경기 출장정지와 함께 500달러의 벌금을 물어야 했다.

앞서 아론의 사례에서 알 수 있듯 타자가 배터스 박스 밖으로 한쪽 발이라도 벗어나 타격했을 때는 타구가 페어볼이든 파울볼이든 관계없이 부정 타격으로 아웃되고 이 타격으로 진루한 주자는 제자리로 돌아가야 한다. 단, 투구를 치지 않았다면 스트라이크 존 통과 여부에 따라 스트라이크 또는 볼이 선언되며, 스윙을 했지만 배트에 공이 맞지 않았다면 헛스윙으로 스트라이크가 인정될 뿐 부정 타격이 아니다. 이때 착각해서는 안 될 두 가지가 있다. 투구가 배트에 맞는 순간에는 타자의 두 발이 배터스 박스 안에 있었으나 타격을 마친 후 그 여세로 배터스 박스에서 벗어나는 것은 부정 타격이 아니며, 배터스 박스 라인도 배터스 박스의 일부이므로 라인을 밟고 타격을 하는 것은 부정 타격이 아니다. 파울 라인에 떨어지거나 파울 폴에 맞은 타구를 페어볼로 인정하는 것을 생각하면 이해가 쉬울 것이다.

032_ 대기 타석

포수석 뒤 좌우로 11.28미터에 각각 위치한 지름 1.52미터의 원형 공간으로 배터스 박스에 들어선 타자의 다음 타자가 타격을 준비하는 곳이다. 당연한 사실이지만 좋은 타격을 위해 타자는 배터스 박스에 들어서기 전부터 투수와 맞선다고 생각해야 한다. 이러한 측면에서 볼 때 대기 타석은 멀거니 서 있는 곳이 아닌 투수와의 대결에서 이기기 위한 준비를 하는 곳이라 할 수 있겠다.

그렇다면 타자는 대기 타석에서 무엇을 준비해야 할까? 첫째, 스트레칭과 스윙으로 몸을 완벽히 풀고, 심호흡으로 긴장을 풀며 다가올 자신의 타석에 모든 것을 집중하자고 스스로 다짐해야 한다. 그리고 만약 컨디션이 좋지 않다면 '나는 오늘 기운이 넘쳐나고 기분도 좋아'라고 반복적으로 생각하며 컨디션을 끌어올려야 한다. 둘째, 상대 투수가 오늘 주로 던지는 공, 볼 배합과 같은 투수에 관한 전반적인 사항을 유심히 관찰하면서 실제 타석에서 자신이 어떻게 투수를 공략할지를 계획해야 한다. 즉, 날아오는 공을 보고 생각하면서 칠 여유가 없으므로 이 계획을 바탕

대기 타석에서 상대 투수를 관찰 중인 타자

으로 반사신경이 투구에 정확히 반응하도록 준비해야 한다는 것이다. 셋째, 경기 상황을 지켜보며 타석에서 자신의 역할을 분명히 인지해야 한다. 쉽게 말해 출루가 우선인지 아니면 주자를 진루시키는 것이 우선인지 등 팀 승리를 위해 자신에게 주어진 책임이 무엇인지를 확실히 숙지해야 한다는 것으로 타자는 이러한 과정을 거쳐 경기에 대한 집중력과 자신감을 높이는 효과를 얻을 수 있다.

이렇듯 배터스 박스에 들어서기에 앞서 준비하는 대기 타석에 보호 시설이 없다 보니 가끔 위험한 사고가 발생하기도 한다. 예를 들어 1945년 7월 6일 마이너리그 서던 어소시에이션Southern Association 소속 모빌 베어스팀의 해리 초젠Harry Chozen, 1915~1994이 대기 타석에 있다 배터스 박스에서 타격을 하던 팀 동료가 놓친 배트에 머리를 맞는 큰 사고를 당했던 것처럼 말이다. 당시 33경기 연속 안타를 기록 중이었던 그는 다행히 아픔을 딛고 다음 경기부터 16경기 연속 안타를 추가로 때려내며 49경기 연속 안타 기록을 세워 리그 최다 연속 경기 안타 기록을 달성했다.

또 다른 큰 사고는 1976년에 일어났다. 이해 9월 6일 LA 다저스의 포수 스티브 예거Steve Yeager, 1948~는 대기 타석에 있었고 배터스 박스에는 빌 러셀이 투수와 맞서고 있었다. 이때 타격을 하던 러셀의 배트가 산산조각 나면서 날카로운 나무 조각들이 대기 타석 쪽으로 날아가 예거의 목에 깊숙이 박히고 말았다. 하마터면 목숨까지 잃을 수 있는 매우 위험한 상황이었으나 적절한 치료 덕분에 며칠 후 예거는 다시 포수 마스크를 쓸 수 있게 됐다. 이렇게 끔찍한 사고가 발생한 후 다저스의 트레이너 빌 뷸러는 예거의 다친 목을 보호하기 위해 고심 끝에 포수 마스크 아래 염소수염처럼 매달려 목을 보호할 수 있는 목 보호대를 개발했다. 지금은 야구에서 포수와 심판뿐만 아니라 아이스하키 선수들에게도 흔히 볼 수 있는 마스크 아래 달려 있는 목 보호대는 이렇게 대기 타석에서 벌어진 끔찍한 사고를 계기로 탄생했다.

033_ 파울 폴

홈플레이트에서 1루와 3루를 각각 지나 펜스까지 이어진 파울 라인을 따라가다 보면 높다랗게 세워진 기다란 봉을 볼 수 있다. 이것은 '폴대'라고도 하는 '파울 폴'로 홈런성 타구가 페어 지역에 들어갔는지의 여부를 쉽게 구별하기 위해 세워졌다. 1920년 이전까지만 해도 파울 라인을 길게 연장한 라인만 있어 심판이 홈런성 타구가 홈런인지 파울인지를 판단하기가 매우 어려웠다. 물론 파울 폴이 등장했다고 이에 대한 판단이 명확해진 것은 아니다. 메이저리그가 2008년에 비디오 판독을 도입한 이유도 홈런성 타구에 대한 판정의 어려움 때문이었다. 최초의 비디오 판독은 2008년 9월 3일 뉴욕 양키스와 템파베이 레이스의 경기에서 양키스의 알렉스 로드리게스Alex Rodriguez, 1975~가 친 홈런성 타구를 놓고 실시됐는데 당시 로드리게스의 타구는 판독 결과 좌측 파울 폴에 맞은 것으로 확인돼 홈런으로 인정받았다.

파울 폴에 타구가 맞았을 때 홈런이 아닌 파울로 오해하는데 이는 '페어 폴'이 아닌 '파울 폴'이라는 명칭 때문에 비롯된 것으로 보인다. 이러한 오해 때문이었을까? 1962년에 완공된 LA 다저스의 홈구장 다저스타

높다랗게 세워진 파울 폴

디움의 파울 폴이 파울 지역 안에 설치되는 어처구니없는 일이 발생하기도 했다. 이에 내셔널리그가 다저스타디움의 파울과 페어 구분을 위한 규칙을 별도로 마련하기에 이르렀고, 이듬해 다저스가 파울 폴을 옮기는 대신 홈플레이트의 위치를 조정하는 방법으로 파울 폴의 위치를 바로잡아 이 해프닝은 마무리되었다.

파울 폴 하면 팬들의 가슴속 깊이 새겨진 명장면이 있다. 바로 보스턴 레드삭스와 신시내티 레즈가 맞붙은 1975년 월드시리즈에서 칼턴 피스크Carlton Fisk, 1947~의 극적인 홈런이다. 시리즈 전적 3승 2패로 레즈가 앞선 가운데 보스턴의 홈구장 펜웨이파크에서 열린 6차전에서 레즈는 8회말 2사까지 6 대 3으로 앞서며 샴페인을 터뜨릴 일만 남은 듯했다. 하지만 한때 레즈의 유망주였던 보스턴의 버니 카보가 대타로 등장해 3점 홈런을 때려내며 승부는 원점이 됐고 이후에도 양 팀은 치열한 공방전을 벌였다. 그리고 12회말 선두타자로 나온 보스턴의 칼턴 피스크는 팻 달시의 2구째를 힘차게 휘둘렀고 타구는 좌측 파울 폴을 향해 펜스를 넘는 것이 당연할 정도로 멀리 날아갔는데 과연 페어 지역에 들어오는가가 문제였다. 피스크는 타구가 페어 지역으로 들어가길 간절히 바라며 '부채질 하듯' 양손을 휘저었고 마침내 타구가 파울 폴 상단에 맞자 박수를 치며 펄쩍 뛰어오르는 퍼포먼스를 연출했다. 극적인 승리를 거둔 보스턴은 짜릿한 6차전의 승리 기운을 이어가지 못하고 7차전에서 4 대 3으로 아쉽게 패하는 바람에 우승을 차지하지 못했다. 하지만 피스크가 홈런이 되길 바라며 보여준 간절한 모습은 여전히 메이저리그 최고의 명장면으로 손꼽히며, 펜웨이파크 좌측 파울 폴은 '피스크 폴'로 불리고 있다. 한편, 펜웨이파크 우측 파울 폴은 '페스키 폴'로 불리는데 이는 1940년대 보스턴의 유격수였던 조니 페스키가 우측 파울 폴 근처로 날린 홈런 덕분에 승리를 거두자 붙인 명칭으로 보스턴은 페스키의 87번째 생일이던 2006년 9월 27일 이 파울 폴을 '페스키 폴'로 공식 명명했다.

034_ 백스크린

야구장에 들어서면 중앙 펜스 뒤로 우뚝 솟은 초록 빛깔의 거대한 담벼락을 볼 수 있다. 이 공간에 좌석을 늘리면 구단 입장에서는 수입이 증가하고, 관중은 좋은 위치에서 야구를 즐길 수 있어 좋을 텐데 왜 이 좋은 자리에 이런 구조물이 세워져 있을까? 백스크린back screen이라는 이 구조물은 배터스 박스와 마운드를 연결하는 일직선상에 있어 투수가 던진 공을 타자가 잘 볼 수 있게 할 목적으로 설치됐다. 만약 백스크린이 없이 각양각색의 옷, 특히 야구공 색깔과 동일한 흰색 계통의 옷을 입은 관중이 중앙 펜스 뒤쪽에 앉아 있으면 타자 입장에서 공을 제대로 볼 수 없는 문제점이 벌어질 것이다. 실제로 백스크린이 없던 1920년대 브루클린 다저스의 홈구장에서 경기를 펼치던 타자들은 야구장 뒤에 있는 아파트 주민들이 세탁해 널어놓은 기저귀,

외야 관중석 한가운데 우뚝 솟아 있는 백스크린

속옷 때문에 투수가 던진 공을 정확히 보는 것에 어려움을 느꼈다고 한다. 심지어 당시 다저스의 대지 밴스Dazzy Vance, 1891~1961와 같은 투수는 언더셔츠 소매 아래 부분을 고의로 새하얗게 탈색하는 잔꾀까지 부렸다. 그렇지 않아도 공을 정확히 볼 수 없어 어려움을 겪던 타자들은 밴스의 나풀거리는 언더셔츠 소매까지 더해지자 더 큰 어려움을 겪어야 했다.

백스크린의 이러한 효과가 타자를 위한 관중의 배려로 응용된 적도 있다. 1965년 보스턴 레드삭스의 토니 코니글리아로Tony Conigliaro, 1945~1990는 20세의 나이에 홈런 32개를 때려내며 아메리칸리그 최연소 홈런왕에 올랐으나 1967년 8월 18일 캘리포니아 에인절스와의 경기에서 잭 해밀턴의 투구에 얼굴을 맞는 큰 부상으로 왼쪽 눈의 시력을 크게 잃고 말았다. 그러자 팬들이 그가 투구를 잘 볼 수 있게 외야 중앙 부근에 앉을 때 되도록 옅은 색상의 옷을 입지 않은 것이다. 이러한 백스크린의 설치 목적을 좀 더 응용해보면 관중이 상대 팀 1루수를 골탕 먹이는 좋은 방법을 떠올릴 수 있다. 상대 팀이 수비를 할 때 흰색 계통의 옷을 입은 관중이 3루 쪽 관중석에 모여드는 것으로, 이렇게 하면 1루수는 3루 쪽에서 날아오는 송구를 포구할 때 어려움을 겪게 마련이다.

035_ 마운드

야구 선수들은 동등한 위치에서 승부를 펼치고 있을까? '스포츠는 모두에게 평등하다'는 인식으로 모든 선수가 동등한 위치에서 경기를 펼치고 있다고 생각하기 쉬울 것이다. 하지만 야구에서 투수만큼은 특별한 대우 속에 그라운드를 누비고 있으며 그 근거로 제시되는 것이 바로 '마운드'다.

'작은 언덕'이라는 뜻의 마운드는 지름 5.5미터, 높이 25.4센티미터로 그 중심부에 투수판이 고정돼 있다. 평평한 그라운드에 마치 '묘지'처럼 우뚝 솟아 있어 야구장을 처음 찾은 사람들에게 이런저런 궁금증을 불러일으킨다. 마운드는 투수를 보호하기 위한 장치로 보면 된다. 예를 들어 키가 185센티미터인 투수가 25센티미터 높이의 마운드에 오르면 투수의 키는 210센티미터로 커진 셈이고 보통 타자의 스트라이크 존 상한선이 120센티미터 정도이므로 이때 투수가 던진 공은 18.44미터를 날아가는 동안 1미터 가량 떨어지게 된다. 대부분 타자들의 스윙이 수평 궤도를 이루기 때문에 떨어지는 폭이 클수록 타자들이 타격에 어려움을 겪게 돼 마운드 높이가 높을수록 투수에게 유리해진다. 그래서 마운드 높이는 투수와 포수 간 거리, 스트라이크 존 크기와 함께 투수와 타자의 균형을 맞추기 위한 중요한 수단으로 사용되어왔다.

마운드가 등장한 1890년대에는 그 높이가 야구장마다 제각각이었다. 그러다 1903년부터 야구 규칙에 따라 높이를 15인치(38.1센티미터)로 제한했고 이는 1968년까지 이어졌다. 물론 샌디 쿠팩스, 돈 드라이스데일처럼 뛰어난 투수들을 보유했던 LA 다저스는 투수력을 극대화하고자 이러한 규칙을 무시하고 홈구장의 마운드를 20인치(50.8센티미터)까지 쌓아 올리기도 했지만.

1968년은 역사상 투수들이 가장 위세를 떨친 시즌으로 남아 있다. 이해 아메리칸리그 사이영상 수상자인 데니 맥레인Denny McLain, 1944~이 31승 6패에 1.96의 평균자책점, 내셔널리그 사이영상 수상자인 밥 깁슨 역시 22승 9패에 1.12의 평균자책점을 기록하는 등 무려 7명의 투수들이 1점대 평균자책점을 기록한 것이다. 투수들이 이렇게 기를 펴는 동안 타자들은 죽을 쑤고 있었다. 예를 들어 이해 아메리칸리그 타격왕에 오른 칼 야스츠렘스키는 3할을 겨우 턱걸이한 0.301의 타율로 역대 최저타율 타격왕에 오를 정도였다. 심지어 올스타전과 같은 경기에서도 이러한 현상이 벌어져 1968년 올스타전은 연장 15회까지 무려 30개의 삼진이 나오는 접전 속에 1 대 0으로 끝났다.

이렇게 극심한 투고타저로 2 대 1 또는 3 대 1과 같은 점수로 종료되는 경기가 1968 시즌 내내 벌어지자 투수와 심판들은 신났을지 몰라도 팬들은 전혀 흥이 나지 않았다. 대부분의 팬들은 양 팀이 안타 20개 정도를 주고받으며 역전을 반복하면서 8 대 6과 같은 점수로 종료되는 경기를 좋아하기 때문이다. 결국 메이저리그는 1968 시즌 종료 후 투수들의 불만에도 아랑곳하지 않고 마운드 높이를 15인치(38.1센티미터)에서 10인치(25.4센티미터)로 5인치(12.7센티미터) 낮추고, 1963년에 넓혔던 스트라이크 존까지 좁히는 조치를 취했다. 그 결과 1968년 2.98이던 메이저리그 평균자책점이 이듬해 3.61로 올랐고, 7명이었던 1점대 평균자책점 투수는 단 한 명도 나오지 않게 됐다. 하지만 이 정도의 타격 회복으로 성이 차지 않았던 아메리칸리그가 1973년 뜨거운 관심 속에 도입한 제도가 바로 '지명타자'다.

036_ 투수판

투수가 경기에 출장한 것을 '등판'이라고 표현한다. 등판登板, 말 그대로 널빤지 같은 곳에 오른다는 뜻으로 여기서 널빤지란 투수판을 가리킨다. 투수판은 투수와 포수 간 거리가 15.24미터에서 18.44미터로 늘어난 1893년 투수 박스를 대신해 등장했다. 마운드의 중심에 설치되어 있는 투수판은 도입 당시만 해도 가로 30센티미터, 세로 10센티미터였으나 1895년부터 가로 61센티미터, 세로 15센티미터로 커진 후 지금에 이르고 있다.

투수는 투수판을 중심발로 밟고 투구를 해야 한다. 즉, 오른손 투수는 오른발, 왼손 투수는 왼발을 투수판에 대야 한다. 그렇지 않고 2루 쪽에서부터 힘차게 달려오며 투구를 하거나 점프를 하며 투구하면 보크가 선언된다. 투수가 투수판에서 발을 떼면 야수와 같아진다. 그래서 '투수판에서는 1개루, 야수는 2개루'라는 말도 있다. 즉, 투수가 투수판에서 발을 떼지 않은 상태에서 1루 주자를 견제한 것이 악송구가 돼 공이 덕아웃으로 들어가면 1루 주자는 2루까지 진루할 수 있지만, 발을 뗀 상태에서 악송구를 저질렀다면 야수의 악송구와 같아지므로 1루 주자는 3루까지 진루할 수 있다.

투수판은 단순히 투구를 할 때 밟고 던지는 곳만이 아닌 전략적 가치가 있는 곳이기도 하다. 먼저 투수는 투구할 때 중심발로 투수판을 힘껏 걷어차면서 이때 발생하는 강력한 힘을 공에 전달할 수 있다. 또한 투수판의 어느 쪽을 밟고 투구하느냐에 따라 공의 각도와 궤적이 달라져 타

마운드 위 투수판을 밟고 공을 던지고 있는 투수

자에게 미묘한 차이를 느끼게 할 수도 있다. 이러한 이유로 투수는 정직하게 투수판 한복판에서 던지지 않고 투수판을 밟는 위치를 바꿔가며 타자에게 심리적 교란을 주려 한다. 투수판을 밟는 위치는 투수의 주무기와 상황에 따라 다르며 일반적으로 오른손 투수는 투수판의 오른쪽을 밟고 왼손 투수는 왼쪽을 밟고 던진다. 이렇게 오른손 투수가 투수판의 오른쪽 끝을 밟고 왼쪽 다리를 오른쪽으로 내디디며 허리를 비틀면서 바깥쪽으로 던지면 공의 각도가 좋아지고 변화구의 위력도 커져 공을 추적하는 타자의 눈이 어려움을 느끼게 된다. 다만 밟는 위치를 일정한 패턴으로 바꿀 경우에는 타자가 투수의 속셈을 알아챌 수 있어 주의가 필요하다.

투수는 투구할 준비가 되었다고 생각이 들 때 투수판 위에 발을 올려놓아야 하고 이후에는 오직 투구만을 생각해야 한다. 만약 투구를 할 준비가 되어 있지 않으면 투수판에서 발을 빼야 한다. 왜냐하면 투수판은 야구라는 위대한 경기의 출발점이 되는 신성한 곳이기 때문이다.

037_ 투수와 포수 간 거리

잘 알려진 대로 투수와 포수 간 거리는 18.44미터다. 엄밀히 말하면 투수판의 앞쪽부터 홈플레이트 뒤쪽까지의 거리다. 이처럼 투수와 포수 간 거리는 18.44미터이지만 투수가 1.5미터 정도 앞쪽으로 한 걸음을 내디디면서 투구하는 것을 감안하면 공이 실제 날아가는 거리는 17미터로 줄어든다. 여기에 공의 일부분이 스트라이크 존의 일부에만 걸쳐도 스트라이크로 인정받을 수 있으므로 홈 플레이트 길이 0.43미터를 제외하면 그 거리는 16.5미터까지 줄어든다. 야구인들은 이 거리를 두고 타자는 투수의 빠른공에 적절히 대응할 수 있고, 투수는 다양한 구종을 던질 수 있어 야구의 투타 균형을 맞추는 데 중요한 역할을 한 것으로 평가하며 '신이 부여한 거리'라고 한다.

이 거리가 처음부터 18.44미터였던 것은 아니다. 알렉산더 카트라이트가 1845년에 야구 규칙을 제정할 당시만 해도 투수와 포수 간 거리는 45피트(13.71미터)였다. 이 거리는 1881년에 이르러 좀 더 공격적인 야구를 위해 50피트(15.24미터)로 연장됐다. 거리 연장은 여기서 끝나지 않았다. 1884년부터 공을 허리 아래로만 던지는 것이 아니라 어깨 높이로도 던질 수 있게 규칙이 변경되자 구속이 빨라졌고 이는 타자들이 일방적으로 불리해지는 결과를 가져왔다. 결국 1892년 내셔널리그 타율이 0.245까지 떨어지며 관중이 경기에 대한 흥미를 잃자 1893년부터 이 거리를 60피트 6인치(18.44미터)로 연장했고 이 거리가 지금까지 이어지고 있다.

여기서 유의해야 할 사항 하나가 있다. 50피트 시절에는 투수판 대신 '투수 박스'가 있었다는 점이다. 투수 박스란 투수가 투구 동작을 마친 후 신체가 머물러야 할 공간으로 언뜻 보면 투수와 포수 간 거리가 10피트 6인치(3.2미터)만큼 많이 늘어난 것 같지만 실제로는 5피트(1.5미터) 정도 늘어난 수준이었다. 그렇다고 1.5미터라는 숫자의 의미가 작다는 말은 결코 아니다. 예를 들어 18.44미터에서 투수가 시속 150킬로미터의 공을 던질 경우 포수에 도달하는 시간은 0.443초 정도인데 1.5미터 짧은 16.94미터에서는 시속 138킬로미터의 공을 던져도 150킬로미터의 공을 던진 효과를 얻을 수 있다. 쉽게 말해 1892년까지 야구에서 웬만한 어깨를 가진 투수라도 오늘날 강속구 투수들과 같은 위력을 보여줄 수 있었던 셈이다.

투수와 포수 간 거리가 18.44미터로 멀어진 효과는 곧장 나타났다. 1892년 0.245였던 리그 타율이 1893년 0.280으로 급상승했고 1894년에는 0.309까지 올랐다. 특히 0.350의 팀 타율을 기록했던 필라델피아 필리스는 턱 터너, 샘 톰슨, 에드 델라헌티, 빌리 해밀턴까지 무려 4명의 4할 타자를 배출해냈다. 휴 더피Hugh Duffy, 1866~1954가 올린 메이저리그 단일 시즌 최고 타율 0.440 역시 1894년에 배출된 기록이었다. 거리 연장이라는 약효가 좋아도 너무 좋았던 셈이다. 늘어난 투수와 포수 간 거리로 투수들은 몇 년간 죽을 맛이었다. 투수들은 변화구, 스핏볼 등을 개발하며 살길을 모색했고 이는 투수들의 수준을 끌어올리는 계기가 됐다. 투수들뿐만이 아니었다. 뛰어난 투수라도 타자를 압도하기 힘들어져 수비의 중요성이 높아졌고 이는 야수들의 기량을 향상시키는 촉매제가 됐다.

그런데 궁금한 점 하나, 왜 투수와 포수 간 거리는 60피트가 아닌 60피트 6인치라는 어정쩡한 수치가 됐을까? 야구가 제아무리 섬세한 스포츠라지만 6인치(0.15미터) 정도는 큰 의미가 없을 텐데 왜 굳이 6인치를 더했을까? 안타깝게도 이에 대한 명확한 기록은 없다. 다만 구장 설계도에 적혀 있는 60피트 0인치의 '0'을 시공자가 '6'으로 오인한 결과라는 설이 유력할 뿐이다. 참고로 1943년에 등장해 10여 년간 존재했던 전미여자프로야구리그의 투수와 포수 간 거리는 정확히 60피트였다.

038_ 베이스 간 거리와 스리피트 라인

지역마다 제각각으로 펼쳐지던 야구의 통일성을 마련하기 위해 고민하던 알렉산더 카트라이트의 노력으로 드디어 1845년에 야구 규칙이 탄생한다. 20개의 조항으로 구성된 당시 야구 규칙 중 야구의 대중화에 가장 큰 영향을 미친 조항을 꼽으라면 단연 제4조라고 할 수 있다. 제4조는 '홈플레이트와 2루 간 거리, 1루와 3루 간 거리를 42걸음'으로 규정했는데 이를 풀어보면 홈플레이트, 1루, 2루, 3루 베이스의 모양이 정사각형이므로 대각선의 길이를 42걸음으로 설정할 경우 베이스 간 거리는 약 30걸음이 된다. 한 걸음이 보통 3피트이므로 베이스 간 거리는 90피트다. 1857년 규칙을 개정하면서 베이스 간 거리를 90피트(27.43미터)라는 구체적인 단위로 명시한 이래 지금까지 이어져 오고 있다.

타자가 내야 땅볼 타구를 때리고 나서 1루로 달려갈 때 또는 주자가 도루를 할 때 아슬아슬하게 아웃과 세이프가 결정되는 모습은 보는 이로 하여금 짜릿함을 안겨준다. 만약 베이스 간 거리가 90피트가 아니었다면 어땠을까? 100피트였다면 수비하는 쪽에서 큰 이익을 볼 것이고, 80피트였다면 반대의 상황이 벌어졌을 것이다. 베이스 간 거리가 갖는 이러한 의미 때문에 기동력이 좋은 팀에서 홈경기를 할 때 2루 베이스를 1루 방향으로 살짝 옮겨 부당한 이익을 챙기려는 일까지 벌어지기도 했다. 카트라이트가 어떤 과학적 근거로 베이스 간 거리를 90피트로 정했는지 알 수 없다. 하지만 이 90피트라는 베이스 간 거리는 인간이 연구해온 완벽함과 가장 가깝다는 말까지 있을 정도로 야구의 대중화에 큰 역할을 한 것은 분명하다.

이 베이스 간 거리를 달릴 때 주자가 지켜야 할 것이 바로 스리피트 라인이다. 스리피트 라인Three feet line이란 홈플레이트를 시작으로 1루, 2루, 3루를 돌아서 다시 홈플레이트까지의 각 베이스 사이를 직선으로 연결한 라인을 뜻한다. 스리피트 라인은 이 직선을 기준으로 안쪽과 바깥쪽에 각각 3피트(91.4센티미터)씩 존재하기에 실제 폭은 6피트(182.8센티미터)로 3피트는 야수가 태그하려고 팔을 뻗었을 때 주자에 닿을 수 있는 범위라고 보면 된다. 홈플레이트와 1루 사이처럼 플레이가 많이 발생하는 곳에는 홈플레이트와 1루 사이의 중간부터 1루까지 파울 라인 바깥쪽에 실제로 스리피트 라인이 그려져 있다. 나머지에는 가상으로만 존재하는데 가상 구간에서 주자의 스리피트 라인 이탈 여부는 심판의 눈에 의존하기 때문에 가끔 다툼이 벌어지곤 한다. 주자가 태그를 피하거나 야수의 수비를 방해할 목적으로 스리피트 라인을 벗어나면 아웃되지만 공을 확실히 포구하지 못한 야수의 태그를 피하려고 하거나 수비가 이루어지지 않은 상황에서 벗어나는 것은 문제가 되지 않는다. 외야 깊은 곳으로 장타를 때린 타자가 2루에 빨리 도착하기 위해 스리피트 라인을 벗어나 큰 원을 그리면서 1루 베이스를 밟고 돌 수 있는 이유가 여기에 있다.

스리피트 라인은 1882년에 등장했다. 만약 스리피트 라인이 없다면 무슨 일이 벌어질까? 주자는 야수의 태그를 피하기 위해 갈지자로 야구장을 휘저을 것이고 야수는 이런 주자를 뒤쫓는 일이 벌어져 야구장이 마치 술래잡기 놀이터처럼 난장판이 될 것이다.

039_ 야간 경기

직장에서 일을 마치고 돌아와 맥주를 곁에 두고 흥미롭게 야구를 지켜보며 하루를 마무리하는 것은 현대인들의 흔한 일상이다. 하지만 조명 기술이 발달하지 못하고 야구는 낮에 하는 경기라는 고정관념이 지배하던 시대에 야구는 오직 낮에만 즐길 수 있는 스포츠였다. 이러한 현실에 욕구불만을 가졌던 야구광들이

저녁에도 야구를 즐길 수 있는 해결책을 고민하기 시작했고, 그 결과 1880년에 아마추어 야구팀들이 테니스장의 조명을 이용해 저녁에도 야구를 할 수 있다는 것을 증명해 보였다. 이를 시작으로 야간 경기는 마이너리그, 독립리그, 니그로리그 등으로 점차 확산됐다. 특히 1930년 니그로리그의 캔자스시티 모나크스는 원정경기 때 조명 시설을 12대의 트럭으로 운반하면서까지 야간 경기를 펼치는 등 야구를 향한 뜨거운 열정을 보여주기까지 했다. 비록 당시 조잡한 조명 기술로 경기장 구석구석까지 훤히 비추지는 못했으나 일을 마친 후 저녁에 야구를 볼 수 있다는 사실만으로 야간 경기는 대중에게 뜨거운 관심을 받았다.

야간 경기에 대한 대중의 관심이 이렇게 뜨거웠음에도 야구는 낮에 해야 한다는 보수적인 사고에 사로잡혀 있던 메이저리그는 여전히 주간 경기만을 고집했다. 그러나 1920년대 후반부터 계속된 성적 부진과 팬들의 무관심으로 망가져 있던 신시내티 레즈를 다시 일으키고자 단장으로 부임한 래리 맥페일Larry MacPhail, 1890~1975의 생각은 달랐다. 그는 평일 경기에 입장하는 관중이 백인 부유층과 같은 일부 계층에 한정돼 야구가 대중에게 깊이 다가가지 못한다는 것을 큰 문제점으로 느꼈다. 그래서 일반 직장인들이 평일에 일을 마친 후 야구를 관람할 수 있게 야간 경기를 도입하면 팀을 재건할 수 있을 것으로 판단했다. 그러나 야구는 주간 스포츠라는 전통을 지키기 위해 똘똘 뭉친 메이저리그 구단주들의 높은 벽과, 희미한 조명으로 정상적인 경기 운영이 힘들고, 야간 경기 때문에 사회적으로 도덕이 붕괴돼 범죄율이 높아질 것이라는 막연한 선입견의 벽에 부딪히고 말았다. 그럼에도 대중의 야간 경기에 대한 뜨거운 관심이 예사롭지 않다고 판단한 맥페일은 마침내 메이저리그 구단주들 설득에 성공했고 7번의 야간 경기를 허락받았다.

크로슬리필드에서 야간경기를 즐기고 있는 관중

맥페일은 메이저리그 최초의 야간 경기를 위해 레즈의 홈구장 크로슬리 필드에 높이 40미터의 조명탑 8개를 세우고 600마일 정도 떨어진 백악관까지 전선을 연결해 프랭클린 루즈벨트 대통령이 역사적인 순간의 시작을 알리는 점등 스위치를 누를 수 있도록 철저한 준비를 했다. 드디어 1935년 5월 24일, 2만 422명의 관중이 크로슬리 필드에 모여든 가운데 멀리 백악관에서 루스벨트 대통령이 점등 스위치를 누르자 8개의 조명탑이 경기장을 밝게 비추는 장관을 연출했고, 선수들은 우려와 달리 단 하나의 실책 없이 경기를 마쳤다. 선수들과 관중 모두 야간 경기에 매우 흡족해했고 레즈는 야간 경기 효과에 힘입어 전년 대비 2배가 넘는 약 45만 명의 관중을 동원할 수 있었다. 맥페일의 실험을 의심스러운 시선으로 바라보던 메이저리그 구단주들은 레즈의 성공에 자극을 받아 하나 둘씩 조명 시설을 설치했고, 1948년에 이르자 시카고 컵스를 제외한 모든 팀이 야간 경기를 펼쳤다. 이에 날이 어두워졌다는 이유로 무승부로 처리되는 경기는 역사 속으로 사라졌다.

여기서 의문점 하나. 왜 당시 컵스는 야간 경기를 도입하지 않았을까?

물론 컵스도 1942년 홈구장 리글리필드에 조명 시설을 준비하며 야간 경기를 도입하려 했다. 그러나 제2차 세계대전이 발발하자 윌리엄 리글리 구단주가 준비해뒀던 조명 시설을 전쟁에 사용하라고 기부한 후 컵스는 주간 경기만을 고집하게 된다. 이러한 컵스의 고집은 야간 경기가 확산되면서 컵스가 포스트시즌에 진출할 경우 인근에 있는 세인트루이스 카디널스의 홈구장에서 야간 경기를 펼쳐야 하는 문제점 앞에 꺾였다. 결국 리글리필드 개장 후 5687경기 연속으로 주간 경기만을 고집하던 컵스는 조명 시설을 설치하고 1988년 8월 8일 필라델피아 필리스를 상대로 야간 경기를 개최했다. 다만 이날 경기는 도중에 내린 폭우로 3회에 중단됐고 다음날 뉴욕 메츠와의 경기가 공인된 리글리필드 첫 야간 경기가 됐다. 컵스가 이토록 오랜 기간 동안 주간 경기만을 고집한 이유는 야구는 낮에 하는 스포츠라는 전통을 지키려는 마음이 가장 컸지만, 강한 바람으로 야간에 더욱 쌀쌀해지는 지역 특유의 날씨와 함께 유통의 중심지로서 주간 경기만으로도 많은 관중을 끌어모을 수 있었던 지역 특성에도 있었다.

평일에 부유층뿐만 아니라 다양한 계층들이 일과를 마친 후 야구를 즐길 수 있게 하여 야구의 대중화에 크게 기여한 야간 경기는 선수들의 경기력에도 영향을 끼쳤다. 일반적으로 야간 경기를 치를 때 타자보다 투수, 특히 빠른공을 던지는 투수가 유리하다는 것이 정설이다. 왜냐하면 경기장의 조명 시설이 아무리 잘되어 있다 해도 자연광보다는 어두울 수밖에 없어 야간에 빠른공을 때리는 것이 훨씬 어렵기 때문이다. 그러나 조명 기술이 발달한 오늘날에는 야간 경기 자체보다 야간 경기를 치른 다음날 주간 경기를 뛸 경우 체력과 집중력이 떨어져 선수들의 경기력에 영향을 줄 수 있다는 점이 관심을 끌고 있다. 선수들에게 시차 적응 부담에 수면과 식사시간의 변화에 따른 생활의 불규칙함이 더해지기 때문이다. 이와 관련한 대표적 사례는 1981년 세인트루이스 카디널스의 주전 유격수였던 개리 템플턴Garry Templeton, 1956~에게서 찾을 수 있다. 이해 여름 템플턴은 전날 야간 경기를 뛴 후 주간 경기를 뛰어야 할 상황에서 피로감 때문에 주간 경기에 빠지고 싶다는 뜻을 화이티 허조그 감독에게 피력했으나 받아들여지지 않자 어쩔 수 없이 경기에 출전했다. 하지만 기분이 상한 템플턴은 성의 없는 플레이로 일관했고 결국 보다 못한 홈팬들이 야유를 퍼붓기 시작했다. 이에 템플턴이 무례한 동작으로 대응했고 이후 그는 팬들의 강한 비난에 시달렸다. 결국 트레이드로 이어져 템플턴은 샌디에이고 파드레스로 떠나고 카디널스는 훗날 메이저리그 역사에 손꼽히는 유격수로 성장하는 선수 한 명을 영입하는데 그 이름은 다름 아닌 '오즈의 마법사' 아지 스미스였다.

040_ 원정경기

팀의 본거지가 있는 구장에서 펼치는 경기를 홈경기라 하고, 본거지를 떠나 펼치는 경기를 원정경기라 한다. 따라서 경기를 벌이는 두 팀 중 한 팀은 당연히 원정경기를 치러야 할 입장이 될 수밖에 없다. 그래서 선수들은 그라운드 외에 호텔, 기차, 비행기 등에서 많은 시간을 보내는데 이러한 이유로 어떤 이는 선수들의 삶을 여기저기 장터를 옮겨 다니며 물건을 파는 장돌뱅이 신세에 비유하기까지 한다.

최초의 장거리 원정경기는 1860년에 시작됐으며 그 배경은 1859년 헨리 채드윅의 야구 규칙서 출간이 결정적이었다. 야구 규칙서가 출간되자 지역마다 제각각이던 야구 규칙이 통일되어 다른 지역 팀들과 경기 할 때 규칙에 따른 시비가 사라졌다. 원정경기의 활성화는 결과적으로 야구가 현재와 같은 대중적인 스포츠로의 성장에 큰 원동력이 되었다. 원정경기가 처음부터 정상적으로 운영된 것은 아니었다. 내셔널리그에 앞서 1871년에 창설한 내셔널 어소시에이션이 5년 만에 붕괴된 이유 중에는 선수와 도박사 간 승부조작, 선수들의 지나친 음주 등과 같은 문제도 있었지만, 시즌 후반 일부 팀들이 우승과 멀어진 상황에서 관중이 적을 것 같거나 상대 팀을 이길 가능성이 거의 없다고 판단되는 원정경기를 일방적으로 취소하는 일이 비일비재했던 것도 큰 원인이었다.

1876년 내셔널리그 창설을 주도했던 윌리엄 헐버트는 내셔널 어소시에이션의 실패를 되풀이하지 않기 위해 경기 일정을 철저히 지켜 리그를 성공적으로 정착시키려 했다. 그러나 이러한 헐버트의 의도와 달리 1876년 9월 시즌 막바지에 시카고 화이트스타킹스의 우승이 확실해지자 뉴욕 뮤츄얼스와 필라델피아 어슬레틱스 두 팀이 장거리 원정경기를 포기하는 일이 벌어졌다. 당시 내셔널리그 팀들은 리그 경기 외에 리그에 속하지 않은 인근 지역의 팀들이나 라이벌 팀들과 경기를 펼치며 짭짤한 수입을 올리고 있었다. 많은 이동 비용과 적은 관중 수입을 고려할 때 리그에 속하지 않은 팀들과 경기를 벌이는 것이 경제성이 높다고 판단하여 원정경기를 포기한 두 팀의 결정은 그 무렵에는 충분히 있을 수 있는 일이었다. 그러나 내셔널리그의 권위 세우기에 많은 노력을 쏟던 헐버트는 이를 용납할 수 없었다. 그는 두 팀이 리그 성장에 중요한 팀들이었음에도 다른 팀들에게 경각심을 주고자 두 팀을 쫓아내는 강경한 조치를 취했다. 이 조치는 리그의 체계를 바로잡는 본보기가 돼 내셔널리그가 오늘날과 같이 성장할 수 있는 밑거름으로 작용했다.

원정경기 이동 수단도 시간의 흐름에 따라 역마차에서 기차 그리고 비행기로 변했다. 비행기를 타고 원정경기 이동에 나선 것은 1928년 마이너리그 퍼시픽 코스트리그의 할리우드 스타스 팀이 최초였다. 메이저리그에서는 1934년 신시내티 레즈의 일부 선수들이 비행기를 타고 이동한 것이 최초였으며 1950년대부터는 비행기 이동이 활성화되었다. 비행기와 같은 교통수단의 발달로 더 빠르고 더 먼 이동이 가능하게 되어 미국 동북부에 연고를 둔 팀들 중 일부가 중부와 서부 지역으로 옮길 수 있는 힘이 되었다. 그러나 비행기를 이용한 이동이 선수들에게 좋은 일만은 아니었다. 비행기로 먼 거리를 빨리 이동한다 해도 과거처럼 가까운 지역을 기차로 이동하는 것보다 피로도가 높았기 때문이다. 한편, 1961년에는 고소공포증이 있던 보스턴 레드삭스의 재키 젠슨Jackie Jensen, 1927~1982이 디트로이트 타이거즈와의 원정경기에 비행기를 타지 못하고 기차로 이동하는 바람에 3연전 중 첫 경기에 불참하는 일이 벌어지기도 했다.

모든 팀들은 홈경기와 원정경기 중 홈경기의 승리를 중요하게 여기며 승리를 챙기기에도 홈경기가 유리하다고 생각한다. 물론 홈경기보다 원정경기 승률이 높은 팀들이 간혹 있지만 근본적으로 홈경기가 유리한 것은 부인할 수 없는 사실이며 여기에는 그럴 만한 이유가 있다. 프로스포츠의 성공을 위해 흥행은 매우 중요한 요소로 홈경기에서 패해 홈팬들을 우울하게 하면 관중 동원에 차질이 생기고 결국 팀 수입에도 부정적인 영향을 주게 마련이어서 팀들은 홈경기에 경기력을 좀 더 집중하는 경향이 있다. 또한 "황구도 제집 마당에서는 절반을 이기고 들어간다"는 말처럼, 비록 다른 구기 종목보다 그 정도는 높지 않지만 야구 역시 홈경기를 치르는 팀이 이런저런 장점을 가지고 있다. 친숙한 그라운드와 투지를 샘솟게 하는 팬들의 뜨거운 응원, 그리고 가족과 함께 편안한 휴식을 취하고 경기장에 들어섰다는 점과 심판들이 알쏭달쏭한 장면에서는 대체로 홈팀에게 유리한 판정을 한다는 점 때문이다.

여기에 홈팀은 팀의 특성을 살려 그라운드 상태와 구장의 모양을 변경할 수도 있다. 이런 이유로 메이저리그 역사상 홈경기 승률은 5할 4푼을 넘고 있으며 미네소타 트윈스의 1987년과 1991년 월드시리즈 우승은 홈경기의 장점을 보여준 대표적 사례로 꼽힌다. 트윈스는 1987년 월드시리즈에서 세인트루이스 카디널스와 7차전까지 치르는 접전 끝에 우승을 차지할 당시 홈경기에서만 4승을 올렸고, 4년 뒤 1991년 월드시리즈에서도 애틀랜타 브레이스와 7차전까지 가는 접전 속에 4번의 홈경기를 모두 승리하며 우승을 차지했다. 이를 두고 많은 야구인들은 원정경기를 치르러 온 선수들이 트윈스의 홈구장 메트로돔의 독특한 구조에서 발생하는 강력한 소음에 적응하지 못해 집중력을 잃은 것이 승패에 큰 영향을 미쳤다며, 트윈스 우승의 일등 공신으로 트윈스가 홈에서 4경기를 치를 수 있었던 스케줄을 지목하기도 했다.

"집 떠나면 고생"이라는 말이 있듯 원정경기를 치르는 팀은 여러 가지 불리한 여건에서 경기를 치러야 한다. 장거리 이동에 따른 피로감, 잦은 이동에 따라 길 위에서 인생을 허비하고 있다는 허탈감, 낯선 잠자리와 음식, 가족에 대한 그리움 등 선수들은 야구 경기를 치르기 전에 원정에 따르는 온갖 적들과 싸워야 한다. 무엇보다 미국이란 나라가 워낙 땅덩어리가 넓다 보니 3시간이라는 동부와 서부의 시간 차는 생각처럼 단순한 문제가 아니다. 예를 들어 LA에서 아침 식사 후 뉴욕에 도착하면 현지 시간은 저녁이 되므로 결국 점심 식사를 걸러야 한다. 따라서 규칙적인 생활 리듬을 바탕으로 능력을 펼쳐야 하는 선수들은 생체 시계와 실제 시계를 비슷하게 맞춰야 하지만 문제는 말처럼 쉬운 일이 아니라는 점이다. 이런 이유들로 길고 긴 정규 시즌의 승부에는 원정경기 이동을 이겨낼 체력 관리와 선수들 간 깊은 일체감에서 오는 정신적 안정이 중요한 요건으로 작용한다.

한편, 메이저리그 역사에는 이렇게 불리한 원정경기만 무려 한 달 내내 치른 팀이 있다. 주인공은 휴스턴 애스트로스. 애스트로스는 1992년 8월 17일부터 20일까지 홈구장 애스트로돔에서 공화당 전당대회가 열리는 관계로 7월 27일부터 8월 23일까지 한 달여 동안 원정경기를 치르는 살인적인 경기 일정을 소화해야 했다. 다행히 이 기간 동안 치른 26경기에서 12승 14패라는, 원정경기치곤 제법 좋은 성적을 거두었다.

041_ 더블헤더

본래 두 대의 기관차가 달린 열차를 뜻하는 철도 용어이지만 야구에서는 하루에 같은 팀을 상대로 같은 구장에서 두 경기를 치르는 의미로 사용된다. 매우 드문 경우로 이러한 더블헤더doubleheader의 정의와 달리 변칙적인 더블헤더가 등장하기도 했다. 예를 들면, 1951년 9월 13일 세인트루이스 카디널스는 제1경기는 뉴욕 자이언츠, 제2경기는 보스턴 브레이브스와 경기를 펼쳐서 '같은 팀'이라는 조건과 다른 변칙 더블헤더를 치렀고, 2000년 7월 8일 뉴욕 양키스와 뉴욕 메츠는 제1경기는 메츠의 홈구장에서, 제2경기는 양키스의 홈구장에서 치러 '같은 구장'이라는 조건에 맞지 않는 변칙 더블헤더를 펼쳤다.

더블헤더는 주로 비 때문에 연기된 경기를 포함해서 두 경기를 하루에 치러야 할 때 채택하는 경기 방식으로 그 목적은 정규 시즌 일정이 늘어져 10월 초의 포스트시즌 일정에 영향을 주지 않게 하기 위함이다.

이와 함께 원정거리가 먼 팀이 정규 시즌에 다시 맞붙을 일정이 없을 경우 원정팀의 편의를 고려하여 치르기도 한다. 예를 들어 동부에 위치한 필라델피아 필리스가 서부에 위치한 샌프란시스코 자이언츠와 원정경기 중 비로 경기가 연기될 경우 다음날 더블헤더를 치르지 않고 연기된 한 경기를 치르기 위해 훗날 다시 샌프란시스코행 비행기에 올라야 한다면 여러모로 피곤한 일일 것이다.

더블헤더에는 데이-나이트 더블헤더day-night doubleheader와 트와이-나이트 더블헤더twi-night doubleheader 두 가지 유형이 있다. 최근 주로 볼 수 있는 데이-나이트 더블헤더는 제1경기와 제2경기를 별개로 생각하는 방식으로 제1경기 종료 후 관중은 모두 퇴장해야 하고 제2경기 입장권을 소지한 관중만 입장할 수 있다. 따라서 두 경기 모두를 관람하려면 입장권 두 장이 필요하며 제1경기는 오후 1시에 시작하고 제2경기는 저녁 7시에 시작하는 방식이다. 트와이-나이트 더블헤더는 전통적인 방식의 더블헤더로 늦은 오후에 시작한 제1경기가 종료되고 나서 20~30분 정도 휴식을 취한 후 제2경기를 시작하는 방식이다. 관중은 입장권 한 장으로 두 경기를 관람할 수 있어 제1경기가 종료된 후 관중석에서 움직일 필요가 없으며, 이는 메이저리그에서 관중 동원력이 떨어지는 팀 또는 마이너리그 팀들이 주로 사용하는 방식이다.

더블헤더는 1873년 7월 4일에 내셔널 어소시에이션 소속의 엘리자베스 레절루츠와 보스턴 레드스타킹스가 최초로 시작한 이래 널리 확산됐고, 내셔널리그 소속의 워세스터 루비 레그스는 1882년 9월 25일 입장권 한 장으로 하루에 두 경기를 관람할 수 있는 더블헤더를 최초로 선보였다. 루비 레그스가 이런 시도를 한 목적은 팀의 낮은 관중 동원율을 끌어올리기 위한 고육지책이었는데, 이해 9월 28일 루비 레그스와 트로이 트로얀스와의 경기에는 무려 6명(!)의 관중이 입장했을 뿐이다.

하루에 두 경기를 치르는 더블헤더가 가능한 것은 야구가 다른 스포츠에 비해 체력 소비가 적어서다. 즉, 체력적으로 부담이 큰 투수와 포수를 제외하면 야수들은 하루 두 경기 소화에 큰 어려움이 없다. 게다가 더블헤더가 있으면 해당 팀들의 체력적 부담을 줄여주고자 팀당 26인의 로스터를 임시적으로 27인 로스터를 할 수 있게 운영하고 있다.

요즘은 선수는 물론 심판과 코칭스태프까지 어쩌다 열리는 더블헤더에 체력적으로 어려움을 호소한다. 그러나 환경이 열악했던 과거에는 연기된 경기들이 워낙 많아 더블헤더를 자주 치러야 했다. 1928년 보스턴 브레이브스는 9일 연속 더블헤더를 치렀고, 1943년 시카고 화이트삭스는 더블헤더를 44번 치를 정도였다. 더블헤더를 넘어 하루에 무려 세 경기를 치르는 트리플헤더가 열린 경우도 역사상 세 번이나 있었다. 최초의 트리플헤더는 1890년 9월 1일 브루클린 브라이드그룸스와 피츠버그 앨러게니스가 펼쳤고, 이후 1896년 9월 7일 볼티모어 오리올스와 루이빌 커늘스가 맞붙었으며, 1920년 10월 2일 신시내티 레즈와 피츠버그 파이어리츠는 메이저리그 역사상 마지막 트리플헤더를 펼쳤는데 야간 경기가 없던 시절이다 보니 이날 제3경기는 일몰로 6회 콜드게임으로 종료되고 말았다.

더블헤더와 관련하여 흥미로운 일화는 1934년 9월 28일 세인트루이스 카디널스가 브루클린 다저스와의 더블헤더에서 디지 딘과 대피 딘 형제를 나란히 선발로 출격시키며 탄생했다. 딘 형제 중 제1경기 선발로 나선 형 디지는 8회까지 노히터를 이어가다 9회에 3안타를 허용하며 완봉승에 그쳤으나(?) 제2경기에 나선 동생 대피가 형보다 더 뛰어난 투구로 노히터를 달성한 것이다. 부질없는 가정이지만 만약 제1경기에서 디지가 마지막 이닝을 무사히 넘겨 노히터를 달성했다면 형제가 더블헤더 두 경기에서 노히터를 달성하는 영화 같은 일이 벌어졌을 것이라며 많은 팬들이 아쉬워했다.

하루에 두 경기를 소화하다 보니 더블헤더와 관련하여 관심을 끄는 기록의 주인공들은 마운드에서 두 경기 모두를 꼬박 던지며 왕성한 체력을 과시하는 투수들이다. 시카고 컵스의 에드 로일바흐는 1908년 9월 26일 브루클린 다저스와 펼친 더블헤더에서 두 번의 완봉승을 거두었고, 클리블랜드 인디언스의 더치 레브슨은 1926년 8월 28일 보스턴 레드삭스와의 더블헤더에서 두 번의 완투승을 이끈 마지막 투수로 남아 있으며, 필라델피아 필리스의 잭 스콧은 1927년 6월 19일 신시내티 레즈를 상대로 두 경기 모두에서 완투한 마지막 투수로 남아 있다. 이렇게 여러 투수들이 있지만 더블헤더에서 왕성한 체력을 뽐낸 대표적인 투수는 역시 조 맥기니티Joe McGinnity 1871~1929다. '철인'으로 불리며 더블헤더 두 경기 모두에 마운드로 향하는 것을 개의치 않았던 그는 1903년 8월 한 달 동안 세 차례 더블헤더에서 마운드를 홀로 책임지며 6승을 거두는 괴력을 과시했다. 비록 스핏볼 투구가 가능했고 당시 야구 환경이 지금과 다르다고 하나 맥기니티가 보유한 엄청난 체력과 부드러운 언더핸드 스로 투구 폼이 아니었다면 절대 불가능했을 기록이었음은 분명하다.

통계적으로 더블헤더에서 한 팀이 두 경기를 모두 승리한 경우는 25퍼센트 정도로 더블헤더에서 우위를 차지하려면 후보 선수들의 능력이 뛰어나고 특히 투수력이 두터울수록 승리할 확률이 높아지게 마련이다. 여기에 덧붙여 체력적으로 힘든 더블헤더에 불만을 가지지 않고 "안타를 무려 열 개나 칠 수 있는 날"이라고 표현한 스탠 뮤지얼, "오늘은 두 번 즐기는 날"이라고 표현한 어니 뱅크스처럼 긍정적인 마음가짐으로 경기에 임하는 자세가 중요하다.

042_ 비

야구와 상극관계에 있는 기상 상태를 꼽으라면 무엇이 있을까? 아마도 '비'를 압도적으로 선택을 할 것이다. 실제로 야구는 바람이 강하게 불거나 안개가 자욱하게 껴도 웬만해선 경기를 진행하지만 많은 비 앞에서는 두 손 드는 모습을 자주 볼 수 있다. 비가 쏟아지면 공이 잘 보이지 않고 선수들이 부상 위험에 노출될 뿐만 아니라 관중의 경기 관람이 힘들어지는 등 여러 어려움이 따르기 때문이다. 이렇게 비와 야구의 상극관계를 보여주는 대표적인 사례로 리글리필드 첫 야간 경기 취소를 들 수 있다. 시카고 컵스의 홈구장 리글리필드는 1914년 개장 후 5687경기 연속으로 주간 경기만을 치르다가 많은 논란 끝에 1988년 8월 8일에 역사적인 야간 경기를 시작했으나 눈치 없이 내린 '비' 때문에 3회 도중 경기를 취소하고 만 것이다.

그렇다고 야구계가 비에 일방적으로 당하고만 있었던 것은 아니었다. 1910년경 주머니에 송진가루를 넣은 로진백rosin bag을 등장시켜 비가 내릴 때 선수들 손의 미끄러움을 방지하고자 했고, 샌프란시스코 자이언츠와 뉴욕 양키스가 맞붙은 1962년 월드시리즈에서는 6차전을 앞두고 샌프란시스코 지역에 계속 내린 비로 경기가 4일이나 연기되자 헬리콥터를 동원해 프로펠러로 그라운드에 가득찬 물을 걷어내는 영화 같은 장면을 연출하기도 했다.

이렇게 비에 맞선 야구계의 노력들 중 최고의 작품은 단연 방수포다. 비와 야구가 상극관계로 불리는 가장 큰 이유는 비가 그라운드를 축축하게 적시기 때문이다. 야구계에서 이를 막기 위한 방법을 고민한 결과 1888년에 방수포가 등장했고, 1890년대에는 대부분의 팀들이 방수포를 보유해 웬만한 비에도 끄떡없이 경기를 진행할 수 있게 됐다. 요즘은 비가 내리기 시작하면 방수포가 그라운드에 1분여 만에 깔리는 모습을 볼 수 있는데 20여 명의 야구장 관리 직원들이 바삐 움직이면서 약 700킬로그램 되는 방수포로 그라운드를 순식간에 덮는 모습은 관중에게 새로운 볼거리가 되고 있다. 이러한 방수포를 비롯해 배수 시설의 향상 등 야구계의 노력으로 최근 메이저리그에서는 구명조끼를 착용할 정도가 아니면 경기를 진행한다는 과장 섞인 농담이 나올 만큼 비에 대한 대응력이 많이 향상됐다.

그럼에도 야구 특성상 비 앞에서 작아질 수밖에 없는 분명한 한계가 있고, 그 결과 비에 울고 웃는 상황이 여전히 벌어지고 있다. 가령 비로 경기가 취소되면 체력이 완전히 바닥난 팀은 꿀맛 같은 휴식을 즐기지만 상승세에 있는 팀은 맥이 빠지게 마련인데 이처럼 비가 야구에 끼치는 영향이 크기 때문에 계산이 철저한 감독들은 비가 많이 내리는 시기에 비로 경기가 취소되거나 도중에 중단될 상황까지 고려하며 팀을 운영하는 등 비를 중요한 전략적 요소로 여긴다. 승부의 세계에서 중요한 역할을 하는 비로 경기가 중간에 종료될 경우 무효 경기 또는 강우 콜드게임으로 구분이 되는 기준점은 5회다. 무효 경기는 승패는 물론이고 투수와 타자들의 모든 기록이 취소되지만 강우 콜드게임은 모든 기록이 정식경기와 똑같이 인정된다.

이러한 규정 때문에 평소 번트를 대는 것에 소극적인 감독이라도 많은 비가 쏟아질 것이라는 일기예보가 있으면 5회 이전에 적극적으로 번트를 시도하며 서둘러 한 점이라도 뽑아 적은 점수이지만 주도권을 쥔 상태로 경기를 몰아가려고 한다. 또한 경기 초반에 앞서고 있는 팀의 타자들은 '가미가제 특공대'처럼 아웃이 되려고 몸부림치며 5회를 서둘러 종료하고 '가장 확실한 마무리 투수' 비의 등장을 기다리는 반면, 지고 있는 팀은 1 대 0으로 지든 100 대 0으로 지든 지는 것은 똑같다는 생각에 경기를 최대한 늘어지게 발버둥치는 등, 양 팀의 경기 운영 방식이 '비' 하나로 확연히 달라진다. 상황이 이렇다 보니 비 때문에 많은 잡음이 발생하곤 한다. 예를 들어 5회를 마치기 전에 비가 내려 무효 경기가 되면 이기고 있던 팀은 울상을 짓지만 지고 있던 팀은 비를 '천우신조'라 생각하며 미소가 넘친다. 가끔은 경기 종료 여부를 놓고 감독과 주심이 실랑이를 벌이기도 한다. 1940년대 피츠버그 파이어리츠의 감독이었던 프랭키 프리시Frankie Frisch, 1898(7)~1973는 주심이 경기를 종료하지 않자 우산을 들거나 장화를 신고 항의하는 등 재미있는 모습을 보여주기도 했다.

앞서 무효 경기 또는 강우 콜드게임으로 구분되는 기준점을 5회라고 했지만, 조금만 더 생각하면 알 수 있듯 반드시 5회말을 마쳐야 하는 것은 아니다. 예를 들어 홈팀이 2 대 1로 이기고 있는 5회말 공격에서 부슬부슬 내리던 이슬비가 폭우로 변해 경기 종료가 선언될 경우 무효 경기가 아닌 홈팀의 2 대 1 강우 콜드게임 승리가 인정된다. 지고 있던 원정팀이 5회초 공격을 마쳐 정식경기 요건이 이미 채워졌기 때문으로 만약 폭우가 4회말 공격 중에 쏟아져 경기 종료가 선언됐다면 무효 경기가 됐을 것이다. 팬들 중에는 강우 콜드게임이 선언될 때 승리 투수가 누구냐를 놓고 헷갈려 하는 경우가 있다. 보통 경기에서는 선발 투수가 5회 이상을 던지고 자기 팀이 앞선 상태가 유지돼야 선발 투수가 승리를 챙길 수 있지만, 5회를 마치고 콜드게임이 선언된 경기에서는 얘기가 달라진다. 이때는 선발 투수가 4회 이상을 던지고 그때까지 잡은 리드가 5회까지 유지될 경우에 선발 투수에게 승리가 주어진다는 차이점이 있다.

승리 투수 결정과 함께 강우 콜드게임called game과 일시정지 게임suspended game의 미묘한 차이점 역시 팬들이 자주 헷갈려 하는 부분이다. 두 가지 모두 5회를 마쳐 정식경기 요건이 성립된다는 공통점이 있으나 일시정지 게임은 정식경기가 성립된 후 이닝 초에 원정팀이 동점 또는 앞질러가는 점수를 뽑은 상황에서 비로 경기가 중단될 경우에 선언된다. 예를 들어 3 대 2로 뒤지던 원정팀이 7회초에 2점을 얻어 앞질러가는데 마침 쏟아진 비로 경기가 중단되면 강우 콜드게임이 아닌 일시정지 게임이 선언돼 얼마 뒤에 일정을 잡아 해당 경기의 남은 이닝을 끝마치게 된다. 예전에는 이 같은 상황에서 홈팀이 7회말 공격을 마치지 못하면 6회까지의 점수만 반영해 홈팀이 3 대 2로 승리한 것으로 종료했으나 1978년 메이저리그 규칙위원회에서 1979년에 적용할 규칙 개정을 의결하며 이닝 초의 득점을 무시하는 규칙을 일시정지 게임으로 변경한 이후 지금까지 이어져 오고 있다.

043_ 바람

야구가 날씨에 민감한 실외 스포츠이다 보니 바람의 방향과 힘은 경기에 여러 영향을 미친다. 메이저리그 역사상 최장거리 홈런으로 알려진 미키 맨틀의 172미터 홈런은 강한 바람의 도움을 받았고, 1961년 올스타전에서 스튜 밀러가 승부에 결정적인 보크를 범한 것도 갑자기 불어온 강한 바람 때문이었다. 그렇다면 바람은 구체적으로 경기에 어떠한 영향을 미칠까?

홈플레이트 쪽으로 부는 바람은 투구의 속도를 높여주는 대신 외야

쪽으로 부는 바람은 그 반대의 영향을 미친다. 따라서 투수는 뒷바람이 불 때는 바람의 힘으로 공의 속도가 빨라지므로 빠른공을 던지는 것이 유리하고 맞바람이 불 때는 바람의 저항으로 공의 변화가 심해져 변화구를 던지는 것이 유리한 편이다. 하지만 투수와 타자의 싸움에 큰 영향을 미치는 것은 맞바람이나 뒷바람이 아닌 옆바람이다. 특히 힘으로 윽박지르는 투수가 아닌 커브와 같은 느린 변화구와 정확한 제구력을 주무기로 삼는 투수들은 옆바람의 영향으로 공이 휘는 정도를 예측하기 힘들어 스트라이크 존 구석을 겨냥해 던진 공이 의도치 않게 한가운데로 몰리는 바람에 한 방을 얻어맞곤 한다.

야구 전반에서 볼 때 바람의 영향을 가장 크게 받는 것은 역시 높이 뜬 장거리 타구다. 대부분의 메이저리그 야구장은 스탠드로 막혀 있어 투구나 낮게 뜬 타구는 바람의 영향을 적게 받지만 높이 뜬 장거리 타구라면 얘기가 달라진다. 이는 베이브 루스, 새미 소사, 마크 맥과이어 등처럼 타구를 담장 너머로 훌쩍 넘기는 장거리 홈런 타자들이라면 큰 상관이 없다. 그러나 관중석 첫 줄에 떨어지는 홈런을 자주 때리는 타자들의 경우 바람이 타구를 담장 너머로 실어 보내주거나 또는 워닝트랙 앞에서 고꾸라지게 하는 중요한 요인으로 작용한다.

좋은 선수가 되려면 신의 영역인 바람마저 자신의 편으로 만들 수 있어야 한다. 바람이 홈플레이트 쪽으로 강하게 불면 투수는 높은 빠른공을 주로 던질 만하다. 타자가 공 아래쪽을 때리게 돼 플라이 타구가 나와도 멀리 나가지 않을 것이기 때문이다. 투수는 우타자를 상대할 때 구장이 작고 강한 바람이 왼쪽으로 불면 힘껏 당겨치지 못하게 주의를 기울여야 하나 구장이 크고 왼쪽에서 홈플레이트 쪽으로 바람이 강하게 불면 타자가 마음껏 당겨치도록 유도해 맞혀 잡는 것도 좋은 투구 전략이다. 반대로 타자는 구장 규모가 작고 강한 바람이 외야 쪽으로 불 때는 큰 스윙을 해볼 만하다. 이러한 경우 타자가 적극적인 모습을 보여주면 어떤 투수들은 한 방을 맞지 않으려고 도망가는 피칭을 하다가 많은 볼넷을 내주며 대량 실점을 허용하기도 한다.

선수, 특히 외야수는 그라운드에 들어서는 순간 바람의 방향과 힘을 파악해 수비 위치를 조정해야 한다. 강력한 어깨와 천재적인 타구 판단 능력으로 1910년대를 대표하는 중견수로 알려진 트리스 스피커Tris Speaker, 1888~1958는 지금처럼 야구장에 깃발이 없던 시절에 경기 전 그라운드의 잔디를 뜯어 하늘에 날려 바람의 방향과 힘을 측정한 것으로 유명하다. '바람 측정Test the wind'이라고 하는 이 측정법은 그가 외야수 통산 최다 어시스트 1위에 오를 수 있는 바탕이 되었으며 훗날 많은 외야수들이 이를 따라했다.

이처럼 바람이 야구에 미치는 영향이 적지 않기 때문에 마치 '신'이라도 된 것처럼 바람을 홈팀에게 유리하도록 조작해 논란이 벌어진 적도 있다. 휴스턴의 애스트로돔, 미네소타의 메트로돔 등 일부 돔구장의 관리 직원들이 홈팀 타자가 친 타구가 더 멀리 나가게 하는 방식으로 공기 흐름을 조작했던 것이다. 메이저리그에서 바람의 영향을 많이 받는 구장은 단연 리글리필드다. 시카고 컵스의 홈구장 리글리필드는 바다처럼 큰 미시간호 옆에 있는 데다 외야석이 2층 스탠드 구조가 아니어서 강한 바람의 영향이 한층 더 커질 수밖에 없다. 게다가 계절과 날씨에 따라 수시로 변하는 바람의 방향은 경기장에 익숙한 컵스 선수들조차도 종잡기 힘들어할 정도다. 이렇게 수비하기가 고약하다 보니 일부 선수들은 꾀병을 부리며 리글리필드에서 경기 출장을 회피하기까지 한다.

044_ 새

2009년 6월 11일 캔자스시티 로열스와 클리블랜드 인디언스의 경기가 열린 프로그레시브 필드에 많은 갈매기들이 경기장 주변을 날아다니고 있었다. 치열한 접전을 벌인 두 팀은 정규 이닝 동안 3 대 3으로 승부를 가리지 못한 채 연장전에 돌입했고 10회말 무사 1, 2루 상황에서 타석에 들어선 인디언스의 추신수는 중견수 방면으로 강한 라인 드라이브 타구를 때렸다. 안타가 될 것이 확실해 보였지만 타구 속도가 워낙 빨라 중견수 코코 크리스프가 원바운드로 잡은 후 정확히 송구한다면 2루 주자의 득점은 어려울 것으로 보였다. 이때 기적 같은 일이 벌어졌다. 중견수 주변에 모여 있던 갈매기 20여 마리가 타구를 피하느라 동시에 날아올랐는데 갈매기에 맞고 타구 방향이 바뀌었는지 아니면 갈매기 떼에 가려 타구를 시야에서 놓쳤는지 크리스프가 타구를 뒤로 빠뜨린 것이다. 불쑥 튀어나온 황당한 상황 앞에 크리스프는 망연자실한 표정을 지었고 인디언스는 갈매기들의 도움으로 4 대 3의 짜릿한 승리를 거뒀다.

매우 드문 경우이지만 이처럼 새는 타구 또는 투구에 맞는 식으로 경기에 영향을 줄 수 있다. 이때 적용되는 규칙은 다음과 같다. 먼저 타구에 새가 맞았을 경우. 심판이 판단하기에 홈런이 확실해 보인 타구가 새에 맞고 펜스 안쪽에 떨어지면 홈런으로 인정된다. 또한 플라이 타구에 새가 맞으면 지면에 닿은 것으로 간주돼 야수가 직접 잡았다 하더라도 아웃이 아니어서 공격 측과 수비 측 모두 플레이를 계속해야 한다. 물론 새에 맞은 플라이 타구가 파울 지역에 떨어지면 파울볼이 된다. 타구가 새에 맞은 대표적 사례는 1987년 4월 13일 뉴욕 메츠와 애틀랜타 브레이브스의 경기에서 나왔다. 브레이브스의 디온 제임스Dion James, 1962~가 3

회초 좌익수 방면으로 평범한 플라이를 때렸으나 비둘기에 맞는 바람에 2루타로 바뀌어 제임스는 말 그대로 새 때문에 웃게 된 하루였다.

다음은 투구에 새가 맞았을 경우로, 이때는 볼데드가 되어 볼카운트에 포함하지 않는다. 따라서 주자가 있는 상황에서 투구가 새에 맞고 포수 뒤로 빠졌다 하더라도 주자는 진루할 수 없다. 이와 관련해 많은 팬들이 기억하는 장면이 있다. 2001년 3월 24일 샌프란시스코 자이언츠를 상대로 시범경기에 나선 애리조나 다이아몬드백스의 랜디 존슨Randy Johnson, 1963~이 던진 공에 맞은 비둘기가 깃털을 여기저기 흩날리며 그 자리에서 즉사하는 모습이다. 당시 7회초 2사 2루에서 캘빈 머레이를 상대로 존슨이 던진 150킬로미터가 넘는 강속구에 때마침 홈플레이트 주변을 날아가던 비둘기 한 마리가 맞은 것으로, 이는 세계적인 뉴스가 됐다.

한편, 투철한 동물보호 문화로 곤혹을 치른 선수들도 있다. 1983년 8월 4일 토론토 블루제이스와의 원정경기에 나선 뉴욕 양키스의 데이브 윈필드는 토론토의 5회말 공격이 시작되기 전 어깨를 풀기 위해 볼보이와 송구 연습을 하던 중 의도치 않게 공으로 갈매기를 맞혔다. 윈필드는 갈매기를 향해 모자를 벗어 애도를 표했으나 재미있다는 듯 웃는 모습이 목격되는 바람에 동물학대죄로 유치장 신세를 져야 했다. 500달러의 보석금을 내고 풀려난 그는 다음날 고의성이 없었다는 것이 참작돼 무죄를 인정받았다. 2003년 4월 21일에 재키 로빈슨 파크에서 훈련 중이던 시카고 컵스의 유망주 류제국은 플로리다 보호조류로 지정된 물수리를 야구공으로 맞혀 죽게 해 100시간의 사회봉사 명령을 받기도 했다.

5회 타격

MLB

045_ 타격

자신이 응원하는 팀의 타자가 중요한 상황에서 허무하게 아웃되면 한숨을 내쉬거나 거친 야유를 퍼붓는 팬들을 쉽게 볼 수 있다. 아쉬운 마음을 표현하는 팬들의 이러한 반응은 충분히 이해된다. 그러나 진정한 팬이라면 이에 앞서 타자가 안타를 때리기까지의 과정이 얼마나 어려운지 알아둘 필요가 있다.

타석에 들어선 타자는 가장 먼저 두려움에 맞서야 한다. 안타를 치고 싶은 마음은 굴뚝같지만 빠르게 날아오는 공에 머리를 맞을 경우 레이 채프먼Ray Chapman, 1891~1920처럼 사망하거나 미키 코크레인처럼 후유증으로 은퇴할 수 있기 때문이다. 그래서 타자의 머릿속에는 공을 적극적으로 때리고 싶은 마음과 공이 자신의 몸을 향해 날아오면 재빨리 피해야겠다는 마음이 공존하고 있다. 이렇게 심리 상태가 이율배반적인 타자의 18.44미터

레이 채프먼

앞에 투수가 서 있다. 하지만 투수가 타자를 향해 몸을 최대한 앞으로 끌고 나오며 공을 던지므로 공이 날아오는 실제 거리는 약 17미터로 줄어든다. 이 거리에서 시속 140킬로미터 이상의 속도로 날아오는 공이 타자에게 도달하기까지 걸리는 시간은 겨우 0.5초에 지나지 않는다. 이 짧은 시간 동안 타자는 배트를 휘두를지 말지를 본능에 가깝게 결정하고, 휘두르기로 마음먹으면 오랜 훈련으로 익숙해진 스윙을 반사적으로 하게 된다. 문제는 눈 깜빡할 사이에 다가오는 이 공이 일정한 속도와 궤적으로 날아오는 것이 아니라 매번 다른 속도와 궤적을 보인다는 점이다. 게다가 이 공이 페어 지역에 라인 드라이브로 뻗어나가려면 공과 배트의 중심이 정확히 마주쳐야 하는데 그 폭은 겨우 1센티미터 정도다.

이러한 과정을 완벽히 수행하는 것만으로 안타를 때릴 수 있다면 지금처럼 3할 타자를 떠받들지는 않을 것이다. 타자가 공을 배트의 중심에 맞혔더라도 타자 앞에는 포수를 제외한 8명의 야수들이 타구가 날아올 만한 위치에 자리를 잡고 있기 때문이다. 언뜻 보기에는 타자가 투수와 포수만을 상대하며 1 대 2로 맞서고 있는 것처럼 보이지만 그 속을 들여다보면 1 대 9로 맞서고 있음을 알 수 있다. 이런 이유로 마지막 4할 타자 테드 윌리엄스는 "타격은 모든 스포츠를 통틀어 가장 어려운 기술이다"라고 말했으며, 야구 밖 세상에서는 열 번 중 아홉 번을 성공해도 그저 그런 평가를 받는 경우가 많지만 타격은 열 번 중 세 번만 안타를 때려도 좋은 타자라고 평가받을 수 있는 것이다.

이처럼 안타를 때려내기까지의 과정을 곰곰이 생각해보면 타격은 타고난 재능이 필요한 분야라는 것을 짐작할 수 있다. 그러나 타격이 워낙 어렵다 보니 타고난 재능만으로 좋은 타격을 할 수는 없다. 따라서 좋은 타격을 위해 타자가 지켜야 할 몇 가지가 있다. 첫째, 투수가 잘 던지는 공이 무엇이고 지난 승부 때 자신에게 어떠한 투구를 펼쳤으며 투수가 공략하는 자신의 약점은 무엇이고 자신은 어떠한 공을 노려야 할지 등 투수와 자기 자신에 대한 철저한 분석이 필요하다. 또한 상황에 맞는 타격을 하려면 현재 이닝과 점수 차, 구장의 크기, 바람의 방향과 세기 등도 정확히 파악해야 한다. 둘째, 삼진을 당하는 것은 타자에게 가장 좋지 않은 결과라는 점을 늘 명심해야 한다. 정확하지는 않더라도 일단 공이 배트와 맞닿기만 하면 불규칙 바운드, 상대 야수의 실책 등으로 베이스를 밟을 가능성이 조금은 있기 때문이다. 따라서 타자는 볼카운트가 불리해지면 스윙 크기를 줄여야 한다. 셋째, 주자가 없는 상황에서는 안타가 아닌 볼넷으로라도 출루하겠다는 강한 출루 의지가 필요하다. 마지막으로 타율에서 손해를 보더라도 팀을 위해 희생하는 자세를 가져야 한다. 예를 들어 무사 2루에서 확률이 낮은 안타를 노리기보다 타구를 오른쪽으로 굴려 2루 주자를 3루까지 무사히 진루시켜 후속 타자의 땅볼 타구나 외야 플라이만으로 득점을 올릴 수 있게 지원하는 것처럼 말이다.

아무리 좋은 타격을 위해 철저히 준비하고 팀을 위한 희생정신이 강한 타자라도 의도와 전혀 다른 결과를 낳는 경우가 많다. 팬들이 떠받드는 3할이라는 타율도 다르게 보면 안타를 때릴 확률이 '30퍼센트'에 지나지 않는다는 것을 의미한다. 이러한 타격의 속성을 알고 나면 안타를 때리지 못한 타자에게 지나친 야유를 퍼붓기 힘들 것이다. 야구는 계산이 안 되는 대표적인 스포츠이고 그중에서도 '타격'은 가장 불확실성이 강한 분야다.

046_ 지명타자

1960년대 후반 메이저리그는 3 대 1, 2 대 0처럼 작은 점수로 경기가 종료되는 심각한 투고타저 현상이 이어졌다. 대부분의 관중은 지루해 미칠 지경이었고 메이저리그 사무국에서 마운드 높이를 낮추고 스트라이크 존을 축소하는 조치를 취했음에도 상황은 크게 나아지지 않았다. 그러자 시선은 타석에서 헛방이질만 해대는 투수들에게 향했고 때마침 오클랜드 어슬레틱스의 찰리 핀리 구단주가 '지명타자Designated hitter 제도'를 해결책으로 제시하며 구단주들을 설득하기 시작했다. 사실 수비는 하지 않고 투수를 대신해 타격하는 선수를 의미하는 지명타자 제도가 갑자기 등장한 것은 아니었다. 1890년대 이미 지명타자 제도를 둘러싼 논란이 있었고, 1906년 코니 맥 감독에 이어 1928년 존 헤이들러 내셔널리그 회장이 지명타자 제도를 제안했으나 야구계의 보수적인 분위기에 거부된 적이 있었다.

핀리의 제안에 꿈쩍도 하지 않은 내셔널리그와 달리 아메리칸리그는 1973년 1월 11일 12개 팀의 구단주들이 투표를 실시한 결과 8 대 4로 지명타자 제도를 채택하며 3년간 한시적 운영을 결정했다. 지명타자 제도의 도입으로 아메리칸리그에서 야구는 9명이 아닌 10명이 하는 경기로 바뀌었다. 지명타자 제도에 익숙한 오늘날의 시각에서 지명타자 제도 도입이 뭐 그리 대수냐고 생각할 수 있지만 당시 야구계에서 지명타자 제도 도입은 혁명과도 같은 사건이었다. 1973년 4월 6일 펜웨이파크에서 열린 보스턴 레드삭스와 뉴욕 양키스의 개막전은 지명타자가 등장한다는 것만으로 뜨거운 관심을 끌었고 양키스의 6번 타자 론 블롬버그Ron Blomberg, 1948~가 최초의 지명타자로 타석에 들어서며 새로운 방식의 야구가 시작됐음을 알렸다. 하지만 "지명타자DH는 지명된 우울증 환자

Designated Hypochondriac"라고 밝힌 블룸버그의 인터뷰에서 알 수 있듯 선수라면 모름지기 치고 달리고 수비하는 것을 당연하게 여기던 분위기에서 지명타자는 타격만 할 줄 아는 반쪽짜리 선수라는 부정적 인식이 야구계 전반에 확산되기 시작했다. 이러한 인식은 현재까지 이어지고 있으며 지명타자의 MVP 수상이 사실상 불가능한 이유도 여기에 있다.

론 블룸버그

우여곡절 끝에 도입된 지명타자 제도를 보며 많은 야구인들은 투수가 타석에 들어서지 않게 돼 보복에 대한 두려움이 사라져 빈볼이 늘어나리라 예상했다. 그러나 빈볼은 본래 투수가 아닌 상대 팀 주요 타자들을 목표로 하는 것이었으므로 그런 일은 벌어지지 않았다. 그렇다면 지명타자 제도는 취지대로 아메리칸리그의 공격력을 끌어올렸을까? 1972년 0.239였던 아메리칸리그 타율은 1973년에 0.259로 2푼 올랐다. 이는 전체 타율에서 2푼 정도를 낮추던 투수가 타격에서 제외되면서 자연스레 오른 것으로, 2푼이라는 타율 상승은 아메리칸리그의 기대에 못 미치는 수치였다. 이는 투수의 타격을 대신할 것으로 기대했던 비범한 타자들은 비록 수비력이 떨어져도 이미 주전으로 뛰고 있어 평범한 타자들이 그 자리를 대신하게 된 데다 투수들이 타격 훈련의 짐에서 벗어나 구속 증가나 구종 개발처럼 투수력 향상에 더 집중할 수 있는 환경이 조성됐기 때문으로 보인다.

3년간의 지명타자 제도 실험이 끝난 후 1975년 윈터미팅에서 아메리칸리그는 지명타자 제도를 공식적으로 채택했지만 내셔널리그는 반대 입장을 고수했다. 이러한 리그 간 입장차는 지명타자 제도가 도입된 지 반세기가 가까워진 현재까지도 좁혀지지 않고 있다. 그래서 내셔널리그 팀의 홈구장에서 열리는 인터리그 경기에 출장한 아메리칸리그 투수가 타격이나 베이스 러닝 과정에서 부상이라도 당하면 지명타자 제도 찬성론자들은 내셔널리그도 얼른 지명타자 제도를 도입하라고 강하게 외쳐댄다. 이들은 출중한 재능 하나만으로 충분히 인정받을 수 있는 야구 밖 세상과 달리, 야구에서 유독 다방면으로 평균 이상의 능력을 갖춘 선수를 요구하는 것은 시대 흐름에 맞지 않으며, 타격 실력이 보잘것없는 투수들에게 방망이를 쥐게 해 경기당 2~3이닝의 공격 전개가 제대로 안 되게 하는 것보다는 지명타자로 타선을 단단히 조여 모든 이닝에서 득점을 기대할 수 있게 하는 것이 바람직하다고 주장한다. 또한 우수한 선발 투수가 오랫동안 마운드에 오를 수 있고, 수비력은 떨어지지만 공격력만큼은 쓸 만한 반쪽짜리 선수 또는 나이가 들어 수비력이 떨어진 노장 선수들에게 경기에 뛸 수 있는 기회를 제공할 수 있다는 점도 지명타자 제도의 장점으로 강조한다. 이들의 주장대로 지명타자 제도가 없었다면 프랭크 토머스의 500홈런, 폴 몰리터의 3000안타 달성은 불가능했을 것이다.

그러나 반대론자들의 목소리도 만만치 않다. 이들은 지명타자 제도가 공격력 강화에 도움이 되는 것은 인정하지만 야구 선수라면 모름지기 공격과 수비 실력을 동시에 갖춰야 한다고 주장한다. 무엇보다 이들이 지명타자 제도를 혐오하는 가장 큰 이유는 감독이 펼치는 작전의 묘미가 줄어든다는 데 있다. 즉, 중요한 공격 기회에서 뛰어난 투구를 펼치고 있던 투수가 타석에 들어서야 할 때 대타를 투입해 투수를 내릴지, 아니면 공격에 약간 손해 보더라도 투수에게 1~2이닝을 더 맡기기 위해 그대로 타석에 내보낼지를 고민하며 결정하는 것은 물론이고, 상대 팀에서 불펜 투수나 대타 요원을 일찌감치 다 소진하도록 유인하는 작전의 묘미를 지명타자 제도에서는 느낄 수 없다고 주장한다.

지명타자 제도를 놓고 양측의 입장이 팽팽하게 맞선 가운데 문제는 양대 리그 우승팀이 맞붙는 월드시리즈였다. 결국 지명타자 제도가 도입된 후에도 월드시리즈에서는 기존대로 지명타자를 채택하지 않았으나 1976년부터 짝수 해마다 지명타자 제도를 사용하기로 변경했고, 1986년부터는 홈구장 소속 리그의 규칙에 따르기로 정했다. 이에 따라 아메리칸리그 소속팀의 홈구장에서 열리는 월드시리즈 경기에서는 지명타자가 등장하며, 이러한 방식은 1997년부터 시작된 인터리그에서도 마찬가지로 적용되고 있다. 많은 논란 속에 도입된 지명타자 제도는 양대 리그를 구별하는 핵심 요소로 자리 잡았지만 속내를 자세히 들여다보면 그 차이는 생각보다 작음을 알 수 있다. 따라서 팬들은 삼진이 많이 나오면서 도루와 희생 번트 등이 자주 등장하는 아기자기한 야구를 보고 싶으면 내셔널리그 경기를, 홈런이 많이 터지면서 점수가 많이 나는 경기를 보고 싶으면 아메리칸리그 경기를 보면 그만이다.

한편, 메이저리그에서는 매년 최고의 활약을 펼친 지명타자에게 '올해의 지명타자상'을 수여하는데 이 상의 명칭은 2004년부터 '에드거 마르티네스상'으로 바뀌었다. 해럴드 베인스, 폴 몰리터, 에드거 마르티네스, 데이비드 오티즈 등 한 시대를 풍미했던 걸출한 지명타자들이 이 상을 수상했으며, 최다 수상자는 2003년부터 2007년까지 5회 연속 수상하는 등 총 8회를 수상한 오티즈다.

마지막으로 지명타자 제도와 관련해 팬들이 혼동하기 쉬운 세 가지를 정리해보면 다음과 같다. 하나, 지명타자는 어느 타순에 넣어도 상관없지만 오직 투수만을 대신해야 한다. 예를 들어 투수보다 타력이 떨어지는 유격수가 있을지라도 유격수를 대신해 지명타자를 기용할 수 없다. 둘, 지명타자는 상대 선발 투수가 교체되지 않는 한 상대 선발 투수와 적어도 한 타석은 완료해야 한다. 따라서 지명타자가 상대 선발 투수에게 약점이 있다는 것을 뒤늦게 알았다 해도 곧바로 대타를 투입할 수 없다. 셋, 경기 중 야수를 빼고 그 자리에 지명타자가 들어갈 경우 지명타자를 다른 선수로 교체할 수 없으며 투수가 그 대신 빠진 야수의 타순을 이어받아야 한다. 예를 들어 데이비드 오티즈가 지명타자, 마이크 나폴리가 1루수로 나섰으나 경기 중 나폴리가 부상을 당해 감독이 오티즈를 1루수로 기용했다면 그 순간 지명타자는 소멸되며 오티즈는 기존 타순을 유지하고 투수는 나폴리의 타순에 들어가야 한다.

047_ 왼손 타자 vs 왼손 투수

상대 팀 선발 투수가 왼손 투수일 경우 오른손 타자들을 위주로 타선을 꾸리거나, 왼손 타자가 등장하면 불펜에서 왼손 투수가 마운드로 걸어나오고 이에 맞서는 공격팀에서 오른손 타자를 대타로 내세우며 '좌우놀이'를 하는 모습은 야구에서 매우 익숙한 장면이다. 이러한 좌-우의 조합 관계는 감독이 경기 중 따져보는 대표적인 확률로 꼽히며 따라서 왼손 타자가 왼손 투수에 약하다는 속설을 모르는 팬이 없을 정도다.

그렇다면 왜 왼손 타자는 왼손 투수에 약한 것일까? 첫 번째 이유는 시각의 차다. 왼손 타자가 오른손 투수를 상대할 경우 투수의 팔이 3루쪽에서 나오므로 타자는 고개를 조금 돌린 편안한 상태에서 투구 동작과 공이 나오는 순간을 빠르고 정확하게 볼 수 있다. 참고로 이러한 장점이 가장 극대화된 상황은 왼손 타자가 오른손 언더핸드 스로 투수를 상대하는 경우로 오른손 타자가 많은 야구판에서 왼손 언더핸드 스로 투수를 찾아보기 힘든 이유가 여기에 있다. 그런데 왼손 타자가 왼손 투수를 상대할 경우에는 고개를 많이 돌린 불편한 상태에서 투구 동작과 공이 나오는 순간을 봐야 하는 데다 공이 자신의 뒤통수 쪽에서 날아오는 느낌을 받아 공을 지켜볼 수 있는 시간도 짧아진다. 두 번째 이유는 공의 회전이다. 투수가 던진 공은 날아오면서 밖으로 휘어나가는 성향이 강한데 대부분의 타자들은 날아오면서 타자를 중심으로 가까워지는 공보다 멀어지는 공을 공략할 때 어려움을 겪는다. 즉, 왼손 타자 입장에서 왼손 투수가 던진 공은 바깥쪽으로 휘어나가는 공이 많아 좋은 타격을 펼치기 힘들다.

여기서 한 가지 의문점이 있다. 이러한 이유로 왼손 타자가 왼손 투수에 약하다면 왜 오른손 타자가 오른손 투수에 약하다는 속설은 없을까? 이는 희소성의 문제다. 오른손 타자가 오른손 투수에 약한 것과 왼손 타자가 왼손 투수에 약한 것은 같은 이치이지만 오른손 투수가 대부분인 야구판에서 오른손 투수에 약하면 타격 능력 자체가 떨어지는 것으로 봐야 한다. 게다가 오른손 타자는 오른손 투수를 많이 상대해 익숙해진 탓에 오른손 투수 공략에 어려움이 덜하다. 이는 왼손 타자도 왼손 투수를 자주 상대하다 보면 왼손 투수 공략에 익숙해질 수 있음을 의미하기도 한다. 실제로 오른손 투수보다 왼손 투수에 강점을 보이는 왼손 타자들도 있다. 하지만 왼손 타자가 왼손 투수에 약하다는 속설이 워낙 강하기 때문에 감독들은 왼손 투수에 습관적으로 오른손 타자를 내세워 책임 면피에 딱 좋은 작전을 쓰려 한다. 결국 왼손 타자는 왼손 투수와 상대할 기회 자체를 박탈당하기 일쑤이고 오른손 타자는 왼손 투수를 상대할 기회를 더 많이 갖는 상황이 반복되고 있다.

048_ 대타

LA 다저스와 오클랜드 어슬레틱스가 맞붙은 1988년 월드시리즈는 다윗과 골리앗의 대결로 관심을 끌었다. 팬들은 내셔널리그 챔피언십시리즈에서 뉴욕 메츠와 7차전까지 치르는 혈투를 벌인 데다 주포인 커크 깁슨Kirk Gibson, 1957~마저 다리 부상을 당한 다저스를 '다윗'으로, 정규 시즌에서 무려 104승을 올린 기세를 이어가며 아메리칸리그 챔피언십시리즈에서도 로저 클레멘스가 이끄는 보스턴 레드삭스를 단 4경기 만에 무너뜨린 어슬레틱스를 '골리앗'으로 비유했다. 어슬레틱스의 우승이 유력한 가운데 1차전이 시작되었고 예상대로 어슬레틱스는 호세 칸세코의 만루 홈런에 힘입어 9회초까지 4 대 3으로 다저스에 앞서 나갔다. 그리고 9회말 어슬레틱스는 어김없이 당대 최고의 마무리 투수 데니스 에커슬리를 마운드에 올리며 승리를 굳히려 했다. 리그챔피언십시리즈 4경기 모두에서 세이브를 올렸던 에커슬리는 첫 두 타자를 평범한 플라이와 삼진으로 가볍게 처리하며 팀의 기대에 부응하는 듯했지만 대타 마이크 데이비스에게 볼넷을 내주고 말았다.

다저스에 실낱같은 희망이 생기자 방송 카메라는 다리 부상으로 걷기조차 힘든 깁슨을 계속해서 비춰댔고 토미 라소다 감독은 대기 타석의 데이브 앤더슨을 불러들이고 깁슨을 대타로 내세우는 결단을 내렸다. 타석에 들어선 깁슨은 배트를 휘두를 때마다 전해오는 극심한 고통을 참아가며 에커슬리와 풀카운트까지 접전을 벌였다. 긴장된 순간 에커슬리가 결정구로 던진 슬라이더를 향해 깁슨이 힘차게 배트를 휘둘렀고 경쾌한 파열음과 함께 공이 우측 담장을 훌쩍 넘어갔다. 대타代打로 등장해 대타大打가 된 깁슨은 다리를 절뚝거리며 힘겹게 베이스를 돌면서도 주먹을 불끈 쥐며 환호했고 다저스 선수들과 팬들은 열광의 도가니에 빠졌다. 깁슨의 극적인 한 방으로 1차전을 5 대 4로 승리한 다저스는 이날의 역전패 후유증을 털어내지 못한 어슬레틱스를 거세게 몰아세웠다. 결국 4승 1패로 다저스가 월드시리즈 우승을 차지했고 팬들은 '골리앗' 어슬레틱스를 무너뜨린 일등 공신으로 '부상 투혼'의 깁슨을 꼽았다.

깁슨처럼 본래 타순의 타자를 대신해 타격하는 선수를 대타라고 한다. 기량이 뛰어난 타자라도 컨디션이 좋지 않을 때가 있고 특정 투수의 공을 잘 때리지 못하는 천적 관계에 놓일 수도 있으며, 희생 번트나 히트 앤드 런과 같은 다양한 작전을 펼치기 위해 감독은 경기 후반 대타로 쓸 만한 오른손 타자와 왼손 타자 한 명씩을 벤치에 대기시킨다. 흔히 '10번 타자'로 불리며 승부처에서 감독이 꺼내든 비장의 카드로 등장한 대타가 한 방을 터뜨리기라도 하면 방송 카메라는 대타 작전에 성공한 감독의 모습을 담기도 한다.

역사적으로 주전은 아니지만 대타가 필요할 때면 주전처럼 기용된 최초의 대타 전문요원은 1908년부터 1911년까지 세인트루이스 브라운스에서 활약한 도드 크리스로 알려졌으며 이후 호세 모랄레스, 매니 모타, 마크 스위니, 레니 해리스 등이 대타 전문요원으로 좋은 활약을 펼쳤다. 대타 전문요원들은 벤치에서 상대 투수의 투구 하나하나에 집중하며 언제든지 경기에 투입될 준비를 하지만 경기 감각이 떨어져 있는 데다 마운드에 강한 투수가 올라 있는 부담감이 높은 상황에서 타석에 들어서는 경우가 많다 보니 타율이 2할 초반에 머무는 경우가 대부분이다. 타석수가 적고 이러한 어려움까지 있다 보니 이들에게 홈런왕, 최다 안타왕과 같은 각종 타이틀은 먼 나라 얘기다. 대타로 한정했을 때 통산 최다 홈런은 맷 스테어스의 23개, 통산 최다 안타는 레니 해리스의 212개다.

경기 중 볼데드 상황에서는 언제든 대타를 기용할 수 있고 투입된 대타는 앞선 타자의 볼카운트를 이어받아 타석에 들어선다. 그런데 이 상황에서 대타가 삼진을 당하면 누구의 삼진으로 기록될까? 이러한 경우 투 스트라이크가 선언될 당시 타석에 있던 타자에게 삼진을 기록하고 대타가 안타, 볼넷 등과 같은 삼진 이외의 결과를 냈다면 대타의 행위로 기록한다. 예를 들어 타석에 들어선 A가 볼카운트 1-2 상황에 몰리자 대타 B가 투입됐으나 삼진을 당했을 경우 삼진을 최종적으로 당한 타자는 B이지만 투 스트라이크 상황에서 물러난 A의 삼진으로 기록된다. 이러한 방식은 대타를 투입한 후 또 다른 대타를 투입했을 상황에도 똑같이 적용된다. 예를 들어 타석에 들어선 A가 한복판에 들어온 스트라이크에 멀뚱멀뚱 눈만 뜨고 있자 대타 B를 투입했으나 B는 스트라이크 존을 크게 벗어난 공에 헛스윙을 했다. 이 모습을 보고 화가 잔뜩 난 감독이 대타 C를 기용했으나 결국 C가 삼진을 당했다면 삼진의 주인공은 투 스트라이크가 선언될 당시 타석에 있던 B가 된다.

049_ 스위치 타자

1870년 6월 14일 브루클린 애틀랜틱스와 신시내티 레드스타킹스의 경기에서 애틀랜틱스의 밥 퍼거슨Bob Ferguson, 1845~1894이 타석에 들어서는 순간 양 팀 선수들과 관중은 의아해했다. 오른손 타자 퍼거슨이 왼쪽 타석에 들어섰기 때문이다. 모두들

그가 잠시 자리를 착각한 줄 알았지만 그는 타석을 옮기지 않고 그 자리에서 타격을 마쳤다. 메이저리그 역사상 최초로 양쪽 타석에서 타격할 수 있는 '스위치 타자'가 탄생하는 순간이었다. 퍼거슨은 밀어치기보다 수월한 당겨치기를 하려 했으나 타구가 명유격수 조지 라이트 방향으로 갈 가능성이 높다고 판단해 생소한 왼쪽 타석에 들어섰는데 결국 당겨치기로 1루와 2루 사이를 꿰뚫는 안타를 때려내며 타석을 바꾼 효과를 톡톡히 봤다. 이 경기는 애틀랜틱스가 퍼거슨의 활약으로 레드스타킹스의 81연승을 막아냈다는 의미와 함께 상대 투수가 사용하는 손에 따라 반대편 타석에 들어설 수 있는 스위치 타자의 장점을 알리는 계기가 됐다. 여기서 스위치 타자의 장점이란 사실상 왼손 타자의 장점과 거의 일치하며 그 근거로는 스위치 타자의 약 90퍼센트가 본래 오른손잡이라는 점을 들 수 있다.

밥 퍼거슨

그렇다면 왼손 타자의 장점은 무엇일까? 첫째, 타석이 오른손 타자의 타석보다 1.5미터 정도 1루에 가깝고 스윙 후 몸의 중심이 1루 방향으로 잡혀 오른손 타자보다 0.2초 정도 1루에 빨리 도달할 수 있다. 이는 아웃될 만한 내야 땅볼 타구를 안타로 바꾸거나 상대의 더블 플레이를 막기에 충분한 시간으로 스위치 타자로 전향하는 가장 근본적인 이유이다. 둘째, 타자는 시각과 공의 회전상 투수가 사용하는 손과 반대편 위치의 타석에서 좋은 타격을 할 수 있는데 투수의 약 75퍼센트가 오른손 투수이므로 왼손 타자는 그만큼 투수와 반대편 위치의 타석에 많이 들어설 수 있다. 셋째, 주자를 진루시키려 할 때 유리하다. 타자가 왼쪽 타석에 들어서면 포수가 2루 도루를 저지하는 송구를 할 때 장애물 역할을 할 수 있을 뿐만 아니라 포수의 시야를 가려 1루 주자의 리드를 좀 더 길게 확보해줄 수 있다. 또한 수비팀에서 더블 플레이를 시도할 때 2루수 방향으로 날아온 타구에 좀 더 어려움을 느낀다는 점을 고려해보면 당겨치기로 타구를 2루수 방향으로 수월하게 보낼 수 있는 것도 왼손 타자의 장점이라 할 수 있겠다.

이처럼 다양한 장점들을 누릴 수 있음에도 왜 많은 타자들이 스위치 타자로 전향하지 않을까? 여기에는 나름의 몇 가지 이유가 있다. 타자의 타격 자세는 오랜 기간 훈련을 거쳐 다듬어진 습관적 행동이다. 그러나 스위치 타자로 전향하려면 이러한 습관적 행동에 큰 변화를 줘야 한다. 이 변화는 생각만큼 쉽게 적응할 수 있는 것이 절대 아니다. 게다가 양쪽에서 배트를 휘두르다 보면 기존의 스윙과 근육에도 나쁜 영향을 미쳐 자칫 이도저도 아닌 타격 자세가 될 수 있다.

이와 같은 기술적 문제 외에 타자 역시 '밥그릇'과 같은 경제적 문제에서 자유로울 수 없다는 점도 무시할 수 없다. 요즘 같은 고액 연봉 시대에 주전급으로 활동하는 타자라면 비록 스타플레이어가 아니더라도 일반인들은 꿈꿀 수 없는 연봉을 받고 있다. 따라서 스위치 타자로 전향하면 더 나은 성적을 올릴 가능성이 높을 것으로 예상되는 타자라도 만에 하나 실패로 끝날 경우 자신이 현재 누리고 있는 큰 명예와 부를 잃을까 걱정하는 것은 당연하다.

모든 타자가 스위치 타자의 이점을 얻을 수 없다는 점도 스위치 타자로의 전향을 꺼리는 이유다. 앞서 스위치 타자 등장의 근본적 이유로 왼쪽 타석에 설 경우 1루에 좀 더 빨리 도달할 수 있다는 점을 들었다. 그러나 이는 왼쪽 타석에 들어서더라도 얻을 것이 거의 없는 타자에게는 해당되지 않는 사항이다. 매니 라미레즈와 같은 느림보 타자가 왼쪽 타석에 들어선다고 스즈키 이치로처럼 내야 안타를 많이 기록할 수는 없기 때문이다. 이러한 사실들을 종합적으로 비춰볼 때 스위치 타자로 전향해볼 만한 타자는 '주전을 확보하지 못한 어린 나이의 발 빠른 오른손 타자'라고 정리할 수 있겠다.

퍼거슨 이후 프랭키 프리시, 피트 로즈, 에디 머레이, 치퍼 존스 등 뛰어난 스위치 타자들이 등장했으며 미키 맨틀Mickey Mantle, 1931~1995은 역사상 최고의 스위치 타자로 꼽힌다. 1889년 타격왕을 수상한 토미 터커 이후 스위치 타자 최초로 타격왕에 오른 맨틀은 스위치 타자 최초이자 최후의 트리플 크라운을 달성했으며, 맨틀이 기록한 통산 홈런 536개(우타석 164개, 좌타석 372개)와 1961년에 기록한 54개의 단일 시즌 홈런은 아직까지도 다른 스위치 타자들의 추월을 완벽하게 가로막고 있다.

아마도 스위치 타자와 관련해 가장 나오기 힘든 기록은 한 이닝 동안 좌우 타석 모두에서 홈런을 때린 경우일 것이다. 스위치 타자가 한 경기 동안 좌우 타석 모두에서 홈런을 기록하는 장면은 가끔 있었으며 머레이는 이런 장면을 11차례나 선보였다. 그러나 말 그대로 진기록이라고 할 수 있는 한 이닝 동안 좌우 타석 모두에서의 홈런은 지금까지 겨우 3번 나왔다. 이 기록은 2001년 한국 프로야구 삼성 라이온즈에서도 잠시 활약하기도 한 카를로스 바에르가Carlos Baerga, 1968~가 1993년 4월 8일에 처음 선보였다. 그는 당시 7회말 우타석에서 2점 홈런을 때려낸 후 타자일순으로 다시 돌아온 타석에서는 좌타석에 들어서서 1점 홈런을 때려냈는데 이렇게 독특한 장면은 2002년 마크 벨혼, 2012년 켄드리스 모랄레스가 재현해냈다.

050_ 번트

타구가 내야에 천천히 구르도록 공에 배트를 '톡' 갖다만 대는 타격 기술을 의미한다. 번트는 타자 자신이 아웃될 것을 각오하고 누상의 주자를 진루시키기 위한 희생 번트와 타자 자신의 출루를 목적으로 하는 기습 번트로 크게 나뉜다. 일반적으로 번트라 하면 '보내기 번트'라고도 하는 희생 번트를 의미하며 이는 기습 번트와 달리 타수에 포함되지 않는다. 처음에는 희생 번트도 타수에 포함됐으나 팀을 위해 희생했음에도 타율에서 손해를 보는 것이 불합리하다는 의견이 제기돼 1894년부터 타수에서 제외하고 있다. 다만 희생 번트로 진루하려던 주자들 중 한 명이라도 아웃되면 희생 번트로 기록되지 않으며 타수에도 포함된다.

대부분의 팬들은 희생 번트를 당연히 성공해야 할 타격 기술로 여기고 있다. 그러다 보니 타자가 희생 번트에 실패하면 비난을 퍼붓곤 한다. 배트를 휘두르는 것이 아닌 홈플레이트 위에 배트를 올려놓고 공을 향해 살짝 갖다 대기만 하므로 타이밍 맞추기가 쉽고 정확하게 공을 맞힐 수 있겠다는 생각 때문일 것이다. 그러나 희생 번트는 보기와 달리 상당히 어려운 타격 기술이다. 희생 번트가 성공하려면 타구가 1루나 3루 방향으로 굴러가고 그 속도는 1루수나 3루수가 자신의 베이스에서 홈플레이트를 향해 중간 부분까지 달려나와 처리할 수준이어야 한다. 연습 상황에서는 이와 같은 타구를 보내는 것이 어렵지 않게 느껴질 수 있다. 하지만 희생 번트를 대기에 까다로운 몸쪽 빠른공이 날아오고 1루수와 3루수가 홈플레이트를 향해 달려오며 압박하는 실전 상황이라면 얘기가 달라진다. 그래서 경험이 풍부한 타자조차 파울이 되거나 포수 바로 앞에 떨어지거나 심지어 공중으로 타구를 띄우는 바람에 타구가 잡힐지

안 잡힐지 애매하게 되어 주자의 베이스 러닝을 어렵게 하는 최악의 상황을 연출하곤 한다. 이러한 희생 번트에 성공하려면 그라운드 상태, 상대 팀의 수비 능력과 수비 위치 등을 사전에 정확히 파악하고 1루로 달려가는 것에 급급해서는 안 되며, 특히 공중에 뜨는 타구가 나오지 않게 공의 위 절반 부분에 배트를 댈 수 있어야 한다.

1872년 브루클린 애틀랜틱스의 톰 발로Tom Barlow, 1852~ ?가 최초로 댄 것으로 알려진 번트는 홈런과 같은 장타가 나오기 힘들었던 1910년대까지만 해도 도루와 함께 득점을 올리기 위한 핵심 수단이었다. 이는 기록을 통해서도 쉽게 알 수 있는데 단일 시즌 최다 희생 번트 기록은 1917년에 레이 채프먼이 세운 67개, 통산 최다 희생 번트 기록 역시 비슷한 시기에 활약한 에디 콜린스의 512개다. 반면 최근에는 15개 정도면 단일 시즌 최다 희생 번트를 달성한 선수가 될 정도다. 상황이 이렇다 보니 최근에 활약한 선수 중 통산 최다 희생 번트 기록은 오마 비즈켈의 256개로 이는 콜린스가 달성한 기록의 절반에 지나지 않는다.

이렇게 희생 번트가 줄어든 이유는 무사 1루와 희생 번트로 1사 2루가 된 상황의 기대 득점을 비교했을 때 무사 1루가 더 높기 때문이다. 이는 여러 자료를 통해서도 명확하게 증명된 것으로 무사 1루에서 강공을 펼쳐 무사 1, 2루 또는 무사 1, 3루가 되면 득점을 낼 가능성이 높고 득점 기회가 계속 이어지지만, 같은 상황에서 희생 번트로 1사 2루가 되면 후속 타자의 적시타가 터진다 해도 겨우 1점만을 올리게 된다. 게다가 희생 번트가 반드시 성공한다는 보장도 없고 희생 번트를 대야 하는 타자도 부담이지만 뒤에 들어서는 타자 역시 앞 타자의 희생이 헛되지 않게 해야 한다는 부담감으로 좋은 타격이 힘든 문제점도 있다. 또한 한 이닝 동안 공격할 수 있는 세 번의 기회 중 한 번을 굳이 버리지 않고도 볼넷,

안타, 폭투, 보크 등 주자가 진루할 수 있는 경우의 수는 다양하며, 이러한 다양함은 야구의 재미를 더해주는 요소인데 희생 번트는 이와 같은 경우의 수를 대폭 줄인다. 이런 이유들로 오늘날 희생 번트를 두고 '쩨쩨한 타격 기술'이라는 회의적인 시각이 널리 퍼져 있다. 다만 경기의 승패가 1점으로 결정되는 경기 후반에서 몇 점을 내느냐가 아닌 점수를 내는 것 자체가 절실히 필요한 상황이나 내셔널리그에서 타석에 들어선 투수가 타격 능력이 워낙 떨어져 희생 번트가 아니고서는 누상의 주자를 진루시킬 가능성이 희박한 상황 등에서는 주자를 안정적으로 진루시킬 수 있는 최고의 타격 기술로 그 가치를 여전히 인정받고 있다. 따라서 희생 번트 자체를 놓고 좋고 나쁨을 따져서는 안 된다. 경기 흐름, 주자의 능력, 타순, 타자와 투수의 상대 전적, 우리 팀과 상대 팀의 투수력과 타력, 타자의 번트 능력, 그라운드 상태, 상대 팀의 수비력 등을 전반적으로 고려해 희생 번트의 적합성부터 따져봐야 할 것이다.

051_ 2루타

1972년 9월 30일 로베르토 클레멘테 Roberto Clemente, 1934~1972는 자신의 시즌 마지막 타석에서 2루타를 때려내며 역대 11번째 통산 3000안타의 위업을 달성했다. 그러나 이 2루타는 클레멘테의 마지막 안타가 되고 말았다. 평소 봉사활동에 적극적이던 클레멘테가 이해 12월 31일 니카라과로 지진 피해 구호물자를 싣고 가던 중 비행기 추락 사고로 세상을 떠났기 때문이다. 이 때문에 클레멘테의 마지막 안타이자 3000번째 안타로 기록된 이 2루타는 수많은 2루타 중 팬들의 마음속에 깊이 남아 있다.

타자가 2루에 진출하면 후속 타자의 단타에도 홈플레이트를 노릴 수 있고 위치상 상대 배터리의 사인을 훤히 볼 수 있어 상대 팀의 신경을 슬슬 긁을 수도 있다. 이러한 장점을 가진 2루타를 많이 때리려면 강인한 힘, 빠른 스피드는 기본이고 홈구장의 특성도 무시할 수 없다. 예를 들어 보스턴 레드삭스의 홈구장 펜웨이파크는 좌측 외야에 그린 몬스터로 불리는 높이 11.3미터의 초록색 벽이 있어서 오른손 타자들이 홈런은 적게 때리는 대신, 2루타를 많이 때려내는 것으로 유명하다. 2루타 관련 기록을 살펴보면 단일 시즌 최다 2루타는 1931년 얼 웹이 기록한 67개, 통산 최다 2루타는 트리스 스피커의 792개다. 통산 최다 2루타 기록은 깨질 가능성이 보이지 않고 단일 시즌 최다 2루타 역시 조 메드윅이 1936년에 64개를 때려낸 이후 60개를 넘는 선수조차 등장하지 않고 있다. 그나마 2000년에 토드 헬튼이 59개의 2루타로 60개의 벽에 가장 근접한 기록을 남겼다.

2루타의 역사를 돌아보면 오늘날 2루타와 다른 2루타가 있었음을 알 수 있다. 초창기 야구에서는 구장마다 펜스까지의 거리가 지나치게 들쭉날쭉하다 보니 1888년부터 홈플레이트에서 펜스까지의 거리가 64미터 이내인 구장에서는 펜스를 넘기더라도 2루타로 규정한 것이다. 이 규정은 타구의 비거리가 점점 늘어난 1892년에는 72미터 이내, 그 이후 1926년에는 76미터 이내로 바뀌었다.

2루타 중에는 '그라운드 룰 더블ground rule double'이라는 독특한 2루타도 있다. 이는 1931년에 도입된 제도로 기존에는 페어 타구가 바운드된 후 외야 펜스를 넘어가면 홈런으로 인정했으나 이때부터 2루타로 인정하고 있다. 그런데 주자가 있는 상황에서 그라운드 룰 더블이 나왔다면 주자는 어디까지 진루할 수 있을까? 예를 들어 주자 1루에 히트 앤드 런 사인이 나온 상황에서 타자가 그라운드 룰 더블을 때렸는데 그 순간 1루 주자는 이미 2루를 돌고 있었다. 그렇다면 1루 주자는 홈플레이트를 밟아도 될까? 그라운드 룰 더블은 투구 당시 주자가 점유하고 있던 누를 진루의 기점으로 하기 때문에 1루 주자는 3루까지만 진루할 수 있다.

052_ 3루타

3루타는 매력이 철철 넘치지만 자주 볼 수 없는 안타다. 강한 타구를 날린 후 바람을 가르며 질주하는 타자주자와 이를 막으려는 상대 야수들의 유기적인 중계 플레이 그리고 송구를 피해 멋진 슬라이딩으로 3루에 안착하는 타자주자의 모습을 보면 짜릿함이 절로 느껴진다. 이는 타격 후 여유롭게 베이스를 도는 홈런에서 느낄 수 없는 감정이다. 이 짜릿함이 더 강렬하게 느껴지는 것은 3루타를 쉽게 볼 수 없기 때문인지도 모른다. 대부분 3루타는 아주 큰 타구가 아닌 적당히 큰 타구에 타자주자의 좋은 베이스 러닝과 상대 외야수와 내야수의 미숙한 중계 플레이와 같은 보이지 않는 실책이 합해져 나온다. 주자가 있는 상황이라면 앞선 주자의 좋은 베이스 러닝도 필요하다. 하지만 이러한 요건을 갖춘 상황에서도 2루에 멈춰서는 타자주자들이 많다. 왜냐하면 타자주자가 3루를 파고들어 얻을 수 있는 이익이 미미한 반면, 아웃될 경우의 손실이 너무 크기 때문이다. 이것이 바로 3루타가 드문 근본적인 이유다.

3루타는 본래 드물었지만 오늘날 야구에서는 더 드물게 나오고 있다. 이는 기록에서도 쉽게 확인되는데 통산 최다 3루타 순위에서 10위 안에 드는 선수 명단은 1930년을 전후로 활약한 폴 웨이너를 제외하면 1900

년 전후에 활약한 선수들로 가득차 있다. 치프 윌슨이 달성한 36개의 단일 시즌 최다 3루타 역시 1912년에 세운 기록이다. 이러한 이유로 1899년 데뷔 후 19년간 활약하며 통산 309개의 3루타를 달성한 샘 크로퍼드Sam Crawford, 1880~1968의 기록은 사이 영의 통산 511승만큼이나 깨기 힘든 기록으로 꼽힌다. 그렇다면 이처럼 3루타가 줄어든 이유는 무엇일까? 야구는 본래 펜스가 없는 초원에서 하는 경기였다. 그러다 야구를 보기 위해 사람들이 입장료를 선뜻 낼 수 있다는 것을 알게 된 후 펜스를 설치했지만 그 본질을 지키기 위해 펜스를 홈플레이트로부터 멀리 떨어진 곳에 설치했다. 따라서 초창기 홈런의 대부분은 인사이드 더 파크 홈런이었으며 이는 3루타의 연장일 뿐이었다.

1910년 무렵부터 대부분의 팀들이 부동산 가격이 비싼 도심 한가운데 야구장을 짓기 시작했고 자연히 펜스가 앞당겨졌으며, 3루타는 줄어들기 시작했다. 이와 함께 야수들이 타구를 처리할 때 어려움을 겪었던 그라운드 상태가 개선된 점, 반발력이 좋은 공을 사용하면서 타자들이 라인 드라이브성 타구가 아닌 홈런을 의식한 타격을 하게 된 점도 3루타 감소의 원인으로 꼽힌다. 한편, 1949년 데일 미첼은 23개의 3루타를 때리면서 그 절반에도 미치지 않는 11개의 삼진을 당하는 독특한 기록을 세웠다. 조 잭슨, 크로퍼드도 이와 유사한 기록을 남겼지만 그 정도는 미첼보다 덜했다.

053_ 홈런

야구는 점수를 내야 이길 수 있는 경기다. 제아무리 안타를 많이 때려도 점수를 내지 못하면 승부에 아무런 의미가 없다. 야구에서 도루, 번트, 히트 앤드 런 등과 같은 다양한 작전이 등장하는 것도 결국 점수를 내기 위해서다. 하지만 이렇게 복잡할 것 없이 단 한 방으로 점수를 낼 방법이 있으니 '야구의 꽃' 홈런이 그 주인공이다. 팬들은 경쾌한 타구음과 함께 펜스 너머로 사라지는 공을 바라보며 자리를 박차고 일어나 함성을 질러댄다. 극적인 홈런이라도 나오면 경기 진행에 지장을 줄 만큼 흥분하기까지 한다. 뉴욕 양키스와 캔자스시티 로열스가 맞붙은 1976년 아메리칸리그 챔피언십시리즈 5차전에서는 9회말 양키스의 크리스 챔블리스가 경기를 승리로 이끌고 나아가 시리즈의 승리를 확정짓는 홈런을 터뜨리자 열광한 팬들이 그라운드로 난입하는 바람에 챔블리스가 경찰들의 호위를 받으며 홈플레이트를 밟는 일이 벌어지기도 했다. 1998년은 이러한 홈런의 매력이 제대로 발휘된 해다. 1994년 선수 노조의 파업 이후 야구에 싸늘한 시선을 보냈던 팬들이 1998년 마크 맥과이어와 새미 소사가 각각 70홈런, 66홈런으로 치열한 홈런 레이스를 펼치자 마침내 돌아섰고, 평소 야구에 무관심했던 사람들조차 야구에 관심을 갖기 시작한 것이다. 이러한 홈런의 치명적인 매력은 2000년 무렵에 활약한 상당수의 선수들이 금지 약물에 손을 대는 원인으로 작용하기도 했다.

홈런은 힘껏 스윙한다고 때릴 수 있는 것이 아니다. 빠른 배트 스피드는 물론 힘을 완벽히 실어 배트의 중심으로 공을 때려야 한다. 또한 타격의 정확도에서는 좀 손해를 보더라도 수평이 아닌 올려치는 스윙을 해야 타구가 더 멀리 뻗어나가 홈런으로 이어질 가능성이 높다. 아주 드물지만 독특한 행운으로 홈런이 되기도 한다. 외야 펜스 앞까지 날아온 타구를 외야수가 잡으려는 과정에서 타구가 글러브나 외야수의 몸에 맞고 펜스를 넘어가는 경우로, 1993년 외야 깊숙이 날아간 타구가 우익수 호세 칸세코의 머리에 맞고 펜스를 넘어가 홈런으로 둔갑하기도 했다.

외야를 통해 무료로 입장하는 관중을 막으려고 세운 펜스 때문에 등장한 홈런은 1888년부터 한동안 펜스까지의 거리가 지나치게 짧은 구장에서는 타구가 펜스를 넘어가도 2루타로 인정됐고, 1931년부터는 타구가 그라운드에 바운드된 후 외야 펜스를 넘어가면 홈런이 아닌 2루타로 인정하는 규칙들의 변화를 겪었다.

홈런의 역사는 크게 1920년을 기준으로 나뉜다. 1920년 전까지만 해도 공 자체가 반발력이 낮은 데다 공을 잃어버리기 전까지는 계속 사용한 탓에 공이 곯아 펜스를 넘기기가 무척 힘들었다. 이러한 환경에 맞춰 타자들은 배트를 짧게 쥔 채 정확한 타격에 집중했고 도루, 번트, 히트 앤드 런과 같은 작전이 유행했다. 또한 당시의 홈런이란 3루타의 연장이라고 할 수 있는 인사이드 더 파크 홈런이 대부분이었다. 홈런 수를 봐도 1902년 내셔널리그 홈런왕에 오른 토미 리치의 홈런 수는 6개였고 1911년부터 1914년까지 4년 연속 아메리칸리그 홈런왕을 차지하며 '홈런 베이커'라는 별명을 얻은 프랭크 베이커가 한 해에 가장 많이 때린 홈런 수는 오늘날 웬만한 타자라면 다 때려내는 12개에 지나지 않았다. 이러한 야구의 흐름이 이어지던 중 1919년 최대의 승부조작 사건 '블랙삭스 스캔들'이 터지며 메이저리그는 위기에 빠져든다. 고민에 빠진 메이저리그는 위기를 타파할 묘수를 베이브 루스의 홈런에 열광하는 팬들의 모습에서 찾았고 그 결과 1920년부터 반발력이 높은 공이 등장했다. 경기 중 새 공의 투입 횟수도 증가해 사용된 공의 개수가 내셔널리그 기준으로 1919년 2만 2095개에서 1924년에는 5만 4030개로 5년 사이 2배 이상 증가했다. 이러한 조치 속에 자연스레 홈런이 쏟아지기 시작했다. 특히 루스는 외야 펜스가 너무 가깝다는 듯 1920년 54개의 홈런을 시작으로 10

여 년간 매년 50개 정도의 홈런을 터뜨렸고, 이를 보기 위해 팬들이 다시 야구장으로 몰려들며 메이저리그는 블랙삭스 스캔들의 위기에서 벗어날 수 있었다. 홈런의 증가는 삼진의 증가로 이어졌고 홈런 한 방이면 주자를 편안하게 불러들일 수 있다는 인식이 확산되면서 도루가 줄어들고 단타성 타구를 때린 후 2루까지 전력 질주하는 모습도 보기 힘들어졌다.

홈런 관련 기록을 살펴보면 단일 시즌 최다 홈런은 배리 본즈가 2001년에 기록한 73개, 통산 최다 홈런 역시 본즈의 762개다. 연속경기 홈런은 켄 그리피 주니어, 돈 매팅리, 데일 롱이 기록한 8경기 연속 홈런이고, 연타석 홈런은 루 게릭, J.D. 마르티네즈 등이 기록한 4연타석 홈런이다. 참고로 4연타석 홈런은 메이저리그 역사상 18번밖에 나오지 않았으며 이는 퍼펙트게임의 23번보다도 적은 수치다. 역사상 가장 독특한 홈런은 1999년 4월 23일 세인트루이스 카디널스와 LA 다저스와의 경기에서 나왔다. 3회초 무사 만루에서 타석에 들어선 카디널스의 페르난도 타티스Fernando Tatis, 1975~는 만루 홈런을 때린 데 이어 타자일순 후 돌아온 타석에서 다시 만루 홈런을 때려냈다. 당시 마운드에 서 있던 '코리안 특급' 박찬호는 이 홈런을 허용하면서 1890년 빌 필립스에 이어 한 이닝에 2개의 만루 홈런을 내준 투수로 이름을 올렸다. 다만 필립스와 달리 박찬호는 2개의 만루 홈런을 타티스라는 같은 타자에게 허용했다는 차이점이 있다. 때리고 싶다는 간절함만으로 때릴 수 없는 홈런을 한 이닝에 2개 때리는 것도 힘들지만 한 이닝에 2번의 만루 기회를 갖는 것 자체도 워낙 힘들기 때문에 타티스의 '한 이닝 2개 만루 홈런'은 유일무이한 기록으로 남을 가능성이 매우 높다.

홈런의 매력이 워낙 크다 보니 홈런 수만큼이나 홈런이 얼마나 멀리 날아갔는지, 즉 홈런 비거리도 많은 관심을 끈다. 메이저리그 역사상 가장 멀리 날아간 홈런은 1953년에 미키 맨틀이 기록한 172미터다. 훗날 이 홈런은 공이 굴러간 거리까지 포함한 것이라는 논란이 있었지만 어찌됐든 이 홈런을 비롯해 맨틀이 대형 홈런을 종종 터뜨리자 홈런 비거리 측정이 시작됐다. 당시만 해도 줄자를 이용한 측정 방식이었으나 1988년부터는 컴퓨터 측정 시스템이 활용되고 있다.

054_ 인사이드 더 파크 홈런

일반적으로 홈런 하면 타자가 힘껏 휘두른 배트에 맞아 외야 펜스 너머로 사라지는 공을 떠올리게 마련이다. 하지만 타구가 외야 펜스를 넘지 않아도 홈런이 될 수 있다. 바로 인사이드 더 파크 홈런Inside-the-park home run이 있기 때문이다. 인사이드 더 파크 홈런은 펜스를 넘기지 못한 타구를 야수들이 실책 없이 처리하는 동안 타자가 득점에 성공하는 것을 의미하며 엄연히 홈런으로 기록된다. 초창기 야구에서는 대부분 야구장 규모가 크고 반발력이 작은 야구공을 사용했기 때문에 타자들이 홈런보다 라인 드라이브 타구에 집중했다. 이러한 분위기에서 발 빠른 타자가 외야수 사이로 라인 드라이브 타구를 날리면 큰 야구장 규모에서는 타구가 멈추기까지 시간이 많이 걸려 인사이드 더 파크 홈런으로 이어질 가능성이 높았다. 따라서 초창기 야구에서 홈런의 대부분은 인사이드 더 파크 홈런이었다. 1876년 5월 2일 로스 반스Ross Barnes, 1850~1915가 때린 내셔널리그 최초의 홈런도 인사이드 더 파크 홈런이었고, 1902년 토미 리치Tommy Leach, 1877~1969는 외야 펜스를 넘긴 타구 하나 없이 '무려' 6개의 인사이드 더 파크 홈런만으로 홈런왕에 올라 20세기 단일 시즌 최소 홈런왕에 올랐다. 뿐만 아니라

토미 리치

1890년 데뷔 후 16년간 55개의 통산 최다 인사이드 더 파크 홈런을 때린 제시 버켓, 1901년 12개의 인사이드 더 파크 홈런으로 단일 시즌 최다 기록을 세운 샘 크로퍼드, 1897년 7월 12일 3개의 인사이드 더 파크 홈런으로 1경기 최다 기록을 달성한 톰 매크리리 등 인사이드 더 파크 홈런 관련 기록의 주인공들은 1900년을 전후로 활약한 타자들임을 알 수 있다.

그러나 1910년 무렵부터 대부분의 팀들이 부동산 가격이 높은 도심 속에 야구장을 건설하면서 야구장 규모가 작아지며 펜스가 가까워졌고 이 때문에 3루타는 물론 인사이드 더 파크 홈런의 수도 급격히 줄어들었다. 이처럼 야구장 규모가 작아진 오늘날에는 야수의 보이지 않는 실책 없이 인사이드 더 파크 홈런이 나오는 것이 사실상 불가능해졌다. 왜냐하면 인사이드 더 파크 홈런이 나오려면 타석을 출발한 타자가 홈플레이트로 돌아오기까지 무려 110미터 거리를 달리는 동안 공이 홈플레이트에 도달하지 않아야 가능하기 때문이다. 그러다 보니 인사이드 더 파크 홈런이 나오는 대부분의 상황은 외야수가 짧은 안타성 타구를 직접 포구하기 위해 다이빙 캐치를 시도하다 타구를 뒤로 빠뜨리거나 펜스에 맞고 튕겨 나올 타구의 방향을 잘못 예측한 경우다. 올스타전 역사상 단 한 번 나온 인사이드 더 파크 홈런도 이와 같은 상황에서였다. 2007년 올스타전에서 스즈키 이치로는 우측 펜스를 맞히는 타구를 날렸고 이 타구가 우익수 켄 그리피 주니어가 기다리고 있던 방향과 반대로 튕겨 나간 사이 홈플레이트를 밟았다. 이치로가 잘 때리고 잘 달렸지만 그리피가 정확하게 타구를 판단했다면 나올 수 없는 인사이드 더 파크 홈런이었다.

한편, 그리피와 인사이드 더 파크 홈런의 인연은 이뿐만이 아니어서 그는 희소성이 높은 끝내기 인사이드 더 파크 홈런을 때려내 관심을 끌었다. 참고로 끝내기 인사이드 더 파크 홈런이 보기 드문 이유는, 예를 들어 9회말 0 대 1로 뒤지고 있는 팀의 타자가 주자 1, 2루에서 일반적인 홈런을 때리면 3점이 인정돼 3 대 1의 역전승을 이끈 끝내기 홈런이 기록되지만 이와 동일한 상황에서 타자가 인사이드 더 파크 홈런으로 연결될 만한 타구를 때렸다 하더라도 1루 주자가 득점하는 순간 경기가 2 대 1로 종료되기 때문이다. 결국 끝내기 인사이드 더 파크 홈런이 나오려면 타자가 올린 득점이 결승점이 되어야 하나 이런 경기 상황에서는 야수들이 다이빙 캐치와 같은 무리한 수비를 시도하지 않을 것이며 타자주자 역시 홈으로 돌진하기보다는 안전하게 3루에 머물러서 다음 타자의 한 방을 기다리는 선택을 할 확률이 높다. 이런 이유로 보기 힘든 끝내기 인사이드 더 파크 홈런을 2001년 8월 20일 신시내티 레즈와 세인트루이스 카디널스와의 경기에서 그리피가 때려냈다. 당시 4 대 4로 맞선 연장 11회말 그리피는 좌중간 펜스를 맞히는 타구를 날렸고 이 타구의 방향을 잘못 예측한 카디널스 외야수들이 헤매는 틈을 노려 홈플레이트를 밟았다.

마지막으로 인사이드 더 파크 홈런 관련 독특한 기록 하나. 1945년 팀 홈런 27개를 기록한 워싱턴 세너터스는 홈구장으로 광활한 그리피스 스타디움을 사용하는 바람에 홈경기에서 홈런을 단 1개 기록했는데 이 홈런 역시 외야 펜스를 넘긴 것이 아닌 조 쿠헬이 때린 인사이드 더 파크 홈런이었다.

055_ 사이클링 히트

한 경기에서 타자가 1루타, 2루타, 3루타, 홈런과 같이 안타로 기록될 수 있는 모든 안타를 친 것을 의미하며 정식 용어는 히트 포 더 사이클Hit for the cycle이다. 일부 팬들은 1루타, 2루타, 3루타, 홈런을 순서대로 쳐야만 사이클링 히트로 인정되는 줄 알고 있으나 여기에서 순서는 상관이 없으며 다만 순서대로 칠 경우 내츄럴 사이클로 구분해 그 순도에 차이를 둘 뿐이다.

1882년 5월 25일 커리 폴리Curry Foley, 1856~1898가 최초로 달성한 사이클링 히트는 2019년 9월 17일 캐빈 비지오가 330번째로 달성했으니 1년에 2~3번 나온 셈이며 통산 3회 달성한 타자가 존 레일리, 밥 뮤젤, 베이브 허먼, 아드리안 벨트레와 같이 4명에 지나지 않을 만큼 달성하기 힘든 기록이다. 이처럼 사이클링 히트를 달성하기 힘든 이유는 한 타자가 한 경기에서 안타 4개 이상을 쳐내는 것이 쉽지 않을 뿐만 아니라 안타 4개의 누타수가 모두 달라야 하는 추가 조건을 충족해야 하기 때문이다. 게다가 이 추가 조건은 타자의 능력 외에 앞선 주자의 베이스 러닝 능력은 물론 경기 상황도 도와줘야 가능하다. 즉 1루타가 부족한 경우 2루타성 타구를 치고도 1루에 멈출 수 있거나, 2루타가 부족한 경우 1루타성 타구를 치고도 2루까지 과감히 달려볼 수 있는 경기 상황이 따라줘야 한다. 사이클링 히트 달성에 가장 큰 장벽은 단연 3루타다. 3루타는 외야 펜스를 직접 맞힐 만큼 타구가 크다고 해서 나오는 것이 아닌, 적당히 큰 타구에 타자주자의 빠른 발과 좋은 슬라이딩 그리고 야수의 기록되지 않는 실책까지 더해져야 나올 가능성이 높은 안타이기 때문이다.

사이클링 히트를 떠올리면 자연스레 사이클링 홈런에 대한 궁금증이 생기게 마련이다. 한 경기에 4개의 홈런을 치는 것도 무척 어려운데 그 4

개의 홈런을 1점 홈런, 2점 홈런, 3점 홈런, 만루 홈런과 같이 모두 다른 홈런으로 기록한 타자가 과연 있을까? 이러한 기록은 메이저리그가 아닌 마이너리그 더블A에서 딱 한 번 나왔다. 1998년 7월 27일 아칸소 트래블러스의 타이론 혼Tyrone Horne이 샌안토니오 미션스와의 경기에서 1회 2점 홈런, 2회 만루 홈런, 5회 1점 홈런, 7회 3점 홈런을 쏘아 올리며 전 세계 프로야구 역사상 최초이자 유일한 사이클링 홈런을 기록한 것이다. 이처럼 대단한 기록을 세운 혼이지만 메이저리그 무대는 단 한 번도 밟지 못했다. 2000년 한국 프로야구 SK 와이번스에서 잠시 활약하기도 했던 그는 줄곧 마이너리그에서 선수 생활을 보냈다. 사이클링 홈런은 사이클링 히트보다 행운의 여신이 더 강한 미소를 보내줘야 달성할 수 있는 기록이다. 왜냐하면 한 경기에서 홈런 4개를 때릴 수 있는 타자의 능력도 중요하지만 주자가 나가 있는 상황까지 받쳐줘야 하기 때문이다.

056_ 타율

타자가 안타를 때릴 확률을 의미하며 안타 수를 타수로 나누어 계산한다. 타율을 계산하는 방법은 이처럼 간단하지만 정확하게 계산하려면 먼저 안타, 타석, 타수를 이해해야 한다. 안타와 실책의 구분은 공식기록원의 재량에 따르며 공식기록원은 '야수가 보통의 수비로 처리할 수 있었는지' 여부를 기준으로 삼는다. 예를 들어 타자가 때린 2루수 앞 강한 땅볼 타구가 2루수 글러브에 맞고 외야로 빠져 나갔을 경우 공식기록원이 2루수가 보통의 수비로 처리하기 어려운 타구라고 인정하면 안타로 기록되고 그렇지 않으면 실책으로 기록된다. 타석과 타수는 비슷한 용어로 느껴지나 그 의미는 전혀 다르다.

타격 결과에 관계없이 타자가 배터스 박스에 들어선 횟수를 의미하는 타석appearance과 달리 타수at bat는 타석에서 타자가 자신의 의지대로 타격을 한 횟수를 의미한다. 그래서 볼넷, 몸에 맞는 공, 희생 플라이, 희생 번트, 수비팀의 타격 방해와 주루 방해 등으로 1루에 나갔을 경우와 같은 6가지 상황은 타수에서 제외된다. 따라서 4번의 타석에 들어선 타자가 볼넷 1개, 희생 번트 1개, 실책 1개, 안타 1개를 기록했다면 4타석 2타수 1안타로 0.500의 타율을 기록하게 된다.

이와 같은 타율 계산 방법과 함께 알아둬야 할 것은 그 타율이 지표로서 활용이 가능한지 여부다. 시즌 첫 경기에서 4타수 3안타를 기록한 후 큰 부상을 당해 0.750의 타율로 시즌을 마친 선수를 타격왕으로 선정하는 것은 누가 봐도 합리적이지 않기 때문이다. 이러한 문제점을 해결하여 타격 기록의 신빙성을 확보하고자 마련한 것이 바로 '규정 타석'이다. 규정 타석의 기준은 많은 변화를 거쳐 1957년에 이르러서야 지금과 같이 소속팀이 치른 경기 수에 3.1을 곱하는 방식으로 정해졌다. 여기서 3.1을 곱하는 이유는 정규 이닝에서 타자가 들어설 수 있는 기본 타석 수가 세 번이기 때문으로 따라서 어떤 팀이 치른 경기가 100경기라면 그 팀 타자들의 규정 타석은 3.1을 곱한 310타석이 된다. 그런데 규정 타석에는 중요한 예외 조항이 있다. 시즌이 종료된 후 규정 타석을 채우지 못한 타자가 부족한 타석에서 모두 아웃될 것을 가정해도 타율 1위를 지킨다면 타율 1위로 인정한다는 것이다. 1996년에는 이 조항을 실제로 적용하는 일이 벌어졌다. 이해 토니 그윈Tony Gwynn, 1960~2014은 0.353의 타율을 기록했으나 규정 타석인 502타석에 4타석이 모자란 498타석으로 시즌을 마쳤다. 그윈이 규정 타석을 채우지 못했기 때문에 0.344를 기록한 엘리스 벅스가 타율 1위가 되는 것이 맞을 것처럼 보였지만 그윈이 부족한 4타석에서 모두 아웃되더라도 0.349의 타율로 벅스에 앞서기 때문에 그윈은 타율 1위로 인정받을 수 있었다.

1976년에는 시즌 마지막 경기, 그것도 마지막 타석에서 타격왕이 갈리는 역사상 가장 치열한 타격왕 경쟁이 펼쳐졌다. 시즌 마지막 경기를 앞두고 캔자스시티 로열스의 헬 맥레이와 조지 브렛, 미네소타 트윈스의 로드 커류는 각각 0.33078, 0.33073, 0.32945로 아메리칸리그 타격 1~3위를 기록하고 있었다. 마침 이들의 시즌 마지막 경기가 캔자스시티와 미네소타의 맞대결이다 보니 더 많은 관심을 끌었는데 커류가 먼저 타격왕에서 멀어진 상황에서 이날 똑같이 3타수 2안타를 친 브렛과 맥레이가 9회말 마지막 타석을 맞이했다. 먼저 타석에 들어선 브렛이 좌익수 방면으로 평범한 플라이 타구를 날렸으나 미네소타의 좌익수 스티브 브라이가 이를 놓치는 바람에 인사이드 더 파크 홈런으로 이어지며 브렛이 맥레이의 타율에 0.0004 앞서나갔다. 브렛의 뒤를 이어 타석에 들어선 맥레이가 평범한 유격수 땅볼로 물러나며 결국 0.333을 기록한 브렛이 0.332를 기록한 맥레이를 마지막 타석에서 극적으로 제치고 타격왕에 올랐다. 그러나 맥레이가 흑인인 자신이 타격왕에 오르지 못하도록 상대가 브렛에게 억지로 안타를 만들어줬다고 항의해 논란이 벌어지기도 했다.

타율 관련 기록을 살펴보면 통산 타율 1위는 무려 12번의 타격왕을 차지하며 0.366을 기록한 타이 코브Ty Cobb, 1886~1961의 몫이다. 단일 시즌 타율 1위는 1894년 0.440을 기록한 휴 더피가 차지하고 있고 20세기 이후로는 1901년에 0.426을 기록한 냅 라조이가 주인공이다. '꿈의 타율'인 4할 타율을 달성한 것은 지금까지 28번 나왔으며 대부분이 1890년대부터 1920년대에 쏟아졌다. 로저스 혼즈비는 1921년부터 5년간 평균 타율이 0.402에 달하는 무시무시한 타격을 선보이기도 했다. 이러한 4할 타자는

타이 코브

1941년에 테드 윌리엄스가 0.406을 달성한 것을 마지막으로 자취를 감추었는데 1994년에 토니 그윈이 달성한 0.394의 타율이 그나마 4할에 가장 근접한 기록으로 남아 있다.

4할 타자가 사라진 이유에 대해 일부에서는 과거에 비해 좋은 타자들이 나오지 않고 요즘 선수들이 야구에 집중하지 않기 때문이라고 떠들지만 이는 아주 주관적인 주장일 뿐이다. 4할 타자가 사라진 데는 다음과 같은 객관적인 이유들이 제시되고 있다.

첫째, 과거에 비해 능력이 많이 처지는 투수들이 메이저리그에서 사라졌고 투수의 다양한 구종과 투수 분업화가 완전히 자리를 잡았다는 점이다. 둘째, 타자들이 정교한 타격보다는 홈런과 같은 장타를 치기 위해 큰 스윙을 즐겨하고 글러브의 개선으로 야수들이 타구를 쉽게 처리하고 있으며 치밀한 전력 분석으로 야수들이 최선의 수비 위치에서 타구의 길목을 지키고 있다는 점이다. 셋째, 팀 증설로 인한 장거리 이동과 야간 경기의 확대로 선수들이 극복해야 할 시차가 커진 데다 생활의 불규칙함이 커져 선수들의 피로도가 높아졌다는 점도 4할 타자가 사라진 이유로 꼽힌다.

타율은 타자의 능력을 평가할 때 가장 먼저 살펴보는 지표로 자리를 굳건히 지키고 있고 많은 팬들은 언제 4할 타자가 다시 등장할지 궁금해 하고 있다. 왜 이렇게 타율이 높은 관심을 받고 있는 것일까? 이는 볼넷은 타자의 능력보다는 투수의 실수 덕분에 얻은 것이라는 강한 선입견 속에 타자가 안타로 출루한 것만을 높게 평가했던 초창기 야구의 분위기가 이어졌기 때문으로 보인다. 그래서 메이저리그에서는 타율 1위에 오른 선수를 '타격왕Batting champion'으로 떠받들고 있다. 그러나 최근 들어 타율의 가치는 많이 떨어진 편이다. 그 이유는 타율이 타수에서 몇 개의 안타를 때렸는지는 알려주지만 볼넷의 가치를 인정하지 않는 데다 단타와 장타의 가치를 동일하게 평가한다는 문제점을 안고 있기 때문이다. 예를 들어 한 시즌 동안 500타수를 기록한 두 타자가 있다고 가정해 볼 때 A타자의 타율은 0.300, B타자의 타율이 0.280이라고 하면 A타자에게는 3할 타자라는 칭호가 붙으며 온갖 좋은 말들이 따라붙지만, B타자에게는 3할 타자가 되기 위해서는 몇 가지를 보완해야 한다는 야박한 평가가 뒤따르곤 한다. 그러나 A타자는 B타자에 비해 잘 맞은 안타든 빗맞은 안타든 단 10개의 안타만을 한 달도 아닌 한 시즌 동안 더 때렸을 뿐이다. 만약 이 상황에서 B타자가 A타자보다 10개 이상의 홈런을 더 때렸더라도 A타자가 B타자보다 뛰어난 타자라고 평가해야 할까?

057_ 출루율

타자가 아웃되지 않고 누에 나갈 확률을 의미한다. 1954년 브랜치 리키와 앨런 로스에서 비롯되어 1984년에 공식 기록으로 채택된 출루율은 그 중요성이 날로 높아져 오늘날에는 타자의 능력을 알아보려 할 때 가장 먼저 찾아보는 지표로 꼽히고 있다. 이렇게 출루율의 중요성이 높아진 데는 '출루율 신봉자'로 유명한 오클랜드 어슬레틱스의 빌리 빈Billy Beane 단장처럼 야구에 통계를 밀접하게 접목하려는 사람들의 역할이 컸다. 출루율이 높은 팀이 많은 득점을 올릴 수 있다는 이들의 지속적인 논리에 많은 야구인들이 공감을 표한 것이다. 출루율이란 결국 아웃되지 않을 확률이며 따라서 어떤 팀의 출루율이 1.0이라면 이 팀은 점수를 무한대로 얻을 수 있다는 의미이므로 출루율의 가치가 높아진 것은 어찌 보면 당연한 일이라 할 수 있겠다.

출루율은 안타, 볼넷, 몸에 맞는 공의 합계를 타수, 볼넷, 몸에 맞는 공, 희생 플라이의 합계로 나누어 산출한다. 예를 들어 2013 시즌 추신수는 569타수에서 안타 162개, 볼넷 112개, 몸에 맞는 공 26개, 희생 플라이 2개를 기록했는데 안타, 볼넷, 몸에 맞는 공을 더하면 300이라는 숫자가 나오고 타수, 볼넷, 몸에 맞는 공, 희생 플라이를 더하면 709라는 숫자가 나온다. 따라서 2013 시즌 추신수의 출루율은 300을 709로 나눈 0.423이 된다. 일반적으로 출루율이 타율보다 항상 높다고 생각하기 쉽지만 반드시 그런 것은 아니다. 타율과 달리 출루율을 계산할 때는 희생 플라이가 타수에 포함되기 때문이다. 예를 들어 10번 타석에 들어선 타자가 3개의 안타와 1개의 희생 플라이를 때렸다면 타율은 0.333이지만 출루율은 0.300이 된다. 이런 경우는 시즌 초 또는 타석에 들어서는 횟수가 적은 내셔널리그 투수들 사이에서 드물게 일어난다. 실제로 애틀랜타 브레이브스의 선발 투수 필 니크로가 1982 시즌에 타율 0.195보다 낮은 0.193이라는 출루율을 기록했다.

추신수

출루율이 가장 높아야 할 타순은 공격의 실마리를 푸는 1번 타자다. 1번 타자에게 도루와 같은 베이스 러닝 능력을 최우선으로 고려하는 감독들도 일부 있지만 1루를 훔칠 수는 없다. 1번 타자의 핵심 요건이 '좋은 발'이 아닌 '좋은 눈'이라는 것을 가장 확실하게 보여준 선수는 '더 워킹 맨The Walking Man'으로 불렸던 에디 요스트Eddie Yost, 1926~2012다. 그는 1번 타자임에도 통산 72개의 도루 성공에 그쳤고 이마저도 66개의 도루를 실패하며 얻은 숫자였다. 따라서 베이스 러닝으로만 보면 그는 절대 1번 타자감이 아니었다. 그러나 그에게는 0.254라는 낮은 통산 타율과 비교해 월등히 높은 0.394라는 통산 출루율이 있었다. 그는 예리한 선구안을 바탕으로 배트를 휘두를 필요 없이 1루로 출루하는 방법에 능숙했고 덕분에 1번 타자로서의 역할을 충실히 해냈다.

출루율 관련 기록을 살펴보면 단일 시즌 최고 기록은 2004 시즌 배리 본즈의 0.609, 통산 최고 기록은 단일 시즌 출루율 1위를 12번이나 달성한 테드 윌리엄스의 0.482다. 연속 출루와 관련하여 윌리엄스는 1949 시즌에 84경기 연속 출루 기록을 세웠고, 프랭크 워드는 1893 시즌에 안타 8개, 볼넷 8개, 몸에 맞는 공 1개가 포함된 17타석 연속 출루 기록을 달성했다. 4할을 넘기면 출루 능력이 뛰어난 타자로 인정받는 상황에서 본즈가 2004 시즌에 달성한 0.609라는 출루율은 생각할수록 무시무시한 기록이다. 예를 들어 어떤 투수의 피출루율이 0.609라면 이닝마다 3개의 아웃카운트를 잡는 동안 4~5명의 타자를 출루시켰다는 의미인데 이를 경기에 대입하면 이 투수의 평균자책점은 장타율을 무시하더라도 10점대 중반까지 치솟는다.

058_ 장타율

장타란 2루타, 3루타, 홈런을 의미하며 1루타와 같은 단타와 구별하여 사용된다. 한 방으로 경기의 분위기를 바꿀 수 있는 장타는 수비팀 입장에서 두려움의 대상이다. 그래서 장타력이 좋은 타자가 등장하면 외야수들이 안타를 내줄 가능성이 높아지더라도 펜스에 등을 기댈 만큼 깊은 수비를 펼치고, 장타 허용에 부담을 느낀 투수가 볼넷을 내주는 경우도 많다. '부드로 시프트'라는 야수 대부분을 오른쪽으로 몰아넣는 파격적인 수비 전략이 등장한 것도 테드 윌리엄스에게 단타는 기꺼이 내줄 수 있지만 장타만큼은 허용하지 않겠다는 의지에서 비롯됐다.

장타율은 타자가 한 타수에서 몇 개의 누를 얻어낼 수 있는지를 나타내는 지표다. 간혹 장타율을 장타를 칠 확률로 잘못 이해하는 팬들이 있다. 장타율이 0.6이라면 장타를 칠 확률이 60퍼센트라는 의미가 아니라 타수당 0.6루의 출루를 기대할 수 있음을 의미한다. 따라서 항상 2루타만 때린 타자가 있다면 그 타자의 장타율은 2.0이 된다. 장타율은 누타수를 타수로 나눠 산출하며 누타수는 1루타를 1, 2루타를 2, 3루타를 3, 홈런은 4로 가중치를 둬 계산한다. 예를 들어 2015 시즌 장타율 1위에 오른 브라이스 하퍼Briyce Harper, 1992~는 521타수에서 1루타 91개, 2루타 38개, 3루타 1개, 홈런 42개를 때려냈다. 이 자료를 토대로 (91×1) + (38×2) + (1×3) + (42×4)와 같이 계산해보면 누타수가 338이 되고 이를 521타수로 나누면 0.649라는 장타율이 산출된다. 장타율의 문제점은 1루타와 같은 단타도 누타수에 포함돼 스즈키 이치로와 같은 단타 위주의 타자의 장타율도 예상보다 훨씬 높게 나올 수 있다는 점이다. 실제로 2004 시즌 262개의 안타를 터뜨리며 단일 시즌 최다 안타를 달성한 이치로는 당시 1루타 225개, 2루타 24개, 3루타 5개, 홈런 8개를 기록하고 장타는 37개에 지나지 않았음에도 0.455의 장타율을 기록했다. 보통 5할을 넘기면 장타율이 좋은 선수로 평가받고 극히 일부의 선수들이 6할을 넘기는데 통산 최고 장타율은 베이브 루스가 달성한 0.690, 단일 시즌 최고 장타율은 배리 본즈가 2001 시즌에 달성한 0.863이다. 참고로 통산 최다 장타 개수는 행크 아론의 1477개, 단일 시즌 최다 장타 개수는 루스가 1921 시즌에 때려낸 119개다.

브라이스 하퍼

일부에서는 박빙의 상황에서 공을 박살 내려는 듯 풀 스윙하는 타자를 못마땅한 시선으로 바라보기도 한다. 그러나 점수 차, 이닝, 타자의 능력에 따라 다르겠지만 장타를 노려야 할 상황에서는 시원하게 삼진 아웃을 당하더라도 풀 스윙을 고집하는 것이 바람직하다. 물론 박빙의 상황에서 선두 타자 또는 1사 후 타석에 들어선 타자는 볼넷도 안타와 똑같다는 생각으로 출루에 집중하는 자세가 중요하다. 그러나 2사 후에는 장타력을 웬만큼 보유한 타자라면 장타를 노려야 한다. 1점을 얻기 위해 1루타 3개를 터뜨리는 것보다 한 방을 노리는 것이 효율적이기 때문이다. 예를 들어 1점 차로 뒤진 9회말 2사 후 타석에 들어선 5번 타자는 한 방을 터뜨릴 수 있는 능력을 갖추고 있다. 그 뒤에 등장할 타자들이 물방망이들이라면 5번 타자는 어지간히 칠 수 있는 공에 풀 스윙을 하는 것이 볼넷으로 출루하는 것보다 팀 승리에 도움이 된다. 왜냐하면 그가 1루에 걸어 나가더라도 타격에 재능이 없는 6, 7번 타자들이 연달아 안타를 때려야만 홈플레이트를 밟을 수 있기 때문이다.

059_ OPS

타자의 능력을 보여주는 지표로 오랫동안 인정받아온 타율에 대해 볼넷의 가치를 인정하지 않고 장타와 단타의 가치를 똑같이 평가한다는 비판이 꾸준히 제기됐다. 이에 브랜치 리키와 앨런 로스는 1950년 무렵 타격 관련 각종 지표들을 면밀히 분석했고 득점을 많이 올리려면 '자주 출루하는 것(출루율)'과 '많은 누를 나가는 것(장타율)'이 중요하다는 결론을 내렸다. 출루율과 장타율을 더한 OPSOn-base plus Slugging는 이러한 배경 속에서 탄생했다. 다만 OPS가 본격적으로 알려지기 시작한 것은 1984년 피트 파머와 존 손이 공동 저술한 『야구의 이면The Hidded Game of Baseball』에서 소개되고 〈뉴욕 타임스〉가 OPS 순위를 게재하면서부터다. 오늘날 OPS는 타자의 능력을 한눈에 보여주는 지표로 널리 사용되며 높은 가치를 인정받고 있다. 그러나 OPS가 완벽한 지표라는 생각은 경계해야 한다. 최대치가 다른 출루율(1.0)과 장타율(4.0)을 단순히 합산할 경우 출루율의 가치가 저평가되기 때문이다. 이러한 이유로 일부에서 OPS를 계산할 때 출루율에 2배 정도의 가중치를 줘야 한다는 의견이 나오기도 한다. OPS의 최대치는 5.0으로 이는 타수마다 홈런을 때릴 경우에나 가능한 수치다. 단일 시즌 5.0의 OPS를 기록한 선수는 시즌 타수가 1타수 정도인 경우로 에스테반 얀, 펠릭스 에르난데스 등 7명만이 달성했다. OPS가 0.9를 넘으면 매우 뛰어난 타자로 인정받으며 단일 시즌 최고 OPS는 2004 시즌 배리 본즈가 달성한

1.422, 통산 최고 OPS는 베이브 루스의 1.164다.

마지막으로 흥미로운 사실 하나. 피트 로즈는 4256개의 안타로 통산 최다 안타 기록을 보유하고 있지만 타율, 출루율, 장타율, OPS 중 100위 안에 드는 것은 단 하나도 없다.

060_ 타점

타자가 안타, 희생 번트, 희생 플라이, 볼넷, 몸에 맞는 공 등으로 주자를 득점시켰을 때 타자에게 주어지는 기록이다. 다만 타자가 더블 플레이로 이어지는 타구를 때린 상황에서는 주자가 득점에 성공했더라도 타점이 주어지지 않는다. 경기에서 승리하려면 득점을 올려야 한다. 이에 따라 득점에 직접적인 도움을 준 타점은 타자의 능력을 보여주는 중요한 지표로 인식되고 있다. 그래서 홈런, 타율, 타점 세 부문을 같은 해에 석권하는 것을 '트리플 크라운'으로 표현하고 타점을 많이 올린 선수에게는 '타점 기계', '찬스에 강한 타자'와 같은 수식어가 따라붙는다. 그러다 보니 지나칠 만큼 타점에 욕심을 부리는 타자들도 꽤 있다. 이러한 유형의 타자들은 주자 2루 상황에서 안타를 때렸을 때 2루 주자가 홈에 쇄도하지 않고 3루에서 멈춰서면 인상을 찌푸리기까지 한다. 심지어 1사 3루처럼 타점을 올리기 좋은 상황에서 타석에 들어선 돈 민셔라는 타자는 몸에 맞는 공이 나오자 공에 맞지 않았다고 주장하기도 했다.

주자가 있는 상황에서 투수는 점수를 내주지 않으려 전력투구를 하게 마련이다. 이 때문에 타자의 능력을 보여주는 지표로서 타점의 가치가 전혀 무의미하다고 볼 수는 없다. 그럼에도 브랜치 리키를 비롯한 많은 야구인들이 지적해왔듯 타점의 가치는 오랫동안 지나치게 부풀려져 왔다. 그 이유로 타점을 올릴 수 있는 기회가 모든 타자들에게 공평하게 부여되지 않는 점이 꼽힌다. 예를 들어 타자가 아무리 잘 때려도 주자가 없으면 홈런을 치는 것 외에는 타점을 긁어모을 방법이 없다. 반면에 출루율이 좋은 테이블 세터가 앞에 있고 뒤로는 자신을 고의4구로 거르지 못하게 해줄 강타자가 버텨주고 있는 타자는 타점을 손쉽게 모을 수 있다. 이는 득점권 타율이 높은 타자보다 득점권 상황을 많이 얻은 타자의 타점이 많음을 통해 증명된다. 이처럼 타자의 능력 외에 타점에 미치는 변수들의 영향력이 높다 보니 타점으로 타자의 능력을 평가하기에는 한계가 많다.

타점 관련 기록을 살펴보면 단일 시즌 최다 타점은 168센티미터의 단신이지만 엄청난 괴력을 지녔던 핵 윌슨Hack Wilson, 1900~1948이 1930년에 기록한 191타점이다. 그의 기록은 한때 190타점으로 알려졌으나 기록 정리 과정에서 누락된 1타점이 발견돼 191타점으로 바뀌었다. 1998년 후안 곤잘레스가 전반기에만 100타점 이상을 올리며 윌슨의 기록에 도전하기도 했으나 후반기에 침묵하는 바람에 157타점에 그치고 말았다. 통산 최다 타점의 주인공은 2297타점을 기록한 행크 아론이다. 그런데 통산 타점 기록을 살펴보면 진한 아쉬움이 느껴지는 선수가 있다. 통산 1995타점을 올리며 역대 5위에 올라 있는 루 게릭이 그 주인공으로, 그는 통산 타점 10위 안에 있는 선수 가운데 메이저리그 경력이 가장 짧은 선수다. 17년의 선수 생활 동안 게릭은 단일 시즌 150타점을 7회 기록하는 등 경기당 타점에서 0.92점을 기록해 베이브 루스(0.88점), 행크 아론(0.70점)에 앞서 있다. 부질없는 가정이지만 게릭이 불의의 병을 앓지 않았다면 통산 최다 타점의 주인공은 아론이 아닌 게릭이 되었을 가능성이 매우 높다.

1경기당 최다 타점은 짐 보텀리, 마크 화이튼 두 명의 선수가 기록한 12타점이고, 1999년 마크 맥과이어는 안타 수(145개)보다 많은 타점(147타점)을 달성하는 진기록을 세우기도 했다. 하지만 맥과이어의 기록보다 더 깨지기 힘든 기록이 같은 해에 탄생했다. 이해 4월 23일 세인트루이스 카디널스의 페르난도 타티스가 LA 다저스의 박찬호를 상대로 한 이닝에만 2개의 만루 홈런을 때려내며 8타점을 긁어모은 것이다. 이 기록은 제아무리 용빼는 재주가 있는 타자라도 깨기 힘들 것이다. 왜냐하면 한 이닝 8타점의 기록을 깨뜨리려면 기본적으로 한 이닝에 세 번의 타격 기회가 돌아와야 하기 때문이다.

루 게릭

061_ 희생 플라이

무사 또는 1사에 3루 주자가 태그업으로 득점할 수 있게 때린 플라이 타구를 의미한다. 타자에게는 타점이 주어지며 타수에서 제외되기 때문에 아웃이 됐음에도 타율이 떨어지지 않는다. 일반적으로 희생 플라이라고 하면 외야 플라이만을 생각하지만 내야 플라이든 파울플라이든 상관없이 3루 주자가 태그업으로 득점을 올렸다면 희생 플라이로 인정된다. 1908년에 처음 등장한 희생 플라이 규칙은 많은 변화를 거쳤다. 제정 당시만 해도 플라이 타구에 3루 주자가 득점한 경우에만 타수에서 제외했으나 1926년 1루 주자가 2루로, 2루 주자가 3루로 진루한 것도 포함하며 적용 범위를 확대했다. 그러다 메이저리그 전체 타율이 3할에 이를 정도로 치솟자 1931년에 규칙 자체를 폐지하기도 했다. 이후로도 이런저런 변화를 거쳐 희생 플라이 규칙은 결국 1954년에 3루 주자가 득점한 경우 타수를 제외하는 것으로 정해졌고 이때부터 공식 통계에 집계되기 시작했다.

1954년 이후 반세기가 넘도록 변경 사항이 없어 이제는 확고히 자리 잡은 규칙이라고 생각할 수 있지만 타수 제외를 반대하는 목소리는 여전히 남아 있다. 희생 번트는 타자가 아웃될 것을 감수하며 주자를 진루시키기 위한 의도가 분명하므로 타수에서 제외하는 것에 반대 의견이 없다. 그러나 희생 플라이는 타자가 의도하고 때린 것인지 아니면 안타를 노렸으나 희생 플라이가 된 것인지를 타자 자신 외에는 알 길이 없다. 물론 무사 또는 1사에 주자가 3루에 있을 경우 타자들이 안타에 앞서 타점을 고려하는 것은 맞다. 희생 플라이를 타수에서 제외해주는 이유도 여기에 있다. 문제는 통계를 분석해보면 희생 플라이가 필요한 상황과 그렇지 않은 상황에서 타자가 플라이를 때릴 확률의 차이가 거의 없다는 사실이다. 이 때문에 안타를 의도한 타자가 플라이를 때린 경우 타점은 얻고 타율은 손해 보지 않는 희생 플라이 규칙은 폐지될 가능성을 늘 안고 있다. 희생 플라이 규칙이 유독 많은 변화를 거친 것도 이와 무관하지 않다. 만약 희생 플라이가 폐지돼 타수에 포함될 경우 평균적으로 2리 정도의 타율 변화를 줄 수 있다. 희생 플라이 규칙이 적용되지 않던 1941년에 0.406의 타율을 달성하며 마지막 4할 타자로 유명한 테드 윌리엄스는 희생 플라이 규칙을 적용하면 6타수가 제외되는데 이럴 경우 윌리엄스의 타율은 0.411까지 높아진다.

희생 플라이와 관련 기록을 살펴보면 한 경기 최다 희생 플라이는 돈 매팅리 등 10명 남짓의 타자들이 기록한 3개, 단일 시즌 최다 희생 플라이는 1954년 길 하지스의 19개, 통산 최다 희생 플라이는 에디 머레이의 128개다. 이들과는 반대로 희생 플라이와 완전히 담을 쌓은 선수도 있다. 래리 잭슨이 그 주인공으로 그는 투수로 활동하며 14년 동안 통산 1192 타석에 들어섰으나 단 한 개의 희생 플라이도 기록하지 못했다.

062_ 멘도사 라인

당연한 사실이지만 야구 선수가 이름을 날리기 위한 최고의 방법은 뛰어난 성적을 올리는 것이다. 하지만 아이러니하게도 형편없는 성적으로 어느 누구 못지않게 유명세를 타는 선수가 있으니 '멘도사 라인'이라는 용어를 탄생시킨 마리오 멘도사 Mario Mendoza, 1950~가 그 주인공이다. 멘도사는 1974년부터 1982년까지 피츠버그 파이어리츠, 텍사스 레인저스 등을 떠돌며 통산 0.215의 타율에 4개의 홈런을 기록해 '내가 이러이러한 활약을 했었노라'고 떠벌릴 만한 성적을 올리지는 못했다. 이처럼 타격 순위표를 볼 때마다 뒤집어보고 싶었을 멘도사이지만 다행히 준수한 수비력 덕분에 마이너리그로 내몰리지 않고 9년 동안 메이저리그에서 활약할 수 있었다.

그렇다면 멘도사를 이토록 유명하게 만든 멘도사 라인의 의미는 무엇일까? '물방망이'의 또 다른 표현이라고 할 수 있는 멘도사 라인은 투수가 아닌 포지션 플레이어들 중 규정 타석을 채우고도 타율이 2할 부근에 맴도는 타자를 의미한다. 비록 멘도사 라인의 주인공인 멘도사는 규정 타석을 채운 시즌이 단 한 번도 없지만, 멘도사 라인은 메이저리그를 대

마리오 멘도사

표하는 타자임에도 1979 시즌 초반 슬럼프를 겪으며 2할 초반의 타율을 기록하던 조지 브렛을 향해 "분발하지 않으면 타격 순위가 마리오 멘도사보다 아래로 떨어질 수 있다"는 팀 동료들의 농담에서 유래되었다. 이후 브렛이 휴일 아침에 신문을 볼 때마다 멘도사 아래 어떤 타자들이 있는지를 가장 먼저 확인한다는 인터뷰를 했는데 브렛의 인기가 워낙 높다 보니 이 내용이 널리 알려지며 멘도사는 최악의 타자를 상징하는 이름이 되었고 훗날 '멘도사 라인'이라는 용어로 자리 잡았다.

일반적으로 멘도사와 같은 선수는 주전 선수가 쉴 때 경기에 투입되는 경우가 많아 존재감이 떨어지는 선수로만 생각하기 쉽다. 그러나 재정 상태를 고려해야 하는 팀의 입장에서 이들은 결코 무시할 수 없는 가치를 지니고 있다. 예를 들어 실력은 뛰어나지만 부상이 잦은 주전 3루수가 있다고 하자. 팀에서는 이 3루수가 부상으로 전력에서 이탈할 경우를 대비해 또 다른 고액 연봉의 3루수를 영입할 수는 없다. 이러한 상황에서 팀은 3루수의 부상에 대비해, 다른 팀의 주전으로 갈 수는 없어도 현재 팀에 남아 백업 요원으로 뛸 만한 실력을 가진 연봉이 낮은 선수로 혹시 모를 상황에 대비하려 한다. 그리고 이 선수가 주전 3루수의 공백을 얼마나 잘 메우느냐는 팀의 성공적인 시즌에 중요한 변수가 된다.

멘도사라는 이름과 관련하여 재미있는 사실은 메이저리그 역사상 멘도사라는 이름을 가진 3명의 타자 모두가 타석에서 허수아비와 같은 존재였다는 점이다. 이들의 통산 타율을 보면 1970년에 활약했던 미니 멘도사는 0.188, 멘도사 라인의 주인공 마리오 멘도사는 0.215, 가장 최근인 1997년부터 2000년까지 뛰었던 카를로스 멘도사는 0.182였다.

063_ 타순

말 그대로 타격하는 순서를 의미한다. 타자는 경기에 앞서 감독이 제출한 타순표에 기재되어 있는 순서대로 타격을 해야 하며, 경기 상황에 따라 언제든지 바꿀 수 있는 수비 위치와 달리 타순은 한번 정해지면 바꿀 수 없다. 타순은 탁구 복식경기를 제외한 다른 스포츠에서 볼 수 없는 야구만의 독특함을 보여준다. 다른 스포츠에서는 몰빵 배구, 몰빵 농구 등처럼 뛰어난 선수에게 최대한 많은 득점 기회를 줘 공격력을 극대화하려 한다. 그러나 야구는 잘 치는 타자라고 더 많은 타격 기회를 주는 것이 아니라 타순표에 기재되어 있는 순서에 따라 공평하게 한 번씩 돌아가며 타격 기회를 갖는 특징이 있다.

상대 팀과의 승부에서 펼칠 작전의 밑바탕이 되는 타순은 감독이 기분 내키는 대로 짜내는 것이 아니다. 한 방을 갖춘 타자를 1번에 배치하면 많은 타점을 올릴 가능성이 낮아지고, 스피드가 좋은 타자를 3번에 배치하면 도루 기회가 적어지며, 스피드가 나쁜 타자를 연달아 배치하면 더블 플레이가 나올 가능성이 높아진다. 또한 스피드가 나쁜 타자 뒤에 번트 능력이 탁월한 타자를 배치하면 그 취지가 퇴색되며, 오른손 타자 4명을 연속해서 배치하면 상대 팀에서 오른손 불펜 투수의 투입 시기를 편하게 정할 수 있게 된다.

몇 가지 예를 들었지만 이러한 이유로 감독은 타순을 짜면서 상대 투수의 특성, 왼손 타자와 오른손 타자의 균형, 파괴력과 스피드의 적절한 배치 등 여러 가지를 따져보며 고민에 고민을 거듭한다.

산술적으로 9명의 타자로 짤 수 있는 타순은 무려 36만 2880가지다. 하지만 사람마다 어울리는 옷이 있듯 타자에게도 저마다 잘 어울리는 타순이 있어 "역시 아무개는 몇 번 타자감이야"라는 말을 흔히들 한다. 그렇다면 타순별 특성에는 무엇이 있을까? 1-2번 타자는 '밥상 차리는 사람'을 뜻하는 테이블 세터Table setter로 불린다. 공격을 점화하는 1번 타자는 높은 출루율과 뛰어난 스피드로 상대 수비를 흔들면서 중심 타선에 타점을 올릴 수 있는 기회를 제공한다. 베이브 루스-루 게릭-밥 뮤젤-토니 라제리로 이어진 '살인 타선Murderer's Row' 앞에 얼 콤스가 있었고, 조 모건-조니 벤치-토니 페레스로 이어진 '붉은 기관총 군단Big Red Machine' 앞에는 피트 로즈가 있었다.

이처럼 역사에 남을 만한 강력한 타선 앞에는 늘 빼어난 1번 타자가 있었음을 알 수 있는데 제아무리 무시무시한 중심 타선을 구축했더라도 공격의 첨병 역할을 하는 1번 타자가 부실하면 중심 타선의 위력이 크게 떨어지기 때문이다. 이 때문에 1번 타자는 감독이 타순을 짤 때 가장 고민하는 타순이다. 뛰어난 스피드를 1번 타자의 최우선 요건으로 알고 있는 팬들이 일부 있으나 1번 타자의 최우선 요건은 높은 출루율이다. 극단적인 예로 오클랜드 어슬레틱스는 대주자를 기용해야 할 만큼 느려 터졌지만 출루 능력만큼은 탁월했던 제레미 지엄비를 1번 타자로 기용하기도 했다. 타순별 최고의 타자를 선정한다면 갑론을박이 있겠지만 1번 타자에 대해서는 리키 헨더슨Rickey Henderson, 1958~ 단 한 명으로 정리될 것이다. 1979년 데뷔 후 25년간 통산 출루율 0.401, 도루 1406개, 홈런 297개, 2295득점을 달성한 헨더슨을 가리켜 야구 통계 전문가 빌 제임스는 "헨더슨을 둘로 나누어도 명예의 전당에 입성할 수 있다"고 말하기까지 했다. 2번 타자는 1번 타자와 중심 타선 사이의 연결고리 역할을 한다. 그래서 출루에 성공한 1번 타자가 득점권에 진루하도록 번트를 잘 대고 히트 앤드 런 상황에서는 나쁜 공이라도 때려낼 수 있어야 하며 땅볼 타구를 때리더라도 주자의 뒤쪽인 오른쪽 방향으로 보낼 수 있는 뛰어난 작전 수행 능력을 갖춰야 한다. 또한 주자가 도루를 노릴 수 있는 기회를 충분히 갖도록 천천히 공격할 수 있어야 하고 상대 팀 포수가 도루를 저지할 때 방해가 되게 왼손 타자라면 더욱 좋고, 1번 타자만큼은 아니더라도 높은 출루율이 필요하다. 2번 타자는 1번 타자와 중심 타선 사이에 끼어 있어 존재감은 흐릿해 보이나 소금과 같은 역할로 그 중요성이 나날이 높아지는 타순이다.

리키 헨더슨

3-4-5번 타자는 테이블 세터가 정성스럽게 차린 밥상을 반찬 하나 남김없이 싹쓸이한다는 의미에서 클린업 트리오cleanup trio라고 한다. 팀 내 가장 뛰어난 타자가 배치되는 3번 타자는 정교하고 파괴력 넘치는 타격으로, 타점 기회를 제공한 테이블 세터를 홈으로 불러들이는 역할을 맡는다. 정교함은 좀 떨어져도 주자를 홈으로 불러들일 수 있는 한 방을 갖춘 타자는 4번에 배치된다. 그런데 주자가 2루에 있고 4번 타자가 타석에 들어선 상황에 5번 타자의 타격 실력이 크게 떨어진다면 어떤 일이 벌어질까? 투수는 4번 타자에게 1루에 내보내도 좋다는 식으로 도망가는 투구를 한 후 5번 타자와 정면 승부를 펼치려 할 것이다. 강한 5번 타자가 필요한 이유다. 따라서 5번 타자는 3-4번 타자들만큼은 아니지만 4번 타

자와 우산효과를 극대화하고 4번 타자가 실패했거나 이어준 타점 기회를 살릴 수 있는 정교함과 장타력이 필요하다. 1번부터 5번까지 상위 타순은 하위 타순보다 한 시즌 동안 약 100타석을 더 많이 들어서기 때문에 타격이 좋은 타자들이 배치된다.

6-7번 타자는 하위 타선의 테이블 세터와 같은 타순으로, 주어진 역할은 1-2번 타자와 비슷하지만 실력은 이들보다 떨어지게 마련이며 팀 상황에 따라 적당한 타자로 채우는 타순이다. 8번 타자는 타격 실력이 가장 뒤처지는 타자로 상대 투수에게 보약과 같은 타순이다. 다만 투수가 타석에 들어서는 내셔널리그에서는 8번 타자의 역할이 좀 더 중요하다. 그 이유는 2사에 8번 타자가 출루하면 투수인 9번 타자가 타석에 들어서고 이후에 아웃되더라도 다음 이닝에는 1번 타자가 선두 타자로 나설 수 있다는 장점 때문이다. 9번 타자는 타순 중 맨 뒤에 있다는 이유로 타격이 가장 뒤처지는 타자가 배치되는 타순으로 오해를 받곤 한다. 그러나 투수의 타순으로 사실상 정해진 내셔널리그와 달리 아메리칸리그에서는 1번 타자로 연결되기 때문에 1번 타자보다는 좀 떨어지지만 출루율이 좋고 야구 센스가 넘치는 타자가 배치되는 나름 중요한 타순이다.
지금까지 1번부터 9번까지 타순별 특성을 알아봤는데 이러한 타순을 가만히 살펴보고 있노라면 야구라는 스포츠가 특정 선수의 힘만으로 승리할 수 없는 스포츠라는 느낌이 전해진다. 개인주의 성향이 강한 야구에서 조직력을 무시해서는 안 되는 이유다.

064_ 타격 자세

타자들은 오랜 훈련을 거쳐 저마다 고유한 타격 자세가 있다. 그리고 이러한 타격 자세 중 스탠스, 하체 움직임, 배트를 쥔 모습에서 타자의 장점과 약점, 노림수 등을 대략 알 수 있다. 스탠스는 홈플레이트를 기준으로 앞발과 뒷발을 나란히 두는 스퀘어 스탠스, 앞발을 뒷발보다 앞에 두는 클로즈드 스탠스, 앞발을 뒷발보다 뒤에 두는 오픈 스탠스로 나뉜다. 스퀘어 스탠스는 공을 당겨치거나 밀어칠 때 모두 적합하고 몸쪽 공과 바깥쪽 공 모두에 자연스러운 타격을 할 수 있어 스탠스의 기본으로 꼽히며, 타자들은 스퀘어 스탠스에 익숙해진 후 자신의 특성에 맞는 스탠스를 응용하게 된다. 클로즈드 스탠스는 몸이 빨리 열리는 것을 막고 바깥쪽 공 공략에 유리하며 장타력에서 득을 볼 수 있으나 몸쪽 빠른공에 대처가 어렵다. 오픈 스탠스는 몸이 투수 쪽으로 향하게 돼 시야가 넓어져 공을 보기가 수월해지고 몸쪽 공이 들어올 때 엉덩이 회전이 좋아질 수 있지만 장타력에 약간 손해를 보고 바깥쪽 공 공략에도 불리하다.

하체 움직임과 관련해 타격할 때 앞발을 높이 들었다 내려놓으며 스윙을 하는 타자는 장타를 날리고 변화구 타이밍을 맞추기에 유리하지만 중심 이동할 때 몸이 크게 움직여 타격의 정확도가 떨어지고, 노렸던 공이 오지 않을 경우 타이밍을 놓치기 쉽다. 이와 달리 타격 자세를 취할 때부터 스트라이드를 마친 것처럼 스탠스를 넓게 한 후 공이 날아오면 발을 살짝 움직이며 스윙을 하는 타자는 변화구에 대해 상체가 앞으로 쏠리는 문제를 최소화하고 공을 좇는 눈의 흔들림이 작아 타격의 정확도를 높일 수 있으나 타구에 힘을 싣기가 어렵다.

마지막으로 타자가 배트를 짧게 쥐고 있으면 장타보다는 정확한 타격에 집중하고, 길게 쥐고 있으면 그 반대라고 볼 수 있다. 또한 하늘을 향해 배트를 꼿꼿하게 세운 타자는 힘이 좋고 낮은 공에 장점이 있지만 눕힌 타자는 힘이 약하고 높은 공에 장점이 있다고 보면 된다.

이와 같이 타격 자세에서 타자의 성향을 어느 정도 알 수 있지만 이는 이론적인 내용일 뿐 모든 선수들에게 그대로 적용되는 것은 아니다. 실제로 메이저리그 역사를 보면 이론적으로 어떻게 안타를 때려내는지 의심이 갈 만큼 족보에도 없는 타격 자세로 비범한 타격을 선보인 선수들이 적지 않다. 스탠 뮤지얼은 마치 코브라처럼 몸을 심하게 꼬았고, 제프 배그웰은 스탠스를 어깨너비의 2배 이상 벌려 흡사 기마 자세를 떠올리게 했으며, 게리 셰필드는 배트를 쥔 상태로 손목을 앞뒤로 요란하게 흔들어댔다. 이처럼 괴이한 타격 자세를 가진 타자들 중 큰형님으로는 멜 오트Mel Ott, 1909~1958가 꼽힌다. 왼손 타자였던 오트는 투수가 공을 던지면 배트를 크게 내렸다 올리는 동작과 오른쪽 다리를 높이 들었다 내리는 외다리 타법을 동시에 취한 후 타격을 했는데 이처럼 글로 묘사하기 힘들 만큼 괴상망측한 그의 타격 자세를 고치려고 모두들 안달이 날 정도였다. 그러나 존 맥그로 감독은 거포로서 잠재력을 가진 오트가 조금 왜소한 체격을 극복하기 위한 그만의 독특한 타격 자세를 존중해야 한다고 판단했고, 오트는 이러한 맥그로 감독의 신뢰 속에 통산 511개의 홈런을 때려내며 한동안 내셔널리그 통산 최다 홈런의 주인공에 오를 수 있었다.

멜 오트

오트를 비롯해 개성 넘치는 타

격 자세로 성공하는 타자들이 속속 등장하자 과거처럼 타격 코치가 타자의 신체적 특징과 개성을 무시하고 하나에서 열까지 모든 것을 뜯어고쳐서 교과서에 나오는 타격 자세로 맞추려던 지도 방법은 거의 사라졌다. 타격 자세에 기본기가 있는 것은 분명하지만 기본기를 익히고 나면 타자의 신체적 특징과 개성에 어울리는 타격 자세를 존중해주는 시대가 온 것이다. 엄밀히 말해 좋은 타격 자세란 타자가 시야를 확보한 상태에서 몸의 균형을 잃지 않고 편안하게 배트를 휘두를 수 있으면 그만이기 때문이다.

065_ 몸에 맞는 공

스트라이크 존을 통과하지 못한 투구가 정규의 타격 자세를 취하고 있는 타자의 몸, 유니폼 등에 닿았을 때 타자에게 1루에 출루할 수 있는 권리를 부여하는 것으로 1888년에 도입됐다. 다만 타자가 스트라이크 존에서 닿았거나 스윙을 하면 투구에 닿은 것과 상관없이 스트라이크가 선언되며, 스트라이크 존 밖에서 닿았더라도 타자가 투구를 피하려는 기색이 없었다면 볼 하나가 추가될 뿐이다. 기록상 몸에 맞는 공hit by pitch이 나오면 타석은 포함되지만 타수는 제외되고, 만루 상황에서 몸에 맞는 공을 얻은 타자에게는 타점이 기록되며, 몸에 맞는 공과 볼넷이 동시에 일어나면 몸에 맞는 공으로 기록된다.

몸에 맞는 공 판정은 경력이 풍부한 심판들에게도 어려운 일이다. 타자가 공을 피하려는 기색이 있었는지, 타자가 스윙하려는 과정에서 몸쪽으로 날아온 공에 맞았는지 등을 순간적으로 판단하기가 쉽지 않기 때문이다. 1900년을 전후로 활약했던 키드 엘버펠트는 투구가 날아오면 피하는 척하며 아프지 않을 정도로 살짝 맞고 나가는 기술이 뛰어나 심판들을 곤혹스럽게 하기로 유명했다. 어떤 타자들은 배트의 손잡이 근처에 공이 맞아 파울볼인지 손에 맞았는지 분간이 어려운 상황에서 두 손을 붙잡고 고통스러운 표정을 지으며 손톱으로 손등을 쥐어뜯은 다음 벌겋게 된 손등을 심판에게 보여준 후 1루를 향해 유유히 걸어나가기까지 한다. 타자가 투구를 피하려는 기색이 없었을 경우에 관한 심판의 정확한 판정으로 중요한 기록이 탄생되기도 했다. 1968년 돈 드라이스데일은 만루 상황에서 던진 공이 상대 타자 딕 다이츠의 몸에 맞는 바람에 연속이닝 무실점 기록을 44이닝에서 멈출 뻔했다. 그러나 해리 웬델슈테트 주심은 다이츠가 공을 피하려는 노력을 하지 않았다며 몸에 맞는 공으로 인정하지 않았다. 결국 드라이스데일은 다이츠를 아웃으로 잡아냈고 결과적으로 연속이닝 무실점 기록을 58과 3분의 2이닝까지 이어갈 수 있었다. 이 기록은 1988년 오렐 허샤이저가 59이닝으로 늘리기 전까지 연속이닝 무실점 최고 기록이었다.

부상 전력이 선수 몸값에 큰 영향을 주는 시대를 맞아 몸에 맞는 공의 수가 줄어들 것 같지만 현실은 그렇지 않다. 단단한 공을 사용하게 되면서 줄어들던 몸에 맞는 공이 1990년대 후반부터 다시 늘어나기 시작했는데 그 원인으로는 보호대가 지목되고 있다. 최근 타자들은 다리, 팔꿈치 등을 보호하기 위해 마치 로보캅처럼 온몸에 보호대를 착용하고 타석에 들어선다. 그러다 보니 몸쪽 공에 대한 공포심을 덜 느껴 타석에 바짝 붙어서고 일부 타자들은 충격 완화용으로 착용한 보호대를 출루하려고 몸을 들이댈 때 교묘히 활용하기도 한다. 즉, 보호대 착용이 늘어나면서 투수가 '맞혔다'기보다는 타자가 '맞았다'로 봐야 할 몸에 맞는 공이 늘어나고 있는 셈이다.

몸에 맞는 공 기록을 살펴보면 단일 시즌 최다 몸에 맞는 공은 1896년 휴이 제닝스의 51개, 1900년대 이후로는 1971년 론 헌트의 50개다. 통산 최다 몸에 맞는 공 역시 제닝스가 달성한 287개, 1900년대 이후 데뷔한 선수들 중에는 크레이그 비지오Craig Biggio, 1965~의 285개다. 한편, 비지오가 2005년에 1900년대 이후 통산 최다 몸에 맞는 공 기록이었던 돈 베일러의 267개를 넘어설 당시 마운드에 서 있던 투수는 다름 아닌 '한국형 핵잠수함' 김병현이었다.

066_ 시력

1986년부터 10년간 1940개의 안타를 때려내며 이 기간 중 메이저리그에서 가장 많은 안타를 기록한 커비 퍼켓Kirby Puckett, 1960~2006은 팬서비스까지 좋아 메이저리그를 대표하는 스타플레이어로 인정받았다. 많은 사람들이 퍼켓의 3000안타 달성을 확신할 만큼 그의 야구 인생은 순풍에 돛 단 듯 탄탄대로였다. 그러던 1996년 스프링 트레이닝 기간 중 퍼켓에게 어두운 그림자가 드리워졌다. 3월 28일 아침에 눈을 떴을 때 오른쪽 눈이 보이지 않자 진단을 받은 그에게 악성 녹내장이라는 충격적인 결과가 나온 것이다. 몇 차례의 수술에도 시력은 회복되지 않았고 2.0을 자랑하던 시력을 잃자 제아무리 퍼켓이라도 버텨낼 재간이 없었다. 결국 시즌 중반 36세라는 조금 이른 나이에 은퇴를 선언한 퍼켓의 안타 행진은 2304개에서 멈췄고, 그는 경쟁자였던 웨이드 보그스와 토니 그윈이 1990년대 후반 3000안타를 돌파하는 모습을 멀리서 지켜봐야 했다.

시력 악화로 야구 인생에 어려움을 겪은 타자는 커비 퍼켓을 비롯해 조지 시슬러, 토니 코니글리아로 등 여러 타자들이 있다. 일반인에게 시력 악화는 단순히 생활에 불편을 겪는 수준이지만, 빠르고 변화무쌍하게 날아오는 공을 정확히 때려내야 하는 타자에게는 선수 생활을 끝내야 할 만큼 큰 영향을 끼친다. 제아무리 뛰어난 파워와 스윙이 좋은 타자라도 공을 정확히 볼 수 없다면 아무런 의미가 없기 때문이다. 이러한 이유로 로드 커류와 같은 타격의 대가는 좋은 타격의 열쇠로 '시력'을 꼽았고, 상당수의 전문가들이 테드 윌리엄스와 배리 본즈가 강력한 타격을 선보일 수 있었던 힘의 원천으로 탁월한 시력을 지목하기도 했다.

이처럼 타격과 밀접한 관계에 있는 시력이 타격 자세에까지 영향을 끼친 적도 있다. 한때 야구계에는 타석에 섰을 때 투수 쪽에 가까운 눈의 시력이 좋아야 타격에 유리하다는 속설이 있었다. 즉, 왼손 타자는 오른쪽 눈의 시력이, 오른손 타자는 왼쪽 눈의 시력이 좋아야 한다는 것으로 이는 오른손 타자가 오른쪽 눈의 시력이 좋으면 코에 시야가 가려 좋은 시력을 충분히 활용하지 못한다는 것에 근거한 속설이었다. 이 때문에 왼쪽 눈의 시력이 더 좋다는 것을 알게 된 왼손 타자, 오른쪽 눈의 시력이 더 좋다는 것을 알게 된 오른손 타자들 중 투수를 정면으로 바라보며 타격 자세를 취하는 오픈 스탠스로 바꾸는 타자들이 생기기도 했다. 물론 타격을 할 때 두 눈이 함께 작용하므로 이와 같은 타격 자세 변경이 무의미하다는 연구 결과가 나왔지만 지푸라기라도 잡고 싶은 타자들 입장에서는 충분히 시도할 만한 일이었다.

시력의 중요성을 익히 알고 있던 타자들은 시력 보호에 많은 노력을 기울였다. 대표적인 타자로는 0.359의 통산 타율로 타이 코브에 이어 2위에 올라 있는 로저스 혼즈비Rogers Hornsby, 1896~1963가 꼽힌다. "좋은 타자가 되기 위한 최고의 방법은 좋은 공만 골라 때리는 것"이라는 말을 남긴 혼즈비는 좋은 공을 고르기 위한 좋은 시력의 중요성을 늘 강조했다. 조그마한 슬럼프에도 타격 자세를 바꾸며 몸부림을 쳤던 칼 야스트렘스키와 달리 혼즈비가 일관된 타격 자세를 고수할 수 있었던 것도 타격은 좋은 시력을 바탕으로 좋은 공에만 배트를 휘두르면 된다는 신념이 있었기에 가능한 일이었다. 타격 실력뿐만 아니라 철저한 시력 보호로도 유명했던 혼즈비는 시력을 악화시킬 수 있는 술, 담배와 거리를 두는 것은 기본이고 영화도 보지 않았으며 신문은 스포츠면만 읽었다고 한다.

로저스 혼즈비

시력을 보호하려는 노력이 수비 위치까지 영향을 미친 사례도 있다. 베이브 루스는 태양이 정면으로 비치는 위치에서 수비에 나서는 것을 꺼려해 구장의 위치에 따라 좌익수 또는 우익수로 수비 위치를 바꿔달라고 감독에게 요구했고 밀러 허긴스 감독은 이 요구를 받아들였다. 이는 루스가 차지하는 팀 내 높은 입지가 영향을 미친 것도 있지만 무엇보다 루스의 시력을 보호할 목적이 컸다고 한다.

6회 피칭

MLB

067_ 피칭

야구는 투수 놀음이다. 투수력이 경기에서 차지하는 비중을 80퍼센트라고 말하는 사람도 있고 60퍼센트라고 말하는 사람도 있다. 53년간 감독을 맡으며 총 7755경기를 지휘한 코니 맥은 75퍼센트라고 좀 더 구체적으로 말하기도 했다. 이처럼 보는 시각에 따라 그 수치는 다르겠지만 투수력이 야구에서 가장 중요하다는 것은 반론의 여지가 없는 사실이다. 메이저리그 역사에 손꼽히는 강팀들이 한결같이 뛰어난 투수력을 보유했다는 것은 이러한 사실과 무관하지 않다. 투수력을 이토록 중요하게 여기는 이유는 무엇일까? 투수력이 강하면 상대에게 점수를 적게 내줘 선수들이 심리적으로 안정된 상태에서 경기에 임할 수 있고 선취점을 내면 경기가 진행될수록 이길 수 있다는 자신감이 높아지게 된다. 혹여 경기에서 지고 있더라도 허용한 점수가 적어 선수들이 경기를 포기하지 않고 끝까지 물고 늘어지는데 이 과정에서 상대 팀의 실책 또는 행운으로 승리를 챙길 수도 있다. 반면에 투수력이 약하면 상대에게 점수를 많이 내줘 경기에서 이기더라도 힘들게 이기는 경우가 많고, 초반에 투수가 난타를 당하며 많은 실점을 허용할 때는 손 한 번 제대로 써보지 못하고 무기력하게 패하기도 한다. 타력이 강한 팀은 팬들에게 '즐거운 야구'를 보여줄 수 있을지는 모르나 '이기는 야구'를 보여주기에는 한계가 크다. 게다가 타력은 활활 타오르다가도 다음날 언제 그랬냐는 듯 싸늘하게 식어버리는 불확실성이 높은 분야이지만 투수력은 타력에 비해 예측이 가능하다는 장점까지 있다. 많은 팀들이 전력을 꾸릴 때 투수력을 가장 먼저 챙기는 것은 이런 이유들 때문이다.

이렇게 중요한 위치에 있는 투수는 타자를 아웃시키기 위해 공의 속도와 궤적에 변화를 주고 타자의 허를 찌르는 곳으로 공을 던지는 등 온갖 노력을 기울인다. 이때 투수에게 꼭 필요한 것이 바로 '자신감'이다. 반신반의하면서 던진 공과 자신감을 갖고 던진 공은 그 위력에서 큰 차이가 있게 마련이다. 따라서 투수는 '칠 테면 쳐 봐라. 좋은 타자가 때려도 10개의 타구 중 3개만이 안타가 될 뿐이다'라는 마음으로 자신 있게 공을 던져야 한다. 존 스몰츠John Smoltz, 1967~는 투수가 마운드에서 자신감을 가져야 하는 이유를 보여준 대표적인 투수로 꼽힌다. 그는 위력적인 구위를 보유했음에도 위기에 빠지면 자신감을 잃고 급격히 흔들리는 문제점을 안고 있었다. 그 결과 1991 시즌 첫 18경기에서 2승 11패에 평균자책점 5.16이라는 초라한 성적표를 받아들었다. 그러나 심리치료사의 도움을 받으며 자신감이라는

존 스몰츠

큰 무기를 장착하고 나선 18경기에서는 12승 2패에 평균자책점 2.63을 거두며 전혀 다른 투수로 탈바꿈했고 이후 메이저리그를 대표하는 투수로 성장하더니 마침내 2015년 명예의 전당에 올랐다.

투수는 경기의 승패에 미치는 영향이 큰 데다 투수가 공을 던져야만 플레이가 시작되므로 선수들과 코칭스태프들은 물론 방송 카메라와 팬들까지 경기장의 모든 사람들의 관심이 집중되는 포지션이다. 따라서 다른 포지션보다 더 큰 책임감이 뒤따르기 때문에 공 하나하나에 혼을 담아 던져야 한다. 한번 던진 공은 되돌릴 수 없기 때문이다. 만약 동료 야수의 어이없는 실책이나 상대 팀의 연속 안타 등으로 투구에 집중할 수 없는 상황이 발생하면 잠시 마운드에서 벗어나 호흡을 가다듬은 후 투구를 준비해야 한다. 그렇지 않고 아무 생각 없이 공을 던졌다간 투수가 아닌 피칭머신과 다름없는 존재가 될 뿐이다.

068_ 투수 분업화

1920년 5월 1일 브루클린 다저스와 보스턴 브레이브스는 9회까지 1 대 1로 승부를 가리지 못한 채 연장전에 돌입했다. 경기는 정규 이닝의 3배 정도인 26회까지 이어졌고 야간 경기가 없던 시절이라 날이 어두워지자 결국 1 대 1 무승부로 마무리되었다. 26회까지 연장전을 펼쳤다는 것도 놀랍지만 이 경기에는 더 놀라운 사실이 하나 있다. 바로 양 팀의 선발 투수인 다저스의 레온 커도어와 브레이브스의 조 에스커가 26이닝을 각각 완투했다는 점이다. 이날 양 팀의 투수가 26이닝 완투를 펼친 것은 당시로서도 뉴스가 될 만한 일이기는 했으나 1900년대 초중반까지만 해도 선발 투수는 일단 등판하면 죽이 되든 밥이 되든 경기를 마무리짓는 것이 당연했다. 윌 화이트는 1879년에 75번 선발 등판한 모든 경기를 완투했고, 잭 테일러는 1901년부터 1906년까지 선발 투수로 나선 187경기를 연속으로 완투했으며, 1900년을 전후로 활약한 사이 영은 통산 749번의 완투 경기를 펼쳤다. 현역 최고의 선발 투수로 통하는 클레이턴 커쇼, 저스틴 벌랜더와 같은 선수들조차 1년에 두세 번의 완투 경기만을 펼치는 오늘날의 야구와 비교해보면 큰 차이가 있음을 알 수 있다. 통계에 따르면, 1904년의 완투 비율은 88퍼센트에 이르렀지만 1924년 49퍼센트, 1964년 25퍼센트, 1984년 15퍼센트, 2004년 3퍼센트 수준으로 감소하더니 2017년에는 1퍼센트까지 떨어졌다. 이처럼 선발 투수의 완투 비율이 높던 1900년대 초중반까지는 구원 투수들의 역할이 매우 미미했다. 당시에는 구원 투수라는 보직이 명확히 정해지지 않은 데다 상대적으로 실력이 떨어져 선발 투수가 경기 중간에 내려오는 부득이한 상황이거나 패전 처리가 필요한 경우에 투입되는 경우가 일반적이었다.

퍼포 마베리

선발 등판은 곧 완투라는 분위기에 변화의 바람이 불기 시작한 것은 1924년이었다. 워싱턴 세너터스의 버키 해리스 Bucky Harris, 1896~1977 감독이 퍼포 마베리 Firpo Marberry, 1898~1976에게 오늘날 마무리 투수와 같은 역할을 맡기기 시작한 것이다. 마베리는 이해 선발 투수로 14번 마운드에 오르기도 했지만 총 50번 경기에 투입돼 195와 3분의 1이닝을 던지며 팀을 월드시리즈 우승으로 이끌었다. 여기에서 영감을 얻은 뉴욕 양키스가 1930년대 조니 머피를 전문 마무리 투수로 기용하며 성공을 거두자 메이저리그에 마무리 투수라는 보직이 보편화됐다. 1970년대까지만 해도 마무리 투수들은 경기 중반에 이길 가능성이 보이면 8회는 물론이고 7회에도 거침없이 마운드에 올라왔다. 그러다 1980년대부터 마무리 투수의 책임이 1~2이닝으로 줄어들기 시작했고, 1988년 오클랜드 어슬레틱스의 토니 라 루사Tony La Russa, 1944~ 감독이 마무리 투수를 '9회, 이기고 있는 상황'에서만 등판시키는 것을 철저히 지키는 시스템을 새롭게 선보였다. 라루사이즘Larussaism이라고 하는 이 시스템은 데니스 에커슬리Dennis Eckersley, 1954~라는 특급 마무리를 통해 위력을 발휘했고 얼마 지나지 않아 메이저리그 전체로 확산됐다. 1이닝 세이브의 확산으로 마무리 투수를 보호하는 분위기가 점점 높아지자 7, 8회에 투입돼 선발 투수와 마무리 투수를 연결해주는 중간 계투 요원의 중요성이 대두되기 시작했다.

그 결과 투수 특성에 맞게 선발, 중간 계투, 마무리와 같이 역할을 철저히 분담하는 분업화가 정착됐다. 이제 대부분의 팀들은 선발 투수 5명, 마무리 투수 1명, 그리고 그 사이 투입되는 5~7명의 중간 계투 요원들을 두고 있다. 좋은 중간 계투 요원과 마무리 투수 없이 좋은 팀 성적을 거두기 힘든 시대가 되었는데 대표적으로 2001년에 시애틀 매리너스가 정규 시즌 116승이라는 위업을 달성할 수 있었던 데는 경기 중후반까지 리드를 잡은 경기를 완벽하게 지켜준 제프 넬슨, 아서 로즈Arthur Rhodes, 1969~ 등과 같은 단단한 중간 계투 요원들과 사사키 가즈히로라는 뛰어난 마무리 투수의 힘이 컸다.

투수 분업화는 현대 야구의 대표적인 특징으로 꼽히며 야구계에 다양한 영향을 끼쳤다. 선발 투수는 그저 6~7회까지 던지고 마운드에서 내려오면 자신의 책임을 충분히 다했다는 평을 듣게 됐고, 승패가 선발 투수의 몫으로 여겨지던 시절이 끝나면서 승수로만 선발 투수를 평가하는 방식은 시대착오적 발상이 됐다. 분업화는 타격 약화에도 많은 영향을 끼쳤다. 선발 투수가 완투를 위해 강약을 조절하며 던지던 시절과 달리 분업화 시대의 선발 투수들은 지치면 언제든지 쌩쌩한 구원 투수들이 연이어 나온다는 것을 믿고 초반부터 힘껏 투구를 하는 경향이 짙어졌다. 게다가 타자 입장에서는 경기 후반에 지친 선발 투수에게 한 방을 때릴 수 있는 기회가 사라졌고, 선발 투수의 공이 눈에 익을 즈음 자신에게 강점을 보이는 유형의 구원 투수들이 줄줄이 마운드에 오르는 상황까지 맞이하게 됐다. 이러한 이유들로 분업화는 1941년 테드 윌리엄스 이후 4할 타자가 사라진 주요 원인으로 꼽히고 있다.

069_ 선발 투수

투수들의 완투가 거의 사라진 현대 야구에는 한 경기에 세 명 이상의 투수들이 마운드에 오르는 경우가 대부분이다. 이들 중 가장 먼저 마운드에 오르는 투수를 '선발 투수'라고 한다. 매일 등판을 대기해야 하고 심리적 부담이 큰 위기 상황에서 등판하는 구원 투수들과 달리 선발 투수는 1경기를 던진 후 4일가량 휴식을 취하며 다음 등판을 준비할 수 있어 투수들이 가장 희망하는 보직으로 꼽힌다. 하지만 선발 투수는 원한다고 맡을 수 있는 가벼운 자리가 아니다. 감독은 선발 투수가 5이닝 이상을 던지는 동안 몇 점을 내줄지를 예상하며 그날 경기의 전략을 짜고 경기에 나설 선수들을 정하게 마련이다. 이렇게 경기의 중심에 있는 선발 투수가 경기 초반부터 상대 타자들에게 흠씬 두들겨 맞아 승부가 기울어버리면 감독이 준비한 전략은 물거품이 되고 선수들의 사기는 바닥으로 떨어지며 구원 투수들은 많은 부담을 떠안게 된다. 뿐만 아니라 팬들은 김빠진 맥주와도 같은 경기를 지켜보는 고통을 맛봐야 한다. 그래서 선발 투수는 그라운드의 주인공이라는 막중한 책임감과 함께 100개 이상의 투구를 끄떡없이 던지고, 다음 등판에도 무리를 느끼지 않을 만큼 체력이 강해야 한다. 이와 함께 패스트볼, 커브나 슬라이더와 같은 변화구, 체인지업과 같은 세 가지 구종을 자신 있게 던져 '빠름, 휘어짐, 느림'처럼 다양한 특성의 구종을 타자에게 보여줄 수 있어야 한다. 1~2이닝을 책임지는 구원 투수야 강력한 구종 하나만으로 버틸 수 있겠지만 5이닝 이상을 던지는 선발 투수의 구종이 단순하면 경기가 진행될수록 상대 타자들의 눈에 공이 익숙해져 난타를 당할 위험이 높아지기 때문이다.

대부분의 팀들은 선발 투수 5명으로 정규 시즌을 운용하며 이를 5인 로테이션이라고 한다. 투수들의 역할이 경기를 진행하는 수준이었던 초창기 야구에서는 1명의 투수만으로 시즌을 치르는 경향이 짙었으나 1880년 무렵 시카고 화이트스타킹스의 캡 앤슨 감독이 투수 2명을 교대로 선발 등판시키는 2인 로테이션을 선보였고, 이는 훗날 3인 로테이션, 나아가 4인 로테이션으로 이어졌다. 그러다 1980년대부터 5인 로테이션이 자리를 잡았다. 이런 변화 덕분에 투수들이 정규 시즌 마지막까지 체력을 유지하고 투수 생명도 연장되는 효과를 가져왔다. 다만 5인 로테이션의 등장으로 선발 등판 횟수가 1년에 30회 정도로 줄어들었는데 이는 투수 분업화와 함께 1968년 데니 맥레인 이후 단일 시즌 30승 이상 투수가 사라진 주요 원인으로 꼽힌다. 또한 통산 815회 선발 등판을 한 사이 영의 기록과 1904년에 51회 선발 등판하며 20세기 이후 단일 시즌 최다 선발 등판을 기록한 잭 체스브로의 기록도 난공불락으로 남게 됐다.

5일 간격으로 마운드에 오르는 선발 투수이지만 마운드에 오르지 않는 4일 동안 마냥 집에서 빈둥거리며 노는 것은 아니다. 다음 선발 등판에서 좋은 투구를 선보이려면 이 4일 동안 가치 있게 쉬는 것이 중요하다. 마운드에서 100개가량의 공을 힘껏 던지고 나면 어깨와 팔에 피로가 많이 쌓이고 주변의 미세한 혈관들이 터지기까지 해서 4일 동안 충분한 휴식을 취하면서 달리기, 웨이트 트레이닝, 불펜 피칭 등과 함께 다음 등판 때 상대할 타자들을 연구하는 시간을 갖는다. 이 휴식 기간이 길수록 좋다고 생각할 수도 있으나 너무 길면 투수가 경기 감각을 잃어 오히려 독이 될 수 있기 때문에 4일을 가장 적정한 휴식으로 본다. 선발 로테이션은 1년을 내다보고 운용한다. 감독 입장에서 팀이 연패에 빠지면 눈앞의 승리를 위해 4일 휴식이라는 원칙을 무시하고 다음날 선발 예정 투수를 꾸어다 쓰고 싶은 마음도 생기겠지만 그랬다가는 선발 로테이션이 뒤헝클어져 더 큰 어려움을 맛볼 수 있다.

1971년 볼티모어 오리올스는 4명의 선발 투수가 모두 20승 이상을 달성하는 메이저리그 역사상 전무후무한 기록을 세우며 81승을 합작해냈다. 이에 대적할 만한 선발 투수진은 1998년 애틀랜타 브레이브스의 선발 투수진으로 당시 브레이브스의 선발 투수 5명 모두가 15승 이상을 달성하며 88승을 합작해냈는데 이 중 1993년부터 2002년까지 10년 동안 브레이브스의 마운드를 함께 이끈 그레그 매덕스, 톰 글래빈, 존 스몰츠는 모두 명예의 전당에 입성했다.

070_ 중간 계투 요원

팀이 앞서 있는 상황에서 마무리 투수에게 리드를 이어주고, 뒤지고 있는 상황에서는 추가 실점을 막아 역전의 발판을 마련해주는 투수들이 있다. 이처럼 선발 투수와 마무리 투수 사이에서 연결고리 역할을 하는 구원 투수들을 '중간 계투 요원'이라 한다. 이들의 역할을 세분화해보면 선발 투수가 경기 초반에 무너졌을 때 등판해 3이닝 정도를 책임지는 롱 릴리프, 마무리 투수 앞에서 7~8회를 막아주는 셋업맨, 위기 상황에 한 타자만을 상대하는 원 포인트 릴리프(원 포인트 릴리프는 2020년 메이저리그 규칙 개정에서 폐지됨), 승부를 포기해야 할 상황에서 이닝을 채워주는 패전처리 투수 등으로 구분할 수 있다. 이들의 기량이 선발 투수나 마무리 투수에 비해 좀 떨어지는 것은 부인할 수 없는 사실이다. 그러나 선발 투수의 완투 능력이 떨어지고 마무리 투수의 투구 수 관리가 철저해진 현대 야구에서 이들의 역량에 따라 팀의 투수력이 결정될 만큼 이들은 중요한 위치를 차지하고 있다.

중간 계투 요원들은 선발 투수와 달리 규칙적인 등판이 보장되어 있지 않으며 마무리 투수에 비해 투구 수 관리도 덜 받는 편이다. 등판 시기마저 예상이 힘들어 몸을 너무 일찍 풀면 실전에서 금세 지치고 너무 늦게 풀면 실전에서 좋은 공을 던지기 힘든 어려움도 있다. 또한 불펜에서 몸을 실컷 풀어놓았는데 경기 상황이 바뀌는 바람에 마운드에 오르지 못하는 경우가 허다하며, 위기 상황에서 마운드에 오를 때가 많아 정신적으로도 힘들 수밖에 없다. 이렇게 육체적 · 정신적으로 고단한 역할을 맡고 있지만 팬들의 관심은 온통 선발 투수와 마무리 투수에게 쏠려 있다. 게다가 기록경기로 불리는 야구에서 팀 승리의 영광을 앞(선발 투수 - 승수)과 뒤(마무리 투수 - 세이브)에서 다 가져가다 보니 중간 계투 요원들에게는 남는 기록 하나 없다.

투수 분업화 시대에 마운드의 한 축을 담당하는 이들에 대한 평가를 기록이 아닌 감각에 의존한다는 것은 분명 문제가 있었다. 이에 1986년 통계 전문가인 존 듀완과 마이크 오도넬이 '홀드'라는 기록을 고안했고, 1999년부터 비공식적으로 집계하기 시작했다. 홀드는 이기고 있는 상황에서 등판해 리드를 유지한 상태로 마무리 투수에게 넘겼을 때 주어지며 부여 조건은 세이브와 거의 100퍼센트 일치한다. 다만 세이브가 단 한 명에게 주어지는 것과 달리 홀드는 조건만 충족하면 여러 명이 받을 수 있다는 점과 뒤에 나온 투수들이 동점이나 역전을 허용해도 홀드는 사라지지 않는다는 차이점이 있다. 역전패를 당한 팀의 승리와 세이브는 사라져도 홀드만큼은 남아 있는 이유가 여기에 있다. 홀드 관련 기록을 살펴보면 통산 최다 홀드는 아서 로즈가 기록한 231홀드이며, 단일 시즌 최다 홀드는 2013년 조엘 페랄타와 2015년 토니 왓슨이 달성한 41홀드다. 이러한 홀드 기록은 여전히 공식 기록으로 인정받지는 못하지만 홀드의 탄생으로 찬밥 신세로 힘든 역할을 묵묵히 수행해온 중간 계투 요원들의 공로가 조금이나마 인정받을 수 있게 되었다.

071_ 마무리 투수

완투가 거의 사라진 최근 야구에서는 3점 내외로 이기고 있는 팀이 승부에 쐐기를 박기 위해 9회에 마무리 투수를 등판시키는 것을 당연하게 여긴다. 이러한 마무리 투수들은 특정한 임무를 담당하는 선수들이 늘어난 현대 야구의 모습을 보여주는 대표적 사례로 꼽힌다. 과거에는 뛰어난 투수를 선발 투수로 정하고 여기에 들지 못한 투수들을 구원 투수로 정했으나 요즘은 투수진 운용을 계획할 때 확실한 마무리 투수를 가장 먼저 정할 만큼 마무리 투수의 입지가 매우 높아졌다. 일부에서는 여전히 마리아노 리베라, 빌리 와그너, 에릭 가니에처럼 한 시대를 풍미했던 마무리 투수들조차 구종이 단순하거나 체력이 약해 선발 투수로는 낙제점을 받았던 선수들이었다며 마무리 투수들을 낮춰보곤 한다. 하지만 이들이 선발 투수로 실패했던 이유는 투수로서의 능력이 떨어졌기 때문이 아니라 자신이 보유한 능력이 선발 투수에 적합하지 않은 것뿐이다.

그렇다면 마무리 투수로서 적합한 요건은 무엇일까? 먼저 불같은 강속구든 변화무쌍한 변화구든 타자들이 알고도 건드리지 못할 만큼의 위력을 가진 확실한 구종 하나를 보유해야 한다. 선발 투수는 한 경기에서 타자들과 서너 차례씩 대결을 하므로 구종이 단순하면 타자들의 눈에 공이 익숙해져 난타를 당할 수 있지만, 길어야 2이닝을 던지는 마무리 투수는 한 경기에서 타자들과 두 차례 마주치는 일이 거의 없어 확실한 구종 하나만으로 버티는 데 큰 무리가 없다. 다만 그 구종이 1점 차 상황에서 희생 플라이조차 내주지 않고 탈삼진을 잡아내거나 땅볼 타구로 더블 플레이를 유도할 수 있을 만큼 위력이 강력해야 한다. 이와 함께 다 잡은 경기를 놓치면 안 된다는 부담감을 털어버리고 어떠한 위기 상황에서도 의연하게 마운드에 올라 자신의 공을 던질 수 있는 두둑한 배짱도 필요하다. 아무리 구종이 뛰어나도 위기 상황에서 다리를 덜덜 떨면 이빨 빠진 호랑이나 다름없기 때문이다. 또한 제아무리 특급 마무리 투수라도 가끔은 호되게 얻어터지며 팀의 승리를 날려버리는 블론 세이브blown save를 기록하게 마련인데 이런 상황에서도 다음날 아무 일 없었다는 듯 당당히 일어설 수 있는 마음 자세도 필요하다. 1986년 아메리칸리그 챔피언십시리즈 5차전에서 블론 세이브를 기록한 캘리포니아 에인절스의 도니 무어Donnie Moore, 1954~1989는 자신 때문에 팀이 월드시리즈에 오르지 못했다는 자책감에 시달리며 부진에 빠졌고, 결국 1988년에 그라운드를 떠나더니 이듬해 스스로 목숨을 끊고 말았다. 무어의 경우처럼 마무리 투수에게 블론 세이브는 큰 충격으로 다가오지만 좋은 마무리 투수라면 이러한 고통 역시 담담하게 극복할 수 있어야 한다. 이 외에 3일 연속 마운드에 오를 수 있는 연투 능력과 갑작스러운 위기 상황에서도 등판할 수 있게 몸이 빨리 풀려야 한다는 것도 마무리 투수가 갖춰야 할 요건으로 꼽힌다.

1960년 야구 기자 제롬 홀츠먼Jerome Holtzman은 투수 분업화로 마무리 투수의 중요성이 날로 높아지고 있음에도 팀이 승리를 올리면 그 공이 승리 투수에게만 돌아가는 것의 문제점을 지적하며 세이브를 고안했다. 그는 마무리 투수의 가치를 측정할 기준의 필요성을 지속적으로 주장했고 결국 메이저리그는 1969년에 세이브를 공식 기록으로 인정했다. 그리고 1969년 4월 7일 LA 다저스와 신시내티 레즈와의 경기에서 다저스의 빌 싱어는 돈 드라이스데일로부터 마운드를 이어받은 후 3이닝을 무실점으로 막으며 메이저리그 역사상 최초의 세이브를 기록했다. 당시만 해도 이긴 팀의 마지막 투수에게 세이브를 부여하는 등 세이브 부여 조건이 지금과는 좀 차이가 있었으나 이후 몇 차례 바뀌어 지금에 이르고 있다. 세이브는 이기고 있는 상황에서 마운드에 올라 마지막까지 승리를 지켜낸 마무리 투수에게 주어지며 다음의 세 가지 조건 중 하나를 충족해야 한다. 첫째는 3점 이하의 리드 상황에서 최소 1이닝 이상을 투구했을 때이고, 둘째는 최소 3이닝을 효과적으로 투구했을 때이며, 셋째는 주자 또는 타석의 타자와 그다음 타자가 득점을 할 때 동점이 되는 상황에서 등판했을 때다. 예를 들어 9회말 2사에 4 대 1로 이기고 있고 주자 1명이 나가 있는 상황에서 마무리 투수가 등판해 승리를 지켜냈다면 세이브가 주어진다. 주자, 타자, 다음 타자가 득점을 하면 4 대 4 동점이 되기 때문인데 만약 주자 1명이 없었다면 타자와 다음 타자가 득점을 해도 4 대 3밖에 되지 않기 때문에 세이브가 주어지지 않는다. 한편, 두 번째 조건의 '효과적으로 투구했을 때'라는 말에서 알 수 있듯 3이닝 이상을 투구했더라도 공식기록원의 재량에 따라 세이브가 주어지지 않을 수도 있다. 대표적인 사례로 2006년에 LA 다저스의 서재응은 피츠버그 파이어리츠를 상대로 팀이 7 대 0으로 앞선 6회에 마운드에 올라 9회까지 4이닝 4실점 하며 3이닝 이상 투구로 세이브를 올릴 수 있는 기본적인 요건은 충족했지만 공식기록원은 서재응이 효과적인 투구를 했다고 볼 수 없다며 세이브 기록을 인정하지 않았다.

투수 분업화가 철저히 이루어지고 중간 계투 요원들의 활용도가 높아져 마무리 투수들은 과거처럼 '7회 이후 위기 상황에서 등판'이 아닌 '이기고 있는 9회에 등판'하는 시대를 맞이했다. 자연히 세이브 숫자가 대폭 늘어나며 한 해에 40세이브 이상을 올리는 마무리 투수들을 어렵지 않게 볼 수 있다. 1969년 세이브가 도입된 후 단일 시즌 최다 세이브 기록만 살펴봐도 1970년대에는 38세이브, 1980년대에는 46세이브, 1990년대에는 57세이브로 늘었고 2000년대에는 62세이브로 늘어났다. 통산 최다 세이브 기록 역시 마리아노 리베라의 652세이브, 트레버 호프먼의 601세이브 순으로 최근까지 활약한 마무리 투수들이 상위권의 대부분을 차지하고 있다.

홀츠먼은 세이브라는 아이디어를 〈더 스포팅 뉴스The Sporting News〉에 제공하며 100~200달러의 소정의 사례금을 받았을 뿐이지만 세이브의 등장 이후 마무리 투수들의 대우는 과거와 비교해 몰라보게 좋아졌다. 2006년에 빌리 와그너가 연봉 1000만 달러 시대를 열었고 2008년에는 마리아노 리베라가 연봉 1500만 달러 시대를 열었는데 어롤디스 채프먼, 켄리 잰슨 등과 같은 최근의 특급 마무리 투수들은 1500만 달러를 훌쩍 넘는 연봉을 받으며 웬만한 선발 투수 부럽지 않은 대우를 받고 있다.

072_ 다승

야구는 여러 선수들이 팀을 구성해 상대 팀과 맞붙어 승부를 가리는 경기다. 경기에서 이기려면 투수와 포수가 상대 팀 타자를 농락하는 투구를 합작하고 야수들이 수비에서 척척 막아줌과 동시에 자기 팀 타자들이 점수를 쏙쏙 빼줘야 한다. 이렇게 팀의 승리를 위해 여러 선수들이 땀을 뻘뻘 흘리지만 개인 기록상으로는 이긴 팀의 투수 한 명에게만 승리 기록이 돌아간다. 그러다 보니 야구의 수많은 기록 중에서 팀 승수와 팀 투수들이 올린 승수가 100퍼센트 일치하는 특성이 있다. 이렇게 팀 승수와의 높은 관련성으로 20승 투수를 영입하면 그 팀이 20승을 더 올릴 것 같은 착각까지 들곤 한다. 이처럼 다양한 포지션 중 유독 투수 개인에게만 승리 기록을 남기는 것은 아마도 "야구는 투수 놀음"이라는 말처럼 투수가 그라운드에서 차지하는 비중이 워낙 높기 때문일 것이다.

선발 투수가 승리 투수가 되기 위해서는 기본적으로 5이닝 이상을 투구해야 한다. 이는 6회 이상의 일반적인 경기에 적용되며 만약 경기가 5회에 종료됐다면 4이닝 이상으로 줄어든다. 선발 투수가 5이닝 이상을 투구하는 동안 자기 팀이 앞서 있고 이 리드가 경기의 마지막까지 이어졌다면 당연히 선발 투수가 승리 투수가 된다. 하지만 자기 팀이 앞서 있었으나 5이닝 이상을 투구하지 못한 채 마운드에서 내려왔다면 이 리드를 끝까지 지켜낸 구원 투수들 중 가장 효과적으로 투구를 한 투수가 승리 투수가 된다.

5이닝 이상 투구 여부와 함께 '리드 시점'과 '효과적인 투구 여부' 역시 승리 투수가 되기 위한 중요한 요건이다. 경기 중 동점이 되면 투수의 승패 기록은 경기를 새롭게 시작하는 것과 마찬가지가 되므로 이전에 투구한 투수들은 승패 결정에서 배제된다. 또한 상대 팀에게 역전을 허용하면 자기 팀 투수는 승리 투수 결정에서 제외되는데 자기 팀이 재역전을 하고 그 리드를 경기의 마지막까지 이어간다면 리드를 되찾기 직전에 투구를 한 투수에게 승수가 주어진다. 결국 승리 투수를 결정할 때 리드 시점이 중요한 변수가 되는 것이다. 다만 리드 시점을 보유하고 있는 구원 투수라도 짧은 이닝 동안 효과적인 투구를 하지 못하고 그 뒤에 나온 구원 투수가 리드를 지키는 과정에서 더 효과적인 투구를 했다면 공식기록원은 뒤에 나온 구원 투수를 승리 투수로 기록할 수 있다. 예전에는 리드 시점을 보유하고 있는 구원 투수를 무조건 승리 투수로 기록했지만 합리적으로 승리 투수를 결정하고자 1978년 승리 투수에 관한 규칙을 개정하며 리드 시점을 우선하되 효과적인 투구 여부도 함께 고려해 반영하고 있다.

그렇다고 투수가 쌓아 올린 승수에 대한 의문이 사라진 것은 아니다. 9이닝을 완투하며 좋은 투구를 하고도 빈약한 타선 때문에 패전 투수로 몰리는 반면, 상대 타자들에게 흠씬 두들겨 맞고도 쑥스러운 승리를 챙기거나 공 몇 개만 던지고도 어부지리 격으로 승리를 거의 줍다시피 하는 경우를 어렵지 않게 볼 수 있기 때문이다. 2017년 8월 23일 LA 다저스와 피츠버그 파이어리츠의 경기는 투수의 승수 쌓기가 투수의 힘만으로 되지 않는다는 것을 보여주는 대표적인 사례로 꼽힌다. 이날 다저스의 선발 투수 리치 힐Rich Hill, 1980~은 8회까지 완벽한 투구를 펼쳐 2012년 펠릭스 에르난데스 이후 오랜만에 퍼펙트게임 투수의 탄생을 기대하게 했다. 그러나 9회말 파이어리츠의 조디 머서에게 3루 방면 강습 타구를 맞으며 이날 경기에서 처음으로 1루를 허용하고 말았는데 다행히 안타가 아닌 실책으로 기록되며 힐은 퍼펙트게임 대신 노히터는 이어갈 수 있었다. 하지만 문제는 다저스 타선이었다. 힐이 눈부신 피칭을 하는 동안 다저스 타선이 9회까지 무득점에 그치며 경기가 연장전으로 이어진 것이다. 결국 힐은 10회말 파이어리츠의 선두 타자 조시 해리슨에게 이날 경기의 첫 안타이자 끝내기 홈런을 허용하며 정규 이닝 노히터를 기록하고도 패전 투수로 몰리는 비운의 주인공이 되고 말았다.

자신의 실투로 끝내기 홈런을 허용하며 패전 투수가 된 힐보다 '더 억세게 운수 없는 날'을 보낸 투수들도 있다. 1964년 켄 존슨, 1990년 앤디 호킨스, 1992년 맷 영과 같은 투수들은 정규 이닝을 완투하며 단 하나의 안타도 허용하지 않았지만 동료 야수들의 실책으로 패전 투수의 멍에를 써야 했다. 이들과 달리 '운수 좋은 날'을 보낸 투수들도 있다. 예를 들어 필라델피아 어슬레틱스의 에디 롬멜Eddie Rommel, 1897~1970은 1932년 7월 10일 클리블랜드 인디언스와의 경기에서 선발 투수의 부진으로 2회부터 마운드에 올라 연장 18회까지 17이닝을 던지며 14실점(13자책점)을 허용했지만 팀이 18 대 17로 이기는 바람에 승리 투수의 주인공이 되었다. 이날 경기의 승리 투수 롬멜이 맞은 29개의 피안타는 메이저리그 역사상 1경기 최다 피안타로 남아 있다.

통산 다승 기록을 살펴보면 511승을 올린 사이 영이 1위에 올라 있고 그 뒤를 417승의 월터 존슨, 373승의 피트 알렉산더와 크리스티 매슈슨이 따르고 있으며, 단일 시즌 다승 기록에서는 올드 호스 래드본이 1884년에 달성한 59승이고 20세기 이후로만 보면 1904년에 잭 체스브로가 달성한 41승이다. 이처럼 1900년대 초중반까지 리그를 지배하던 투수들이 다승 관련 기록을 휩쓸고 있음을 알 수 있는데 이는 이들이 역대급 기량을 보유한 것에도 이유가 있겠지만 지금과 달리 완투가 흔했기 때문에 가능한 일이다. 그래서 이 시절에는 투수가 쌓아 올린 승수가 투수의 가치를 평가하는 중요한 척도였다.

하지만 투수 분업화가 철저해지고 5인 선발 로테이션이 정착된 현대 야구에서는 리그를 주름잡는 투수들조차 통산 250승과 단일 시즌 20승을 올리기 힘들 정도로 승수 쌓기가 힘들어졌다. 이러한 분위기 속에 다승 기록의 가치는 과거에 비해 많이 퇴색됐고 그러다 보니 현대 야구에서는 다승 순위가 상위권에 있다 해서 맹목적으로 좋은 투수라고 평가하지도 않는다. 다승 기록으로만 투수의 능력을 평가한다면 '황금의 왼팔'로 불리며 3번의 사이영상을 차지했으나 팔꿈치 부상으로 조기 은퇴하며 통산 165승에 그친 샌디 쿠팩스는 역대 최고의 투수 선정에서 논의조차 될 수 없을 것이고, 1987년 평균자책점과 탈삼진 1위에 올랐지만 단 8승만을 거둔 놀런 라이언은 실패한 시즌을 보냈다고 해야 할 것이다.

073_ 평균자책점

투수가 경기(9이닝)당 평균적으로 허용한 자책점을 의미한다. 따라서 낮을수록 좋으며 일반적으로 선발 투수는 3점대, 중간 계투 요원이나 마무리 투수는 2점대를 기록하면 좋은 평가를 받는다. 평균자책점은 1912년부터 공식 기록으로 채택됐으며 당시 자격규정은 100이닝 이상을 투구하고 10경기 이상을 완투해야 하는 것이었다. 그러다 1951년부터 현재와 같이 소속 팀이 치른 경기 수로 변경됐는데 따라서 팀당 162경기를 치르는 메이저리그에서 시즌 종료 후 평균자책점 기록을 인정받으려면 162이닝 이상을 던져야 한다.

평균자책점은 자책점에 9를 곱한 후 투구 이닝으로 나눠 산출한다. 이때 9를 곱하는 이유는 경기가 9이닝까지 열리기 때문에 경기당 평균자책점을 계산하기 위함이다. 이처럼 계산기만 있으면 쉽게 구할 수 있는 것이 평균자책점이나 정작 어려운 문제는 자책점과 비자책점의 구분이다. 자책점은 공격팀에 허용한 실점 중 투수가 책임져야 할 점수를 뜻한다. 안타, 도루, 야수선택, 4사구(고의4구 포함), 보크, 희생타, 폭투 등에 따라 실점한 것으로 수비팀에서 3아웃을 시킬 수 있는 기회를 얻기 전에 허용한 실점에 적용한다. 반면 수비 실책과 패스트 볼passed ball은 투수의 책임이 아니기 때문에 비자책점에 해당한다.

이처럼 자책점과 비자책점을 구분하는 이유는 투수의 성적을 명확히 하려는 것으로 이와 관련해 팬들이 헷갈려하는 세 가지가 있다. 하나, 폭투로 실점했다면 투수의 책임이므로 자책점에 포함되지만 패스트 볼은 포수의 책임이므로 비자책점에 포함된다는 것은 웬만한 팬들도 알고 있는 사실이다. 그러나 경기 전개 상황에 따라 패스트 볼은 자책점으로 연결될 수 있다. 예를 들어 2사 3루에 패스트 볼로 3루 주자가 득점한 후 타자가 홈런을 쳤다면 3루 주자가 3루에 머물러 있었더라도 타자의 홈런에 득점할 수 있었을 것이기 때문에 자책점이 된다. 둘, 홈런을 허용해도 자책점이 없을 수 있다. 예를 들어 2사 후 평범한 땅볼 타구를 유격수가 놓치는 바람에 타자가 1루에서 세이프되자 맥이 빠진 투수가 다음 타자에게 볼넷을 허용하더니 그다음 타자에게 홈런을 허용하고 말았다. 이 경우 비록 홈런을 허용했지만 유격수의 실책이 없었을 경우 이닝이 끝났을 것이므로 자책점은 없다. 셋, 투수의 실책도 야수의 실책과 똑같이 취급한다. 예를 들어 1사 1루에 투수 앞 땅볼 타구를 잡은 투수가 2루에 악송구를 하는 실책을 저질러 1사 1, 3루가 됐다. 다음 타자의 희생 플라이로 3루 주자가 득점했고 투수가 그다음 타자를 삼진으로 잡아내며 이닝을 마쳤다면 1사 후 투수 실책이 2아웃 기회이고 희생 플라이가 3아웃 기회가 되므로 자책점은 없다.

평균자책점 기록을 살펴보면 단일 시즌 최고 기록은 1880년 팀 키프의 0.86, 1900년대 이후로는 1914년 더치 레너드의 0.96이다. 통산 최고 기록은 1904년부터 14년간 활약한 에드 월시의 1.82로 그가 이렇게 인색하기 그지없는 평균자책점을 기록할 수 있었던 데는 주무기였던 '스핏볼'의 힘이 절대적이었다. 이 기록들은 반발력이 작은 공을 사용했던 데드볼 시대에 나왔는데 이러한 관점에서 단일 시즌 기록 4위에 올라 있는 1968년 밥 깁슨Bob Gibson, 1935~2020의 1.12는 투고타저가 강했던 무렵에 나왔더라도 위대한 기록으로 인정받아 마땅하다. 한편, 통산 최다 자책점은 사이 영의 2147점으로 그가 이렇게 많은 자책점을 허용했음에도 2.63의 평균자책점을 기록한 것은 7356이라는 어마어마한 통산 투구 이닝 덕분이었다. 평균자책점은 투수의 능력을 평가하는 척도로 오랫동안 주목받아왔다. 하지만 투구 이닝에 관계없이 평균자책점이 같으면 동일한 평가를 받는 문제점이 있으며 수비력의 영향을 많이 받는다는 점도 함께 지적되고 있다. 또한 주자가 있는 상황에서 주로 등판하는 불펜 투수들의 경우 자신이 출루시킨 주자가 득점하지 않는 이상 자책점이 없어 불펜 투수를 평가하기에 적절치 않다는 한계도 지니고 있다.

074_ 탈삼진

투수가 타자를 3개의 스트라이크로 아웃시키는 것을 의미한다. 한때는 4개의 스트라이크가 필요했으나 1888년부터 현재와 같이 3개의 스트라이크로 줄어들었다. 투구가 일단 배트에 맞으면 빗맞은 안타 등 어떤 결과가 벌어질지 모르지만 삼진은 이러한 가능성 자체를 제거해주기 때문에 타자를 아웃시킬 수 있는 가장 확실한 방법으로 꼽힌다. 야수의 도움 없이 사실상 투수 본인의 힘으로 타자를 제압하는 삼진을 잡아낼 때 투수는 가장 큰 짜릿함을 느끼고, 포수는 이 순간을 자축함과 동시에 수비할 기회를 잃은 내야수들의 어깨를 풀어주고자 공을 돌린다. 팬들 역시 야수들이 더블 플레이를 만들어낼 때는 단순히 환호성을 지를 뿐이지만 투수가 삼진을 잡아내면 'K'가 적힌 종이나 보드를 관중석에 걸며 기뻐한다. 이렇게 투수에게 삼진이 가지는 의미가 각별하다 보니 통산 4672개의 탈삼진을 달성한 로저 클레멘스Roger Clemens, 1962~는 자신의 아들 네 명의 이름에 탈삼진을 뜻하는 'K'를 넣어 코비Koby, 코리Kory, 캐시Kacy, 코디Kody로 짓기도 했다. 참고로 삼진Strike out을 표시할 때 앞 글자인 'S'가 아닌 'K'를 쓰는 이유는 야구 기록의 아버지로 통하는 헨리 채드윅이 'Strike out'에서 가장 눈에 띄는 글자로 'K'를 꼽았기 때문이다. 또 투수가 삼진을 잡아낼 때 팬들이 'K'가 적힌 종이나 보드를 관중석에 거는 것은 1984년 혜성처럼 등장한 '닥터 K' 드와이트 구든Dwight Gooden, 1964~이 삼진을 잡는 모습에 열광한 뉴욕 메츠 팬들이 처음 선보였다.

이처럼 투수는 물론 팬들까지 즐겁게 해주는 삼진이지만 투수는 '삼진이 아닌 아웃카운트'를 늘리는 것이 중요하다며 투수의 탈삼진 욕심을 부정적으로 보는 시선도 있다. 이들은 투수가 많은 이닝을 소화하려면 최소한 공 3개를 던져야 하는 삼진보다 공 1개로 맞혀 잡는 것이 효율적이므로 자신의 뒤에 서 있는 7명의 야수를 믿고 맞혀 잡는 것에 집중해야 한다고 주장한다. 하지만 타자가 투구를 살짝 건드리기만 해도 행운의 안타가 나올 수 있는 것이 야구이고, 땅볼이나 플라이 타구가 나오면 주자에게 진루를 허용할 수도 있다. 그래서 투수라면 당연히 삼진에 대한 욕심을 갖게 마련이고, 위기 상황에서 등판하는 마무리 투수들에게 탁월한 탈삼진 능력은 필수 요건으로 꼽힌다.

강한 타격보다 정확한 타격에 집중했던 1900년대 초만 해도 삼진 당하는 것을 치욕스럽게 생각하는 분위기였지만 요즘은 삼진도 똑같은 하나의 아웃카운트일 뿐이라는 생각에 큰 스윙을 고집하는 타자들이 많아졌다. 그렇다 해도 타자 입장에서 삼진으로 물러나고 싶은 마음은 결코 없기 때문에 삼진을 잡아내기 위해서는 강력한 구위가 필요하다. 그래서 탈삼진 능력은 투수의 구위를 나타내는 바로미터로 사용되는데 일부 투수들은 자신의 구위를 과시하고자 독특한 장면을 연출하기도 했다. 루브 워델과 새첼 페이지는 야수들을 그라운드에 앉아 있게 한 후 타자들을 삼진으로 잡아냈고, 디지 딘은 어린이 팬들 앞에서 내셔널리그의 마지막 4할 타자 빌 테리를 삼진으로 잡겠다고 약속한 후 이를 지키기 위해 2사 1, 2루의 상황에서 1할 타자를 고의4구로 거른 다음 테리를 삼진으로 처리했다. 딘은 여기에 그치지 않고 어느 날 경기를 앞두고 빈스 디마지오를 모두 삼진으로 잡아내겠다고 떠벌렸다. 실제로 세 타석 모두를 삼진으로 잡아낸 다음 네 번째 타석에서 디마지오가 포수 파울플라이를 때리자 포수에게 공을 잡지 말라고 말린 뒤 기어코 삼진으로 잡아내며 자신의 구위를 뽐냈다.

탈삼진에 관한 주요 기록은 '강속구의 대명사' 놀런 라이언의 전유물이다. 라이언은 단일 시즌 탈삼진왕을 11차례나 차지했고, 1973년에는 383개의 탈삼진을 잡아내며 20세기 이후 단일 시즌 최다 탈삼진을 기록하는 등 통산 5714개의 탈삼진을 달성하며 4875개로 2위에 올라 있는 랜디 존슨에 훌쩍 앞서 있다. 톰 시버Tom Seaver, 1944~2020는 10타자를 연속 삼진으로 척척 잡아냈고, 로저 클레멘스, 케리 우드, 랜디 존슨, 맥스 셔저는 9이닝 동안 20개의 탈삼진을 잡아내는 놀라운 투구를 선보였다. 하지만 이보다 더 무시무시한 투구를 선보인 투수가 있었다. 비록 메이저리그는 아니었지만. 1952년 5월 13일 마이너리그 루키리그에서 론 네샤이Ron Necciai, 1932~는 27개의 탈삼진과 함께 노히터를 달성하는 만화에서나 등장할 법한 투구를 선보였다. 강속구와 커브가 탁월했던 그는 다음 경기에서도 24개의 탈삼진을 솎아낼 만큼 촉망받는 유망주로 꼽혔다. 그러나 메이저리그에 진출해서는 주위의 지나친 기대와 이에 따른 심리적 부담감을 극복하지 못한 채 1승 6패 평균자책점 7.08이라는 초라한 성적에 그치고 말았다.

론 네샤이

075_ 스트라이크 아웃 낫아웃

질문 두 가지. 타자가 체크스윙을 했을 때 수비팀에서 타자가 스윙을 하지 않았다고 항의하는 경우가 있을까? 투수가 1이닝에 4개의 탈삼진을 잡아내는 것이 가능할까? 약간 황당하게 보일 수 있는 이 두 가지 질문에 대한 해답은 스트라이크 아웃 낫아웃에서 찾을 수 있다. 스트라이크 아웃 낫아웃은 투스트라이크 이후 세 번째 스트라이크가 그라운드에 닿았거나 포수가 포구하지 못한 경우 타자는 기록상 스트라이크 아웃이지만 실제로는 아웃되지 않은 것을 의미한다. 인필드 플라이처럼 공격팀을 보호하기 위한 규칙으로 무사 또는 1사에서는 1루에 주자가 없을 때, 2사에서는 주자의 유무와 관계없이 성립되지만 무사나 1사에 어느 누에서라도 포스아웃이 걸리면 성립되지 않는다. 만약 이러한 제한 조건이 없다면 어떠한 일이 벌어질까? 예를 들어 무사 만루에 투수가 타자를 삼진으로 잡으면 1사 만루가 되지만, 포수가 투구를 고의로 떨어뜨린 후 곧바로 주워 홈플레이트를 밟고 2루에 송구하고 다시 내야수가 1루에 송구를 하면 손쉽게 트리플 플레이를 만들어내는 불합리한 일이 벌어질 수 있다. 스트라이크 아웃 낫아웃 상황에서 타자는 말 그대로 완전히 아웃된 것이 아니기 때문에 페어 타구를 날린 것처럼 1루로 달려갈 수 있으며 1루에 도달하기 전 태그를 당하거나 공을 쥔 야수가 1루를 터치하면 아웃된다.

스트라이크 아웃 낫아웃의 역사는 포수 보호 장비의 역사와 함께한다. 포수 보호 장비가 열악했던 초창기만 해도 포수는 타자 뒤로 5미터가량 떨어져 투구를 받아야 했다. 그래서 당시 포수는 바운드된 투구를 포구했고 세 번째 스트라이크를 허용한 타자는 무조건 1루를 향해 달려가야 했다. 하지만 포수 보호 장비의 발전으로 포수가 타자와 가까운 위치에 자리 잡게 돼 투구가 바운드되기 전 포구할 수 있어 타자가 포수의 송구보다 1루에 먼저 도착하는 것이 불가능해졌다. 결국 1880년에 야구 규칙이 개정되면서 세 번째 스트라이크를 포수가 직접 포구하면 타자가 자동 아웃되는 것으로 변경됐다. 이로써 우리가 알고 있는 삼진보다 스트라이크 아웃 낫아웃이 더 역사가 오래되었음을 알 수 있다.

자, 그렇다면 앞에서 말한 두 가지 질문으로 돌아가보자. 첫 번째 질문의 답은 의외로 간단하다. 예를 들어 볼카운트 1-2에서 타자가 스트라이크 존을 벗어나는 공에 체크스윙을 해 심판이 타자가 스윙한 것으로 선언했으나 포수가 투구를 놓치는 바람에 타자가 1루를 밟았다면 수비팀에서는 스윙을 하지 않은 것이라고 항의해 볼카운트를 2-2로 하는 것이 유리하기 때문이다. 다음으로 두 번째 질문의 답을 알아보자. 일반적으로 1이닝에 나올 수 있는 삼진은 3개가 최대라고 생각하기 쉽다. 아웃카운트가 세 개 쌓이면 공수가 교대되므로 당연히 그렇게 생각되겠지만 기록상 스트라이크 아웃이 실제로는 100퍼센트 아웃이 되지 않을 수 있다는 점을 생각해봐야 한다. 즉, 2사 이후에는 주자의 유무에 관계없이 스트라이크 아웃 낫아웃이 성립되므로 이론상 투수는 1이닝에 무한대로 탈삼진을 기록할 수 있다. 하지만 실제로 나온 1이닝 최다 탈삼진은 4개이며 이는 1888년 10월 4일 뉴욕 자이언츠의 에드 크레인이 최초로 달성한 후 2020년까지 총 92회 나왔다. 참고로 '너클볼의 지존' 필 니크로의 동생이자 역시 너클볼을 잘 던졌던 조 니크로는 시범경기에서 1이닝 동안 5개의 탈삼진을 기록하기도 했다.

메이저리그 역사에서 스트라이크 아웃 낫아웃으로 울고 웃은 대표적인 사례는 뉴욕 양키스와 브루클린 다저스가 맞붙은 1941년 월드시리즈 4차전에서 나왔다. 1승 2패로 몰려 있던 다저스는 9회초 2사까지 4 대 3으로 앞서며 시리즈를 원점으로 돌려놓을 기회를 잡았다. 그러나 다저스의 이러한 기대는 어이없이 무너졌다. 양키스의 마지막 타자인 토미 하인리히가 볼카운트 3-2에서 헛스윙을 했고 다저스 팬들이 두 팔을 번쩍 들어 승리의 기쁨을 느끼려는 순간 다저스의 포수 미키 오웬Mickey Owen, 1916~2005이 공을 놓치고 만 것이다. 공이 덕아웃까지 굴러간 덕분에 하인리히는 극적으로 살아나 1루를 밟았고 불씨를 살린 양키스는 안타, 2루타, 볼넷, 2루타를 연달아 터뜨리며 순식간에 대거 4득점을 올렸다. 다 잡았던 승리를 7 대 4로 역전패하며 큰 상처를 입은 다저스는 결국 시리즈에서 1승 4패로 무릎을 꿇었고, 미키 오웬은 오랜 시간 동안 양키스에 우승을 바친 내부의 적이라는 비난에 시달렸다.

마지막으로 스트라이크 아웃 낫아웃을 교묘히 악용한 사례 하나. 1970년대 뉴욕 양키스의 안방을 책임진 서먼 먼슨은 라이벌을 넘어 앙숙관계였던 보스턴 레드삭스의 칼튼 피스크가 포수 보살 기록에서 자신을 앞서자 세 번째 스트라이크를 고의로 떨어뜨려 1루에 송구해 보살 기록을 추가하는 꼼수를 부리기도 했다.

076_ WHIP

최근 타자의 평가기준으로 OPS가 많이 사용되고 있다면 투수의 평가기준으로는 WHIP가 많이 사용되고 있다. 투수의 능력을 평가하는 잣대로 오랫동안 사용되어온 평균자책점, 다승, 피안타율 등이 팀의 수비력과 공격력, 강타자와의 승부 회피와 같은 변수에 따라 좌우될 확률이 높은 반면, WHIP는 투수의 순수한 능력을 평가하기에 가장 적합하다는 분위기 때문이다. WHIP는 'Walks plus hits per inning pitched'의 약자로 이닝당 허용한 볼넷과 안타의 수를 의미하며 1979년 〈뉴욕 타임스〉 편집자였던 대니얼 오크렌트가 개발한 이래 그 가치가 점점 높아지고 있다. 평균자책점과 마찬가지로 낮을수록 좋으며 일반적으로 1.0 미만이면 특급 투수, 1.20 미만이면 에이스급 투수로 인정받는다.

WHIP는 볼넷과 피안타 수를 이닝 수로 나눠 구한다. 예를 들어 류현진은 2014 시즌 29개의 볼넷과 152개의 피안타를 152이닝 동안 허용했으므로 29와 152를 더한 값을 152로 나눠 산출된 1.1908이라는 WHIP를 기록했음을 알 수 있다. 이를 9이닝으로 환산하면 10.7171명의 주자를 내보낸 셈이다. WHIP를 구하는 공식은 이처럼 간단하지만 계산할 때 고의4구는 포함하고 몸에 맞는 공은 제외한다는 점에 유의해야 한다. 또한 평균자책점은 수비 실책으로 이닝이 종료되지 못한 후 볼넷과 안타를 허용하며 많은 점수를 내줘도 오르지 않지만 이와 같은 상황에서 WHIP는 허용한 볼넷과 안타만큼 계속 상승한다는 차이점도 기억해두어야 할 사항이다.

WHIP 관련 통산 1위는 1900년대 초 활약한 애디 조스의 0.9678로 WHIP 관련 기록의 상위 순위는 반발력이 작은 공을 사용했던 데드볼 시대의 투수들이 대부분 차지하고 있다. 이는 당시 투수들이 장타 허용

류현진

에 대한 두려움이 적어 정면 승부를 펼쳐 볼넷 수가 적었기 때문으로 보인다. 이러한 상황에서 단일 시즌 1위는 2000 시즌 페드로 마르티네스가 기록한 0.7373으로 이는 마르티네스가 당시 메이저리그 역사에 손꼽힐 만한 시즌을 보냈다는 근거로 활용되곤 한다.

최근 WHIP는 투수를 평가할 때 평균자책점보다도 많이 활용될 만큼 그 쓰임새가 매우 높아졌다. 그렇다고 WHIP가 투수의 능력을 완벽히 반영하는 것은 아니다. WHIP의 대표적 문제점은 투수가 타자에게 볼넷 1개를 내준 것과 홈런 1개를 내준 것을 똑같이 계산한다는 점이다. 이러한 시각에서 볼 때 가장 손해를 보는 투수는 아마도 놀런 라이언일 것이다. 5714의 탈삼진을 달성하며 통산 최다 탈삼진 기록을 보유하고 있는 라이언은 명성에 걸맞게 0.204라는 낮은 피안타율을 기록했다. 하지만 라이언의 WHIP는 1.2473으로 이름값에 비해 높은 수치를 보이는데 이는 라이언이 탈삼진만큼이나 독보적으로 1위에 올라 있는 2795개의 볼넷 때문이다. 이러한 라이언과 반대의 사례는 '제구력의 마법사' 그레그 매덕스에게서 찾을 수 있다. 그는 0.250의 피안타율로 라이언보다 4푼 이상 높은 피안타율을 기록하고도 볼넷을 999개밖에 허용하지 않은 덕분에 WHIP는 라이언보다 0.1가량 낮은 1.1431을 기록했다.

077_ 퀄리티 스타트

2001년 LA 다저스의 박찬호는 15경기 연속 퀄리티 스타트로 전반기를 마치며 1990년 이후 최고 기록인 그레그 매덕스의 16경기 연속 퀄리티 스타트에 도전했다. 비록 오클랜드 어슬레틱스와의 후반기 첫 경기에서 3과 3분의 1이닝 동안 7자책점을

박찬호

내주며 연속 퀄리티 스타트 기록은 15경기에서 중단됐지만 다음 경기부터 4경기 연속 퀄리티 스타트를 기록하는 뛰어난 성적을 올렸다. 이해 35번 선발 등판 중 26번의 퀄리티 스타트를 달성한 박찬호의 기록은 27번을 달성한 랜디 존슨, 커트 실링에 이어 내셔널리그 3위에 해당하는 것으로 이 무렵부터 국내 팬들은 퀄리티 스타트라는 용어에 익숙해지기 시작했다.

통산 815번 선발 등판해 749경기를 완투한 사이 영을 통해 알 수 있듯 과거에는 선발 투수의 완투를 당연하게 여겼고 따라서 승수가 투수를 평가하는 기준으로 높은 가치를 지녔었다. 그러나 시간이 흐르면서 투수의 분업화가 진행되자 완투는 더 이상 선발 투수의 의무가 될 수 없었고 자연스레 승수의 가치는 떨어졌다. 야구계는 선발 투수의 능력을 평가할 새로운 잣대가 필요했고 이에 1985년 야구 기자 존 로가 개발한 지표가 바로 '퀄리티 스타트'다. 퀄리티 스타트 Quality start는 선발 투수가 6이닝 이상을 3자책점 이하로 막은 것을 의미하며 흔히 QS로 줄여 사용한다. 팀의 승패 여부는 관계없으며 6이닝까지 3자책점으로 막은 투수가 7회 이후 자책점을 내줘 4자책점 이상이 되면 QS는 주어지지 않는다. 6이닝 3자책점을 평균자책점으로 환산하면 4.50으로 그다지 좋은 기록은 아니다. 그럼에도 왜 QS의 기준은 6이닝 이상 3자책점으로 후하게 책정되었을까? 이는 경기당 평균 득점과 불펜이 소화한 평균 이닝을 고려할 때 QS를 달성하면 선발 투수로서 불펜에 부담을 주지 않고 팀이 이길 수 있는 기회를 제공했다는 것을 의미하기 때문이다. 결과적으로 QS를 많이 달성했다고 승수가 많거나 평균자책점이 낮다고 단정할 수는 없지만 선발 투수로서 책임을 꾸준히 다했는가에 대한 판단 기준으로는 삼을 수 있겠다.

QS 기록을 살펴보면 1920년 이후 300번 이상 선발 등판한 투수 중 통산 QS 성공률이 가장 높은 투수는 클레이튼 커쇼로 그는 354번 등판 중 260번 QS를 달성해 73.4퍼센트 성공률을 달성했다. 파업으로 시즌이 단축된 1994년에 그레그 매덕스는 25경기에 선발 등판해 24번 QS를 달성하며 96퍼센트라는 놀라운 성공률을 기록했는데, 매덕스가 만약 17번째 선발 등판한 몬트리올 엑스포스와의 경기에서 6과 3분의 2이닝 동안 5자책점을 하지 않았다면 시즌 전 경기 QS 달성이라는 엄청난 기록을 세웠을 것이다. 단일 시즌 연속경기 QS 최고 기록은 2018년 제이콥 디그롬이 달성한 24경기며, 일본 프로야구를 무차별 폭격한 뒤 2014년 메이저리그 정복에 나선 다나카 마사히로는 데뷔 후 16경기 연속 QS를 달성하며 스티브 로저스가 1973년에 세운 기록과 타이기록을 세우기도 했다.

모든 기록이 그러하듯 QS 역시 단점이 있다. 다음과 같이 세 명의 투수가 있다고 가정해보자. A투수는 6이닝 3자책점, B투수는 5와 3분의 2이닝 무자책점, C투수는 9이닝 4자책점을 기록했을 경우 QS는 A투수에게만 주어진다. 과연 A투수가 B투수, C투수보다 더 잘 던졌다고 할 수 있을까? 뿐만 아니라 QS 기준으로는 6이닝 3자책점을 기록한 선발 투수와 9이닝 무자책점을 기록한 선발 투수가 똑같이 QS가 1개로 기록된다는 한계도 있다.

078_ 노히터와 퍼펙트게임

노히터나 퍼펙트게임은 현실적으로 달성하기 매우 힘든 기록들이지만 투수라면 한 번쯤 꼭 달성하고 싶은 꿈의 기록이다. 그래서 모든 선발 투수들은 퍼펙트게임의 가능성을 품고 마운드에 오른다. 그러다 볼넷을 내주면 노히터로, 안타를 내주면 완봉승으로, 점수를 내주면 완투승으로, 완투가 어려우면 승리 투수로 점점 목표를 낮춘다. 노히터는 투수 또는 투수들이 9이닝 이상을 던지며 단 하나의 안타도 허용하지 않고 경기를 마무리하는 것을 뜻한다. 안타를 맞지 않는 것에 중점을 두는 노히터는 볼넷, 몸에 맞는 공, 실책 등을 허용해도 상관없고 점수를 내줘도 상관없으며 심지어 경기에 패해도 인정받을 수 있다. 실제로 1964년 4월 23일 휴스턴 콜트.45s의 켄 존슨은 신시내티 레즈를 상대로 9이닝 동안 단 하나의 안타도 허용하지 않았으나 실책으로 1점을 내주는 바람에 1 대 0으로 패하며 패전 투수가 됐음에도 노히터를 인정받았다. 또한 여러 명의 투수들이 합작한 것도 가능해 2012년 6월 8일 시애틀 매리너스의 투수 6명이 LA 다저스를 상대로 9이닝을 무피안타로 막은 경기도 노히터로 인정받았다. 노히터보다 한 단계 위의 기록인 퍼펙트게임은 27개의 아웃카운트 중 단 한 명의 타자도 1루를 밟지 못하게 경기를 마무리하는 것으로 노히터와 달리 볼넷, 몸에 맞는 공, 실책 등이 일절 허용되지 않는다. 다만 1991년부터 파울플라이로 인한 실책은 허용되고 있다.

노히터가 나올 확률은 1000분의 1 정도이며, 퍼펙트게임은 노히터보다 40배가량 더 어려운 것으로 알려졌다. 실제로 150년에 이르는 메이저리그 역사에서 22만 경기가 넘게 열렸지만 노히터는 1876년에 조지 브래들리가 최초로 달성한 이래 2020년 알렉 밀스까지 305번 나왔고, 퍼펙트게임은 1880년에 리 리치먼드를 시작으로 2012년 펠릭스 에르난데스까지 23번 나왔을 뿐이다. 1990년 6월 29일에는 LA 다저스의 페르난도 발렌수엘라가 TV에서 오클랜드 어슬레틱스의 데이브 스튜어트가 노히터를 달성하는 모습을 지켜본 후 마운드에 올라 노히터를 달성하며 하루에 노히터가 두 번 쏟아진 때도 있었던 반면, 2년 남짓 동안 한 번의 노히터도 나오지 않은 적도 있었다. 통산 최다 노히터 달성 투수는 무려 7번을 달성한 놀런 라이언이고 퍼펙트게임을 두 번 이상 달성한 투수는 단 한 명도 없다. 참고로 위력적인 구위를 자랑했던 라이언은 제구력이 좋지 않아 퍼펙트게임은 단 한 번도 달성하지 못했다.

노히터나 퍼펙트게임과 같은 대기록을 달성하려면 투수의 실력은 기본이고 야수들의 탄탄한 수비와 타자들의 득점지원 그리고 운까지 따라야 한다. 이렇게 투수의 실력 외에 여러 가지 요소가 더해지다 보니 노히터나 퍼펙트게임은 라이언과 같은 특급 투수들만의 전유물이 아니다. 로저 클레멘스, 페드로 마르티네스, 그레그 매덕스 등과 같은 대투수들도 퍼펙트게임은 물론이고 단 한 번의 노히터를 달성하지 못했다. 반면에 통산 3승 7패 평균자책점 5.23인 보보 홀로만은 데뷔 첫 선발 등판에서 노히터를 따냈고, 1956년 월드시리즈 5차전에서 퍼펙트게임을 달성하여 포스트시즌에서 유일한 퍼펙트게임의 주인공으로 남아 있는 돈 라슨은 통산 81승 91패 평균자책점 3.78로 평범한 성적을 올린 투수였다. 2012년도에 메이저리그 역사상 21번째 퍼펙트게임을 달성했던 필립 험버 역시 통산 16승 23패 평균자책점 5.31인 그저 그런 투수였다.

노히터, 퍼펙트게임과 관련한 흥미로운 기록들이 있다. 1917년 5월 2일 신시내티 레즈와 시카고 컵스의 경기는 메이저리그 역사상 최고의 투수전으로 꼽히는데 이날 레즈의 프레드 토니, 컵스의 히포 본 두 선발 투수가 9회까지 단 하나의 안타를 허용하지 않는 역투를 펼친 것이다. 경기는 결국 연장전에 들어갔고 10회초에 본이 안타를 허용하며 실점한 반면 10회말에 토니는 컵스 타선을 완벽하게 막아내며 노히터를 달성했다. 패전 투수가 된 본으로서는 상대를 잘못 만난 것이 억울할 뿐이었다. 노히터를 당한 팀에서 다음날 바로 노히터로 복수한 경우도 있었다. 1968년 9월 17일 샌프란시스코 자이언츠의 게일로드 페리가 세인트루이스 카디널스를 노히터로 제압하자 다음날 카디널스의 레이 위시번이 자이언츠를 노히터로 잠재웠고, 1969년 5월 1일 휴스턴 애스트로스의 돈 윌슨은 전날 신시내티 레즈의 짐 말로니에게 당한 노히터의 빚을 단 하루 만에 갚아주었다. 한 번도 달성하기 힘든 노히터를 2경기 연속으로 달성한 투수도 있었다. 신시내티 레즈의 조니 반더 미어Johnny Vander Meer, 1914~1997가 그 주인공으로 그는 1938년 6월 11일 보스턴 비스를 상대로 노히터를 달성한 후 6월 15일 브루클린 다저스를 상대로 마운드에 올랐다. 8회까지 7개의 탈삼진을 기록하며 노히터를 이어간 그는 9회 2사 후 볼넷 3개를 연속으로 허용하며 불안한 모습을 보였지만 마지막 타자를 플라이 아웃으로 잡아내며 메이저리그 역사상 전무후무한 2경기 연속 노히터를 달성했다. 이러한 기세를 이어간 반더 미어는 6월 19일 다시 만난 보스턴 비스와의 경기에서 무피안타 행진을 이어가며 3경기 연속 노히터의 가능성을 살짝 보였으나 4회 데브스 감스에게 안타를 허용하며 21과 3분의 2이닝 연속 무안타

조니 반더 미어

행진을 멈췄다.

이러한 독특한 기록 외에 흥미로운 에피소드도 있다. 1973년 7월 15일 캘리포니아 에인절스의 놀런 라이언이 디트로이트 타이거즈를 상대로 9회 2사까지 17개의 탈삼진을 잡아내며 무시무시한 투구를 선보이자 마지막 타자로 나선 놈 캐시는 정상적인 타격으로는 라이언을 상대로 도저히 안타를 때릴 수 없다고 판단해 배트 대신 부러진 테이블 다리를 들고 나오는 유머러스한 행동을 연출하기도 했다. 그는 잠시 후 배트를 다시 들고 나와 유격수 플라이로 아웃됐고 라이언은 노히터를 달성했다.

흥미로운 기록과 에피소드 못지않게 아쉽게 놓친 대기록 역시 팬들의 입에 오랫동안 오르내린다. 마이크 무시나, 다르빗슈 유, 맥스 셔저 등 10여 명의 투수들은 9회 2사까지 26명의 타자를 완벽하게 막은 후 마지막 타자에게 볼넷 또는 안타 등을 허용하며 아쉽게 퍼펙트게임을 놓쳤고, 페드로 마르티네스는 9이닝 동안 퍼펙트게임을 펼쳤지만 팀 타선이 점수를 내지 못해 10회말에 마운드에 올랐으나 안타를 허용해 퍼펙트게임을 놓쳤으며, 하비 해딕스는 무려 연장 12회까지 36명의 타자들을 완벽하게 막았지만 13회말 동료 야수의 실책에 이은 홈런 허용으로 아무런 훈장도 받지 못한 채 패전 투수로 몰리고 말았다. 자신의 부족함으로 대기록을 놓친 이들은 그나마 운이 좋은 편이다. 아르만도 갈라라가는 2010년에 9회 2사까지 타자들을 완벽하게 요리한 후 마지막 타자에게 평범한 내야 땅볼을 유도하며 퍼펙트게임을 달성하는 듯했지만 1루심이 세이프를 선언하는 바람에 1피안타 완봉승에 만족해야 했다. 버락 오바마 대통령까지 나서서 판정 번복을 호소할 정도로 큰 화제가 됐으나 판정은 끝내 번복되지 않았고 이 오심은 메이저리그 역사상 최악의 오심으로 꼽히며 훗날 비디오 판독 도입에 영향을 끼쳤다.

한편, 노히터나 퍼펙트게임의 달성을 눈앞에 두고 있는 투수들이 대기록을 의식하여 근육이 경직되고 구위가 떨어지거나 실투를 던져 대기록을 놓치는 경우가 간혹 있다. 그래서 동료 투수가 노히터나 퍼펙트게임을 달성할 것 같은 조짐이 보이면 투수의 집중력과 리듬을 깨뜨리지 않기 위해 감독이든 선수들이든 어느 누구도 해당 투수에게 노히터나 퍼펙트게임에 관한 언급을 하지 않는 것이 상식 중의 상식으로 통한다.

079_ 사이영상

MVP와 더불어 가장 많은 관심을 끄는 상으로 투수라면 누구나 한 번쯤 받고 싶어하는 상이다. 최고의 활약을 펼친 선수에게 수여하는 MVP가 있음에도 사이영상은 왜 등장했고 많고 많은 투수 중 사이 영Cy Young, 1867~1955의 이름을 왜 붙였을까? 메이저리그 3대 커미셔너 포드 프릭은 MVP의 주인공이 타자 위주로 선정되는 문제점을 지적하며 1956년부터 가장 뛰어난 활약을 펼친 투수에게 상을 수여하기로 결정한다. 마침 이 무렵에 세상을 뜬 사이 영을 기리는 차원에서 상의 이름을 사이영상으로 지었고 이것이 최고의 투수로 꼽히는 월터 존슨을 제치고 사이 영이 이 상의 주인공에 오른 이유다.

사이영상은 1956년 돈 뉴컴의 수상을 시작으로 1966년까지 양대 리그를 통틀어 단 1명만 선정했으나 4대 커미셔너로 취임한 윌리엄 에커트가 여론을 받아들여 1967년부터 리그별 1명씩 선정하는 방식으로 변경했다. 사이영상은 전미야구기자협회BBWAA 소속으로 팀당 2명, 리그별로 따지면 30명씩 배정된 기자들이 정규 시즌 종료 직후 투표한 결과로 선정한다. 다만 사이영상에 관한 대중의 관심을 한껏 끌어올리기 위해 그 결과는 월드시리즈 종료 후 발표한다. 처음에는 투표권을 가진 기자가 1명의 선수에게만 투표하는 다수결 방식을 채택했으나 1969년 아메리칸리그에서 마이크 쿠엘라와 데니 맥레인이 공동 수상하는 문제점이 발생하자 이듬해부터 1위표 5점, 2위표 3점, 3위표 1점으로 환산해 총점이 제일 높은 선수를 수상자로 선정하는 방식으로 변경했다. 그러다 2010년부터는 1위표 7점, 2위부터 5위까지 4-3-2-1점으로 환산하는 방식으로 바뀌어 지금에 이르고 있다.

사이 영

최고의 투수들로 가득 찬 역대 사이영상 수상자들 중 눈에 띄는 수상자가 몇몇 있다. 로저 클레멘스는 사이영상을 가장 많이 수상한 투수로 무려 7번을 수상했다. 그는 1980년대, 1990년대, 2000년대에 모두 사이영상을 수상한 화려한 이력과 함께 2004년에 42세의 나이로 수상하며 역대 최고령 수상자로 남아 있다. 게일로드 페리는 1972년 클리블랜드 인디언스 소속으로 아메리칸리그 사이영상을 수상한 후 1978년 샌디에이고 파드레스 소속으로 내셔널리그 사이영상을 수상하며 최초로 양대 리그에서 모두 사이영상을 수상한 주인공이 됐다. 또한 그의 형 짐 페리 역시 1970년에 사이영상을 수상해 사이영상을 모두 수상한 최초의 형제로 남아 있다. 그레그 매덕스는 1992년부터 1995년까지 최초로 4년 연속 사이영상을 수상했고 이러한 매덕스의 맹활약에 힘입어 당시 애틀랜타 브레이브스는 1991년 톰 글래빈을 시작으로 1996년 존 스몰츠까지 무려 6년 연속 사이영상을 배출했다. 마이크 마셜은 1974년에 불펜 투수로 106

경기에 등판해 208과 3분의 1이닝을 던지며 15승 21세이브 2.42의 평균 자책점을 기록하는 맹활약을 펼친 끝에 사이영상을 수상했는데 그의 수상으로 선발 투수의 전유물로 여겨지던 사이영상에 불펜 투수들도 문을 두드릴 수 있는 분위기가 조성됐다.

이러한 수상자들 외에 페르난도 발렌수엘라는 1981년에 신인왕과 사이영상을 동시에 수상한 유일한 투수로, 에릭 가니에는 2003년에 2승 3패 55세이브의 성적으로 승보다 패가 더 많은 사이영상 수상자로 남아 있다. 한편, 사이영상과 가장 인연이 없는 투수로는 아마도 놀런 라이언이 꼽힐 것이다. 5714개의 통산 최다 탈삼진과 7차례의 통산 최다 노히터를 기록하며 1999년에 명예의 전당에 입성한 라이언이지만 사이영상과는 단 한 번도 인연을 맺지 못했다.

사이영상이 매년 최고의 투수에게 주어지는 상이다 보니 팬들 중에는 사이영상 수상 횟수를 거론하며 역사상 최고의 투수가 누구인지를 놓고 설전을 벌이곤 한다. 하지만 이는 출발점부터 잘못되었다. 왜냐하면 사이영상은 1956년에 등장해 그 전에 전설적인 활약을 펼친 월터 존슨, 레프티 그로브 등과 같은 투수는 전혀 수상 실적이 없기 때문이다. 게다가 1966년까지는 지금처럼 리그별 1명을 선정하는 것이 아닌 양대 리그를 통틀어 단 1명을 선정했기 때문에 공정한 비교 자체가 되지 않는다.

080_ 폭투

투구가 지나치게 낮거나 높거나 또는 옆으로 빠져 포수가 보통의 수비로는 잡을 수 없어 주자가 진루한 경우를 의미한다. 여기서 중요한 것은 '주자의 진루 여부'로 투구가 포수로부터 제아무리 멀리 벗어났어도 주자가 진루하지 못했다면 폭투wild pitch가 아니다. 폭투와 유사한 것으로 패스트 볼passed ball이 있다. 패스트 볼은 포수가 보통의 수비로 잡을 수 있는 투구를 놓치는 바람에 주자가 진루한 경우를 의미하는데 결국 포수가 보통의 수비로 투구를 잡을 수 있었는지 여부가 폭투와 패스트 볼을 구별하는 기준이 됨을 알 수 있다. 그러나 '보통의 수비'에 대한 명확한 기준이 없다 보니 공식기록원의 판단에 따라 이 둘을 구별하며 일반적으로 투구가 바운드되거나 포수의 팔이 닿지 않는 곳으로 던져져 포수의 포구 범위를 넘으면 보통의 수비로 잡을 수 없는 투구로 판단한다.

폭투는 투수의 제구력이 흔들리거나 포수와의 사인이 맞지 않을 때 주로 발생한다. 이러한 폭투를 조 맥기니티는 1906년에 339와 3분의 2이닝을 던지면서 단 하나도 기록하지 않았다. 반면 레드 에임스Red Ames, 1882~1936는 1905년에 262와 3분의 2이닝을 던지면서 무려 30개의 폭투를 확확 뿌려댔다. 놀런 라이언은 통산 277개, 빌 걸릭슨, 필 니크로 등은 한 경기에 6개, 라이언 매드슨, R.A. 딕키 등은 한 이닝에 4개의 폭투를 기록했다. 포스트시즌까지 범위를 확대해보면 2000년 내셔널리그 디비전시리즈에서 릭 앤키엘은 한 이닝에만 무려 5개의 폭투를 기록하기도 했다.

투수와 타자가 팽팽하게 맞선 상황에서 불쑥 튀어나오는 폭투는 투수가 던진 공 하나하나가 야구에서 얼마나 다양한 모습을 연출할 수 있는지를 보여주는 대표적인 사례다. 이러한 폭투의 의외성은 야구의 재미를 더욱 높여주지만 당사자에게는 큰 아픔이 된다. 1904년 뉴욕 하이랜더스의 잭 체스브로는 41승을 거두며 아메리칸리그 다승 1위에 오르는 맹활약을 펼쳤지만 시즌 막판 보스턴 아메리칸스와 리그 우승이 걸린 중요한 경기에서 9회초 폭투로 결승점을 허용하는 바람에 원망의 대상으로 전락했다. 또한 "내 몸에는 푸른 피가 흐른다"는 말로 유명한 토미 라소다 전 LA 다저스 감독은 1955년 선수 시절 어렵게 얻어낸 선발 투수 데뷔전에서 1회에만 3개의 폭투를 던져대는 통에 겨우 1이닝만 던지고 마운드에서 쫓겨났다. 밥 깁슨은 폭투 때문에 대기록을 놓친 것으로 유명하다. 그는 1968년에 폭투로 연속이닝 무실점 기록이 47과 3분의 2이닝에서 중단된 후 다시 17과 3분의 1이닝 연속이닝 무실점을 기록했다. 결과론이지만 이 폭투가 없었다면 연속이닝 무실점 기록은 오렐 허샤이저가 1988년에 세운 59이닝이 아닌 깁슨의 65이닝이 차지했을 것이다.

081_ 보크

투수가 투구 준비에 들어가면 주자는 다음 베이스에 일찍 도달하고자 점유하고 있는 베이스에서 한 뼘이라도 더 떨어지려 애쓴다. 그런데 투구를 하려던 투수가 갑자기 견제구를 던지면 어떻게 될까? 주자는 놀라 그 자리에서 얼어붙으며 횡사하고 투구를 기다리던 타자는 타격 리듬을 잃을 것이다. 공정함을 생명으로 하는 야구에서 일방적으로 투수에게 유리한 이런 상황은 상상할 수도 없다고 하겠지만 초창기 야구에서는 이런 일이 가능했다. 따라서 주자들은 견제사를 당하지 않으려 베이스에 바짝 달라붙어 있어야만 했다. 그러다 1898년 공식적으로 보크 규칙이 등장하자 주자들의 공격적인 베이스 러닝이 가능해졌고 덕분에 야구는 박진감 넘치는 스포츠로 진화했다. '갑자기 멈춰서다'라는 의미의 보크balk는 주자가 있는 상황에서 주자 또는 타자를 기만한 투수에게 주어지는 벌칙이다. 심판 중 누구든지 팔을 치켜들며 '보크'라고 선언할 수 있으며, 보크가 선언되면 투구는 볼카운트에서 제외되고 누상에 있는 모든 주자는 한 베이스씩 안전 진루권을 얻는다. 만약 보크가 선언된 상황에서 타자가 안타를 때려 공격팀 입장에서 보크가 선언된 것보다 더 좋은 결과를 얻는다면 어떻게 될까? 과거에는 주자들은 한 베이스씩 진루하고 타자는 아쉬움을 곱씹으며 다시 타석으로 돌아와야 하는 불합리한 면이 있었으나 1950년대 이후부터 공격팀 입장에서 보크에 따른 진루보다 더 좋은 결과가 나올 상황에서 보크를 무시할 수 있는 선택권을 갖게 됐다.

노련한 심판들조차 판단에 어려움을 느낄 정도로 보크는 야구 규칙 중에서 가장 복잡한 규칙으로 꼽힌다. 게다가 순발력과 과감성이 부족한 심판들은 속으로 '어! 보큰데……'라고 생각만 할 뿐 선언하지 못하는 경우도 종종 있다. 이러한 이유들로 보크 여부를 놓고 항의가 자주 벌어진다. 대표적인 사례로 뛰어난 실력 못지않게 괴짜로도 유명했던 디지 딘은 1937년 투구 동작에서 일시 정지를 하지 않았다는 이유로 보크를 지적당하자 다음 등판에서는 세트 포지션에 들어간 후 3~4분 정도 두 손을 모으고 꼼짝도 하지 않다가 투구를 해 일시 정지를 무척 잘 따르는 코믹한 모습을 연출하기도 했다.

보크가 주어지는 상황은 세트 포지션에서 완전히 정지하지 않고 투구한 경우, 투수판을 밟고 있는 투수가 견제구를 던지려 할 때 던지고자 하는 베이스를 향해 발을 똑바로 내딛지 않은 경우, 투구 동작에 들어간 후 투구를 중지한 경우, 투수판을 밟고 있는 상태에서 공을 떨어뜨린 경우 등 무려 13가지나 된다. 여기서 핵심은 '투수가 의도적으로 주자를 속이려했는가'의 여부다. 예를 들어 경기 후반 점수 차가 크게 벌어져 승패가 기울었다면 주자가 뛸 상황이 아니고 투수가 의도적으로 주자를 기만할 이유도 없이 보크를 적용하는 것은 그 취지를 벗어난 것이라 할 수 있다. 1988년에는 이러한 취지와 달리 보크를 원칙적으로 적용해 많은 잡음이 일었다. 당시 메이저리그 사무국은 심판들에게 규칙대로 투구 동작 중 완전 정지를 하지 않고 투구하면 가차없이 보크를 선언하라고 지시했다. 그 결과 전년도에 356개였던 보크 수가 924개로 훌쩍 늘어났다. 이에 경기 운영이 미숙하다는 비난이 크게 일자 메이저리그 사무국은 기존대로 보크의 취지를 감안해 보크를 적용하기로 했고, 이듬해 보크 수는 407개로 줄어들었다. 보크 관련 기록을 살펴보면 단일 시즌 최다 보크는 보크 규칙이 강화됐던 1988년에 데이브 스튜어트가 기록한 16개이고 통산 최다 보크는 스티브 칼튼의 90개다. 1이닝 최다 보크는 밥 쇼Bob Shaw, 1933~2010를 비롯한 5명의 투수들이 기록한 3개로, 이 중 밥 쇼는 이 경기에서 총 5개의 보크를 범하며 1경기 최다 보크 기록까지 가지고 있다.

082_ 볼넷

투수의 역할이 가장 중요한 요즘과 달리 초창기 야구에서 투수는 타자가 때릴 수 있는 공을 던져 경기를 진행시키는 선수에 지나지 않았다. 다만 이렇게 던져준 공을 타자가 세 번 헛스윙하면 아웃된다는 규정을 두었다. 그런데 타자가 도저히 때릴 수 없는 공을 투수가 연신 던져대면 경기 시간이 한없이 늘어질 수밖에 없었다. 이는 야구가 단순한 여가활동에 머물던 시기에는 문제가 되지 않았으나 점차 스포츠로 바뀌면서 중요한 문제로 떠올랐다. 그래서 타자가 도저히 칠 수 없는 공을 투수가 일정 수 이상 던지면 타자에게 1루로 출루할 수 있는 권리를 부여할 필요성이 제기됐고 그 결과 등장한 것이 바로 '볼'이다.

'볼'이라는 개념의 등장과 함께 과연 몇 개의 볼이 던져졌을 때 타자에게 1루에 출루할 권리를 줄 것인가가 쟁점으로 떠올랐다. '볼넷', '4구', '포볼' 등의 용어에 익숙한 요즘이야 당연히 네 개라고 생각하겠지만 그 개수가 네 개로 정해지기까지에는 많은 고민과 변화가 있었다. 볼이라는 개념이 등장한 1871년에만 해도 아홉 개였던 그 개수는 여덟 개(1880년), 일곱 개(1882년), 여섯 개(1884년), 일곱 개(1886년), 다섯 개(1887년)를 거쳐 마침내 1889년에 네 개로 정해졌고 지금까지 이어지고 있다. 당초 볼넷은 타수에 포함됐으나 1877년부터 제외되었다가 1887년에 볼넷을 안타로 기록하기 시작하며 다시 포함됐다. 그러나 이로써 타율 인플레이션이 극심해지자 1888년부터는 다시 안타로 인정하지 않고 타수에서도 제외하기로 변경한 후 현재에 이르고 있다.

2루타성 타구를 날린 타자가 두어 걸음 뛰다가 갑자기 쓰러져 못 일어날 경우 수비팀에서 이 타구를 잡아 1루에 송구하면 아웃시킬 수 있지만 볼넷을 얻은 타자가 두어 걸음 걷다가 쓰러져 못 일어날 경우에는 대주자가 등장해 1루에 나가면 된다. 극단적인 예를 들었지만 볼넷 상황에서 야수들은 할 수 있는 것이 없는 허수아비와 같다. 이와 함께 볼넷은 투수가 최소 네 개 이상의 투구 수를 소모할 뿐만 아니라 야수들이 가만히 서 있는 시간이 길어지면서 집중력이 떨어져 실책을 일으킬 가능성이 높아진다. 안타를 맞아도 좋으니 볼넷만큼은 허용하지 말라는 이유가 여기에 있다.

이처럼 경기를 망치는 원흉으로까지 꼽히는 볼넷을 가장 많이 허용한 투수는 '탈삼진의 대명사' 놀런 라이언이다. 통산 2795개의 볼넷을 허용한 그는 20세기 이후 200개 이상의 볼넷을 허용한 시즌이 두 차례나 되는 유일한 투수다. 단일 시즌 최다 볼넷은 1890년 에이머스 루지가 기록한 289개이고 20세기 이후로는 라이언에 앞서 강속구 투수로 명성을 날렸던 밥 펠러가 1938년에 기록한 208개다. 한 경기 최다 볼넷은 브루노 하스 등 4명의 투수들이 기록한 16개이며, 돌리 그레이는 한 이닝에 무려 8개의 볼넷을 허용하기도 했다. 이들과 달리 볼넷을 쉽게 허용하지 않은 것으로 유명한 투수는 그레그 매덕스가 꼽힌다. 매덕스는 5000이닝 이상 투구하는 동안 999개의 볼넷만을 허용하며 피트 알렉산더와 함께 5000이닝 이상을 던지고도 1000개 이하의 볼넷을 허용한 투수로 남아 있다. 그는 자신의 선발 등판 횟수보다도 적은 볼넷을 허용한 시즌이 무려 7차례나 된다.

083_ 구속

오래전부터 팬들의 주된 관심사는 투수의 구속이었다. 그래서 투수가 콘크리트 벽마저 뚫을 것 같은 강속구를 던지면 팬들은 환호성을 지르며 열광한다. 월터 존슨을 시작으로 메이저리그 강속구 투수의 계보를 이어온 레프티 그로브, 밥 펠러, 놀런 라이언, 랜디 존슨, 어롤디스 채프먼Aroldis Chapman, 1988~ 등은 팬들로부터 많은 인기를 얻었다. 구속은 미국 경찰에서 과속 차량 단속을 위해 개발한 스피드 건을 적용해 측정하고 있으며 그 원리는 '도플러 효과'에 있다. 즉, 스피드 건으로 공을 향해 초음파를 발사한 후 공에 맞고 반사된 초음파의 진동수 변화로 구속을 측정하는데 이때 진동수 증가 정도가 클수록 빠른 구속을 나타낸다.

야구에서 스피드 건을 활용한 구속 측정은 메이저리거 출신으로 미시건 주립대 코치였던 대니 리트윌러의 아이디어로 1973년에 시작됐으며 그 전까지는 목표물을 향해 공을 던지면 그 뒤쪽에서 오토바이나 자동차가 달려 구속을 계산하는 매우 원시적인 방법을 사용했다. 지금으로선 좀 우스꽝스러워 보이겠지만 구속에 대한 관심이 오죽했으면 이런 방법까지 동원해서 측정했을까 하는 생각이 들기도 한다. 구속 측정 기술은 과거에 비해 많이 발전했지만 여전히 한계가 있어 스피드 건의 성능과 놓인 위치에 따라 구속이 다르게 측정되는 모습을 볼 수 있다. 예를 들면 2011년에 어롤디스 채프먼이 던진 공의 구속이 전광판에 171킬로미터로 찍혔으나 경기를 중계하던 폭스 TV 화면에는 169킬로미터로 나왔고 메이저리그 사무국에서는 164킬로미터로 측정되기도 했다. 같은 공을 두고 최대 7킬로미터의 구속 차가 발생한 것이다. 이러한 한계점 외에 구속을 의도적으로 조작해 구속에 대한 신뢰를 떨어뜨리기도 했다. 방송국이나 메이저리그 사무국에서 팬들의 흥미를 높이려고 구속을 부풀렸고, 홈팀에서는 홈팀 투수들이 원정팀 타자를 상대할 때 유리하도록 구속을 조작하기도 했다. 하지만 구속을 부풀리거나 조작하는 것이 제재 대상은 아니므로 이러한 행위를 막을 수는 없다.

아마도 구속이라는 주제에서 팬들의 가장 큰 관심은 '가장 빠른공을 던진 투수'일 것이다. 강속구 투수로 1910년대를 대표하는 월터 존슨의 구속에 대해 160킬로미터에 달했을 것이라는 주장과 140킬로미터 후반에 지나지 않는다는 주장이 맞서고 있으나 정확한 구속은 알기 어렵고, 1930년대를 대표하는 레프티 그로브 역시 구체적인 숫자가 아닌 역사상 가장 빠른공을 던진 왼손 투수로만 전해져 올 뿐이다. 전설적인 강속구 투수들 중 구속을 알 수 있는 최초의 투수는 밥 펠러Bob Feller, 1918~2010다. 비록 그 정확도에는 많은 논란이 있지만. 평소 구속에 관심이 많던 워싱턴 세너터스의 구단주 클라크 그리피스가 1940년대 메이저리그를 호령하던 펠러에게 구속 측정을 제안했다. 이에 1945년 메이저리그 관계자들과 기술자들이 모여 오토바이와 국방장비를 동원해 펠러가 던진 공의 구속을 측정했다. 결과는 '159킬로미터'로 나왔고 그리피스 구단주는 펠러의 공이 월터 존슨의 공보다 빠를지도 모르겠다는 소감을 표했다.

한편, 펠러는 훗날 자신이 1946년 시범경기에서 174킬로미터의 공을 던진 적이 있다고 주장하기도 했다. 펠러 이후 1950년대 마이너리그에서 활약한 스티브 댈코우스키가 177킬로미터를 던졌다는 이야기도 전해지지만 결론적으로는 1974년 놀런 라이언Nolan Ryan, 1947~이 던진 162킬로미터가 가장 빠른 구속으로 『기네스북』에 등재돼 있다. 라이언 이후 1997년에 롭 넨이 164킬로미터를 던졌고, 2006년에 조엘 주마야가 167킬로미터를 던졌으며, 2011년에 어롤디스 채프먼이 171킬로미터를 던지며 라이언의 구속을 뛰어넘었지만 『기네스북』에서 구속의 정확성을 더 이상 신뢰하지 않아 이들의 기록은 인정받지 못하고 있다. 투수라면 누구나 강속구를 던지고 싶어한다. 그래서 너나없이 라이언처럼 공을 강하게 던지지만 문제는 그 공이 라이언이 던진 공처럼 빠르게 날아가지 않는다는 사실이다. 강속구를 던지려면 하체가 튼튼해야 하고 몸이 유연해야 하지만 빠른 구속은 '신이 부여한 선물'이라는 의견이 지배적이다.

놀런 라이언

앞서 말했듯 빠른 구속은 예나 지금이나 많은 관심을 끌어모은다. 그러다 보니 구속에 집착해 경기에 집중하지 못하고 스스로 경기를 망치는 투수들이 더러 있다. 바톨로 콜론은 전광판에 찍히는 구속 때문에 경기에 집중하기 힘들다는 고충을 호소했고, 조엘 주마야는 공을 던지고 나서 매번 전광판에 찍힌 구속을 바라봤다고 한다. 플로리다 말린스와 같은 팀은 이러한 문제를 방관하지 않고 전광판으로 자신이 던진 모든 공의 구속을 확인하는 습관이 있던 브래드 페니가 등판할 때만큼은 구속이 표출되지 않도록 조치하기도 했다.

빠른 구속은 분명 많은 이들의 흥미를 끌기에 충분한 요소다. 그러나 중요한 사실은 스트라이크 존 한복판으로 던져진 160킬로미터의 강속구보다 스트라이크 존 구석구석을 찌르는 130킬로미터의 공이 타자에게 더 위력적이라는 점이다. 에디 로패트, 스튜 밀러, 제이미 모이어 등은 "아따! 공 빠르다고 다 좋은 투수여?"라고 반문이라도 하듯 느림의 미학을 보여준 투수들이다. 이들은 정확한 제구력을 바탕으로 느린공을 더 느린공, 매우 느린공과 같이 다양하게 조절하며 타자를 현혹시키다가 이따금씩 타자의 허를 찌르는 빠른공을 던졌다. 이때의 빠른공이 평소의 느린공과 대비돼 타자에게 마치 160킬로미터에 달하는 강속구로 느끼도록 하는 효과를 얻었다. 구속보다는 공이 포수 미트에 들어가는 순간까지의 움직임에 집중해야 투수의 진정한 가치를 알 수 있고 야구의 깊은 맛을 느낄 수 있다. 구속球速에 구속拘束돼 투수의 능력을 구속으로 속단한다면 이는 그림의 완성도를 색채 하나만으로 판단하는 것과 다를 게 없다.

084_ 제구력

제아무리 뛰어난 타자라도 특정 지점에 약점이 있게 마련이고 이를 극복하는 것은 결코 쉬운 일이 아니다.

스테로이드 복용 논란에도 여전히 최고의 타자로 기억되는 배리 본즈 역시 "내가 약점이 있는 지점으로 투수가 공을 계속해서 던진다면 나로서도 어찌할 방법이 없다"고 말한 바 있다. 이와 함께 최근 메이저리그에서 대유행하는 수비 시프트를 성공하기 위한 중요한 전제 조건이 바로 투수의 좋은 제구력이다. 뿐만 아니라 제구력이 좋으면 타자들이 초구부터 적극적으로 덤벼들기 때문에 투구 수를 절약할 수 있어 많은 이닝 소화가 가능하다. 또한 같은 공을 던지더라도 제구력이 뛰어나다고 알려진 투수가 스트라이크 존 근처로 공을 던지면 스트라이크로 판정받게 될 확률이 높아지는 등 좋은 제구력의 중요성은 이루 말할 수 없다. 이러한 이유로 많은 전문가들이 제구력, 구속, 공의 무브먼트, 경기 운영 능력 등 좋은 투수가 되기 위한 다양한 요건 중 제구력을 최우선 요건으로 꼽고 있다. 실제로 강속구를 보유하고 있음에도 메이저리그로 승격하지 못하고 마이너리그에 머물고 있는 투수들의 가장 큰 문제점으로 지적되는 것이 '제구력'이다.

일반적으로 제구력이란 스트라이크 존으로 공을 던질 수 있는 능력을 뜻한다. 그러나 이보다는 '목표한 지점에 던지고자 하는 구종의 위력을 잃지 않은 채 정교하게 던질 수 있는 능력'으로 정의 내리는 것이 좀 더 올바르다고 할 수 있겠다. 여기서 '구종의 위력을 잃지 않은 채'라는 단서는 매우 중요한 의미를 지니고 있다. 제구력을 향상시키려 전력투구를 하지 않는 투수들이 있기 때문인데 이러한 투구는 자칫 큰 낭패를 초래하기 십상이다. 제구력이 워낙 중요하다 보니 제구력을 향상시키기 위한 다양한 방법들이 등장했다. 브랜치 리키는 줄로 스트라이크 존 크기의 직사각형을 만들어 공을 그 안으로 통과시키는 도구를 만들었고, 명예의 전당에 오른 밥 깁슨은 선수시절 초창기에 흔들리는 제구력을 바로잡기 위해 투구폼을 오버핸드 스로에서 스리쿼터 스로로 바꿔보려 했다. 볼티모어 오리올스는 시속 160킬로미터의 강속구를 던질 수 있음에도 제구력 불안 때문에 경기를 망치던 다니엘 카브레라에게 안경을 씌워보고 라식 수술까지 받게 했다.

그러나 메이저리그 투수들에게 제구력을 높이기 위해 가장 필요한 점은 타자를 허수아비와 같은 존재로 생각하며 자신감과 침착한 마음으로 공을 던지는 것이다. 메이저리그에서 뛸 수준의 투수라면 기본적인 제구력은 갖추고 있을 것이기 때문이다. 이와 함께 평소 동료와 캐치볼을 할 때도 아무런 생각 없이 공을 던지기보다는 동료가 글러브 위치를 여기저기로 움직이게 한 후 원하는 위치로 던지는 등 제구력 향상을 위해 많은 노력을 기울여야 한다. 여기서 한 가지 꼭 짚고 넘어가야 할 사항이 있다. 제구력은 투수만의 책임이 아닌 포수의 책임도 일정 부분 있다는 점이다. 가끔 투수가 공을 던지는 순간 앉은 위치를 이동하거나 투수의 공이 계속 가운데로 몰림에도 자리를 변경하지 않고 한군데 붙박혀 앉아 있는 답답한 포수를 볼 수 있다. 이렇게 투수의 마음을 전혀 헤아리지 못하는 포수는 투수의 제구력을 갉아먹는 내부의 적과 다름없다.

바늘귀를 꿰듯 정교한 제구력을 보여준 투수로는 사이 영, 피트 알렉산더, 새첼 페이지, 댄 퀴즌베리, 그레그 매덕스 등이 꼽힌다. 이 중 매덕스에 대해 간략히 소개하자면 그는 데뷔 2년차까지만 해도 시속 150킬로미터가 넘는 포심 패스트볼four-seam fastball을 앞세워 타자를 윽박지르는 유형의 투수였다. 하지만 성적이 신통치 않자 투수코치 딕 폴의 조언에 따라 파워 대신 정교함을 키우기로 마음먹었고 이후 시속 140킬로미터 정도의 투심 패스트 볼two-seam fastball을 구석구석에 찌르는 완벽한 제구력으로 승부하는 전혀 다른 유형의 투수로 변신했다. 결과는 성공적이어서 그는 1992년부터 4년 연속 사이영상을 수상하는 등 통산 355승에 탈삼진 3371개를 달성하는 맹활약을 펼쳤고 명예의 전당에도 입성했다.

반면 좋지 않은 제구력으로 아쉬움을 남긴 투수로는 놀런 라이언, 맷 앤더슨 등도 있지만 단 한 명으로 명확히 정리할 수 있다. 1950년대 후반부터 1960년대 중반까지 마이너리그에서 활약했던 스티브 댈코우스키 Steve Dalkowski, 1939~2020. 그는 시속 177킬로미터에 달하는 무시무시한 공을 던진 것으로 알려졌다. 그와 함께 뛰었던 동료들은 그가 최소 시속 170킬로미터의 공을 던졌다고 말하고, 그를 지도했던 얼 위버 감독은 놀런 라이언이 던지는 시속 160킬로미터의 공도 그에게는 중간 정도 빠르기의 공일 뿐이라고 평가했다. 그런데 이렇게 최고의 강속구를 던진 댈코우스키를 아는 팬들은 얼마나 될까? 그가 메이저리그 마운드에 단 한 번도 오르지 못한 투수였기에 그리 많지는 않을 것이다.

구속만 놓고 보면 메이저리그에서도 최고 수준을 뽐낼 수 있었던 댈코우스키가 마이너리그에 갇혀서 선수생활을 마칠 수밖에 없었던 이유는 '천방지축 수준의 제구력' 때문이었다. 그가 보통 수준의 제구력만 가지고 있었다면 메이저리그 마운드에 올라 타자들의 배트를 얼어붙게 하는 것은 어린아이 손목 비틀기처럼 쉬웠을 것이다. 그러나 제구력만 놓고 보면 그는 투수가 아닌 돌팔매질하는 사람에 가까웠다. 그럼에도 댈코우스키의 무시무시한 강속구를 포기할 수 없었던 메이저리그 팀에서 그를 스프링캠프에 초청해 가능성을 시험하기도 했으나 동네야구 수준의 제구력에 두 손을 들었고 결국 그는 마이너리그에서만 9년간 뛰고 선수 생활을 접었다. 댈코우스키의 제구력이 어느 수준이었는지를 보여주는 대표적인 사례는 그의 데뷔 첫해 1957년 8월 31일 경기다. 그는 이날 24개의 탈삼진을 잡아내면서 18개의 볼넷을 허용하고 4명의 타자를 맞히는 살인 행위(?)와 6개의 폭투까지 더해 8점을 허용하며 패전 투수가 됐다. 그야말로 야구 역사에 길이 남을 '모 아니면 도'식의 투구를 선보인 것이다. 댈코우스키는 마이너리그 통산 956이닝을 던지며 1324개의 삼진을 잡아낸 반면 1236개의 볼넷을 허용했다. 어쩌면 그가 등판한 날 상대 타자들은 배트를 어깨에 걸치고만 있는 것이 승리를 위한 지름길이었을지도 모르겠다.

085_ 스위치 투수

미키 맨틀, 에디 머레이, 피트 로즈, 치퍼 존스 등 메이저리그 역사에서 스위치 타자를 찾아내는 것은 어려운 일이 아니다. 반면, 스위치 투수는 한참을 생각해도 떠오르지 않는다. 배트와 공을 들고 직접 해보면 스위치 타격은 큰 어려움이 없으나 스위치 피칭은 어려움을 넘어 사실상 불가능한 일이라는 것을 알 수 있다. 게다가 투구 메커니즘으로 볼 때 손을 바꿔가며 던지면 부상 위험까지 높아진다. 이러한 이유로 스위치 투수가 없었을 것으로 생각하기 쉬우나 극소수의 스위치 투수들이 메이저리그 역사에 존재해왔다. 1882년 7월 18일 루이빌 이클립스의 토니 멀레인Tony Mullane, 1859~1944이 볼티모어 오리올스와의 경기에서 최초로 스위치 피칭을 선보였는데 이 무렵 래리 코코란, 엘튼 체임벌린과 같은 투수들도 스위치 피칭을 한 것으로 전해진다. 그러나 1893년 멀레인의 스위치 피칭을 마지막으로 100년이 넘는 시간이 흐르는 동안 스위치 투수는 등장하지 않았고 팬들은 스위치 투수라는 용어 자체를 잊고 지냈다.

이러한 분위기를 깨는 일이 1995년에 일어났다. 평범한 선수생활을 보내며 은퇴를 앞두고 있던 몬트리올 엑스포스의 그레그 해리스가 이해 9월 28일 신시내티 레즈와의 경기에서 팀이 9 대 3으로 뒤지던 9회초 마운드에 올라 20세기 최초이자 마지막 스위치 피칭을 선보인 것이다. 평소 오른손으로 투구를 했던 그는 첫 타자 레지 샌더스를 내야 땅볼로 처리한 후 왼손 타자 핼 모리스와 에드 토벤시를 상대하며 왼손 투수로 변신했다. 모리스에게 볼넷을 허용하고 토벤시를 내야 땅볼로 잡아낸 그는 오른손 타자 브렛 분이 등장하자 다시 오른손 투수로 변신해 내야 땅볼로 처리하며 역사적인 이닝을 마무리했다. 그의 스위치 피칭은 즉흥적으로 이루어진 것이 아니었다. 그는 어렸을 때부터 스위치 피칭을 연습했고 오래전부터 실전에서 스위치 피칭을 하겠다고 마음먹었으나 이에 부정적이던 코칭스태프들의 만류로 기회를 갖지 못했을 뿐이었다. 다행히 은퇴를 앞둔 시점에서 스위치 피칭으로 오랜 꿈을 실현한 그는 평범했던 자신의 선수 경력에 독특한 이력을 남겼고, 덕분에 그가 사용했던 6손가락의 글러브는 명예의 전당으로 보내졌다.

해리스가 은퇴한 지 20년이 지난 2015년 또 한 명의 스위치 투수가 등장한다. 화제의 주인공은 팻 벤디트Pat Venditte, 1985~. 오른손잡이로 태어났지만 부친의 권유로 3세 때부터 왼손으로도 던지기 시작한 그는 오른손으로 시속 145킬로미터, 왼손으로 시속 135킬로미터 수준의 공을 던지며 스위치 투수로서 높은 완성도를 가진 것으로 평가받았다. 그는 오클랜드 어슬레틱스 소속으로 2015년 6월 5일 보스턴 레드삭스와의 경기에 7회말 마운드에 올라 왼손 타자 브록 홀트에게 왼손으로 투구하며 내야 땅볼로 처리한 후 오른손 타자 핸리 라미레스가 타석에 들어서자 오른손 투수로 변신해 좌전 안타를 맞는 등 2이닝을 1실점으로 막으며 스위치 투수로서 성공적인 데뷔를 했다. 은퇴를 앞두고 이벤트성으로 스위치

왼손으로 던지고 오른손으로도 던지는 팻 벤디트

피칭을 한 해리스와는 달리 벤디트는 이후로도 꾸준히 스위치 피칭을 선보여 진정한 스위치 투수로 인정받고 있다.

호기심 많은 팬이라면 스위치 타자와 스위치 투수가 만났을 때의 모습이 궁금할 것이다. 투수는 타자와 같은 손으로 투구하려 할 것이고, 타자는 투수와 반대 손으로 타격하려 할 것이기 때문이다. 벤디트가 마이너리그에서 활약하던 시절에 이런 일이 실제로 벌어졌다. 2008년 6월 19일 싱글A 경기에서 벤디트와 랄프 엔리케스라는 스위치 타자는 자신에게 유리한 손을 사용하고자 치열한 기 싸움을 벌였다. 벤디트가 오른손으로 던지려 하면 엔리케스는 왼쪽 타석으로 옮기고, 왼손으로 던지려 하면 오른쪽 타석으로 옮기는 실랑이가 5분여 동안 이어진 것이다. 결국 심판이 엔리케스에게 오른쪽 타석에 들어서라는 지시를 해서 상황이 마무리됐지만 이 해프닝으로 '스위치 투수와 스위치 타자가 만났을 때 투수가 먼저 어느 손으로 던질지 알려야 하고, 투수와 타자 모두 그 타석이 끝날 때까지 손을 바꿀 수 없다'는 규칙이 등장했다.

086_ 토미 존 수술

1966년 샌디 쿠팩스는 27승, 평균자책점 1.73, 탈삼진 317개로 트리플 크라운을 달성하며 사이영상을 수상했다. '황금의 왼팔'로 불리며 리그를 지배하던 30세 투수의 미래는 장밋빛으로 가득 차 보였다. 그러나 이해 11월 18일 쿠팩스는 돌연 은퇴를 선언한다. 이유는 팔꿈치 통증 때문이었다. 당시만 해도 투수에게 팔꿈치 인대 부상은 투수 생명의 끝을 의미했다. 그로부터 10여 년이 지난 1974년 7월 17일 몬트리올 엑스포스와의 경기에 선발 등판한 LA 다저스의 토미 존Tommy John, 1943~은 경기 중 심한 팔꿈치 통증을 느꼈고 팀 주치의 프랭크 조브Frank Jobe와 상의 끝에 2개월간 재활프로그램에 들어간다. 그럼에도 팔꿈치 상태가 나날이 악화되자 그는 결국 성공 가능성이 희박한 팔꿈치 인대 접합 수술을 결심한다. 수술은 같은 해 9월 25일 조브의 집도로 존의 왼쪽 팔꿈치의 손상된 인대를 제거한 후 오른쪽 팔꿈치의 인대를 떼어 이식하는 방식으로 4시간에 걸쳐 진행됐다. 그리고 1년이 넘는 재활 끝에 1976년 다시 마운드에 오른 존은 복귀 후 단일 시즌 20승 투수에 3번이나 오르는 등 1989년까지 활약하며 통산 288승을 올리고 은퇴했다. 팔꿈치 수술 전 13시즌 동안 124승을 올렸던 그는 수술 후 14시즌 동안 164승을 올려 수술 전과 다름없는 활약을 펼쳤다.

팔꿈치 인대 부상으로 마운드에서 사라졌을 투수들에게 큰 희망이 되고 있는 이 수술은 언제부턴가 팔꿈치 인대 접합 수술이라는 어려운 말 대신 이 수술을 최초로 받은 토미 존의 이름을 따서 토미 존 수술Tommy Jhon Surgery이라 한다. 그렇다면 토미 존 수술이란 구체적으로 무엇일까? 토미 존 수술을 받는 환자들의 대다수는 야구 선수로, 이는 공 던지는 동작 자체가 팔꿈치에 무리를 주기 때문이다. 특히 슬라이더와 같은 변화구를 많이 던지는 투수, 투구 수가 많고 경기에 자주 등판하는 투수, 투구 동작이 상체 위주의 부자연스러운 투수들은 팔꿈치에 심한 무리를 가해 부상을 입을 가능성이 높다. 투구 동작에 안정성을 심어주는 팔꿈치 인대에 부상을 입으면 심한 통증과 함께 구속이 느려지고 제구력마저 떨어지게 된다. 이런 팔꿈치 인대 부상은 팔꿈치 내측에서 주로 발생하며 한 번의 무리로 인대가 바로 찢어지지는 않고 처음에는 가벼운 염증만 나타난다. 이를 제대로 관리하지 않고 계속해서 무리를 가하면 인대가 늘어난다. 그래도 이 정도까지는 수술 없이 치료가 가능하다. 그러나 인대가 찢어지는 상황에 이르면 외과적 수술이 필요한데 이 수술이 바로 토미 존 수술이다.

과거에는 존처럼 손상된 팔의 반대쪽 팔꿈치의 인대를 떼어내 이식했지만 최근에는 손목, 발, 허벅지 등에서 없어도 되는 힘줄을 떼어 이식하기도 한다. 토미 존 수술은 재활 기간이 최소 1년에 이를 만큼 수술 후 철저한 관리가 필요하다. 조급한 마음에 서둘러 마운드에 복귀하려는 투수들이 가끔 있는데 이러한 조급증에 통증과 염증이 재발되어 투수 생명이 완전히 끝날 수 있다. 일부에서는 강한 힘줄을 인대에 이식했기 때문에 토미 존 수술을 하면 구속이 3~5킬로미터가량 빨라지는 것으로 알고 있다. 실제로 토미 존 수술 후 구속이 빨라진 경우가 더러 있으며 그래서 멀쩡한 팔을 수술하려는 투수까지 있을 정도다. 하지만 이는 잘못 알려진 사실로 토미 존 수술로 이식된 힘줄은 관절을 지탱하면서 팔꿈치의 통증을 없애줄 뿐 투구에 더 강한 힘을 실어주지는 않는다. 이러한 오해가 생긴 이유는 좋지 않던 팔 상태에서 구속이 줄었던 투수가 토미 존 수술 후 1년여 간 재활을 거치며 팔 건강을 회복하고 그 결과 투구에 필요한 근육이 단련돼 구속 증가로 이어진 사례들 때문이다.

프랭크 조브, 제임스 앤드루스와 같은 토미 존 수술의 대가들의 노력에 힘입어 4시간이 걸렸던 수술 시간은 1시간으로 줄었고 5퍼센트 수준이었던 성공률은 90퍼센트가 넘을 정도로 토미 존 수술은 많은 발전을 거듭해 왔다. 문제는 이러한 토미 존 수술이라는 묘약을 믿고 최근 투수들과 지도자들 사이에서 팔꿈치 부상의 심각성을 가볍게 생각하는 경향이 있다는 점이다. 토미 존 수술의 효과가 훌륭하다 해도 근본적으로 팔꿈치 부상 자체를 예방하기 위해 투수들은 투구 수와 등판 간격을 적절하게 유지하고 올바른 투구 동작을 갖도록 노력해야 한다. 또한 어린 학생 투수들은 변화구 던지는 것을 자제해야 한다. 토미 존 수술, 곧 손상된 인대를 떼어낸 후 다른 근육의 힘줄을 이식시키는 조브 박사의 위대한 발상은 마운드에서 사라질 뻔했던 수많은 투수들에게 최고의 구원투수가 됐고 이러한 이유로 조브 박사를 명예의 전당에 입성시켜야 한다는 의견이 상당한 설득력을 얻고 있다.

087_ 투구폼

1968 시즌 31승을 거둔 데니 맥레인 Denny McLain, 1944~은 1934 시즌 30승을 올린 디지 딘 이후 단일 시즌 30승 벽을 돌파한 유일한 선수로 현재까지 남아 있다. 투수 분업화와 5인 선발 로테이션이 정착되어 단일 시즌 20승도 버거운 최근 야구 분위기에서 보면 맥레인은 최후의 단일 시즌 30승 이상 투수로 남을 가능성이 높다. 그런데 1800년대 투수들의 기록을 살펴보면 1884 시즌 59승을 거둔 찰리 올드 호스 래드본을 비롯 단일 시즌 30승 이상을 거둔 투수들이 무려 100명이 넘었음을 알 수 있다. 어떻게 이러한 일이 가능했을까? 당

시 투수들이 초능력이라도 갖고 있었던 것일까? 이에 대한 해답은 투구폼에서 찾을 수 있다. 야구를 투수 놀음이라고 할 만큼 투수력의 비중이 상당한 오늘날과 달리, 초창기 야구에서 투수는 규칙에 따라 팔을 아래로 늘어뜨린 상태에서 타자가 원하는 곳으로 공을 토스해 경기를 진행하는 사람에 지나지 않았다. 따라서 당시 야구의 핵심은 타자 또는 주자와 야수 8명의 대결이었다. 상황이 이렇다 보니 투수가 받는 체력 부담이 작아 대부분 경기는 완투로 끝났고 당연히 선발 투수가 승 또는 패를 떠안기 일쑤였다. 이는 당시 팀의 로스터가 주전 야수 8명에 투수는 달랑 2명, 그리고 후보 선수 1명을 더해 11명으로 구성된 것에서 충분히 짐작할 수 있는 사실이다.

1880년대 최고 투수
팀 키프의 투구폼

1881년에 좀 더 공격적인 야구로 전환하기 위해 투수와 포수 간 거리가 45피트(13.71미터)에서 50피트(15.24미터)로 멀어지자 투수들은 자연스레 엉덩이 위로 팔을 들어올리며 토스가 아니라 던지는 폼을 취했다. 마침내 1884년 투구할 때 팔의 위치를 엉덩이 아래로 제한하는 규칙이 사라졌다. 이에 투수들은 몸에 무리가 따르지만 더 빠른공과 변화구를 던지기에 적합한 사이드암 스로, 오버핸드 스로와 같은 투구폼을 익히기 시작했다. 자연히 야구의 핵심은 타자 또는 주자와 야수 8명의 대결에서 타자와 투수의 대결로 이동했고 타율과 평균자책점이 기록의 중심이 됐다. 이렇듯 팔 위치 제한 규칙이 사라지고 오버핸드 스로, 스리쿼터 스로, 사이드암 스로, 언더핸드 스로와 같은 네 가지 투구폼이 등장했는데 이 네 가지 투구폼은 각각 어떤 특징을 가지고 있을까?

오버핸드 스로overhand throw는 팔의 위치가 11시 방향에서 던지는 투구폼으로 타자를 향해 가장 높은 팔의 위치에서 던지기 때문에 공의 낙차가 크다는 장점이 있다. 마운드 높이의 이점을 최대한 활용할 수 있어 키가 큰 투수일수록 유리한 투구폼으로, 빠른공을 던지는 투수에게 적합하지만 부상 위험이 높은 데다 제구하기가 어렵다. 그리고 투수의 체력이 떨어지면 타자 입맛에 딱 맞는 높은 공을 던질 위험을 안고 있다. 전성기 시절 박찬호의 투구폼을 생각하면 된다.

스리쿼터 스로three quater throw는 영어로 '3/4'이라는 뜻에서 알 수 있듯 팔의 위치가 10시 방향에서 던지는 투구폼으로, 오버핸드 스로보다 낮은 위치에서 공을 던지기 때문에 다양한 구종에 적합하다. 오버핸드 스로에 비해 신체에 무리가 덜 가고 던질 때 편안함을 느낄 수 있어 최근 가장 흔히 볼 수 있는 투구폼이다. 오버핸드 스로로 던지던 투수들이 제구력 향상 또는 나이가 들면서 체력 관리를 효율적으로 하고자 스리쿼터 스로로 변신한 경우가 많은데 박찬호의 경우도 이에 해당된다.

사이드암 스로side arm throw는 팔의 위치가 9시 방향에서 던지는 투구폼으로 오버핸드 스로보다 구속은 좀 떨어지지만 좌우로 공이 잘 변화해 슬라이더와 같이 옆으로 휘는 변화구를 던지기에 유리하고 체격 조건의 불리함을 극복하기에도 적합하다. 공을 제구하기가 쉽고, 투수와 같은 손을 사용하는 타자에게는 공이 타자의 등 뒤에서 날아오는 것처럼 느껴져 위협적일 수 있지만 반대의 손을 사용하는 타자에게는 공이 평면으로 날아오는 것처럼 느껴져 쉽게 공략당할 수 있다. 메이저리그 역사상 최고의 투수로 꼽히는 월터 존슨의 투구폼이 사이드암 스로였다.

언더핸드 스로under hand throw는 팔의 위치가 4~5시 방향에서 던지는 투구폼으로 좌우로 공이 잘 변화한다는 장점이 있지만 힘을 모으기 힘들어 빠른공을 던지기에 불리하고 주자에게 스타트를 쉽게 빼앗긴다는 단점이 있다. 사이드암 스로와 비슷한 이유로 같은 손을 사용하는 타자에게는 위협적이지만 반대 손을 사용하는 타자와는 상극이어서 싱커처럼 반대 손을 사용하는 타자의 바깥쪽으로 떨어지는 구종을 잘 익혀둬야 한다. 1890년대 마운드가 등장한 이후로 언더핸드 스로 투수들이 급격하게 줄어들었다. 게다가 반대 손을 사용하는 타자에게 매우 불리하고 긴 이닝을 소화하기에는 허리에 부담을 준다는 이유에서 1920년대까지 활약했던 칼 메이스Carl Mays, 1891~1971를 마지막으로 언더핸드 스로 투구폼으로 성공한 선발 투수는 사실상 전무한 상황이다. 다만 댄 퀴즌베리, 채드 브래드퍼드처럼 불펜 투수로 성공한 투수들은 일부 있다.

지금까지 살펴본 바와 같이 투구폼은 팔의 위치에 따라 크게 네 가지로 구분된다. 투수가 같은 코스에 같은 구종을 팔의 위치만 바꿔 던져도 공의 궤적이 달라져 타자에게 많은 어려움을 줄 수 있다. 이러한 이유로 올랜도 에르난데스, 케빈 브라운과 같은 일부 투수들은 경기 중 팔의 위치를 자유자재로 바꾸며 타자들을 혼란에 빠뜨리곤 했다.

088_ 투구 자세

투구 자세는 와인드업 포지션과 세트 포지션 두 가지로 나뉜다. 일부 팬들은 누상에 주자가 없을 때는 와인드업 포지션, 주자가 있을 때는 세트 포지션을 취해야만 하는 것으로 알고 있으나 투수는 상황에 관계없이 두 가지 투구 자세 중 하나를 자유롭게 선택해 던질 수 있다. 다만 주자가 있는 상황에서 투구 동작이 길고 큰 와인드업 포지션을 취하면 도루를 허용할 확률이 높아 세트 포지션을 취할 뿐이다. 경기를 자세히 살펴보면 주자가 있어도 만루 또는 2, 3루에서처럼 주자가 도루를 시도할 확률이 매우 낮은 상황에서 와인드업 포지션을 취하는 투수들이 있는 반면, 주자가 없음에도 세트 포지션을 취하는 투수들이 있음을 알 수 있다. 와인드업 포지션과 세트 포지션의 두드러진 차이점은 와인드업 포지션은 오른손 투수 기준으로 자유발(왼발)을 뒤로 뺀 후 다시 끌어올리며 킥킹을 해도 상관없지만 세트 포지션에서는 자유발을 뒤로 빼면 반칙 투구로 보크가 선언된다는 점이다. 이 두 가지 투구 자세의 구체적인 특징은 다음과 같다.

와인드업 포지션은 타자를 정면으로 바라보고 선 후 오른손 투수 기준으로 중심발(오른발)을 투수판에 붙인 상태에서 자유발(왼발)을 뒤로 뺀 후 앞으로 크게 내딛으며 던지는 투구 자세다. 이때 중심발은 반드시 투수판에 붙여야 하나 자유발은 투수판을 밟거나 투수판 전후좌우 어디든 놓을 수 있다. 여기서 주의해야 할 점은 중심발을 투수판의 양옆이나 뒤쪽에 붙여두면 안 되고 투구 동작 중 중심발이 회전하는 과정에서 투수판에서 떨어져도 안 된다. 와인드업 포지션은 투구 자세에 좋은 리듬을 줘 좀 더 강력한 공을 던질 수 있지만 동작이 커 제구력이 흔들릴 수 있고 투구에 3~4초의 시간이 걸려 도루를 막는 것이 사실상 불가능하다는 단점 때문에 누상에 주자가 없거나 오직 타자와의 승부에 전력을 쏟아야 할 때 주로 사용된다.

발 빠른 주자가 2루 도루까지 걸리는 시간은 약 3.5초다. 포수가 투구를 받아서 2루로 송구하는 데 약 2초가 걸리는 것을 감안할 때 투수가 투구를 1.5초 안에 마무리짓는다면 도루를 막을 확률이 자연스레 높아지게 된다. 이렇게 1.5초라는 짧은 시간 안에 투구를 마무리짓기에 적합한 투구 자세가 바로 세트 포지션이다. 세트 포지션은 타자를 옆으로 바라

와인드업 포지션

세트 포지션

보고 서서 중심발로 투수판 위를 밟거나 발을 투수판 앞쪽에 붙여야 한다. 이때 중심발이 투수판 양옆에서 벗어나거나 또는 투수판에서 떨어져선 안 되고, 자유발은 투수판 양옆을 벗어나는 것이 허용되지만 투수판 앞쪽 연장선의 뒤쪽에 놓아서는 안 된다. 세트 포지션에서는 몸통 앞에서 양손을 모은 후 1초 이상 완전히 정지해 타자에게 타격할 준비 시간을 줘야 하며 이를 어길 경우에는 보크가 선언된다.

투수는 퍼펙트게임을 이끌 자신이 있지 않은 이상 주자가 도루를 쉽게 못하도록 세트 포지션을 잘 익혀둬야 한다. 특히 주자를 지나치게 의식한 나머지 팔 동작을 작게 해서는 안 되며 와인드업 포지션에 비해 공의 위력이 줄어드는 것을 최소화하려면 체중 이동을 재빨리 해야 한다. 세트 포지션을 취하면 팔에 부담이 크고 구속이 약 5킬로미터 줄어들지만 도루 방지와 제구력을 높이기에 유리하다는 장점이 있어 최근에는 누상에 주자가 없더라도 세트 포지션을 취하는 투수들을 어렵지 않게 볼 수 있다. 특히 구원 투수들에게서 이런 장면을 쉽게 볼 수 있는데 이는 누상에 주자가 있는 상태에서 등판하는 것에 익숙한 구원 투수들이 자신의 투구 자세를 흐트러짐 없이 유지하려는 목적이다.

089_ 투수 교체

야구에서 투수력이 차지하는 비중은 절대적이다. 그러다 보니 팀이 수비를 할 때 감독의 관심은 온통 투수에 쏠려 있고 투수 교체는 감독의 수많은 역할 중 가장 중요한 역할로 꼽힌다. 특히 투수 분업화가 정착돼 투수 교체가 빈번히 이뤄지는 오늘날에는 그 중요성이 더 높아졌다. 이러한 투수 교체는 마운드에 내세울 투수의 컨디션과 상대 팀의 대타 작전은 물론 앞으로 전개될 경기 상황과 다음 경기 일정 등을 고려해 결정한다. 마운드 위 투수가 잠깐 흔들렸다고 일단 갈아치워 보자는 마음에 곧장 내렸다가는 경기를 망칠 수도 있다. 하지만 대개의 경우 감독이 투수 교체에 실패하는 주된 원인은 마운드 위 투수의 감정을 지나치게 존중하는 마음 때문이다.

이와 관련한 대표적 사례는 필라델피아 필리스와 토론토 블루제이스가 맞붙은 1993년 월드시리즈에서 나왔다. 당시 필리스의 마무리 투수 미치 윌리엄스Mitch Williams, 1964~는 왼손 투수로 드물게 구속 160킬로미터에 육박하는 패스트볼을 던지며 정규 시즌에서 43세이브를 올리는 맹활약을 펼쳤으나 월드시리즈 4차전에서는 극도의 부진에 빠져 다 잡은 승리를 망친 주범으로 몰렸다. 시리즈 전적 2 대 3으로 뒤진 필리스가 6차전에서 9회초까지 6 대 5로 앞서자 마운드에 오른 그는 첫 타자에게 볼넷을 허용한 후 다음 타자를 아웃으로 잡아냈지만 그다음 타자에게 안타를 허용하며 역전 주자까지 내보내고 말았다. 그리고 대기 타석에는 강타자 조 카터가 서 있었다. 절체절명의 순간이 눈앞에 펼쳐지자 사람들은 오른손 타자인 카터가 타석에 들어서는 데다 4차전에 이어 계속 흔들리고 있는 윌리엄스가 교체될 것으로 예상했다. 단 필리스의 짐 프레고시Jim Fregosi, 1942~2014 감독만 빼고. 그는 정규 시즌 내내 팀 승리에 큰 역할을 했던 윌리엄스를 마운드에서 끌어내리는 것을 꺼려한 나머지 눈앞에 펼쳐진 현실을 애써 외면하며 윌리엄스를 마운드에 계속 남겨뒀다. 결국 윌리엄스는 카터에게 이 경기는 물론 시리즈를 끝내는 홈런을 허용했고, 월드시리즈 진출의 주역에서 '공공의 적'이 된 그는 이 충격으로 전성기 기량을 회복하지 못한 채 32세의 젊은 나이에 은퇴했다.

투수 교체는 대타와 달리 규칙상 제한 사항이 많다. 공격팀에서 대타를 내세워 수비팀에서 곧바로 투수를 교체하고 이에 맞서 공격팀이 다시 대타를 내세울 경우 수비팀에서는 다시 투수를 교체할 수 없다. 왜냐하면 타자와 달리 투수는 부상 또는 질병과 같은 특별한 상황이 발생하지 않는 한 적어도 세 타자를 상대하거나 이닝 중간에 마운드에 올랐다면 해당 이닝을 마쳐야만 교체가 가능하기 때문이다. 또한 감독이나 코치가 한 이닝에 투수의 마운드에 두 차례 올라가면 그 투수를 교체해야 하고, 한 이닝에 동일한 투수와 타자의 대결 상황에서 마운드에 두 차례 올라가면 감독은 퇴장당한다. 이와 같이 투수 교체에 까다로운 제한 사항들을 마련한 것은 최근 메이저리그 인기 하락의 원인으로 꼽히는 긴 경기 시간을 조금이나마 단축하기 위함이다.

2007년 8월 21일 시카고 화이트삭스와 캔자스시티 로열스의 경기에서 독특한 투수 교체 장면이 나왔다. 화이트삭스의 아지 기옌 감독은 8회초 에렌 와서먼이 상대 타자를 아웃으로 잡아낸 후 마이크 마이어스를 마운드에 올렸다. 마이어스는 초구에 안타를 허용했고 곧장 마운드에 올라온 라이언 벅비치 역시 초구에 안타를 맞았다. 이에 기옌 감독은 맷 손튼을 마운드에 올렸고 손튼은 초구로 더블 플레이를 유도하며 이닝을 종료했다. 9회초 마운드에 오른 팀의 마무리 투수 바비 젠크스가 초구를 던진 순간을 계산해보면 투구 5개를 던지는 동안 투수 5명이 등장하는 보기 힘든 장면이 연출된 셈이다. 그런데 만약 투수와 타자가 한창 대결을 벌이던 중 투수가 교체됐다면 타자와의 승부 결과에 대한 책임은 어느 투수에게 있을까? 2-0, 2-1, 3-0, 3-1, 3-2처럼 타자에게 유리한 볼카운트에서 교체된 투수가 볼넷을 허용했다면 볼넷의 책임은 전임 투수의 몫이지만 볼넷이 아닌 안타, 몸에 맞는 공 등이 나왔다면 이는 온전히 교체된 투수의 책임이다. 이러한 투수 교체를 잘 활용하면 투수 한 명이 공 7개로 삼진 3개를 잡아내는 것도 가능해진다. 규칙상 세 번째 스트라이크를 던진 투수에게 탈삼진 기록이 주어지므로 볼카운트 0-2에서 등판한 구원 투수가 공 1개로 탈삼진을 잡아낸 후 나머지 공 6개로 2명의 타자를 탈삼진 처리하면 '7구 3K'라는 기록이 가능하기 때문이다.

투수 교체 과정에서 마운드 위 투수를 끌어내려는 감독과 내려오고 싶지 않은 투수 사이에 갈등이 발생하기도 한다. 마운드에서 쫓기듯 내려온 투수들 중에는 덕아웃에서 불만스러운 표정을 짓거나 케빈 브라운처럼 주먹으로 덕아웃의 벽을 강하게 때리며 과격하게 화풀이하다 손에 부상을 입기까지 한다. 이러한 투수 교체 과정에서의 갈등에 얽힌 재미있는 일화도 있다.

1934년 7월 4일 브루클린 다저스의 월터 벡은 필라델피아 필리스와의 경기에 선발 등판했으나 그의 투구는 케이시 스텡겔 감독의 성에 차지 않았다. 결국 1이닝도 못 채우고 마운드에서 내려오게 된 벡은 붉으락푸르락한 얼굴로 마운드에서 와인드업을 하면서 홈 플레이트가 아닌 우익수 방면으로 강하게 공을 던져 버렸다. 투수 교체 상황이다 보니 넋을 놓고 있던 우익수 핵 윌슨은 펜스에서 '쿵boom' 하면서 소리가 들리자 타구가 날아온 것으로 착각해 허겁지겁 공을 주워 2루를 향해 강하게 송구했다. 눈앞에 펼쳐진 황당한 모습에 벡과 윌슨을 제외한 야구장의 모든 사람들이 배꼽을 잡으며 웃었고, 이 사건 이후 벡은 '붐-붐Boom-Boom'이라는 별명을 얻었다.

감독은 귀신이 아니기에 투수 교체 결과가 좋지 않을 수 있다. 그러나 투수 교체가 경기에서 차지하는 의미가 워낙 크다 보니 감독의 잘못된 투수 교체는 결과론자들 사이에 최고의 안줏감이 된다. 하지만 투수 교체 결과가 감독의 뜻대로만 되면 이는 야구가 아닐뿐더러 지금처럼 흥미진진한 스포츠로 성장하지도 못했을 것이다. 어찌 보면 야구의 묘미는 실패한 투수 교체처럼 기대에 대한 처절한 배반일지도 모른다.

090_ 위협구와 빈볼

타석에 들어선 타자의 속마음은 어떨까? 아마도 투수가 던진 공에 적극적으로 다가서며 강하게 때려내겠다는 욕심과 공이 자신의 몸을 향해 날아오면 얼른 피해야겠다는 두려움이 복잡하게 섞여 있을 것이다. 마음 같아서는 펜스 너머로 한 방 날리고 싶겠지만 그 이면에는 빠른공에 맞으면 큰 고통이 따르고 심할 경우 레이 채프먼, 미키 코크레인처럼 목숨을 잃거나 선수 생명이 끝날 수도 있기 때문이다. 타자들이 불편함을 감수하며 각종 보호 장비를 걸친 채 타석에 들어서고 위협구가 날아오면 투수에게 버럭 화를 내는 모습은 이들이 타석에서 느끼는 두려움이 얼마나 큰지 알 수 있게 한다.

브랜치 리키는 위협구에 대한 두려움으로 타격에 집중하지 못하는 타자들의 정신력 강화를 위해 타자의 등 뒤에 줄을 쳐놓은 후 뒤로 물러서면 몸에 걸리는 훈련법까지 시도했지만 본능에 가까운 두려움이 쉽게 사라질 리 없었다. 그런데 타자가 이렇게 두려움에 전전긍긍하며 타격에 집중하지 못하는 것은 투수 입장에서 높은 전략적 활용 가치가 있다. 그래서 투수가 타자의 머리를 향해 위협구를 던져 타자를 홈플레이트에서 떨어뜨린 후 바깥쪽 공으로 타자를 잡아내는 것은 가장 전통적이고도 기본적인 투구 요령으로 꼽힌다. 제아무리 심성이 고운 투수라도 이따금씩 위협구를 던질 수밖에 없는 이유다. 다만 최근 들어 위협구는 과거에 비해 눈에 띄게 줄었다. 고액 연봉 시대를 맞아 선수들이 몸을 사리는 분위기가 높아져 과거 같으면 대수롭지 않게 생각할 위협구에도 민감하게 반응하며 벤치 클리어링으로 이어지는 데다 2001년부터는 빈볼을 던진 투수에게 심판이 즉각 퇴장 명령을 내리고 있기 때문이다.

여기서 빈볼이란 투수가 고의적으로 타자의 머리를 향해 던진 공을 뜻하며 최근에는 굳이 머리가 아니더라도 타자의 몸을 향해 의도적으로 던진 공도 확대하여 빈볼로 본다. 위협구와 빈볼의 경계선이 애매해서 이 둘을 구분하지 않고 사용하기도 하지만, 이 둘은 전혀 다른 의도로 던지는 공이다. 위협구가 타자의 리듬을 흐트러뜨리고 적극적인 타격을 못하도록 전략적 측면에서 던진 공이라면 빈볼은 애초에 타자의 몸을 표적 삼아 분풀이용으로 던지는 공이다. 그래서 빈볼은 '홈런 타구 감상하기', '점수 차가 큰 상황에서 도루 또는 번트' 등과 같이 상대의 기분을 상하게 한 플레이가 나온 후 보복 차원에서 주로 등장한다. 결론적으로 위협구는 타자와의 승부를 위해 얼마든지 던질 수 있는 경기의 일부이지만 빈볼은 타자가 아닌 사람 잡는 비신사적인 투구로 사라져야 할 대상이다. 사실 위협구나 빈볼을 던지는 것이 마냥 쉽지만은 않다. 늘 스트라이크 존 근처로 투구를 하던 투수가 갑자기 타자의 몸을 향해 공을 던지는 것이 낯설기 때문이다. 역사적으로 봐도 위협구나 빈볼을 잘 던지는 투수들은 제구력이 뛰어나고 배짱이 두둑한 성격이었으며 대표적으로 돈 드라이스데일과 밥 깁슨이 꼽힌다. 드라이스데일은 "홈플레이트로 가까이 붙는다면 내 할머니라도 맞혀버릴 것"이라는 발언의 주인공이고, 깁슨은 1992년 올스타전에 앞서 열린 올드타이머 경기에서 레지 잭슨에게 홈런을 맞자 이듬해 올드타이머 경기에서 다시 마주친 잭슨에게 주저 없이 위협구를 던져 화제가 됐다. 당시 깁슨의 나이 57세, 잭슨의 나이 47세였다.

091_ 스핏볼

본래 투수가 공의 회전에 묘한 변화를 주고자 침을 바른 후 투구한 공을 의미했다. 최근에는 흙을 묻힌 머드볼, 사포 등으로 표면을 까칠하게 만든 에머리볼, 바셀린을 바르거나 마찰을 가해 표면을 매끄럽게 만든 샤인볼 등 모든 부정 투구를 일컫는 용어로 사용된다. 손가락에 침, 바셀린과 같은 미끄러운 물질을 바른 후 패스트 볼과 동일한 방식으로 던지면 공의 윗부분이 손에서 먼저 빠져나가면서 톱스핀이 걸리고 이 때문에 빠르게 날아가던 공이 홈플레이트 부근에서 뚝 떨어지는 큰 변화를 일으킨다. 이러한 특성으로 스핏볼spit ball을 '빠른 너클볼'이라고도 한다. 스핏볼의 개발자로는 바비 매튜스, 프랭크 코리던 등 여러 명이 거론되고 있어 언제 탄생했는지 정확히 알 수 없다. 다만 1800년대 후반에 등장한 후 1900년대 초 최고의 스핏볼 투수 에드 월시Ed Walsh, 1881~1959를 통해 널리 퍼진 것으로 알려졌다.

본래 정당한 투구로 인정받아오던 스핏볼이 금지된 것은 1920년이었다. 다만, 스핏볼 투수들의 밥줄을 모조리 끊을 수 없어 총 17명의 스핏볼 전문 투수에게는 은퇴할 때까지 스핏볼을 던질 수 있도록 제한적으로 허용했다. 메이저리그가 스핏볼을 금지시킨 이유는 오래전부터 꾸준히 제기된 '부정 투구 논란', 침으로 병균을 옮길 수 있다는 '위생 문제' 등 여러 이유가 있지만 가장 큰 이유는 따로 있었다. 1919년에 터진 승부조작 사건 '블랙삭스 스캔들'로 흥행에 큰 위기를 맞은 메이저리그가 해결책을 베이브 루스의 홈런에 열광하는 관중의 모습에서 찾았고 이와 같은 움직임을 높이기 위해 반발력이 좋은 공을 도입하고 스핏볼을 부정 투구로 금지시킨 것이다. 그 결과 1920년대에 로저스 혼즈비, 조지 시슬러를 비롯한 4할 타자가 배출되고 루스는 연일 홈런쇼를 선보였는데 화끈한 공격 야구 속에 사람들이 경기장으로 몰려들면서 메이저리그는 블랙삭스 스캔들의 위기에서 탈출할 수 있었다. 스핏볼의 금지는 단기적으로 타고투저 현상을 가져왔지만, 장기적으로 변화구의 발전을 비롯한 투수들의 능력을 향상시키는 결과를 가져왔다. 이전까지 투수들은 변화구를 던지기 위해 오랜 시간 노력할 필요 없이 스핏볼을 던지면 그만이었지만, 스핏볼이 금지되자 새로운 생존법을 모색하며 다양한 변화구를 개발하고 타자 상대요령을 연구했기 때문이다.

스핏볼이 허용된 17명의 투수 중 가장 늦게까지 선수 생활을 한 벌레이 그라임스가 1934년을 끝으로 은퇴하며 이듬해부터 스핏볼은 공식적으로 사라졌다. 그러나 스핏볼은 야구와 함께 늘 있어 왔고 오늘날에도 교묘한 방법으로 던져지고 있다. 예를 들어 공에 흠집을 낼 목적으로 조 니크로는 사포를 뒷주머니에 숨겼고 릭 허니컷은 엄지손가락에 압정을 붙였다.

동료의 힘을 동원한 투수들도 있다. 돈 서튼은 이닝이 시작될 때 유격수 모리 윌스가 면도날로 긁어준 공을 건네받았고 화이티 포드는 포수 요기 베라가 보호 장비의 거친 부분으로 긁어준 공을 건네받았다. 최근 투수들이 주로 사용하는 방법은 은밀하게 파인 타르를 바르는 것이다. 2006년 월드시리즈에서 케니 로저스는 손바닥에 파인 타르를 바른 자국이 TV 카메라에 잡혀 논란이 됐고, 2012년 조엘 페랄타는 글러브에, 2014년 마이클 피네다는 미리 목에 파인 타르를 바른 후 투구에 활용하다 적발돼 각각 8경기, 10경기 출전 정지라는 징계를 받았다. 투수들이 이렇게까지 스핏볼을 포기하지 못하는 이유는 스핏볼의 엄청난 위력에도 있지만, 야구계가 부정 배트나 약물 복용에 비해 스핏볼에 관대한 분위기에도 있는 것으로 보인다.

스핏볼의 대가로는 1970년대 맹활약하며 최초로 양대 리그에서 사이영상을 모두 수상한 게일로드 페리Gaylord Perry, 1938~가 꼽힌다. 그는 스핏볼을 던진다는 의심을 수없이 받았지만 귀신같은 재주 덕분에 경기 중 적발돼 퇴장을 당한 것은 딱 한 차례뿐이었다. 그는 자신이 스핏볼을 던진다는 의심이 메이저리그 전반에 확산되어 있는 것을 역으로 이용해 스핏볼을 던지지 않을 때도 타자에게 던질 것처럼 행동하며 심리적으로 큰 이득을 챙기기도 했다. 페리는 자서전 『나와 스핏볼Me and the Spitter』에서 자신은 경기당 4~5번 정도만 스핏볼을 던졌고 공에 소금, 후추, 초콜릿 시럽을 제외하고 다 발라봤다며 스핏볼을 던졌음을 인정했다. 통산 314승을 올리며 명예의 전당에 헌액된 그에게 원로 감독 진 마치는 명예의 전당에 놓인 페리의 동판 옆에 바셀린을 부착해야 한다는 주장을 펼쳤다. 스핏볼로 이런저런 논란을 일으켰던 페리는 은퇴 후 바셀린의 다양한 효과를 알리면서 야구장에서만큼은 사용할 수 없다는 내용의 바셀린 광고 모델로 등장하는 넉살 좋은 모습을 보이기도 했다.

092_ 커브

홈플레이트 근처에서 폭포수처럼 아래로 뚝 떨어지는 구종으로, 12시에서 6시 방향으로 떨어지는 커브와 2시에서 7시 방향으로 약간 횡을 그리며 떨어지는 커브로 나뉜다. 커브는 중지를 공의 솔기와 나란히 잡고 바로 옆에 검지를 살짝 놓은 후 공을 릴리스할 때 중지로 공을 아래로 당기면서 손목을 안쪽으로 틀어 던진다. 이때 걸린 톱스핀의 영향으로 날아가던 공이 추진력보다 중력의 영향이 강해지는 후반부에 아래로 급속하게 떨어지는 것이 커브의 원리다.

패스트볼만으로 타자를 상대하던 초창기 야구에서 구속은 투수의 모든 것이나 다름없었고 따라서 선천적으로 강한 어깨를 타고나지 못한 투수는 타자와의 싸움에 절대적으로 불리했다. 그러던 1863년 어느 날 해안가에서 자신이 던진 조개껍질이 휘어나가는 모습을 흥미롭게 바라보던 캔디 커밍스라는 소년은 이를 야구에 적용하기로 마음먹었고 오랜 노력 끝에 1867년 브루클린 익셀시어스 소속으로 경기에 나서면서 커브를 처음 선보였다. 커브의 등장에 공이 실제로 휘는 것이 아닌 단순한 눈의 착각이라는 논란까지 일었고, 결국 1870년 8월 16일 야구 기자 헨리 채드윅의 주도로 프레드 골드스미스라는 소년이 커브가 실제로 휘는 것을 공개적으로 선보이는 일이 벌어지기도 했다.

커브를 두고 타자를 속이는 기만행위로 평가절하하는 시선이 있었지만 커브의 위력에 대해서는 너나없이 공감을 표하며 커브를 던져대기 시작했다. 패스트볼에만 익숙해져 있던 시절 커브의 등장은 야구사에 큰 획을 긋는 사건이었다. 투수들이 패스트볼에 커브를 섞어 던지면서 투구 전략이 생겨났고 변화구의 위력을 맛본 투수들이 다양한 변화구를 개발하며 야구가 훨씬 풍성해진 것이다. 한편, 커브의 창시자를 놓고 커밍스가 아닌 골드스미스, 바비 매슈스 등이라는 의견들이 일부에서 제기되었지만 야구계에서 영향력이 높았던 커밍스가 커브의 창시자로 인정받았고 덕분에 그는 명예의 전당에 입성할 수 있었다.

커브가 대중적으로 널리 알려진 데는 1900년대 초 모데카이 브라운의 역할이 컸다. 어린 시절 집안일을 하다 손가락을 크게 다친 브라운이 기형적인 손가락에서 비롯된 예리한 커브를 선보이며 커브의 진가를 제대로 보여준 것이다. 커브의 전성기는 1960년대로 그 중심에는 역사상 최고의 커브를 던진 것으로 평가받는 샌디 쿠팩스Sandy Koufax, 1935~가 있다. 그의 커브를 때리는 것은, 강타자 윌리 스타젤이 포크로 커피를 떠먹는 일에 비유할 정도로 곤혹스러운 일이었다. 강력한 패스트볼과 낙차 큰 커브를 던졌던 쿠팩스는 1955년부터 1966년까지 12년이라는 비교적 짧은 동안 165승에 평균자책점 2.76과 탈삼진 2396개를 기록하는 맹활약을 펼치며 역대 여섯 번째 '첫해 헌액자'이자 최연소 헌액자로 명예의 전당에 입성했다.

커브의 인기는 1968년 극심한 투고타저 문제를 해결하기 위해 스트라이크 존 윗부분이 줄어들며 높은 패스트볼과 커브의 조합으로 상하 폭의 차를 노리는 투구 전략이 위력을 잃자 사그라들었다. 그렇다 해도 쿠팩스 이후 버트 블라일레븐, 마이크 보디커, 대릴 카일 등을 비롯한 여러 투수들이 커브의 위력을 꾸준히 선보여 왔고 커브는 여전히 메이저리그에서 선발 투수로 살아남기 위한 필수 구종으로 꼽히고 있다. 던지기가 수월하고 팔에 무리가 덜 가는 데다 아래로 휘며 배팅 포인트가 점으로 이루어져 있어 타자의 정확한 타격을 어렵게 한다는 장점 때문이다. 게다가 쿠팩스, 놀런 라이언, 드와이트 구든의 모습에서 알 수 있듯 강력한 패스트볼과 함께 던지면 그 위력이 더욱 커져 타자를 삼진으로 처리하기에도 매우 효과적이다. 그러나 던지는 투수는 많지만 날카로운 각도와 안정된 제구 유지에 어려움이 많아 완벽히 구사하는 투수가 적은 구종이기도 하다. 커브를 완벽히 구사하려면 오랜 노력이 필요하며 일부에서는 노력보다는 타고난 감각이 중요하다는 주장을 펼치기도 한다. 어찌 되었건 그립이나 투구 동작에서 다른 구종들과 차이가 크고, 투수의 손에서 빠져나올 때 솟아오르는 궤적 때문에 섣불리 던졌다가는 구종을 간파당하기 쉽다는 단점을 안고 있다. 게다가 구속마저 느려 타자가 대응하기 수월한 상황에서 높은 커브를 던졌다가는 장타를 치기 딱 좋은 공을 선물해준 꼴이 될 수 있다.

093_ 슬라이더

패스트볼과 커브의 중간형으로 빠르게 날아가다 홈플레이트 근처에서 미끄러지듯 옆으로 날카롭게 꺾이는 구종이다. 아래로도 약간 떨어지기는 하나 슬라이더slider는 옆으로의 변화가 심한 대표적인 구종으로 오른손 투수가 오른손 타자에게 던지는 것을 가정하면 타자의 바깥쪽으로 휘어진다. 슬라이더는 패스트볼과 혼동을 유도하는 구종이므로 패스트볼과 동일한 동작을 취하다가 공을 릴리스하는 순간 손목을 오른쪽으로 살짝 비틀어 던진다.

슬라이더의 역사는 1900년대 초로 거슬러 올라간다. 당시 치프 벤더가 '빠른 커브'를 던진 것으로 전해지는데 이것이 오늘날 우리가 말하는 슬라이더였다. 현재와 같은 슬라이더는 1930년 무렵 조지 블래홀더가 처음 던진 것으로 알려졌으며 당시에는 꺾이는 각도가 작아 얼치기 커브nickel curve라고 했다. 슬라이더는 1940년대 중반부터 널리 사용되며 점차 현대 야구의 기본적인 변화구로 자리를 잡아갔다. 이러한 슬라이더의 확산을 두고 당시 메이저리그를 주름잡던 스탠 뮤지얼은 슬라이더만 없었다면 더 많이 안타를 때리고 더 오래 선수 생활을 했을 것이라고 말하기도 했다. 1968년 스트라이크 존 윗부분의 축소로 커브의 인기가 식자 더 많이 주목받게 된 슬라이더는 1970년대 전성기를 맞았고 그 중심에는 스티브 칼튼Steve Carlton, 1944~이 있다. 역사상 가장 뛰어난 슬라이더를 던진 것으로 평가받는 칼튼은 예술적인 슬라이더를 바탕으로 300승과 4000개 탈삼진 이상을 기록하고 최초로 사이영상 4회 수상의 주인공에 올랐다. 칼튼의 뒤를 이어 랜디 존슨을 비롯한 여러 투수들이 슬라이더의 위력을 뽐내는 등 슬라이더는 스플리터, 컷 패스트볼과 같은 다양한 구종의 등장 속에도 여전히 매우 효과적인 구종으로 손꼽히고 있다.

슬라이더가 널리 사용될 수 있었던 이유는 익히기 쉽고 제구가 수월한 데다 헛스윙을 유도하기에 효과적이어서 타자를 탈삼진으로 잡아내기 좋았기 때문이다. 한마디로 투수는 던지기 쉬운 반면 타자는 치기 힘든 구종이 바로 슬라이더다. 그러나 제대로 미끄러지지 않아 타자가 공략하기 좋은 곳으로 들어갔다가는 스피드가 떨어진 패스트볼에 지나지 않아 장타를 맞기 쉬운 구종도 슬라이더다. 이렇게 장단점이 뚜렷한 슬라이더는 타율은 낮춘 반면 홈런 수를 높인 구종으로 꼽힌다.

094_ 너클볼

너울너울 춤추는 한 마리 나비처럼

날아가는 매우 독특한 구종이다. 일반적으로 투수는 공의 솔기를 이용해 일정한 방향으로 공을 회전시켜 더 강하고 정확하게 날아가는 공을 던지려 한다. 하지만 공에 회전이 걸리지 않도록 던지는 너클볼knuckle ball은 천천히 날아가면서 바람, 공의 흠집과 공 놓는 위치 등에 따라 만화 속 마구와 같은 변화무쌍한 움직임을 보인다. 이 때문에 너클볼의 구속이 시속 100킬로미터를 살짝 웃도는 수준에 지나지 않아 타자 입장에서 공이 올 때까지 배트를 두세 번 휘두를 수 있겠다는 마음이 들겠지만 만만하게 보고 함부로 덤볐다간 도끼로 모기 잡는 꼴이 되고 만다. 그렇다고 타자는 심하게 자책할 필요는 없다. 너클볼 전담 포수가 너클볼 전용 대형 미트를 사용하고도 포구에 실패할 만큼 움직임이 심한 구종이 바로 너클볼이기 때문이다.

이러한 장점 외에 너클볼은 투수의 어깨와 팔에 무리를 적게 줘 많은 이닝 소화와 연투에 유리한데 1970년대 활약한 윌버 우드가 더블헤더 2연전 모두에 선발로 나설 수 있었던 것도 너클볼러였기에 가능했다. 체력적인 부담이 덜해 다른 투수라면 은퇴할 40대에도 전성기를 누릴 만큼 투수 생명이 길어 과장 좀 보태면 너클볼러는 투구가 아닌 1루 베이스를 커버할 체력이 안 돼 은퇴한다는 말까지 있을 정도다. 실제로 호이트 윌헬름은 49세까지 활약했고 필 니크로Phil Niekro, 1939~2020 48세, 찰리 허프 46세, 더치 레너드와 팀 웨이크필드가 44세까지 활약하는 등 대부분의 너클볼러들은 나이를 잊은 활약을 펼쳤다.

너클볼의 단점은 너클볼의 가장 큰 장점인 변화무쌍함과 관련이 있다. 공의 움직임이 너무 심하다 보니 투수 입장에서는 공을 원하는 곳으로 던지기 힘들고 포수 입장에서는 포구에 실패하는 일이 많다. 이 때문에 니크로는 통산 226개의 폭투로 역대 2위에 올라 있고 1경기에 무려 6개의 폭투를 기록한 적이 있으며 또 다른 너클볼러인 R.A. 디키와 더불어 1이닝에만 4개의 폭투를 기록하기도 했다. 그밖에 습득하기가 매우 어렵고 구속이 느린 데다 포수가 포구에 어려움을 겪기 때문에 도루를 허용하기 쉬우며 제대로 던지지 못하면 배팅볼을 던진 것과 같은 상황이 벌어진다는 문제점을 안고 있다. 웨이크필드와 디키가 1900년 이후 기록인 1경기 6피홈런의 주인공들인 것도 이러한 너클볼의 단점과 무관하지 않다.

너클볼을 던지는 방법은 엄지와 새끼손가락으로 공을 받치고 나머지 세 손가락으로 공을 찍듯 솔기를 잡은 후 세 손가락을 튕기듯 밀어 던진다. 이때 회전을 최소화하기 위해 손목을 사용하지 않고 허리도 튕기지 않으며 하체 역시 거의 활용하지 않는다. 이처럼 투구법이 여느 구종과 확연히 달라 가끔 섞어 던지는 다른 구종을 던진 후 몸이 너클볼 투구법을 정확히 기억하지 못해 실투성 너클볼을 던지는 일이 벌어지곤 한다. 너클볼을 잘 던지려면 길고 강한 손가락과 함께 두둑한 배짱이 특히 필요하다. 상대 타자가 너클볼을 뻔히 예상하고 있는 상황에서 심리적으로 불안해하며 너클볼을 던졌다간 회전이 많이 걸려 아리랑볼을 던진 꼴이 될 수 있다. 그래서 너클볼러는 경기 중 홈런을 많이 허용하고 폭투나 패스트 볼passed ball 같은 돌발 상황이 많이 벌어지더라도 자신의 공을 믿고 평정심을 유지하는 능력이 더욱 필요하다.

너클볼은 1908년 무렵 에디 시카티 또는 루 모렌이 최초로 던진 것으로 알려졌으나 정확한 기원은 알 수 없다. 다만 투구의 70퍼센트 이상을 너클볼로 던지는 너클볼러로 인정받은 최초의 투수가 더치 레너드라는 데는 이견이 없다. 1933년 메이저리그에 데뷔해 20년간 활약한 레너드는 너클볼의 대중화에 앞장서며 윌헬름, 니크로 등과 같은 너클볼러들에게 많은 영향을 끼쳤다. 1944~45년에 워싱턴 세너터스의 선발 투수 5명 중 얼리 윈을 제외한 4명의 투수가 너클볼러일 만큼 1940년대는 너클볼의 전성기였다. 이후 내리막길을 걸으며 1970년대는 리그에 대여섯 명으로 줄더니 최근에는 한두 명으로 그 수가 눈에 띄게 줄어들었다. 니크로는 이러한 너클볼러들 중 최고로 꼽힌다. 그는 1964년부터 1987년까지 활약하며 318승과 탈삼진 3342개를 기록, 너클볼러 중 유일하게 300승과 3000탈삼진 이상을 올렸고 5404이닝을 던져 1920년 라이브볼 시대 이후 가장 많은 이닝을 소화한 투수에 올라 있다. 이러한 활약 덕에 니크로는 1997년에 윌헬름에 이어 두 번째로 명예의 전당에 헌액된 너클볼러가 됐다.

'마른 스핏볼'로 불릴 만큼 위협적이면서도 '가정주부가 던지는 공'이라는 혹평을 들을 만큼 푸대접을 받는 구종이 너클볼이다. 이러한 야구계의 분위기에서 니크로마저 사이영상을 단 한 번도 수상하지 못했는데 2012년이 되어서야 디키가 너클볼러 중에 처음으로 사이영상을 수상했다. 시속 100마일에 가까운 강속구를 던지는 투수들이 넘쳐나는 메이저리그에서 시속 100킬로미터가 조금 넘는 구속으로 쟁쟁한 타자들을 줄줄이 돌려세울 수 있다는 독특함만으로도 너클볼은 많은 관심을 받는 구종이다.

095_ 스크루볼

커브와 정반대로 회전하는 구종으로 '거울에 비친 커브'라고 생각하면 이해가 쉽다. 예를 들어 오른손 타자를 상대로 왼손 투수가 커브를 던지면 몸쪽으로 휘어들어가는 반면 스크루볼screw ball은 도리어 오른손 투수가 던진 커브처럼 오른손 타자 바깥쪽으로 역회전하며 휘어 나간다. 타자는 투수의 손에서 공이 나오는 짧은 순간에 공의 궤적과 스피드 등을 보고 타격하는데 스크루볼은 커브를 비롯한 다른 구종과 정반대로 휘어지는 희귀성으로 타자의 습관화된 반응을 공략하기 좋다. 특히 타자 입장에서 비슷하게 보이는 커브와 섞어 던지면 그 위력이 몇 배로 커진다.

스크루볼은 다른 손을 사용하는 타자를 상대할 때 투수가 겪는 불리함을 상쇄하기에 적합하며 오른손 타자가 많은 야구 특성상 왼손 투수에게 더 유용한 구종이다. 이처럼 스크루볼은 타자를 농락하기에 매우 효과적이지만 동시에 부상 위험성이 가장 높아 타자는 물론 투수 역시 기피하는 구종이라는 독특성도 있다. 스크루볼의 부상 위험이 높다는 것은 스크루볼을 던지는 모습을 떠올려보면 이해가 쉽다. 스크루볼은 검지와 중지로 솔기를 따라 잡은 후 공을 놓을 때 검지에 힘을 넣고 손목을 바깥쪽으로 무리하게 비틀듯 꼬아 던지는데 이러한 동작으로 시속 120킬로미터 정도의 공을 던지면 팔에 무리가 가지 않는 것이 오히려 이상할 것이다.

타자의 시야에서 멀어지는 특성으로 처음에 '페이드어웨이fadeaway'라 했던 스크루볼은 1800년대 후반 미키 웰치 또는 클라크 그리피스가 최초로 던진 것으로 알려졌다. 하지만 최초의 변화구인 커브를 역방향으로 던지는 것이 스크루볼이라는 점을 생각해보면 커브를 던졌던 투수들 중 웰치나 그리피스보다 앞서 스크루볼을 던진 투수가 있을 가능성도 높다. 스크루볼을 대중적으로 널리 알린 투수는 1900년대 초 리그를 압도했던 크리스티 매슈슨으로, 그는 스크루볼을 던질 때마다 팔이 부서질 것 같은 고통이 따르자 경기당 스크루볼을 10개 내외로 제한하며 결정적인 상황에서만 던졌고 그 결과 오랫동안 마운드에 오르며 통산 373승을 올렸다.

매슈슨에 이어 등장한 칼 허벨Carl Hubbell, 1903~1988은 스크루볼의 매운맛을 제대로 보여준 투수다. 1925년 디트로이트 타이거즈와 계약한 허벨에게 타이 코브 감독은 부상 위험이 높은 스크루볼을 금지시키며 마이너리그에서 다른 구종을 배워오라고 지시했다. 그러나 스크루볼을 던지지 못한 허벨은 그저 그런 투수에 지나지 않았다. 이때 1900년대 초 매슈슨을 옆에서 지켜보며 스크루볼의 위력을 너무나 잘 알고 있던 뉴욕 자이언츠의 존 맥그로 감독이 허벨을 영입했고 그 즉시 스크루볼의 봉인을 해제했다. 데뷔 첫해인 1928년부터 두각을 나타낸 허벨은 1933년부터 5년 연속 20승을 올리는 등 메이저리그를 호령하며 MVP를 2회 수상하는 영광을 누렸다. '스크루볼의 제왕'으로 불릴 만큼 스크루볼을 가장 잘 던진 투수로 꼽히는 허벨은 메이저리그 기록인 24연승을 달성했는데 1934년 올스타전에서는 베이브 루스 - 루 게릭 - 지미 팍스 - 알 시먼스 - 조 크로닌이라는 훗날 명예의 전당에 입성한 강타자 5명을 상대로 연속 탈삼진을 잡아내며 올스타전 역사에 길이 남을 장면을 연출하기도 했다. 하지만 매슈슨과 달리 패스트볼의 위력이 떨어져 스크루볼에 대한 의존도가 지나치게 높았던 허벨은 그 대가를 톡톡히 치러야만 했다. 팔꿈치 수술을 받은 후 과거처럼 스크루볼을 마음껏 뿌리지 못하자 평범한 투수로 전락했고, 허벨의 왼손바닥은 그를 영웅으로 만들어준 스크루볼로 인해 바깥쪽을 향할 만큼 심하게 뒤틀리고 말았다.

허벨 이후 1981년에 페르난도 발렌수엘라가 스크루볼의 위력을 뽐내며 메이저리그 최초로 신인왕과 사이영상을 동시 수상하는 영광을 누렸다. 발렌수엘라는 25세까지 99승을 올리며 300승 투수가 될 것이라는 찬사를 받았으나 스크루볼에 지나치게 의존한 결과 어깨가 망가져 결국 기대에 못 미치는 173승에 머물렀다. 발렌수엘라 이후 최근에도 헥터 산티아고와 같은 스크루볼러가 활동하고 있지만 스크루볼은 아주 일부 투수들만이 던지는 구종으로 전락했다. 이는 익히기가 힘들고 부상 위험이 너무 높은 데다 서클 체인지업과 같이 스크루볼과 유사한 효과를 얻을 수 있는 새로운 구종이 탄생했기 때문으로 보인다. 최근 일부에서 스크루볼의 부상 위험성이 높지 않다는 연구 결과가 나오기도 했으나 여전히 스크루볼의 부상 위험이 높다는 인식 때문에 지도자들이 가르치기를 꺼려해 앞으로도 스크루볼러를 보기는 힘들 전망이다.

096_ 스플리터

패스트볼에 버금가는 속도로 빠르게 날아가다 홈플레이트 앞에서 갑자기 뚝 떨어지는 구종이다. 빠른 구속과 함께 체인지업의 '타이밍 뺏기'와 싱커의 '가라앉음' 효과를 동시에 얻을 수 있는 구종으로 일부에서는 패스트볼로 분류하지만 주로 변화구로 분류한다. 검지와 중지를 쫙 벌리고split 그 사이에 공을 끼워 던지기 때문에 '스플릿핑거 패스트볼split-finger fastball'이라고도 하는 스플리터splitter를 포크볼과 구별하기도 하지만 포크볼forkball보다 검지와 중지 사이를 조금 덜 벌린 것이 스플리터이므로 사실상 같은 구종으로 본다.

스플리터의 원형인 포크볼은 1905년 외야수 마이크 린치가 개발한 후 버트 홀이라는 마이너리그 투수에게 던지는 방법을 알려준 것으로 전한다. 이후 조 부시, 로이 페이스 등 많은 투수들이 포크볼을 던졌으나 던지기가 까다로운 데다 부상 위험이 높다는 문제점 때문에 포크볼보다 작게 떨어지지만 구속이 빠른 스플리터로 자연스레 대체되었고, 1976년 메이저리그에 데뷔한 브루스 수터가 스플리터의 위력을 제대로 보여주면서 주목을 받았다. 스플리터를 말할 때 결코 빠뜨려서는 안 될 인물이 있다. 로저 크레이그가 그 주인공으로 1970~80년대 지도자 생활을 했던 크레이그는 스플리터를 완성품으로 가다듬어 많은 투수들에게 전파한 인물로 그 덕분에 이 무렵 많은 투수들이 스플리터의 위력을 선보였다.

특히 마이크 스콧Mike Warren Scott, 1955~은 스플리터 하나로 인생 역전에 성공한 '스플리터의 달인'으로 꼽힌다. 1979년 메이저리그 데뷔 후 괜찮은 패스트볼 외에 뚜렷한 장기가 없던 스콧은 1984년까지 6년 동안 29승에 4.45의 평균자책점을 기록한 별 볼일 없는 투수였다. 그러나 1984 시즌 종료 후 '귀인' 크레이그에게 스플리터를 배우고 난 후 그는 전혀 다른 투수로 탈바꿈했다. 마구를 던진다는 평가 속에 1985년부터 1989년까지 5년간 86승에 2.93의 평균자책점을 기록한 스콧은 이 기간 동안 올스타에 세 차례 뽑혔고 1986년에는 평균자책점과 탈삼진 부분에서 1위를 차지하며 사이영상까지 수상하는 영광을 누렸다. 그렇게 스플리터는 스콧을 중심으로 1980년대를 대표하는 구종으로 올라섰다. 이후 스플리터를 주무기로 삼은 투수들이 부상으로 신음하는 일이 많아지면서 그 열기가 식었지만 로저 클레멘스, 커트 실링, 다나카 마사히로 등을 거쳐 그 가치는 계속 이어져 오고 있다.

스플리터는 투구 동작, 공에 걸린 회전 방향, 구속 등이 패스트볼과 유사해서 타자가 패스트볼로 착각해 결과적으로 헛스윙을 하거나 공의 윗부분을 때리게 해 땅볼을 유도하기에 좋은 구종이다. 이 때문에 스플리터는 강속구 투수에게 특히 유용한 구종으로 꼽힌다. 이러한 장점이 있지만 제대로 떨어지지 않으면 느린 패스트볼을 던진 꼴이 되고 손목이나 팔꿈치에 무리가 크다는 문제점이 있다. 또 공이 지면으로까지 떨어질 수 있어 블로킹 능력이 부족한 포수가 안방을 지키고 있을 때는 편하게 던지기 힘든 구종이기도 하다.

097_ 체인지업

패스트볼처럼 날아가다 홈플레이트 근처에서 속도가 줄어들며 가라앉는 구종이다. '타격은 타이밍, 피칭은 타이밍 빼앗기'라는 워렌 스판의 말처럼 타자는 타이밍을 맞추려 힘쓰고 이에 맞서는 투수는 구속 변화로 타자의 타이밍을 빼앗으려 애쓴다. 이때 유용한 구종이 바로 체인지업이다. 체인지업은 서클 체인지업, 스리 핑거 체인지업, 팜볼 등 종류가 다양하며 일반적으로 공을 손에 깊숙이 넣되 약간 느슨하게 쥐고 패스트볼과 동일한 동작으로 던진다.

패스트볼과의 구속 차를 활용할 목적으로 느린공을 던지는 투구 방식이 패스트볼과 함께 있어 왔기에 체인지업은 야구가 탄생한 순간부터 존재해왔다고 볼 수 있다. 실제로 1870년 무렵 이미 체인지 오브 페이스change of pace라는 개념이 있었고, 1880년대를 대표하는 투수 팀 키프Tim Keefe, 1857~1933는 구속 차를 활용하는 능력이 뛰어난 것으로 유명했다. 느린공으로 불리며 구종보다는 투구 방식에 가까웠던 체인지업은 1990년대 서클 체인지업의 인기와 함께 큰 관심을 끌기 시작했고 그 중심에는 '외계인' 페드로 마르티네스Pedro Martinez, 1971~가 있었다. 역사상 가장 위력적인 체인지업을 던진 것으로 평가받는 마르티네스는 강력한 패스트볼과 스크루볼처럼 타자 몸쪽으로 휘어져 들어가는 서클 체인지업으로 1990년대 중반부터 10여 년 동안 메이저리그를 호령하며 올스타 8회 출전과 사이영상 3회 수상의 영예를 누렸다. 이러한 분위기 속에서 패스트볼에 이어 슬라이더와 커브 중 하나를 세컨드 피치로 정한 후 서드 피치로 체인지업을 선택하는 투수들이 많아졌다. 특히 구속 끌어올리기에 한계가 있는 데다 불같은 강속구에도 금세 익숙해지는 메이저리그 타자들을 상대로 긴 이닝을 소화해야 하는 선발 투수에게 구속 변화 능력은 필수가 됐다. 이제 '빠르고, 휘어지고, 느리고'와 같은 세 가지 유형의 구종을 제대로 던지지 못하는 선발 투수는 살아남기 힘든 시대가 된 것이다.

체인지업이 대중화된 이유는 패스트볼을 노리던 타자에게 시간이 정지한 것 같은 느낌을 줘 타이밍을 맞추기 힘들게 하고 맞추더라도 공의 윗부분을 때려 땅볼 유도에 효과적인 데다 투수의 팔과 어깨에 무리가 적어 투수 생명 연장에 많은 도움이 되기 때문이다. 이렇게 오늘날 가장 주목받는 구종으로 꼽히는 체인지업이지만 헛스윙 유도가 힘들어 탈삼진을 잡아내기에 적합하지 않고 타자가 체인지업을 노리고 있거나 투구 동작에서 체인지업을 간파당하면 배팅볼을 던져준 꼴이 되며 높게 형성될 경우에는 장타 허용의 위험도 크다. 또한 커브와 마찬가지로 능숙하게 던지기 힘들다는 단점도 있는데 일부 투수들은 체인지업을 약하게 던져야 한다는 생각에 투구 동작을 늦추는 실수를 범하기도 한다.

098_ 패스트볼

직선에 가까운 궤적을 그리며 빠르게 날아가는 구종이다. 궤적이 직선에 가까워 목표 지점으로 던지기가 수월한 반면, 타자가 정확한 판단을 내리기가 쉽기 때문에 구속이 느릴 경우 공략당하기 쉽고 배트에 맞았을 때 반발력이 높아 장타 허용의 위험이 높다. 이러한 장단점을 지닌 '최초의 구종' 패스트볼fastball이 커브를 비롯한 다양한 구종들의 등장 속에서도 여전히 가장 위력적인 구종으로 평가받는 이유는 무엇일까? 시속 145킬로미터의 공이 홈플레이트에 도달하기까지는 약 0.4초밖에 걸리지 않는다. 이 짧은 시간 동안 타자는 스윙을 시작하고 스윙을 계속 이어갈 것인지 여부와 스트라이크 존의 어느 쪽을 노릴지를 판단해 공을 배트의 중심으로 맞혀내야 한다. 짐작이 가겠지만 이는 매우 어려운 일이라 타자는 기본적으로 패스트볼에 타이밍을 맞추고 있게 마련이다. 이러한 이유로 패스트볼은 변화구와 체인지업과 같은 다른 구종들의 위력도 몇 배 높여 주는데 변화구나 체인지업은 자체의 위력도 있겠지만 타자가 타이밍을 맞추고 있는 패스트볼과의 구속이나 코스가 대비될 때 그 위력이 더해지기 때문이다. 만약 패스트볼의 구속이 느리거나 타자가 변화구나 체인지업을 노리고 있다면 변화구나 체인지업은 결코 공략하기 어려운 구종이 아니다. 이렇게 구종의 시작과 끝으로 통하는 패스트볼을 세부적으로 분류하면 포심four-seam 패스트볼, 투심two-seam 패스트볼, 컷cut 패스트볼로 나눌 수 있다.

포심 패스트볼은 검지와 중지로 공의 4군데 솔기 모두를 가로질러 잡고 던지는 구종으로 가장 기본적인 패스트볼이다. 손가락에 솔기가 많이 걸려 공의 회전이 늘어나는 반면, 공기 저항은 줄어들어 가장 빠른공을 던질 수 있게 해주는 구종이다. 타자 입장에서 공이 솟아오르는 느낌을 받는 빠른 포심 패스트볼은 '라이징rising 패스트볼'이라고도 한다. 물론 과학적으로 공이 떠오를 수는 없다. 하지만 자신의 경험을 토대로 공의 궤적을 예상하고 있는 타자에게 빠른 포심 패스트볼은 날아오는 시간이 짧아 중력의 영향을 덜 받고 이 때문에 다른 구종에 비해 덜 가라앉아 상대적으로 떠오르는 것 같은 착시 효과를 일으킨다. 포심 패스트볼은 몸쪽 위협구로 사용하기 좋으며 외야 수비가 좋은 팀에서 외야 플라이를 유도할 때 효과적이지만 구속이 받쳐주지 못하면 공략당하기 쉽다. 1907년에 데뷔해 21년 동안 긴 팔에서 뿜어져 나오는 위력적인 포심 패스트볼을 바탕으로 통산 417승에 평균자책점 2.17과 탈삼진 3509개를 달성한 월터 존슨Walter Johnson, 1887~1946은 메이저리그 역사상 최고의 투수로 평가받고 있다. 존슨의 포심 패스트볼 구속에 대해 시속 160킬로미터에 이르렀다는 의견과 함께 140킬로미터대 후반이었다는 의견이 맞서고 있지만 그의 구속이 그 당시에 독보적이었다는 사실에는 어떠한 이견도 없다.

투심 패스트볼은 검지와 중지로 공의 두 군데 솔기를 나란히 잡고 던지는 구종으로 포심 패스트볼에 비해 시속 4~8킬로미터 정도 느리지만 홈플레이트 근처에서 아래로 조금 가라앉으며 좌우로도 움직임이 있는 패스트볼이다. 움직임이 많아 제구에 어려움이 있으나 땅볼을 유도하기에 효과적이고 포심 패스트볼과 비교해 구속이 크게 떨어지지 않으면서 공의 움직임이 좋아 최근 포심 패스트볼보다 많이 사용되고 있다. 그레그 매덕스Greg Maddux, 1966~는 시속 150킬로미터가 넘는 포심 패스트볼을 포기하고 140킬로미터대 중반의 움직임이 현란한 투심 패스트볼을 주무기로 장착하며 1992년부터 4년 연속 사이영상을 수상하는 등 통산 355승에 탈삼진 3371개를 달성했다.

그레그 매덕스

컷 패스트볼은 포심 패스트볼과 비슷하게 던지나 공을 릴리스하는 순간 중지 끝에 힘을 줘 채듯이 던지는 구종으로 포심 패스트볼에 비해 4~5킬로미터 정도 느리지만 홈플레이트 근처에서 옆으로 살짝 휘어나가는 패스트볼로 '커터'라고도 한다. 반은 패스트볼, 반은 슬라이더로 볼 수 있는 컷 패스트볼은 익히기가 매우 어렵지만 슬라이더보다 부상 위험이 낮고 위력이 높아 서클 체인지업과 함께 2000년대 이후 가장 인기 있는 구종으로 꼽히고 있다. 컷 패스트볼은 홈플레이트 근처에서 순간적으로 휘어지기 때문에 타자가 포심 패스트볼로 판단하고 스윙을 하면 배트의 끝 또는 손잡이 부분으로 공을 맞히게 되는데 이때 반대 손을 쓰는 타자의 경우 손잡이 부분에 맞아 배트가 부러지기도 한다. 컷 패스트볼을 익힌 후 최고의 마무리 투수로 올라선 마리아노 리베라Mariano Rivera, 1969~는 컷 패스트볼을 앞세워 2001년에만 무려 44개의 배트를 부러뜨리는 위력을 선보이기도 했다. 이에 리베라가 2013년에 은퇴 투어를 가질 당시 미네소타 트윈스는 부러진 배트로 만든 흔들의자를 선물하며 역사상 최고의 '배트 브레이커'인 리베라에게 경의를 표했다.

7회 수비

MLB

099_ 수비

대부분의 팬들은 팀 전력을 평가할 때 투수력과 타력만을 살펴보는 경향이 짙다. 강속구로 삼진을 잡아내는 투수와 호쾌한 스윙으로 홈런을 날리는 타자의 모습에 많은 관심이 쏠리기 마련인 팬들의 입장에서 이러한 시각을 갖는 것도 무리는 아닐 것이다. 그러나 1893년에 투수와 포수 간 거리가 18.44미터로 멀어지며 제아무리 뛰어난 투수라도 타자를 압도하기 힘들어진 뒤로 수비력의 비중은 팬들이 생각하는 이상으로 매우 높아졌다. 타자를 삼진으로 잡아내지 못하는 이상 안타를 막기 위해 투수가 할 수 있는 일이 거의 없기 때문이다.

2루타성 타구를 단타로 처리하고 위기 상황에서 호수비로 실점을 막아주는 야수들은 이류 투수도 일류 투수로 만들어주고 팀 사기도 높여준다. 하지만 대단한 호수비가 아닌 이상 일반 팬들의 눈에는 수비의 가치가 잘 띄지 않게 마련이다. 그러나 야구에서 승부가 갈리는 과정을 자세히 살펴보면 좋은 타격으로 이기는 것보다 나쁜 수비로 스스로 무너지는 경우가 많음을 알 수 있다. 야구를 '실수 줄이기 경기'라고 하는 이유가 여기에 있다. 수비가 강조되는 또 다른 이유는 타격은 강타자라도 3할이라는 불확실한 숫자 앞에 놓여 있지만 수비는 그와 달라, 수비가 강한 팀은 경기의 흐름을 안정적으로 조정할 수 있기 때문이다. 이러한 이유들로 대부분의 팀들이 팀 전력을 구축할 때 우선 순위를 투수력 – 수비력 – 타력 – 주력 순으로 하여 라인업을 짠다. 야구에서 수비에 대한 고려 없이 타력만을 앞세우는 것은 모래 위에 겉만 화려한 성을 쌓는 것과 다름없는 짓이다.

이처럼 수비의 중요성은 두말하면 잔소리이지만 일부 감독들은 수비에서 실책을 저지를 가능성을 배제한 채 타격이 좋은 선수 위주로 라인업을 짜려는 유혹에 빠져들곤 한다. 선수들 역시 높은 연봉을 받기 위해 수비보다는 홈런, 타점, 타율과 같은 타격에 많은 관심을 보인다. 그래서 타석에서는 최선을 다해 방망이를 휘두르면서도 수비를 할 때는 타구를 열심히 쫓아가지 않는 경우가 있다. 분명 타격은 무언가를 때린다는 것 자체만으로 쾌감을 느낄 수 있고 수많은 실패에도 중요한 순간에 한 방 날리면 칭찬도 듣지만, 수비는 귀찮고 고되면서 계속 잘하다가 결정적인 순간에 실책을 저지르면 온갖 비난을 뒤집어쓴다. 수비 훈련을 마지못해 임하는 선수들이 많은 이유다.

하지만 타격은 천부적인 재능이고 피칭은 타고난 강한 어깨가 필수적이지만 수비는 노력으로 그 능력을 끌어올릴 수 있는 여지가 충분한 분야다. 여기서 노력이라 함은 상황에 맞는 수비 위치를 정하고 타구가 자신에게 날아왔을 때 어떤 플레이를 할지 늘 고민하며 집중하는 것을 의미한다. 수비 위치는 타구가 날아올 가능성이 높은 위치에 맞춰 자리를 잡는 것으로 타자의 특성, 투수가 던질 공, 바람의 세기와 방향이라는 기본적인 사항 외에 야수 자신의 능력을 충분히 감안해야 한다. 예를 들어 발이 느린 외야수는 단타를 내주는 일이 있더라도 자신의 뒤로 넘어가는 장타를 허용하지 않게 수비 위치를 좀 더 뒤로 잡아야 하지만, 발이 빠른 외야수는 수비 위치를 약간 앞으로 잡아도 된다. 상황에 맞는 수비 위치를 잡고 나면 타구가 자신에게 날아왔을 때 어떤 수비를 할지를 결정해야 하며, 이때 타자주자와 주자의 스피드는 물론 주자를 홈에서 아웃시킬지 아니면 1점을 허용하더라도 더블아웃을 잡을지 등과 같은 전술적 상황까지 고려해야 한다.

이렇게 야수는 타구가 날아왔을 때만 움직이는 것이 아니라 투수가 공을 던질 때마다 머릿속에 수많은 생각을 하고 있다. 이를 계산해보면 타자는 1경기에 약 20개의 공에만 집중하면 되지만 야수는 투수가 공을 던질 때마다 수비 위치 선정과 자신이 해야 할 수비를 생각해야 하므로 1경기에 약 150개의 공에 집중해야 하는 어려움이 있다. 이러한 어려움을 극복하지 못하고 간혹 집중력을 잃어 어이없는 수비를 하는 야수들이 있는데, 이는 야수가 앞선 자신의 타석에서 아쉽게 당한 삼진을 떠올리는 등 타격에 미련을 지닐 때 많이 벌어진다.

수비는 분명 귀찮고 힘든 일이다. 윌리 메이스, 브룩스 로빈슨, 아지 스미스 등이 보여준 환상적인 수비는 팬들이 영원히 잊지 못하겠지만 대부분의 수비는 팬들에게 주목받지 못한다. 타격만 뛰어나다고 훌륭한 선수가 될 수 없다. 수비는 기본 중의 기본으로, 야수라 하면 타구가 날아왔을 때 팬들이 반사적으로 아웃카운트 하나를 더하게 하는 안정된 수비력을 갖춰야 한다. 이러한 야수들이 많아 물샐 틈 없이 단단한 수비를 펼치는 팀은 리드를 잡았을 때 상대 팀의 승부욕을 꺾으며 경기를 손쉽게 풀어갈 수 있다.

100_ 투수

마운드 주변 수비를 책임지는 포지션 넘버 1로 에파 릭시, 호이트 윌헬름, 짐 카트, 그레그 매덕스 등은 탁월한 수비력을 보여줬던 투수들로 기억된다. 투수라면 좋은 투구를 펼치는 것이 우선이겠으나 투구를 마친 후에는 내야 한가운데 위치한 제5의 내야수로서의 역할에도 충실해야 한다. 때문에 투수는 번트 타구가 나왔을 때 어떻게 대응할지 그리고 백업을 해야 할 곳은 어디인지 등 현재 자신에게 주어진 야수로서의 역할에 대해 충분히 고민한 후 투구에 집중해야 한다.

야수로서 투수의 주요 역할은 1루 베이스 커버, 번트 타구 처리, 백업으로 나뉜다. 1루수가 번트나 땅볼 타구를 직접 처리하다 보면 타자주자보다 1루를 늦게 밟을 수 있어 1루에 가까이 위치한 투수가 1루수로부터 송구를 받아 1루를 밟으며 타자주자를 잡아내는 것이 효율적이다. 가끔 1루수가 까다로운 타구를 잡아내고도 1루가 텅 비는 바람에 타자주자를 살려주는 어이없는 상황이 벌어지곤 하는데 투수는 자신의 왼쪽 방향으로 타구가 날아가면 습관적으로 1루를 향해 힘껏 달려가야 한다. 그리고 1루 앞 1~2미터 근처에서 1루수로부터 송구를 받아 1루를 밟는 기술에 익숙해져야 하며 이 과정에서 타자주자의 발에 밟히거나 타자주자와 충돌하지 않게 유의해야 한다. 투수는 타자가 번트를 대려고 하면 투구 후 즉시 앞으로 달려가 타자를 압박하고, 번트 타구가 굴러오면 급히 서두르다가 포구에 실패하지 않게 정확히 포구한 후 포수의 지시에 따라 1루 또는 다른 곳으로 송구를 해야 한다. 투수는 동료 야수들의 악송구에 대비해 백업에도 적극 가담해야 한다. 예를 들어 주자 1루에 우익수 방면 안타가 나올 상황에서는 즉시 3루 쪽으로 달려가 타구를 잡은 우익수와 송구를 받을 3루수를 잇는 선의 연장지점에서 악송구에 대비한 백업을 해야 하며 효율적인 백업을 하려면 3루수 뒤로 바짝 붙지 말고 약 7미터의 거리를 두고 자리를 잡아야 한다.

투수가 이러한 야수로서의 역할을 잘 수행하려면 무엇보다 안정된 투구 동작이 중요하다. 미치 윌리엄스가 엉망진창의 수비를 선보였던 것은 투구 후 땅을 짚을 만큼 거칠었던 그의 투구 동작과 무관하지 않다. 안정된 투구 동작은 재빠른 수비 동작으로 이어져 좋은 수비를 펼칠 수 있는 근본이 될 뿐만 아니라 투수 자신을 보호하기 위해서도 중요하다. 투수를 향해 날아오는 타구들 대부분이 투수가 던진 패스트볼보다 훨씬 빨라, 맞을 경우 치명적인 부상을 입을 수 있기 때문이다. 1955년 메이저리그에 데뷔하자마자 무시무시한 강속구를 앞세워 245개의 탈삼진을 잡아내는 맹활약 속에 아메리칸리그 신인왕을 차지한 허브 스코어Herb Score, 1933~2008는 데뷔 후 2년간 무려 36승을 쓸어담으며 밥 펠러의 뒤를 잇는 클리블랜드 인디언스의 특급 에이스로 손꼽혔다. 하지만 스코어는 투구 동작이 크고 과격해 투구를 마친 후 수비 동작을 재빠르게 취하지 못하는 단점이 있었다. 결국 1957년 5월 7일 뉴욕 양키스와의 경기에서 길 맥도갈드가 때린 강한 타구를 미처 피하지 못해 오른쪽 눈 부위에 맞고 말았다. 심각한 골절상으로 남은 시즌을 포기한 스코어는 이듬해 다시 마운드에 올랐지만 부상에 따른 후유증을 극복하지 못한 채 그저 그런 투수로 활동하다가 쓸쓸히 그라운드를 떠났다.

101_ 포수

홈플레이트 주변 수비를 책임지는 포지션 넘버 2로 로저 브레스나한, 요기 베라, 조니 벤치, 이반 로드리게스 등이 활약했다. 유일하게 동료 선수들을 마주보고 있는 포지션으로 팀 수비를 전반적으로 이끄는 역할 때문에 '그라운드의 사령관'이라고도 한다. 투수 리드와 팀 수비를 이끌며 신경 써야 할 것이 많은 포수는 마스크, 정강이 보호대, 가슴 보호대, 낭심 보호대 등 각종 보호 장비를 걸치고 블로킹, 1루 백업, 번트 타구 처리 등 온갖 일을 해야 하므로 체력 소모도 크다. 또한 경기당 150개 정도의 투구를 받아내는 데다 이런저런 송구까지 더하면 160회 이상을 앉고 일어서야 해서 무릎 관절이 손상될 가능성이 높다. 가끔은 강한 파울 타구에 맞기도 하며 홈플레이트를 향해 돌진하는 주자를 막으려 자신의 몸을 과감히 던지는 육탄방어도 각오해야 한다. 이렇게 정신적으로나 육체적으로 힘들고 부상 위험까지 높아 포수 1명이 정규 시즌 162경기 모두에 나설 수 없다 보니 팀마다 백업 포수가 반드시 있다.

포수 하면 투수 리드, 도루 저지를 먼저 떠올리지만 이외에 프레이밍, 블로킹, 홈플레이트 주변 플라이 타구 처리는 물론 말주변까지 좋아야 한다. 흔히 '미트질'이라고 하는 프레이밍framing은 스트라이크 존 안으로 들어온 공을 스트라이크로 판정받게 포구하는 것은 물론이고 스트라이크 존을 아슬아슬하게 빗나간 공에 대해서도 스트라이크로 판정받게 미트의 볼집이 아닌 가장자리로 포구하거나 포구할 때 미트를 스트라이크 존으로 살짝 옮기는 등 주심으로부터 유리하게 판정받으려는 동작을 말한다. 볼카운트 1-1에서 투수가 던진 공이 스트라이크 존을 살짝 벗어났음에도 포수의 뛰어난 프레이밍으로 스트라이크로 판정되면 2-1이 되어야 할 볼카운트가 1-2로 바뀌며 타자 공략이 수월해진다. 이렇게 유용한 프레이밍 능력은 뛰어난 제구력으로 스트라이크 존 구석구석을 찌르거나 살짝 벗어나는 공을 던지는 투수와 호흡을 맞추는 포수에게 특히 필요하다.

블로킹blocking은 포구의 연장선에 있는 기술로 투구가 땅에 바운드되었을 때 뒤로 흐르지 않게 막아내는 기술이다. 포수 뒤에는 아무도 없기 때문에 블로킹에 실패할 경우 주자에게 추가 진루를 허용할 수 있으며 특히 3루에 주자가 있다면 허무하게 점수를 내줘 팀 사기마저 떨어질 수 있다. 블로킹에서 중요한 것은 바운드된 투구를 포구하려 하지 말고 일단 막아서 가까운 앞쪽에 떨어뜨려야 한다는 것이다. 블로킹 능력이 좋으면 주자의 추가 진루를 막을 뿐만 아니라 3루에 주자가 있는 상황에서도 투수가 스플리터처럼 날카롭게 떨어지는 구종을 던질 수 있어 투수의 구종 선택 폭도 넓힐 수 있다.

포수가 처리해야 하는 홈플레이트 주변 플라이 타구의 대부분은 타자가 공의 아래쪽을 때려 뜬 타구로 회전이 아주 많이 걸려 있어 처리하기가 까다로운 반면, 투수 입장에서는 으레 아웃카운트 하나를 잡아냈다고 생각하기 때문에 포수 입장에서 부담감이 크다. 이러한 타구에 대비해 포수는 바람의 방향과 세기를 수시로 살피고 타구가 뜨면 마스크를 벗은 후 타구의 낙하 예상 지점이 확실하게 파악되었을 때 마스크에 발이 걸려 넘어지지 않게 마스크를 타구의 낙하 예상 지점에서 반대 방향으로 멀리 던져둬야 한다. 포수가 말주변까지 좋아야 하는 이유는 한 방 날리고자 단단히 마음먹고 타석에 들어선 타자에게 투수가 던질 것으로 예상되는 공을 진실과 거짓을 섞어 얘기한다거나 쓸데없이 개인적인 말을 건네는 등 타자를 향해 끊임없이 구시렁거리면 귀가 여린 타자들의 마음을 뒤숭숭하게 만들어 집중력을 흐트러뜨리는 데 효과가 있기 때문이다.

포수는 무겁고 거추장스러운 보호 장비들을 착용하고 경기에 나선다. 이러한 보호 장비들의 등장으로 타자 뒤로 5미터가량 떨어져 투수가 던진 공을 원바운드로 포구하던 포수들이 1880년 무렵부터 타자의 바로 뒤에 쪼그려 앉아 투수가 던진 공을 직접 포구할 수 있게 되었고 부상 예방에도 획기적인 발전을 가져왔다. 하지만 여전히 포수들은 온몸에 부상을 달고 살며 은퇴 연령도 빠르다. 게다가 수비에서 어렵고도 많은 일을 맡고 있으면서도, 화려하게 빛나는 투수의 그늘에 가려진 조연일 뿐만 아니라 높은 수비 부담 때문에 타격에서도 자신이 가진 실력을 제대로 발휘하기 힘들다. 주어진 임무의 중요도와 난이도가 모두 높아 정확한 경기 상황 파악, 강한 책임감, 냉철한 판단, 풍부한 지식에 자신보다 팀을 먼저 생각하는 '희생정신'까지 필요한 포지션이 바로 포수이며, 감독들 중 포수 출신이 유독 많은 것도 이러한 특성과 결코 무관하지 않다.

102_ 내야수

내야를 책임지는 4명의 야수, 곧 1루수, 2루수, 3루수, 유격수를 모두 가리킨다. 초창기 야구에서는 외야수 4명과 내야수 3명이었으나 1849년 무렵 니커보커스에서 활약하던 대니얼 애덤스Daniel Adams, 1814~1899가 효율적인 수비를 위해 외야수 1명을 2루와 3루 사이로 옮기면서 유격수라는 포지션이 등장했고 이때부터 내야수가 4명으로 늘어났다. 외야수에 비해 처리해야 할 타구가 많고 타구를 지켜볼 수 있는 시간이 짧은 내야수는 민첩성과 부드러운 손놀림이 특히 필요하다. 이러한 필요 사항을 효율적으로 수행하기 위해 내야수는 투구가 이루어질 때마다 높은 집중력과 함께 양발의 뒤꿈치를 약간 든 상태에서 어깨 힘을 빼고 타구를 기다려야 한다. 내야수는 상대의 베이스 러닝 능력과 타구의 성격에 따라 송구해야 할 곳을 정확히 판단하고 주자를 베이스에 바짝 묶어두어야 하며, 2루수와 유격수는 외야 깊은 곳으로 타구가 날아갔을 때 중계 플레이에 가담해야 하는 등 수비 부담이 전반적으로 외야수보다 높다.

1루 주변 수비를 책임지는 1루수는 포지션 넘버 3으로 루 게릭, 지미 팍스, 키스 에르난데스, 제프 배그웰 등이 활약했다. 야구가 탄생했을 때만 해도 1루수의 역할은 1루에 바짝 붙어 다른 내야수들의 송구를 넙죽넙죽 받기만 했으며 1루수 오른쪽으로 지나가는 땅볼 타구는 무조건 2루수의 몫으로 여겨졌다. 이러한 상황에서 찰스 코미스키는 1루에서 과감히 벗어나 적극적으로 수비에 가담하는 새로운 1루 수비를 선보였는데 이는 지금의 시각에서 보면 별것 아닌 것으로 생각할 수 있겠으나 당시로서는 상당히 파격적인 수비였다. 9회까지 잡아내는 27개의 아웃카운트 중 상당수가 내야 땅볼 타구를 1루에서 포스아웃시키는 경우이므로 1루수에게는 동료 야수들의 송구를 잘 받아내는 역할이 가장 중요하다. 대부분 1루수의 키가 큰 것 역시 이와 무관하지 않은데 키가 크면 동료 야수들이 송구할 때 표적으로 삼기가 수월하고 송구를 조금이라도 앞에서 받을 수 있으며 정확하지 않게 날아온 송구도 받아낼 가능성이 높다. 이와 유사한 관점에서 팔과 다리를 쭉 뻗어 송구를 받아내는 동작이 1루수에게 필수적인데 이렇게 하면 1미터 이상의 송구 거리를 줄여줘 타자 주자가 세이프 될 상황을 아웃으로 바꿀 수 있어 더블 플레이와 같은 접전 상황에서 매우 유용하다. 다만 팔과 다리를 너무 일찍 뻗으면 야수들이 송구할 때 표적으로 삼기가 어려워지고 빗나간 송구에 적절하게 대처하기가 힘들어지는 문제가 발생한다. 이렇듯 야수들의 송구를 잘 받아내는 기본적인 기술이 핵심인 1루수는 외야수까지 포함해 모든 야수들 중 수비 부담이 가장 작은 포지션으로 꼽힌다. 그러다 보니 어니 뱅크스, 앨버트 푸홀스, 미겔 카브레라 등과 같이 뛰어난 공격력을 보유하고 있지만 노쇠화로 수비력이 감소했거나, 수비 부담을 줄여주면 공격력을 더 발휘할 수 있을 것 같은 선수들이 다른 포지션에서 1루수로 전향하곤 한다. 수비 부담이 작은 만큼 타격이 부진하면 언제든지 자리에서 쫓겨날 운명인 1루수는 동료 야수들의 송구를 잘 받아내는 것 외에 이따금 날아오는 땅볼과 번트 타구를 처리하고 1루 주자를 1루에 바짝 묶어두면 되는 쉬운 포지션이라는 인식이 강하다. 그러나 1루 수비가 좋으면 동료 야수들의 송구 실책도 줄여줘 팀 전반의 수비력이 향상되는 중요성을 간과해서는 안 된다.

2루 주변 수비를 책임지는 2루수는 포지션 넘버 4로 에디 콜린스, 로저스 혼즈비, 조 모건, 로베르토 알로마 등이 활약했다. 키가 큰 선수들이 대부분인 1루수와 달리 2루수에는 상대적으로 키가 작은 선수들이 많으며 이는 작고 민첩한 동작이 많이 필요하기 때문이다. 유격수와 함께 처리하는 타구가 많은 2루수는 1루까지의 거리가 짧아 송구의 강약에 따른 차이가 작아 강한 어깨보다는 빠른 송구 동작이 더 중요하다. 물론 더블 플레이 성공의 열쇠를 쥐고 있는 2루수이므로 강력한 어깨까지 갖춘다면 금상첨화이겠지만. 2루수는 더블 플레이를 당하지 않으려고 등 뒤에서 마치 자신을 까부수려는 듯 달려오는 1루 주자를 곡예사처럼 피하면서 1루에 빠르고 정확하게 송구할 수 있어야 한다.

3루 주변 수비를 책임지는 3루수는 포지션 넘버 5로 브룩스 로빈슨, 마이크 슈미트, 조지 브렛, 치퍼 존스 등이 활약했다. 힘 좋은 오른손 타자가 당겨칠 경우 강한 타구가 날아와 '핫 코너'라고도 하는 포지션의 특성상 반사신경이 빠르고 강한 타구를 두려워하지 않는 강심장이어야 한다. 1루까지의 먼 송구 거리 때문에 강한 어깨를 3루수의 가장 중요한 요건으로 보는 팬들이 있으나 3루수는 타자와의 거리가 가까워 타구를 받기까지의 시간이 적게 걸려 송구에 여유가 있어 강한 어깨는 알려진 것보다는 그렇게 중요하지 않다. 오히려 번트나 돌돌 굴러오는 빗맞은 타구를 향해 앞으로 돌진해 나가며 맨손으로 타구를 잡아 몸의 균형을 잃은 상태에서도 정확하게 송구를 할 수 있는 능력이 3루수에게는 더 중요하다고 할 수 있겠다. 수비 범위가 좁아 빠른 발은 물론 유격수만큼 강한 어깨도 필요하지 않아 노쇠화나 부상 등으로 수비력이 떨어진 2루수나 유격수가 3루수로 전향하기도 하며 1루수만큼은 아니지만 내야수 중 수비 부담이 작아 타격 실력이 중요한 포지션이다.

2루와 3루 사이 수비를 책임지는 유격수는 포지션 넘버 6으로 호너스 와그너, 칼 립켄 주니어, 아지 스미스, 오마 비즈켈 등이 활약했다. 내야수 중 가장 수비 위치가 깊은 유격수는 빠른 발은 물론이고 강력한 어깨와 간결한 송구 동작이 필요하다. 타자와의 거리가 멀어 타구를 받기까지 시간이 많이 걸리는 것은 2루수와 마찬가지이지만 2루수와 달리 1루까지의 송구 거리가 멀기 때문이다. 야구에서 가장 늦게 등장한 포지션이지만 내야 수비의 핵심으로 꼽히는 유격수는 간혹 타격 실력이 뛰어난 선수들이 등장하기도 하지만 기본적으로 포수와 함께 수비력이 중요한 포지션이다. '멘도사 라인'의 주인공으로 알려진 마리오 멘도사가 타격 실력이 형편없어도 9년간 메이저리그에서 살아남을 수 있었던 것도 그가 유격수라는 수비 부담이 높은 포지션에서 수준급의 수비력을 보여줬기에 가능했다.

103_ 외야수

외야를 책임지는 3명의 야수, 곧 좌익수, 중견수, 우익수를 모두 일컫는 용어로 전반적으로 내야수에 비해 수비 부담은 작은 반면, 뛰어난 타격 실력이 필요한 포지션이다. 외야는 내야보다 면적이 5배 정도 넓지만 야수 세 명이 지켜야 하므로 외야수에게 가장 필요한 요건은 빠른 발과 정확한 타구 판단 능력이다. 이러한 능력으로 외야수는 플라이 타구가 날아오는 동안 타구의 비거리와 회전에 따라 바뀌는 낙구지점을 예상하고 재빠르게 이동해야 한다. 이와 함께 좋은 외야수가 되려면 바람의 세기와 방향, 야구장의 크기와 펜스 특성, 햇빛과 조명 등 외야 수비에 많은 영향을 끼치는 환경에도 잘 적응할 수 있어야 한다. 외야수는 내야수에 비해 타구를 오랫동안 지켜볼 수 있어 실책을 범할 가능성은 낮다. 그래서 제아무리 뛰어난 유격수도 한 시즌 동안 두 자릿수 실책을 저지르지만, 외야수는 수비력이 떨어지는 선수라도 한 시즌 동안 저지르는 실책이 한 자릿수인 경우가 대부분이다.

이렇게 실책을 저지를 가능성은 낮지만 실책에 대한 두려움은 내야수보다 크다. 내야수가 실책을 저지르면 동료 야수들의 백업이 신속히 이루어져 기껏해야 주자에게 한 베이스를 내줄 뿐이지만 외야수가 실책을 저지르면 동료 야수들의 신속한 백업이 힘들어 주자에게 두 베이스 이상을 내주며 실점으로 연결될 가능성이 높기 때문이다. 이에 외야수는 기본적으로 자신의 뒤를 봐줄 선수가 아무도 없다고 생각하며 안정적인 수비에 치중해야 한다. 동료 야수들과 멀리 떨어져 있고 기본적으로 내야에 비해 날아오는 타구가 적은 데다 특히 투수의 컨디션이 좋은 날에는 더더욱 타구가 날아오지 않아 외야수는 몸이 굳고 고립감을 느끼며 집중력을 잃기도 한다. 이러한 이유로 갑자기 날아온 타구에 헤매고 심지어 타석에서까지 무기력하게 물러나곤 하는데 이를 예방하려면 경기 중 몸을 수시로 움직이고 동료 야수들과 적극적인 의사소통을 해야 한다.

일반적으로 3명의 외야수 중 수비력이 가장 뛰어난 선수를 중견수에, 어깨가 좋은 선수를 우익수에, 수비력이 가장 떨어지는 선수를 좌익수에 배치한다. 외야의 좌측 수비를 책임지는 좌익수는 포지션 넘버 7로 조 잭슨, 테드 윌리엄스, 리키 헨더슨, 배리 본즈 등이 활약했다. 외야수 중 수비 부담이 가장 작은 만큼 방망이가 매우 쓸 만한 선수들이 주로 맡는 포지션이며, 오른손 타자가 많은 야구의 특성상 타구가 많이 날아와 뛰어난 타구 판단 능력이 필요하지만 어깨까지 좋을 필요는 없다. 3루까지의 송구 거리가 짧은 데다 홈 송구 역시 포수가 좌익수의 송구와 주자를 동시에 볼 수 있고 주자를 태그할 때 몸을 비틀 필요가 없어 수비가 수월하기 때문이다.

외야의 중앙 수비를 책임지는 중견수는 포지션 넘버 8로 타이 코브, 조 디마지오, 윌리 메이스, 켄 그리피 주니어 등이 활약했다. 외야수 중에서도 가장 넓은 수비 범위를 책임지고 있으며 양옆 외야수의 백업까지 해야 하므로 빠른 발과 정확한 타구 판단 능력은 물론 체력이 강해야 한다. 외야 수비를 이끄는 중견수는 좌중간이나 우중간으로 날아온 타구에 우선 처리권이 있고 양옆 외야수들의 수비 위치를 조정하며 외야수들 간 의사소통에도 중심 역할을 한다. 기량이 뛰어난 중견수는 양옆 외야수들의 부족한 수비력을 보완할 수 있어 수비력은 떨어지지만 타격이 출중한 선수를 좌익수나 우익수로 기용할 수 있게 해줘 팀 전력 상승에 도움을 준다. 이러한 이유로 일부 감독들은 유격수보다 중견수를 더 중요하게 생각하기도 한다. 중견수를 넘어 외야수를 대표하는 선수로 꼽히는 메이스의 등번호 24번은 외야수의 상징처럼 되었고 헨더슨, 본즈, 그리피 주니어 등 기라성 같은 선수들이 등번호 24번을 달고 뛴 것도 메이스의 영향이 컸다.

외야의 우측 수비를 책임지는 우익수는 포지션 넘버 9로 베이브 루스, 멜 오트, 로베르토 클레멘테, 행크 아론 등이 활약했다. 1루수, 좌익수 다음으로 수비 부담이 작은 포지션이지만 강한 어깨가 필요한 포지션이다. 무사 또는 1사에 3루에 주자가 있으면 외야 플라이나 스퀴즈로 상대에게 점수를 쉽게 허용할 수 있는데 3루에서 가장 먼 곳에 자리 잡은 포지션이 우익수다. 따라서 주자 1루에 우익수 앞 안타가 나왔을 때 1루 주자를 2루에서 멈추게 하거나 3루까지 뛸 경우 아웃시키려면 우익수의 어깨가 강해야 한다. 그러다 보니 외야수 앞으로 타구를 때리면 안타가 되는 것이 일반적이지만, 걸음이 느린 타자가 우익수 앞으로 빠른 타구를 때린 후 우익수의 강력한 송구에 1루에서 아웃되는 흥미로운 모습이 드물게 발생하기도 한다. 우익수는 왼손 타자가 적은 야구 특성상 타구가 많이 날아오지는 않지만 막힌 타구처럼 처리하기 까다로운 타구들이 종종 날아와 높은 집중력이 필요한 포지션이기도 하다.

104_ 유틸리티 플레이어

야수가 착용하는 글러브가 포지션별로 다른 것에서 추측할 수 있듯 포지션마다 필요한 몸이 다르고 포구 동작과 송구 밸런스 등과 같은 기술까지도 다르다. 그래서 야수가 포지션을 이동하면 리듬이 깨져 수비는 물론 타격을 비롯한 다른 부분까지도 부정적인 영향을 받게 마련이다. 야수가 자신의 포지션이 바뀌는 것을 탐탁지 않게 여기는 이유다. 1930년대를 대표하는 강타자로 1939년에

4만 달러의 연봉을 받던 행크 그린버그는 1940년 팀 전력 강화를 위해 1루수를 루디 요크에게 양보하고 좌익수로 옮겨 달라는 구단의 요청을 받아들이는 조건으로 당시로서는 거금인 1만 달러를 받았다. 1993년 LA 다저스가 2루수 딜리아노 디실즈를 데려오기 위해 특급 유망주 투수 페드로 마르티네스를 내보냄으로써 다저스에 최악의 결과를 가져온 트레이드도 다저스 유격수 호세 오퍼먼이 2루수로의 포지션 이동을 완강히 거부했기 때문에 어쩔 수 없이 이루어진 것이다.

포지션 이동이 이렇게 어려운 일인데도 둘 이상의 포지션을 소화할 수 있는 선수를 의미하는 유틸리티 플레이어Utility player는 팀 상황에 따라 경기 중에도 방랑자처럼 여러 포지션을 옮겨 다닌다. 이처럼 경기 중에 포지션을 이리저리 옮기는 것이 가능한 것은 규칙상 한번 정해지면 반드시 지켜야 하는 타순과 달리 포지션은 팀 상황에 따라 언제든지 바꿀 수 있기 때문이다. 버트 캄파네리스, 세자르 토바, 앤드루 로마인 등이 시즌 막판에 승패가 큰 의미 없는 경기에서 투수를 포함한 9개 포지션 모두를 소화하는 팬서비스를 펼칠 수 있었던 이유가 여기에 있다.

선수 입장에서는 하나의 포지션을 확실히 꿰차고 그 포지션에서 필요한 능력을 완벽히 습득하길 원하겠지만 26명이라는 한정된 자원으로 경기를 이끌어가야 하는 팀 입장에서는 쓰임새가 다양한 유틸리티 플레이어가 있으면 전력 상승에 큰 효과를 볼 수 있다. 부상이나 슬럼프로 공백이 생긴 포지션을 매끄럽게 굴릴 수 있고 상대 팀에 맞설 효과적인 선발 라인업을 구성하기 쉬우며 수시로 변하는 경기 상황에 맞춰 다양한 작전을 펼칠 수 있기 때문이다. 예를 들어 훌륭한 유틸리티 플레이어가 없는 팀은 경기 막판 박빙의 상황에서 대타와 대주자를 투입하고 싶어도 수비할 때 벌어질 문제로 투입을 꺼리게 된다.

과거에는 유틸리티 플레이어를 두고 타격이 약해 주전으로 뛸 실력은 안 되지만 수비력이 뛰어나 여러 포지션을 전전하며 '땜빵' 역할을 하는 선수라는 인식이 강했다. 그러다 보니 이들은 연봉 협상이나 올스타 선발 등에서 찬밥 신세를 면치 못했다. 하지만 야구의 분업화, 특히 마운드에서의 분업화가 가속화되면서 로스터에 불펜 투수의 수를 최대한 늘리려 하고, 점수를 많이 뽑기보다는 승리를 위한 일정 수준의 점수를 올린 후 그 우위를 강한 수비력으로 지켜내려는 추세 속에서 숀 피긴스, 벤 조브리스트 등과 같이 주전으로 뛰면서도 팀 상황에 따라 포지션을 자유롭게 이동하는 선수들이 생겨났다. 그리고 이러한 슈퍼 유틸리티 플레이어들이 1천만 달러에 달하는 연봉을 받고 올스타에도 선발되는 등 이들에 대한 대우와 인식 역시 몰라보게 좋아졌다. 타고난 수비 감각에 다양한 수비 훈련을 더해 카멜레온처럼 새로운 포지션에 재빠르게 적응하는 유틸리티 플레이어는 팀이라는 거대한 톱니바퀴가 매끈히 굴러가게 하는 윤활유 같은 존재로 그 가치를 발휘하고 있다.

105_ 왼손잡이와 수비

촌각을 다투는 상황이 자주 벌어지는 야구에서 1인치가 안 되는 거리와 1초도 안 되는 시간은 심판이 하늘을 향해 주먹을 날리게 할 수도, 새처럼 양팔을 펴게 할 수도 있다. 그래서 야수들은 수비를 할 때 거리와 시간을 최대한 줄이려 노력하고 또 노력한다. 이를 비롯한 이런저런 이유로 몇몇 포지션은 아예 왼손잡이 또는 오른손잡이 선수에게만 맡기려는데 그 이유를 포지션별로 알아보자.

먼저 팬들이 가장 많이 궁금해하는 포수다. 야구를 조금이라도 접했다면 왼손잡이 포수가 보이지 않는다는 점을 눈치챘을 것이다. 물론 메이저리그 역사에 왼손잡이 포수가 전혀 없었던 것은 아니어서 1884년부터 17년간 1076경기를 뛴 잭 클레멘츠Jack Clements, 1864~1941를 비롯해 한 경기라도 뛴 왼손잡이 포수는 33명으로 알려졌다. 이 중 1900년대 이후 활동한 선수는 11명으로, 7명은 본래 포수가 아니나 경기 상황상 어쩔 수 없이 마스크를 착용한 임시 포수였다. 여기에 피츠버그 파이어리츠의 1루수 겸 우익수로 활약하던 베니 디스테파노가 1989년 8월 18일 잠시 왼손잡이 포수로 출전한 것이 마지막이었으니 팬들이 왼손잡이 포수가 없다고 생각하는 것도 무리는 아닐 것이다. 그렇다면 왼손잡이 포수가 없는 이유는 무엇일까? 바로 송구의 문제다. 오른손 타자가 대부분인 야구에서 2루나 3루로 뛰는 주자를 잡기 위해 왼손으로 송구를 하면 타자의 방해를 받을 수 있고, 2루 주자가 3루로 도루를 할 경우 한 번 더 몸을 틀어 송구를 해야 하므로 그만큼 시간이 더 걸린다. 이는 미세한 차이라 생각할 수 있으나 결과를 바꾸기에 충분한 시간이다. 이와 함께 왼손잡이가 포수를 맡을 만큼 어깨가 강하다면 포수가 아닌 투수를 하는 것이 선수로서 성공 가능성을 높일 수 있다는 점도 또 다른 이유다.

다음으로 내야수를 살펴보자. 1루수는 내야수 중 왼손잡이가 유리한 유일한 포지션이다. 송구를 받을 때는 오른손잡이든 왼손잡이든 차이가 없지만 견제구를 받아 주자를 태그할 때 몸을 가로질러야 하는 오른손잡이보다 거리가 짧아 유리하다. 그리고 번트나 땅볼 타구를 잡아 2루나 3루에 송구할 때 오른손잡이처럼 몸

잭 클레멘츠

을 비틀 필요 없이 바로 송구할 수 있고, 타구의 대부분이 1루수의 왼쪽보다는 오른쪽으로 날아와 오른손잡이처럼 백핸드로 수비해야 하는 경우가 적다는 장점까지 있다. 1루수를 제외한 나머지 내야 포지션은 오른손잡이의 전유물이라고 해도 지나친 표현이 아니다. 1890년대 후반 2루수와 유격수로 총 94경기에 뛴 빌리 헐렌과 같은 선수가 있긴 하나 왼손잡이가 2루수, 3루수, 유격수를 맡는 모습은 부상과 같은 돌발 상황이 벌어지지 않는 한 볼 수 없다. 왜냐하면 내야에서 공을 잡은 후 1루로 송구를 할 때 왼손잡이는 오른손잡이와 달리 몸을 비튼 후 송구해야 하는 한계가 있기 때문이다.

마지막으로 외야수는 손의 구분을 거의 두지 않지만 좌익수의 경우에는 왼손잡이가 조금 불리하다. 좌익선상에서 타구를 잡았을 때 왼손잡이는 2루로 송구하려면 몸을 반 바퀴 돌려야 하기 때문으로 이 틈을 활용해 발 빠른 타자주자가 단타성 타구를 2루타로 둔갑시킬 위험이 있다.

지금까지 살펴본 것처럼 반시계 방향으로 진행되는 야구의 특성상 왼손잡이는 수비에서 전반적으로 불리한 위치에 있다. 그리고 이는 왼손타자의 타율이 오른손 타자에 비해 높다는 야구계의 생각과도 연관이 깊다. 오른손잡이의 전유물이라고 할 수 있는 1루수를 제외한 내야수 및 포수에는 타격이 뛰어나지 않아도 수비력이 좋은 오른손잡이 선수들이 많은데 만약 이들이 왼손잡이였다면 그 정도의 타격 실력으로 1루수나 외야수를 차지하기는 힘들었을 것이다. 반면 왼손잡이 선수들은 제한된 포지션을 차지하려면 타격 실력이 좋아야 한다. 기본적으로 타격할 때 왼손잡이가 오른손잡이보다 유리한 것은 분명한 사실이나, 차지할 수 있는 포지션의 이러한 차이도 상대적으로 높은 왼손 타자의 타율에 영향을 끼쳤을 것이다.

106_ 수비 위치와 부드로 시프트

타자가 희생 번트를 댈 것이 거의 확실한 상황에서 외야에 3명의 야수를 세워둘 필요가 있을까? 차라리 외야수 1명을 뽑아 1루를 지키게 하고 1루수를 타자 코앞에 배치하면 번트가 나오더라도 1루 주자를 2루에서 잡아낼 가능성이 높아질 것이다. 비슷한 예로, 끌어당겨 치는 타격을 고수하는 타자를 상대로 야수들이 평소처럼 부챗살 모양으로 일정하게 수비 위치를 잡는 것이 과연 효율적일까? 당연히 비효율적이다. 타자들은 각자 나름의 개성이 있어 특정 코스의 구종을 타격할 때는 대부분 비슷한 방향으로 타구를 보내기 때문에 상황에 적합한 수비 위치를 잡는 것이 효율적일 것이다. 여기서 알 수 있듯 야수들은 기본적으로 부챗살 모양으로 수비 위치를 잡고 있지만 투수가 공을 던질 때마다 상황에 맞게 수비 위치를 조정해가며 타구의 길목을 지키려 한다. 그렇다면 야수들은 무엇을 고려하여 수비 위치를 조정할까? 여기에는 여섯 가지 요인들이 복합적으로 영향을 끼치고 있으며 각각의 이유를 간단히 설명하면 다음과 같다.

하나, 점수 차와 이닝, 아웃카운트, 볼카운트 등과 같은 경기 상황이다. 1점 차 상황에 주자가 2루에 있으면 외야수들은 주자의 득점을 막으려고 수비 위치를 얕게 잡지만, 2사 1루 상황에서는 장타가 터지지 않는 이상 점수로 연결되기 어렵기 때문에 수비 위치를 깊이 잡는다. 둘, 타자의 유형이다. 야수들은 오른손 타자가 끌어당겨 치는 유형이라면 좌측으로, 밀어치는 유형이라면 우측으로 수비 위치를 조정한다. 또한 타자가 발이 빨라 기습 번트를 댈 가능성이 있다면 내야수들은 수비 위치를 얕게 잡는다. 타자의 심리 역시 고려 대상이다. 예를 들어 영웅 심리가 강한 오른손 타자가 평소에는 타구 방향이 고르다 해도 한 방으로 경기를 마무리할 수 있는 중요한 상황에서는 많은 주목을 받고 싶은 욕심에 끌어당겨 칠 확률이 높다. 셋, 투수가 타자를 상대하는 공략법이다. 구속은 빠른지 느린지, 현재 던지려는 구종은 패스트볼인지 변화구인지, 코스는 어느 쪽인지 등으로, 강속구 투수가 바깥쪽 빠른공을 던지려 한다면 대부분의 타구가 밀려나갈 가능성이 높은 점을 감안해 수비 위치를 잡는다. 넷, 야구장을 둘러싼 환경이다. 그라운드가 천연 잔디인지 인조 잔디인지, 구장의 규모는 큰지 작은지, 바람의 방향과 세기가 어떤지 등이다. 만약 그라운드가 인조 잔디라면 타구 속도가 빨라 1루 송구에 여유가 있기 때문에 평소보다 뒤로 물러나 수비 위치를 잡는다. 다섯, 주자다. 주자가 있는지 없는지와 함께, 있을 경우 스피드가 좋은지 나쁜지 그리고 더블 플레이 가능 여부다. 예를 들어 무사 1루에 주자의 발이 빠른 경우 견제를 위해 1루수가 1루 가까이에 위치해야 하므로 1루수와 2루수의 간격이 크게 벌어지기 때문에 2루수는 1루 쪽으로 두 걸음 정도 옮겨 자리를 잡는다. 마지막으로 가장 중요한 야수 자신이다. 야수는 스피드, 타구 처리 속도, 어깨 등 자신의 장점과 약점을 잘 알고 있어야 한다. 만약 어깨가 강하고 송구 동작이 빠른 내야수라면 수비 위치를 좀 더 깊이 잡아도 된다.

투수와 포수를 제외한 7명의 야수들은 이러한 여섯 가지 요인들을 고려하면서 페어 지역 내 어느 자리라도 수비 위치를 잡을 수 있다. 그리고 이러한 수비 위치 변화가 눈에 띄게 확연한 경우를 '시프트shift'라고 한다. 시프트는 1946년 7월 14일 보스턴 레드삭스와 클리블랜드 인디언스의 더블헤더 2차전에서 시작됐다. 1차전에서 인디언스의 감독 겸 선수 루 부드로Lou Boudreau, 1917~2001는 2루타 4개와 홈런 1개를 터뜨리는 맹활약을 펼쳤으나 홈런 3개에 8타점을 몰아친 불세출의 강타자 테드 윌리엄스의 기세에 눌려 11 대 10으로 패하고 말았다. 윌리엄스가 2차전 첫 타석에서도 싹쓸이 2루타를 때리자 부드로는 일반적인 수비로는 도저히 윌리엄스를 이길 수 없다고 생각했다. 마침내 두 번째 타석에 들어선 윌리엄스에 맞서 파격적인 수비를 선보이자 많은 사람들의 눈이 휘둥그레졌다. 윌리엄스가 천편일률적으로 끌어당겨 치는 타격으로 대부분의 타구가 오른쪽으로 향하는 것에 착안해 1루수는 1루 베이스 뒤, 2루수와 유격수는 1루와 2루 사이, 3루수는 2루 베이스 뒤, 중견수는 우익수 자리, 우익수는 우측 파울 라인 근처에 배치한 것이었다. 야수 대부분을 우측으로 바글바글 몰리게 조정했고, 좌익수만큼은 평소와 다름없는 자리에 두어 텅 빈 좌측 외야를 책임지게 해 혹시 모를 사태에 대비했다. 야수들의 위치를 상상해보면 알 수 있듯 윌리엄스가 좌측으로 툭 밀어치기만 하면 안타를 쉽게 뽑을 수 있는 상황이 된 것이다. 부드로가 이처럼 과감한 수비 위치를 선보인 것은 윌리엄스에게 단타를 쉽게 내주더라도 장타만큼은 내줄 수 없다는 의지의 표시였다. 그러나 부드로 감독이 원한 결과는 일어나지 않았다. 윌리엄스가 볼넷을 골라 나갔기 때문으로 이후 타석에서도 그는 볼넷과 평범한 땅볼 타구로 물러났다.

경기는 끝났지만 이 경기에서 부드로가 보여준 파격적인 수비는 많은 야구인들에게 충격을 주기에 충분했다. 그리고 많은 감독들이 윌리엄스를 상대할 때 부드로처럼 과감하지는 않더라도 나름의 독특한 수비를 선보였다. 이러한 상황에서 윌리엄스는 어떻게 반응했을까? 자존심 강하기로 유명했던 윌리엄스는 그답게 평소처럼 우측 펜스를 향해 끌어당겨 치기를 고수했다. 많은 야구인들이 그의 고집스러운 타격에 거세게 비난했지만 윌리엄스의 판단은 결코 고집에서 나온 것은 아니었다. 그는 자신처럼 장타력을 보유한 타자가 장타 몇 개를 손해 보면서 상대 팀이

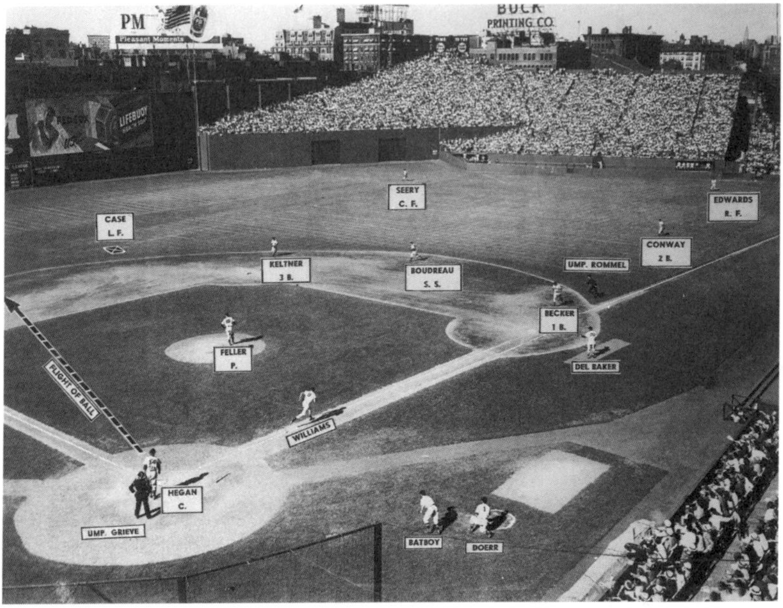

부드로 시프트

원하는 대로 단타를 많이 때려낸다면 결국 상대가 원하는 대로 해준 꼴이 되고, 무엇보다 오랜 시간을 거쳐 완성한 자신만의 스윙이 무너질 것을 우려했기 때문이다. 부드로의 파격적인 수비 위치 조정은 수비력의 전반적인 상승에 기여했으며 훗날 '부드로 시프트' 또는 '윌리엄스 시프트'로 불리고 있다.

부드로 시프트가 널리 알려지다 보니 부드로가 수비 위치 조정 전략을 처음 개발한 것으로 알고 있는 팬들이 꽤 있다. 하지만 수비 위치 조정의 정도가 부드로만큼 파격적이지 않을 뿐 초창기 야구에서도 존 맥그로를 비롯한 뛰어난 감독들은 타자의 특성을 머릿속에 넣어두고 수비 위치를 조정했다. 코니 맥 감독은 상대 타자의 특성에 관련된 자료를 단순히 머릿속에 넣는 것이 아니라 스코어 카드에 상세히 기입했다. 그가 정장을 입고 덕아웃 계단에 한쪽 발을 올리고 손에 든 스코어 카드로 야수들의 수비 위치를 조정하는 모습은 맥을 상징하는 유명한 모습이다. 이러한 그의 수비 위치 조정 능력은 상당히 정확해 자존심으로 똘똘 뭉친 타이 코브와 같은 선수도 감탄하며 머리를 조아릴 정도였다고 한다.

과거에는 일부 뛰어난 야수들만이 보유하던 수비 위치 조정에 필요한 자료가 최근에는 전력분석 기술의 발전으로 더욱 세밀하게 자료화되어 모든 야수들에게 전해지고 있다. 만약 야수가 수비 위치를 잘못 잡고 있으면 수비 코치가 이동을 지시해 바로잡아주기까지 한다. 이와 같은 수비 위치 조정은 타구의 길목을 지켜 타자를 잡아낼 확률을 높이기도 하지만 타자에게 가하는 심리적 압박감도 무시할 수 없다. 그래서 많은 전문가들은 시프트와 같은 수비 위치 조정 전술의 발전을 팀 증설, 글러브의 개선, 투수력의 향상, 장타 위주의 타격 등과 함께 4할 타자를 사라지게 한 주범으로 꼽고 있다.

107_ 인필드플라이

팬들의 머릿속에 '?'를 가장 많이 피어오르게 하는 규칙으로 꼽히며 이 때문에 야구 이해도 측정에 자주 등장한다. 무사나 1사에 주자 1, 2루 또는 만루 상황에서 내야수가 보통의 수비로 포구할 수 있는 플라이 타구가 나왔을 때 심판이 인필드플라이를 선언하면 포구 여부에 관계없이 타자는 자동 아웃된다. 다만 경기가 볼 인 플레이 상황이므로 주자는 아웃의 위험을 무릅쓰고 진루를 시도할 수 있다. 이때 보통의 수비에 관한 기준은 심판의 판단이 절대적이다. 인필드플라이는 페어볼에만 적용되므로 플라이가 베이스 라인 부근에 떠올라 페어가 될지 파울이 될지 구별이 어려울 경우 심판이 '인필드 플라이 이프 페어infield fly if fair'를 선언하는데 내야수가 파울 지역에서 타구를 잡지 못하면 타자는 아웃되지 않고 계속해서 타격할 수 있다. 한편, 인필드플라이는 라인 드라이브 타구나 번트를 하려다 플라이가 된 타구에는 적용되지 않는다.

인필드플라이는 내야수가 포구에 실패해도 타자가 아웃된다는 점 때문에 언뜻 보면 수비팀을 배려한 규칙으로 보이지만 그 속내를 들여다보면 공격팀을 배려한 규칙임을 알 수 있다. 무사 또는 1사에 주자 1, 2루 상황을 가정해보자. 타자가 땅볼 타구를 때리면 주자는 자신이 점유하고 있던 베이스를 비우고 다음 베이스로 달려가야 한다. 이때 타자가 땅볼 타구가 아닌 플라이 타구를 때린 경우라면 주자는 타구의 위치를 보며 본래 베이스로 돌아와 머물거나 타구가 잡힌 후부터 베이스로 달릴 수 있다. 그런데 여기서 플라이 타구를 야수가 놓쳐 땅볼 타구로 바뀐다면 주자는 어떻게 할 것인가? 당연히 베이스로 달려가야 한다. 여기서 야수가 놓친 플라이 타구가 외야 깊숙한 곳으로 날아간 타구라면 송구 거리가 길기 때문에 주자가 베이스에 도착하는 것에 큰 문제가 없다. 하지만 이 플라이 타구가 외야가 아닌 내야에 떠올랐다면? 주자가 다음 베이스 쪽으로 많이 다가가 있으면 내야수는 타구를 포구해 타자를 내야 플라이 아웃시킴과 동시에 주자를 1루와 2루에서 아웃시키려 할 것이고, 반대로 주자가 본래 베이스 쪽에 머물고 있으면 내야수는 고의로 타구를 놓쳐 주자를 2루와 3루에서 포스아웃시키려 할 것이다. 결국 주자는 이러지도 저러지도 못하는 상황에 처하게 된다.

뭔가 불공평하지 않은가? 실제로 1800년대 후반 명유격수 조지 라이트가 이러한 상황에서 타구를 의도적으로 놓쳐 더블 플레이를 성공시키곤 했다. 이에 1895년에 도입된 규칙이 바로 '인필드플라이'다. 도입 당시 1사에서만 적용되었던 인필드플라이는 1901년부터는 무사로까지 확대됐고, 2사에서는 인필드플라이가 당연히 적용되지 않는다. 수비팀 입장에서는 아웃카운트 하나만 더하면 이닝을 마칠 수 있으므로 내야 플라이 타구를 그대로 포구하는 것이 수월하기 때문이다. 이러한 인필드플라이 규칙을 이해하는 것이 조금 어렵겠지만 야구 규칙이 공격과 수비의 공평함을 추구하면서 발전해왔다는 점을 생각하면 그리 어렵지만은 않을 것이다.

인필드플라이를 정리하는 차원에서 팬들이 많이 궁금해하는 세 가지를 다음과 같이 문답식으로 소개하고자 한다. 하나, 바람이 몹시 심하게 부는 날 무사 1, 2루에 타구가 내야 높이 떠오르자 심판이 '인필드플라이'를 선언했다. 그러나 타구가 바람을 타고 외야 쪽으로 슬슬 흘러가 유격수의 뒤를 받치고 있던 좌익수가 포구했다. 이처럼 내야수가 아닌 외야수가 포구한 경우에도 인필드플라이가 적용될까? 인필드플라이 적용 여부는 순전히 심판의 판단에 따르며, 이 플라이를 외야수가 포구하든 내야수가 포구하든 상관이 없다. 물론 이는 인필드플라이가 도입되었을 때부터 적용되었던 것은 아니다. 1930년대 뉴욕 양키스의 우익수 토미 하인리히는 인필드플라이가 적용될 상황에서 2루수 조 고든이 잡을 수 있는 내야 플라이에 그를 물러서게 한 다음 원바운드로 타구를 처리한 후 더블 플레이를 펼쳐 규칙의 취지를 흐려놓곤 했다. 이러한 폐단을 없애기 위해 야구계는 많은 고민을 했고 결국 심판의 판단에 맡기는 것이 가장 합리적이라는 결론을 내렸다.

둘, 왜 주자 1루 또는 1, 3루에서는 인필드플라이가 적용되지 않을까? 인필드플라이는 더블 플레이와 3루에서 포스아웃의 가능성이 전제되어야 한다. 즉, 1루에만 주자가 있는 경우에는 적용되지 않는다. 이 상황을 이해하기 위해 알아야 할 핵심은 '타자는 타격을 마치고 나서 1루를 향해 전력 질주해야 한다'는 점이다.

셋, 1사 만루에 타자가 3루수 방향으로 높이 뜬 플라이 타구를 쳤다. 심판이 인필드플라이를 선언하지 않자 3루수는 타구를 원바운드로 잡은 후 3루를 터치하고 2루로 송구해 1루 주자를 포스아웃시키며 더블 플레이를 연출했다. 정당한 플레이인가? 공격팀에서는 억울하겠지만 이 더블 플레이는 유효하다. 인필드플라이는 심판의 선언이 있어야만 그 효력이 발생하기 때문이다. 가끔 인필드플라이의 선언 여부를 놓고 논란이 벌어지곤 하는데 이러한 논란을 최소화하려면 심판이 플라이 타구가 떨어지기 시작하는 시점에서 예상되는 낙구 지점과 내야수의 위치를 고려해 판단하는 것이 중요하다.

108_ 고의낙구

무사 또는 1사에 주자가 1루, 1루와 2루, 1루와 3루 또는 만루에 있을 때 내야수가 플라이나 라인 드라이브 타구를 더블 플레이로 연결하고자 글러브에 들어간 공을 고의로 떨어뜨리는 반칙 플레이를 의미한다. 고의낙구가 선언되면 타자는 자동으로 아웃되고 주자의 진루는 인정되지 않는다. 내야수가 타구에 닿지 않고 떨어뜨린 것은 예외이지만 이 상황이 인필드플라이가 적용될 경우라면 인필드플라이 규칙이 우선하며, 내야수가 아닌 다른 야수가 내야에서 수비를 한 경우라도 내야수와 똑같이 취급한다. 이러한 고의낙구는 주자 1루, 1루와 3루와 같이 1루에 주자가 있으면 적용되고 라인 드라이브 타구와 번트 타구도 포함한다는 점에서 인필드플라이와 차이가 있다.

여기서 인필드플라이와 고의낙구를 묶은 퀴즈 하나. 무사 1, 2루에 타자가 번트를 댔으나 투수 앞쪽에 높이 뜨고 말았다. 투수가 충분히 노바운드로 포구할 수 있는 타구라고 판단한 주자들이 진루를 포기하고 본래 베이스로 돌아간 상황에서 투수는 어떤 수비를 펼쳐야 할까? 힌트를 드리자면 번트 타구는 내야에 아무리 높이 떠올라도 인필드플라이가 적용되지 않는다. 투수는 타구를 원바운드로 잡은 후 3루로 송구해 2루와 1루로 이어지는 트리플 플레이를 노려야 한다. 투수가 규칙을 제대로 이해하지 못하고 타구를 잡았다가 고의로 떨어뜨린 후 트리플 플레이를 노렸다가는 고의낙구가 적용돼 타자만 아웃된다.

109_ 포스아웃

1908년 9월23일 폴로 그라운드에서 뉴욕 자이언츠와 시카고 컵스가 사활이 걸린 승부를 벌이고 있었다. 이 해 내셔널리그는 이 두 팀을 포함하여 피츠버그 파이어리츠까지 세 팀이 리그 우승을 놓고 엎치락뒤치락 치열한 경기를 펼치고 있었는데 이러한 분위기를 반영하듯 이날 경기 역시 9회초까지 1 대 1로 살얼음판 같은 승부가 이어졌다. 자이언츠는 9회말 2사에 무스 맥코믹을 1루에 두고 타석에 들어선 프레드 머클Fred Merkle, 1888~1956이 우익수 방면 안타를 때려내며 1, 3루를 만든 후 앨 브리드웰이 3루 주자 맥코믹을 여유 있게 홈으로 불러들일 수 있는 중견수 앞 타구를 때려냈다. 관중은 극적인 승리에 함성을 질러대며 그라운드 안으로 쏟아져 나왔고 2루를 향해 달리던 1루 주자 머클은 관중에게 둘러싸여 성가신 일을 당하기 싫은 나머지 달리는 방향을 바꿔 클럽하우스 쪽으로 도망치듯 달려갔다. 관중, 선수, 코치, 감독은 물론이고 심판까지 모두들 경기가 끝난 것으로만 알고 있었다. 단, 컵스의 2루수 조니 에버스만 빼고. 어수선한 상황에도 끝까지 침착함을 잃지 않고 매의 눈으로 머클과 2루를 관찰하던 에버스는 역시나 경기가 끝난 줄 알고 타구를 주울 생각조차 하지 않던 중견수 솔리 호프먼에게 당장 공을 주워 2루로 던지라고 고래고래 소리를 질러댔고 호프먼은 영문도 모른 채 공을 주워 2루로 던졌다. 머클이 2루를 밟지 않았기에 컵스에서 공을 가지고 2루를 터치하면 포스아웃이 되고 이것이 제3아웃이므로 맥코믹의 득점은 규칙상 인정될 수 없었다.

컵스 야수들의 속셈을 알아챈 자이언츠의 주루 코치 조 맥기니티는 호프먼이 던진 공을 중간에서 잽싸게 가로채 멀리 외야로 던져버리고는 클럽하우스를 향해 "머클! 이 머저리 같은 녀석아! 얼른 뛰쳐나와서 2루를 밟아!"하면서 소리쳤고 옷을 갈아입던 머클은 놀란 표정으로 그라운드로 다시 뛰쳐나갔다. 그사이 컵스는 다른 공 하나를 가져와서 2루로 연결시켰고 컵스의 프랭크 챈스 감독은 탈의실에 있던 심판을 그라운드로 끌고 나오며 "머클은 2루를 밟지 않고 클럽하우스로 들어갔으며 우리가 공을 가지고 2루를 터치했으니 포스아웃이다. 그런데 이 아웃이 제3아웃이므로 맥코믹의 득점은 무효고 따라서 1 대 1 상황에서 연장전에 돌입해야 한다"고 항의했다. 주심은 이 항의를 받아들였고 관중의 소란에 날까지 어두워져 경기 속개가 어렵다며 이 경기를 1 대 1 무승부라고 선언했다. 자이언츠 팬들은 불같이 화를 냈고 자이언츠 구단은 이 사안을 내셔널리그 사무국에 제소했다. 그러나 사무국은, 주심의 판결을 번복하지 않으며 이 경기를 무승부로 처리하되 이 무승부가 정규 시즌 우승팀을 결정할 때 변수로 작용하면 재경기를 치르는 것으로 결론을 내렸다. 뉴욕의 언론들은 머클이 중대한 범죄를 저지른 것처럼 난리법석을 떨었고 머클은 수많은 사람들의 조롱거리가 되고 말았는데 설상가상으로 재경기를 펼쳐야 하는 불행한 상황이 벌어지고 말았다.

정규 시즌을 마친 시점에서 자이언츠와 컵스가 똑같이 98승 55패로 공동 선두를 이루었기 때문으로 이에 두 팀은 10월 8일 폴로 그라운드에서 리그 우승팀을 결정짓는 한판 승부를 벌이게 된다. '머클 게임'이라고도 불린 이 경기에서 자이언츠는 컵스에 2 대 4로 무릎을 꿇었고 월드시리즈에 진출한 컵스는 기세를 몰아 디트로이트 타이거즈마저 제압하며 우승을 차지했다. 머클이 2루만 제대로 밟았다면 월드시리즈 우승의 기쁨이 자신들의 몫이 될 수 있었을지 모른다는 생각에 뉴욕 언론과 팬들은 이 사건을 '머클의 본헤드Merkle's Bonehead'라고 하며 가혹하게 머클을 몰아세웠다. 오죽하면 적시타, 엄밀히 말하면 중견수 앞 땅볼 아웃을 때려낸 브리드웰이 훗날 "그 상황에서 내가 그냥 삼진 아웃을 당했어야 했다"며 미안한 마음을 가질 정도였을까. 바보 같은 플레이를 의미하는 '본헤드 플레이'의 어원이 된 이 사건은 역사를 자랑하는 메이저리그에서 최악의 본헤드 플레이로 꼽히며, 이 사건에서 포스아웃의 의미를 되새겨볼 수 있다.

물렁물렁한 공을 사용했던 초창기 야구에서는 야수가 베이스에 떨어져 있는 주자를 아웃시키려고 굳이 태그할 필요 없이 공으로 주자를 맞힐 수 있었다. 1848년에 태그만 허용하는 것으로 규칙이 바뀌고 단단한 공을 사용하게 됐다. 이처럼 공의 반발력이 높아지고 여기에 타격 기술마저 향상되자 야수들의 수비 위치는 더 깊어졌다. 그러다 보니 1루를 향해 황소처럼 달려드는 타자주자와 태그를 하려는 1루수가 충돌하며 별을 보게 되는 일이 잦아졌다. 그러자 타자는 공을 때리고 나서 1루로 달려 나가야 하고 1루수는 이 타자주자를 아웃시켜야 하는데 이때 타자주자와 충돌의 위험이 있는 태그만을 고집할 것이 아니라 공을 쥐고 1루를 터치만 해도 되겠다는 생각에 이르렀고, 결국 1854년 규칙으로 반영됐다. '포스아웃force out'이 시작된 것이다.

타자가 주자가 되는 이유로 베이스를 차지하고 있던 주자들이 베이스를 비워줘야 할 의무가 생기는 것을 포스플레이라 하고, 이 상황에서 야수가 주자를 직접 태그할 필요 없이 주자가 진루해야 할 베이스를 주자가 도착하기 전에 터치하는 것만으로 아웃을 인정하는 것을 포스아웃이라고 한다. 예를 들어 무사 1, 3루의 상황에서 타자가 때린 타구가 유격수 앞으로 굴러가면 타자는 1루를 향해 뛰어가야 하므로 1루 주자는 2루로 달릴 수밖에 없는 포스플레이 상황에 처하게 돼 1루 주자가 2루에 도착하기 전에 유격수가 2루를 밟기만 하면 1루 주자는 아웃된다. 하지만 3루 주자의 경우 2루가 비어 있었기 때문에 홈을 향해 달려갈 필요도 없어 포스플레이 상황이 적용되지 않는다. 당연한 얘기이지만 타자가 날린 타구가 라인 드라이브나 플라이 타구처럼 야수에게 직접 포구되면 포스플레이 상황이 적용되지 않으며, 제3아웃이 포스아웃이라면 시간 차에 관계없이 점수를 인정하지 않는다.

포스아웃과 반대되는 의미로 태그아웃tag out이 있다. 이는 베이스를 밟고 있지 않은 주자를 야수가 공을 들고 있는 손으로 직접 태그하여 아웃시키는 것을 의미한다. 주자가 견제에 걸렸거나 도루를 시도한 상황에서처럼 주자가 다음 베이스 또는 이전 베이스 중 선택할 수 있는 경우에는 오직 태그아웃만 적용된다. 참고로 포스아웃은 야수가 공을 정확히 쥐고 있다면 신체의 어느 부분이나 텅 빈 글러브로 베이스를 터치만 해도 아웃이 인정되는 반면, 태그아웃은 공을 쥐고 있는 글러브나 손으로 주자를 태그해야만 아웃이 인정된다. 포스아웃은 이해되면 간단해 보이지만 야구 초보자들이 이해하기 가장 힘든 규칙으로 꼽히는데 쉽게 말해 주자 입장에서 돌아갈 베이스가 없으면 포스아웃, 있으면 태그아웃이라고 생각하면 된다.

이를 퀴즈 형식으로 세 가지 예를 들어 설명해보겠다. 하나, 무사 만루에 타자가 3루수 앞으로 강한 땅볼 타구를 날렸고 이를 잡은 3루수가 3루를 밟은 후 홈플레이트를 밟고 있는 포수에게 송구했다. 포구에 성공한 포수는 즉시 1루에 송구해 타자주자를 아웃시켰다. 트리플 플레이일까? 3루수가 3루를 밟으며 2루 주자를 포스아웃 시키는 순간 3루 주자에 대한 포스플레이 상황이 풀리므로 3루 주자를 아웃시키려면 태그를 했어야 한다. 따라서 트리플 플레이가 아닌 2루 주자와 타자주자에 대한 더블 플레이다. 둘, 2사 만루에 타자가 2루수 앞으로 땅볼 타구를 날렸다. 2루수는 2루를 향해 달려오는 1루 주자를 태그하려 했지만 1루 주자가 1루를 향해 되돌아가자 쫓아가기 시작했고 그사이 3루 주자는 홈플레이트를 밟았다. 그 후 2루수가 1루 주자를 태그해 제3아웃을 시켰다면 득점은 인정될까? 제3아웃이 포스아웃이므로 시간 차에 상관없이 득점은 인정되지 않는다. 셋, 1사 만루에 타자가 1루수 앞으로 땅볼 타구를 날렸고 이를 잡은 1루수가 1루를 밟은 후 2루에 송구하는 사이 3루 주자가 홈플레이트를 밟았다. 그 후 1루수의 송구를 받은 2루수가 2루를 향해 달려오던 1루 주자를 태그해 제3아웃을 시켰다면 득점은 인정될까? 타자주자가 1루에서 아웃되면서 1루 주자에 대한 포스플레이 상황이 해제돼 2루수가 1루 주자를 태그아웃시킨 것은 포스플레이 상황이 아니었다. 제3아웃이 되기에 앞서 3루 주자가 홈플레이트를 밟았으므로 득점은 인정된다.

포스아웃의 등장으로 주자와 야수 간의 불필요한 충돌이 줄어들었고, 더블 플레이나 트리플 플레이처럼 역동적인 수비 장면이 나오게 되었다. 포스아웃을 정리하는 의미에서 마지막으로 퀴즈 하나. 1사 1루에 타자가 1루수 앞으로 라인 드라이브성 타구를 날리자 1루수가 잡을 것이라고 판단한 1루 주자가 황급히 1루로 돌아왔으나 타구가 1루수 앞에서 바운드되었다면 1루수는 어떤 수비를 해야 할까? 1루수는 1루 주자를 먼저 태그아웃한 후 1루를 터치해 더블 플레이를 해야 한다. 무턱대고 1루부터 터치한 후 1루를 밟고 있는 주자를 태그하면 더블 플레이가 인정되지 않는데 1루수가 1루를 터치하며 타자주자가 아웃되는 순간 포스플레이 상황이 풀려서 1루 주자가 1루를 점유할 권리가 다시 생기기 때문이다.

110_ 포구

야수가 타구, 송구, 투구를 글러브 또는 손으로 확실하게 잡는 행위를 의미한다. 포구의 정의는 이렇게 간단하지만 모자나 프로텍터, 주머니 또는 유니폼의 다른 부분으로 잡는 것은 포구로 인정되지 않는 등 자세히 들여다보면 좀 내용이 복잡하다. 이를 세 가지 상황으로 가정해 퀴즈 형식으로 알아보자. 하나, 2루수 앞 땅볼이 굴러오자 더블 플레이를 시키려고 2루수가 급한 마음에 2루 베이스를 밟고 서 있는 유격수에게 송구 대신 유격수의 글러브에 공을 터치한 후 1루에 송구하는 절묘한 플레이를 선보였다. 판정은? 유격수 글러브에 터치하는 것만으로 유격수가 확실하게 공을 잡았다고 볼 수 없으므로 1루 주자는 2루에서 세이프다. 둘, 만루 상황에서 타자가 힘껏 휘두른 배트에 맞은 타구가 쭉쭉 뻗어나갔으나 좌측 펜스 앞에서 고꾸라지고 말았다. 평소 장난기가 많은 좌익수가 팬서비스 차원에서 글러브가 아닌 모자로 타구를 잡아냈다. 판정은? 좌익수가 글러브나 손이 아닌 모자로 타구를 잡았으므로 포구가 아니며 모자를 고의적으로 페어볼에 닿게 했기 때문에 타자에게 3개루의 안전진루권이 주어지고 누상에 있는 주자 세 명 모두가 득점을 하게 된다. 셋, 타자가 좌중간을 가르는 라인드라이브 타구를 날렸다. 좌익수가 몸을 날려 포구하는 순간 중견수와 충돌하는 바람에 글러브가 벗겨지며 그라운드에 떨어졌으나 공은 다행히 글러브 안에 얌전히 잡혀 있었다. 판정은? 공을 쥔 글러브를 손에 확실히 끼고 있어야 포구로 인정되므로 포구가 인정되지 않는다.

수비의 기본인 포구를 잘하기 위해 반드시 기억해야 할 것은 공이 글러브 안에 확실히 들어올 때까지 공에서 눈을 떼지 말고 공이 글러브 안으로 들어오면 즉시 다른 손으로 공을 누르고 양손으로 잡아야 한다는 점이다. 포구 과정에서 실책이 벌어지는 가장 큰 이유가 급한 마음에 포구보다 송구를 먼저 생각해 공에서 눈을 떼기 때문이다. 이러한 실책은 내야수가 땅볼 타구를 더블 플레이로 연결시키려 하거나 외야수가 태그업을 시도한 주자를 아웃시키려는 상황에서 간혹 등장하는데, 매우 기본적인 사항이지만 포구가 없으면 송구도 있을 수 없다.

뉴욕 자이언츠와 클리블랜드 인디언스가 맞붙은 1954년 월드시리즈 1차전에서 역사상 가장 멋진 포구 장면이 나왔다. 양 팀이 2 대 2로 팽팽히 맞선 8회초 무사 1, 2루에 인디언스의 빅 워츠는 넓디넓은 폴로 그라운드의 우중간 펜스를 향해 큼지막한 타구를 날렸다. 순간 자이언츠 팬들은 한숨을 내쉬며 고개를 떨궜으나 정확한 타구 판단과 빠른 스타트로 펜스를 향해 달리기 시작한 윌리 메이스Willie Mays, 1931~가 홈플레이트로부터 약 130미터 떨어진 깊숙한 지점에서 관중석을 바라보며 머리

뒤쪽으로 날아오는 공을 포구하는 데 성공했다. 결국 자이언츠는 1차전을 연장 접전 끝에 승리했고 이 분위기를 이어간 자이언츠는 4전 전승으로 월드시리즈 우승을 차지했다. 자이언츠의 우승에 결정적인 역할을 한 메이스의 이 포구는 '더 캐치The Catch'라는 이름으로 여전히 많은 이들에게 기억되고 있다.

111_ 송구

야수가 동료 야수 또는 특정 목표물을 향해 공을 던지는 것을 의미한다. 포구에 성공했다 해도 송구에 실패하면 타자를 아웃시킬 수 없는 경우가 있기 때문에 송구는 포구와 함께 가장 기본적인 수비 기술로 꼽힌다. 또한 긴박한 상황에서 빨랫줄 같은 송구로 주자를 잡아내는 모습은 야구에서 볼 수 있는 가장 짜릿한 순간이다. 1950년 브루클린 다저스와 필라델피아 필리스의 정규 시즌 우승이 걸린 시즌 마지막 경기에서 9회말 필리스의 중견수 리치 애시번이 정확한 송구로 홈으로 쇄도하던 주자를 잡아내고, 1975년 신시내티 레즈와 보스턴 레드삭스가 맞붙은 월드시리즈 6차전에서 연장 11회말 레드삭스의 우익수 드와이트 에반스가 시리즈를 끝낼 수 있는 조 모건의 2루타성 타구를 잡아낸 후 미처 귀루하지 못한 주자를 강력한 송구로 잡아낸 모습은 송구의 매력을 보여준 대표적인 장면들이다.

야수는 경기 상황, 송구 거리, 자신의 송구 능력과 주자의 스피드, 포구할 때 신체 균형 상태 등을 종합적으로 고려해 상황에 맞는 송구를 해야 한다. 공을 잡자마자 재빠른 동작으로 동료 야수가 포구하기 쉬운 위치에 힘 있게 던져야 하며, 거리가 짧고 촉박할수록 작은 팔 동작으로 빠르게 송구하고, 거리가 멀고 여유가 있을수록 큰 팔 동작으로 힘 있게 송구해야 한다. 공을 던질 때는 투수가 패스트볼을 던질 때처럼 공의 실밥을 가로질러 쥐고 던져야 공이 정확하고 빠르게 나갈 수 있으며, 야수는 자신이 송구한 공이 목표했던 곳으로 날아가는지 끝까지 지켜보는 동작을 취해야 한다.

내야수와 외야수가 해서는 안 될 송구가 있다. 내야수가 땅볼 타구를 정확히 포구하지 못한 후 허겁지겁 송구하는 바람에 종종 악송구로 이어지기도 하는데 이처럼 내야수는 이미 늦었다고 판단되는 상황에서는 송구를 해서는 안 된다. 야구에서 실책이 없을 수 없지만 1개의 실책으로 끝날 상황에서 2개의 실책이 연달아 터지면 추가 진루까지 허용해 팀을 더 큰 위기로 빠뜨리는 꼴이 되기 때문이다. 외야수는 3루 또는 홈으로 송구를 할 때 힘자랑하듯 너무 높거나 길게 해서는 안 된다. 이러한 송구는 후속 주자들의 추가 진루를 허용할 뿐이므로 공을 중계하는 컷오프맨이 중간에서 공을 가로채 후속 주자들의 추가 진루를 견제할 수 있도록 낮게 송구하는 것이 바람직하다.

송구에 관한 가장 큰 오해는 좋은 송구의 필수 요건으로 타고난 강철 어깨를 꼽는다는 점이다. 그러나 송구는 훈련으로 실력을 끌어올릴 수 있는 대표적 수비 기술로 빠른 송구 동작, 능숙한 원바운드 송구 등으로 약한 어깨의 단점을 충분히 만회할 수 있다. 빠른 송구 동작은 1루까지의 거리가 짧아 공이 날아가는 시간 차가 작은 2루수에게 특히 필요하며 촌각을 다투는 더블 플레이와 같은 상황에서 큰 빛을 발한다. 빌 마제로스키Bill Mazeroski, 1936~가 역사상 더블 플레이를 가장 잘한 2루수로 손꼽히는 것은 좋은 어깨와 함께 빠른 송구 동작 덕분이었다. 원바운드 송구는 깊은 땅볼 타구를 처리할 때 송구의 정확성과 힘을 높여주며, 인조 잔디에서 경기를 하거나 천연 잔디라도 잔디 길이가 짧고 그라운드가 딱딱하다면 야수는 원바운드 송구를 적극 활용해야 한다. 원바운드 송구는 1970년대 신시내티 레즈의 유격수 데이브 컨셉시온이 깊은 땅볼 타구를 잡은 후 1루에 의도적으로 원바운드 송구를 하면서 시작됐고 이는 딱딱한 인조 잔디를 사용하던 레즈의 홈구장에서 큰 효과를 봤다.

심리적 영향을 많이 받는 송구에서 악송구를 저지른 야수는 다음에 송구를 할 때 '다시 악송구를 하면 어쩌지'라는 불안감을 갖게 마련이고 이러한 불안감이 심해지면 부자연스러운 송구 동작으로 이어지게 된다. 1982년 내셔널리그 신인왕에 빛나는 스티브 색스가 대표적인 예로, 그는 1983년 어느 날부터 갑자기 2루에서 1루로의 송구에 어려움을 겪으면서 팬들에게 조롱거리로 전락했고 송구에 대한 자신감을 완전히 잃고 말았다. 다행히 편안한 마음으로 송구하라는 동료들의 응원과 '나는 송구에 전혀 문제없다'고 스스로에게 자신감을 불어넣으며 마음의 안정을 되찾은 색스는 마침내 송구 능력을 회복할 수 있었다. 이러한 색스와 달리 악송구에 대한 심리적 불안감에서 끝내 헤어나오지 못한 야수도 있다. 1997년 2루수 골드글러브를 수상할 만큼 수비력이 뛰어났던 척 노블럭Chuck Knoblauch, 1968~이 그 주인공으로 노블럭은 어느 날 1루에 악송구를 저지른 후 1루에 송구할 때마다 심각한 불안감을 느꼈다. 이 불안감이 수비 전반으로 확산되며 노블럭은 1999년에 무려 26개의 실책을 저질렀고 2000년 6월 15일 시카고 화이트삭스와의 경기에서는 무려 3개의 송구 실책을 했는데 이 중 하나가 관중석으로 날아가 관객을 맞히는 일까지 벌어졌다. 다행히 1943년 쉐리 로버트슨의 악송구에 머리를 맞은 관객이 사망했던 것과 같은 큰 사고는 아니었지만 계속되는 악송구에 노블럭은 나날이 위축됐다. 송구에 대한 심리적 압박감을 극복하고자 2001

년부터 좌익수로 포지션을 변경하기도 했지만 노블럭은 타격에서까지 자신감을 잃고 33세라는 이른 나이에 은퇴를 결정했다. 노블럭은 1991년 아메리칸리그 신인왕을 수상했고 올스타에 4번이나 뽑혔던 1990년대를 대표하는 리드오프였지만 대부분의 팬들에게는 제구력에 어려움을 겪는 증후군, 즉 '스티브 블래스 증후군Steve Blass symdrome'을 겪은 유일한 야수로 기억되고 있을 뿐이다.

112_ 보살

팬들이 야수의 수비 능력을 알아보기 위해 수비율 다음으로 많이 찾아보는 기록상의 용어다. 아웃되거나 실책이 없었을 경우 아웃이 될 수 있게 타구 또는 송구를 연결하거나 공의 진로를 변경시킨 야수에게 부여된다. 타구를 노바운드로 잡거나 송구를 받아 아웃시킨 것을 의미하는 자살put out과 보살assist을 헷갈려 하는 팬들이 종종 있다. 이 둘의 차이점을 예를 들어 설명하면 주자 1루 상황에서 타자가 때린 유격수 앞 땅볼을 잡은 유격수가 2루수에게 송구하고 2루수는 1루수에 송구해 더블 플레이를 성공시켰다면 유격수에게는 보살 1개, 2루수에게는 보살과 자살 각각 1개, 1루수에게는 자살 1개를 부여한다.

보살 능력은 특성상 외야수와 관련이 깊다. 외야수의 강력한 보살 능력이 팀 승리에 미치는 영향은 그리 크지 않지만, 빨랫줄 같은 송구로 주자를 잡아내는 모습은 경기의 흐름을 단번에 바꿀 수 있을 만큼 분위기를 끌어올리며 지켜보는 이들에게 짜릿함을 안겨준다. 우익수에게는 보살 능력이 특히 필요하다. 모든 외야수가 강한 어깨를 바탕으로 보살 능력이 뛰어나다면 금상첨화이겠지만 이는 현실적으로 희망사항에 지나지 않기 때문에 감독들은 외야수들 중 보살 능력이 좋은 선수를 우익수에 우선적으로 배치한다. 그렇다면 왜 우익수에게 유달리 강력한 보살 능력이 필요할까? 무사 또는 1사 1루에 타자가 우익수 앞으로 안타를 때리면 1루 주자는 3루가 우익수 방면에서 멀리 떨어져 있고 3루를 밟으면 희생 플라이나 스퀴즈로 비교적 쉽게 득점할 수 있기 때문에 3루를 적극적으로 파고들려 한다. 이와 같은 상황에서 우익수가 1루 주자를 2루에서 멈추게 하거나 3루에서 아웃시킬 수 있는 보살 능력이 있다면 공격팀이 득점을 내기가 한층 어려워져 자칫 안타 3개를 치고도 점수를 내지 못하는 상황으로 이끌 수 있는데 이러한 우익수의 강력한 보살 능력은 히트 앤드 런을 자주 사용하는 팀을 상대할 때 더 큰 가치를 발휘한다.

강력한 보살 능력으로 가장 먼저 알려진 외야수는 트리스 스피커로 그는 1909년과 1912년에 각각 35개의 보살을 기록하는 등 통산 449개라는 믿기지 않는 보살 기록을 세웠다. '강한 어깨의 대명사' 블라디미르 게레로Vladimir Guerrero, 1975~의 통산 보살이 126개인 것을 생각하면 스피커의 기록이 얼마나 위대한지 짐작할 수 있을 것이다. 스피커가 이러한 불멸의 기록을 세울 수 있었던 것은 당시 반발력이 약해 타구가 멀리 날아가지 않는 야구공을 사용했기 때문으로 그는 중견수임에도 2루 베이스 뒤쪽 가까운 곳에 수비 위치를 잡아 중전 안타성 타구를 많이 건져내곤 했다. 스피커 다음으로는 '100야드(91미터) 떨어진 곳에서 공을 던져도 동전을 맞힐 수 있는 선수'라는 과장 섞인 평가를 듣던 밥 뮤젤이 꼽히며 그는 강력하면서도 정확한 송구로 주자들에게 늘 두려움의 대상이었다. 뮤젤에 이어서 역사상 최고의 보살 능력을 갖춘 외야수로 꼽히는 로베르토 클레멘테는 460피트(140미터) 떨어진 곳에서 홈플레이트까지 노바운드로 공을 던져 빈 스컬리로부터 "뉴욕에서 공을 던져 펜실베니아주에 있는 주자마저도 잡아낼 선수"라는 극찬을 듣기까지 했다. 4시즌에서 20개 이상의 보살을 달성한 클레멘테의 기록은 그가 무시무시한 보살 능력을 가지고 있음을 주자들이 알고 있는 상황에서 이룬 것이어서 더욱 놀라운 기록으로 평가받는다. 클레멘테에 이어 최근에는 강력한 어깨와 함께 자로 잰 듯한 레이저 송구로 주자들에게 저승사자와 같은 존재로 군림한 스즈키 이치로의 보살 능력이 최고로 꼽힌다.

일부 팬들은 강한 어깨를 뛰어난 보살 능력의 필수 요건으로 여기곤 한다. 물론 강한 어깨가 보살 능력에 중요하긴 하나 배리 본즈처럼 간결한 송구 동작과 정확한 송구만으로 강하지 않은 어깨를 충분히 보완하여 얼마든지 주자에게 위협적인 외야수가 될 수 있다. 가끔 타구를 잡은 후 원스텝이 아닌 투스텝 이상으로 송구하는 외야수들이 보이는데 이는 주자에게 그만큼 더 뛸 수 있는 시간을 주므로 원스텝으로 간결하게 송구해야 한다.

한편, 수비율이 수비 능력 측정에 치명적인 모순이 있듯 외야수의 보살 개수 역시 외야수의 보살 능력을 제대로 보여주지 못한다. 외야수가 보살 능력이 강력하다는 소문이 나는 순간 상대 팀 주자들이 다리를 벌벌 떨면서 적극적인 주루 플레이를 하지 않아 보살을 기록할 기회가 적어진다. 반면, 보살 개수가 많은 외야수들 중에는 상대 팀 감독이 주자로 나가 있어도 제대로 아웃시키지 못할 정도로 보살 능력이 허술한 덕을 보는 경우도 많다. 왜냐하면 이러한 외야수 쪽으로 타구가 날아가면 상대 팀 주자들이 무리한 주루를 하게 돼 보살 기회가 많아지기 때문이다.

113_ 수비율

감독은 야수들이 단 하나의 실책도 저지르지 않을 것이라는 가정 아래 경기를 지휘하고 팬들 역시 야수들의 실책이라는 변수를 배제하고 경기를 관람하는 편이다. 하지만 언제 어디서 야수들의 실책이 튀어나올지 모르는 것이 야구이고 이러한 실책이 경기의 흐름을 바꾸는 경우가 많아 강한 수비력은 강팀의 필수 요건으로 꼽힌다. 이렇듯 수비력의 중요성은 아무리 강조해도 지나치지 않지만 수비력은 야구에서 측정이 가장 힘든 분야이기도 하다. 그래서 수비 관련 기록들은 단순 참고용으로만 여겨질 정도인데 그나마 가장 먼저 들춰보는 기록이 바로 '수비율'이다. 수비율이란 야수가 수비를 하는 과정에서 실책을 저지르지 않고 얼마나 정확하게 처리했는지를 보여주는 기록으로 야수가 직접 아웃시킨 자살 수에 아웃시킬 때 도움을 준 보살수를 더한 후 이를 모든 수비 기회(자살+보살+실책)로 나눠 계산한다. 예를 들어 현역 최고의 유격수로 꼽히는 안드렐톤 시몬스는 2018 시즌에 228개의 자살과 372개의 보살을 기록하는 동안 10개의 실책을 범했으므로 228과 372를 더한 값인 600을 610으로 나눠 산출된 0.984가 시몬스의 2018 시즌 수비율이다.

이러한 수비율은 야수의 능력을 평가하는 기록으로 널리 알려졌지만 사실 큰 의미가 없는 숫자다. 왜냐하면 메이저리그에서 뛰는 야수라면 기본적인 수비 능력을 갖추고 있어 야수들 간 수비율 차이가 미세할 뿐만 아니라 수비율로 야수의 능력을 판단하기에는 한계가 너무 많기 때문이다. 여기서 '한계가 너무 많다'는 의미는 수비율의 높고 낮음을 좌지우지하는 실책의 속성과 관계가 있다. 좀 더 구체적으로 설명하자면 실책이 적은 것과 야수가 자신의 수비 범위를 굳건히 지켰다는 것이 일치하지 않는다는 문제점을 뜻한다.

예를 들어 똑같은 타구를 놓고 타구 판단이 느리고 동작도 굼뜬 야수라면 타구를 쫓아갈 시도조차 하지 않아 실책을 범할 여지가 아예 없다. 반면, 타구 방향을 정확히 파악하는 빠른 타구 판단 능력과 동작이 날렵한 야수라면 이러한 타구에 접근할 가능성이 높아지게 마련인데 이 과정에서 자칫 공을 더듬기라도 했다가는 실책이 기록될 가능성이 있다. 즉, 수비 범위가 좁은 야수라면 안타가 되었을 타구가 수비 범위가 넓은 야수 앞에서는 실책으로 바뀔 가능성이 있다는 뜻이다. 따라서 극단적으로 생각했을 때 수비율을 높이기 위한 최선의 방법은 정면으로 날아오는 타구들은 꼬박꼬박 잘 처리하되, 옆으로 빠져나가는 타구들에 대해선 최대한 느리게 움직여 실책을 범할 기회조차 갖지 않는 것이다. 이처럼 수비율은 수비의 적극성을 알 수 없다는 치명적인 단점이 있으니 실책을 많이 범해 수비율이 낮은 야수가 골드글러브를 수상하는 모습을 이상하게 생각할 필요가 없다. 만약 좋은 야수를 선정하는 방법이 '좋은 수비율'이라면, 좋은 친구에 대한 정의도 '잘못된 습성이 얼마나 적은가'처럼 소극적으로 내려야 할 것이기 때문이다.

114_ 골드글러브

수비의 높은 가치는 늘 한결같지만 수비력은 측정이 가장 힘든 분야로 알려져 있다. 수비율로는 수비의 적극성을 알 수 없으며 RFRange Factor, UZRUltimate Zone Rating 등과 같은 야구를 통계학적 · 수학적으로 분석하는 세이버매트릭스Sabermetrics 지표들 역시 이런저런 허점이 존재한다. 그나마 골드글러브로 포지션별 최고의 수비력을 가진 선수를 나름 판단할 수 있는데 이 상의 제정으로 브룩스 로빈슨Brooks Robinson, 1937~, 아지 스미스Ozzie Smith, 1954~ 등과 같은 수비의 귀재들이 더욱 높은 가치를 인정받게 됐다.

골드글러브의 역사는 1957년으로 거슬러 올라간다. 글러브, 야구공 등 스포츠용품 제조업체인 롤링스의 홍보부장 엘머 블래스코는 힐러리치 & 브래즈비라는 배트 제조업체에서 타격이 뛰어난 타자에게 실버배트를 시상하는 것에 아이디어를 얻어 수비가 뛰어난 야수를 시상하면 자사 제품의 홍보에 큰 도움이 될 것으로 판단했고 그 결과 탄생한 것이 바로 '골드글러브'다. 상을 제정한 1957년에는 리그를 통합해 9명을 선정했으나 이듬해부터는 리그를 구분해 총 18명을 선정하고 있다. 물론 1985년, 2007년, 2012년처럼 공동 수상자로 그 숫자가 늘어나기도 했지만.

1964년까지는 〈스포팅 뉴스〉에서 위촉한 19명의 기자들이 수상자를 선정했으나 공정성 문제로 1965년부터는 감독을 비롯한 코칭스태프가 소속팀 선수를 제외한 다른 팀 선수들에게 투표를 해 포지션별 가장 많은 표를 얻은 선수를 수상자로 선정하는 방식으로 변경됐다. 이 방식은

아지 스미스

야구로 먹고사는 전문가들이 현장에서 직접 눈으로 확인한 선수들의 수비력을 평가하기 때문에 완벽할 것으로 예상됐지만 같은 지구 소속이 아닌 선수들의 수비 모습을 볼 기회가 부족하다 보니 수비력보다는 선수의 명성으로 수상자가 선정된다는 논란이 끊임없이 벌어졌다. 한 예로, 1997년과 1998년 2년 연속 아메리칸리그 1루수 부문 골드글러브를 수상하며 수비력을 인정받은 라파엘 팔메이로는 1999년에 주로 지명타자로 경기에 나섰고, 1루수로는 고작 28경기에만 뛰었음에도 1루수 골드글러브를 수상해 큰 논란이 됐다. 이렇게 수상자 선정이 실력이 아닌 명성을 따라간다는 논란이 커지자 2013년부터는 코칭스태프의 투표 결과를 75퍼센트로 축소하고, 나머지 25퍼센트는 미국야구연구협회에서 제공하는 수비 관련 통계 결과를 반영하는 방식이 도입됐다.

오로지 수비력 하나만으로 수상자를 선정하다 보니 포지션별 최다 수상자는 수비에서 메이저리그의 전설로 불리는 선수들로 가득하다. 먼저 투수 부문을 살펴보면 짐 카트가 화려하고 과감한 수비로 1962년부터 1977년까지 꼬박 총 16회 수상했을 때만 해도 이 기록은 깨지기 힘들 것으로 여겨졌다. 그러나 이 예상은 얼마 지나지 않아 깨졌다. 그레그 매덕스가 안정적인 수비로 1990년부터 2008년까지 단 한 차례를 제외하고 총 18회 수상을 하며 투수뿐만 아니라 모든 포지션을 통틀어 최다 수상 기록을 세웠다. 포수 부문에서는 탁월한 투수 리드와 블로킹 능력은 물론이고 한 손 포구와 같은 포수 수비의 혁신을 일으켰던 조니 벤치의 10회 수상 기록을, 뛰어난 도루 저지 능력을 선보인 이반 로드리게스가 13회 수상으로 경신하며 최다 수상 포수에 올라 있다. 물론 대부분의 전문가들은 수상 횟수와 관계없이 수비력이 뛰어난 포수들이 많아 골드글러브 수상이 치열했던 시대에 가장 빛났던 벤치를 여전히 역사상 최고의 포수로 꼽고 있다.

이제 내야수로 눈을 돌려보자. 1970년대 말부터 1980년대 후반까지 내셔널리그 1루수들은 골드글러브 수상을 꿈조차 꿀 수 없었다. 1루 수비의 살아 있는 교본 키스 에르난데스가 버티고 있었기 때문이다. 그는 11회 수상했다. 2루수 부문에서는 토론토 블루제이스에서 뛸 당시, 거짓말을 좀 보태 캐나다 국경을 커버할 만큼 넓은 수비 범위와 화려한 수비로 10회 수상한 로베르토 알로마가 주인공이다.

3루수 부문 최다 수상자는 자기 주변으로 날아든 타구들을 거침없이 빨아들여 '진공청소기'라는 영광스러운 별명을 얻은 브룩스 로빈슨이다. 총 16회 수상에 빛나는 로빈슨은 16년 연속 수상으로 짐 카트와 함께 연속 수상 기록을 공동으로 보유하고 있는데 로빈슨의 철벽같은 수비에 막혀 1970년 월드시리즈의 패장이 된 스파키 앤더슨 감독은 "꿈속에서 로빈슨이 나타나 자신이 떨어뜨린 종이를 번개같이 낚아채 1루로 던져 아웃을 잡아냈다"는 넋두리를 털어놓기까지 했다.

야구 선수라기보다는 서커스 단원처럼 신기에 가까운 수비를 보여준 '오즈의 마법사' 아지 스미스는 유격수 부문 최다 수상자에 올라 있다. 13회를 수상한 스미스의 수비력을 곁에서 지켜본 화이티 허조그 감독은 1년 동안 그가 뛰어난 수비력으로 막아낸 점수가 무려 75점 정도라고 말한 바 있다. 이를 달리 설명해보면, 1987년 스미스의 소속팀 세인트루이스 카디널스의 팀 평균자책점 3.91은 스미스가 없었다면 4.37로 뛰어오른다. 이 숫자가 실감나지 않는다면 75점이라는 점수는 산술적으로 200이닝 동안 100자책점을 허용해 4.50의 평균자책점을 기록한 투수 1명의 평균자책점을 1.13으로 대폭 낮출 수 있다. 한마디로 평범한 투수를 특급 에이스로 바꿔줄 수 있는 어마어마한 점수인 것이다.

마지막으로 살펴볼 외야수 부문은 상이 제정된 1957년부터 1960년까지는 좌익수, 중견수, 우익수 세 부문으로 구분하여 선정하다 1961년부터 구분 없이 외야수 세 명을 선정하는 방식으로 변경됐다. 하지만 포지션별 최고의 야수를 선정하는 상의 취지와 맞지 않는 데다 특정 포지션의 선수들이 상을 휩쓰는 일이 벌어져 논란이 일자 2011년부터 다시 좌익수, 중견수, 우익수로 구분해 선정하고 있다. 최다 수상 외야수는 1950년대 데뷔해 각각 12회 수상한 윌리 메이스와 로베르토 클레멘테로 만약 골드글러브가 조금 일찍 제정됐다면 이들의 수상 횟수는 더 늘어났을 것이다.

115_ 견제

디트로이트 타이거즈와 세인트루이스 카디널스가 맞붙은 1968년 월드시리즈 7차전에서 타이거즈의 선발 투수 미키 롤리치는 완투승을 거두며 타이거즈에 월드시리즈 우승을 선사했다. 이 경기에서 롤리치가 눈부신 피칭을 할 수 있었던 데는 한 이닝에 루 브록과 커트 플러드를 견제구로 잡아내며 아웃카운트 2개를 지워낸 것이 결정적이었다.

견제에는 여러 의미가 있지만 주로 투수가 주자를 경계하고자 야수에게 송구하거나 하려는 동작을 의미한다. 제아무리 위력적인 공을 뿌려대는 투수라 해도 주자를 고삐 풀린 망아지처럼 마음대로 날뛰게 방치하면 단타를 치고 출루한 1루 주자가 2루 도루에 성공한 후 단타 하나에 홈플레이트를 밟는 상황이 벌어질 수 있기에 좋은 투수의 요건에 빠짐없이 등장하는 것이 바로 뛰어난 견제 능력이다. 롤리치의 사례처럼 투수라면 위기 상황에서 견제구 하나로 주자를 아웃시키고 싶겠지만 통계적으로 견제구가 견제사로 이어진 경우는 약 1.5퍼센트에 지나지 않고 약 0.5퍼센트는 악송구로 이어져 추가 진루만 내주는 역효과도 있다. 그래서 견제의 주목적은 주자를 아웃시키기보다는 주자의 리드 폭을 줄여 더블 플레이 또는 도루 저지의 가능성을 높이기 위함이며, 가끔 공격팀의 꿍꿍이가 무엇인지 간을 보기 위한 목적으로도 활용된다. 예를 들어 견제구에 주자가 화들짝 놀라 허둥지둥 귀루했다면 도루나 히트 앤드 런과 같은 작전이 걸렸을 가능성이 높다. 이외에도 주자에 대한 경계를 늦추고 있지 않음을 주자에게 상기시키기, 몸이 덜 풀린 투수의 몸 풀기, 타자와의 승부에서 타자의 리듬 끊기 등 견제의 목적은 실로 다양하다고 할 수 있겠다. 투수가 견제구를 던지는 곳은 1루가 대부분으로 2루와 3루를 향해 견제구를 적게 던지는 이유는 2루의 경우 투수의 견제 동작이 느려지는 데다 내야수와 호흡이 맞지 않으면 견제구가 외야로 빠질 수 있고, 3루의 경우 악송구나 보크가 나오면 곧바로 점수를 헌납하는 불상사가 벌어지기 때문이다.

투수가 위력적인 견제구를 던지려면 평소 파악해 놓은 주자의 성향에 따라 투구를 할지 견제를 할지 마음속으로 확실히 정한 후 투구 동작과 동일한 자세에서 날렵하고 빠른 동작으로 야수가 태그하기에 좋은 위치에 공을 던져야 한다. 이때 견제구를 받아 태그를 하는 야수는 글러브를 낀 손을 쭉 뻗어 포구하면 태그 동작이 커져 시간적으로 손해를 볼 수 있어 견제구가 글러브에 들어올 때까지 기다린 뒤 태그해야 한다. 이러한 기술적인 요소와 함께 주자의 심리를 잘 활용해야 한다. 통산 3000안타라는 대기록을 달성하며 1루에 출루한 조지 브렛이 기쁨에 취해 들떠 있는 사이 여지없이 견제구를 던져 그를 덕아웃으로 곧장 쫓아버린 팀

폴투그노처럼 말이다.

뛰어난 견제 능력을 보인 투수로는 통산 103개의 견제사와 1997년에 8경기 연속 견제사라는 기록을 수립했던 앤디 페티트Andy Pettitte, 1972~를 시작으로 워렌 스판, 스티브 칼튼, 테리 멀홀랜드, 마크 벌리 등이 꼽힌다. 상대 팀들이 뛰는 야구를 포기할 정도였던 이들은 왼손 투수라는 공통점이 있다. 왼손 투수는 1루 주자를 직접 보며 내딛는 앞발의 위치만 조심하면 몸을 비틀지 않고도 1루 견제를 할 수 있다는 장점을 살릴 수 있기 때문이다.

이들처럼 견제 능력이 탁월한 투수들은 실제로 견제구를 던지지 않고도 단순히 고개를 돌리거나 주자를 매섭게 노려보는 것만으로도 주자의 다리를 얼어붙게 한다. 반면, 경험이 부족한 투수들은 투구와 견제의 균형을 맞추지 못하고 지나치게 견제에 신경을 쓴 나머지 타자와의 승부에서 스스로 무너지거나 쓸데없는 견제구로 투수의 동작 하나하나에 집중하고 있는 동료 야수들의 체력과 집중력을 떨어뜨린다.

더블 플레이와 도루 장면에서 알 수 있듯 '깻잎 한 장 차이'로 아웃과 세이프가 결정되는 경우가 허다한 야구에서는 투수와 주자가 숨바꼭질하듯 미세한 리드 폭으로 계속 심리전을 벌인다. 대표적인 사례가 신시내티 레즈와 보스턴 레드삭스가 맞붙은 1975년 월드시리즈 5차전에서 나왔다. 당시 레드삭스의 투수 짐 윌로비는 1루에서 리드 폭을 넓게 해 신경을 거슬리는 조 모건을 향해 무려 15번 연속 견제구를 던지며 마치 홈플레이트를 1루로 옮겨놓은 것 같은 착각을 불러일으키기도 했다.

116_ 투수 리드

포수는 경기 내내 투수와 호흡을 맞추며 타자를 효율적으로 아웃시키기 위해 공 하나하나마다 사인을 보낸다. 이러한 투수 리드는 타자와의 두뇌 싸움이면서 동시에 투수가 편안한 마음으로 좋은 공을 던질 수 있게 돕는 중요한 활동이다. 그래서 투수 리드는 포구, 송구, 블로킹 등과 함께 포수가 갖춰야 할 기본적인 능력으로 꼽힌다. 특히 위기 상황에서 타자가 땅볼 타구를 때리게 해 더블 플레이를 성공시킬 때처럼 타자를 덫에 걸리도록 유인해 잡는 것은 투수 리드의 가치를 볼 수 있는 대표적인 모습이다.

그렇다면 포수는 무엇을 기준으로 투수 리드를 할까? 투수에게 슬라이더 10개를 연속으로 던지게 해 한 방 맞으면 나쁜 투수 리드가 되지만 타자를 잡아내면 좋은 투수 리드가 되는 것처럼 투수 리드에 정답은 없다고는 하나 몇 가지 고려사항은 있다. 먼저 투수에 대한 분석이다. 왼손 정통파 투수와 오른손 변화구 투수를 똑같은 투수 리드로 해서는 안 되고, 제구력이 나쁜 투수에게 유인구로 변화구를 자주 던지게 하면 볼넷을 허용할 위험이 높아진다. 이처럼 투수의 기본적인 사항과 함께 그날 투수가 유독 잘 던지는 공을 재빨리 파악해 그 공을 적재적소에 던지도록 리드해야 한다. 만약 체인지업을 가장 잘 던진다면 결정구로 체인지업을 살리기 위해 패스트볼을 섞어 던지게 하는 것처럼 말이다.

다음으로 타자에 대한 분석이다. 포수는 초구 선호도, 배트 스피드, 최근 타격 성적 등과 같은 타자에 대한 기본적인 사항을 머릿속에 저장하고, 여기에 날카로운 눈썰미로 타자가 배터스 박스에 서 있는 위치, 스탠스, 배트를 쥔 모습 등을 지켜보며 타자의 노림수까지 읽어내야 한다. 또한 초구에 대한 타자의 반응도 유심히 관찰해야 한다. 예를 들어 바깥쪽으로 떨어지는 변화구에 타자의 상체가 따라나왔다면 타자가 패스트볼을 노렸다는 추측이 가능하다. 변화구를 노렸다면 공이 조금 더 휘어질 때까지 기다렸을 것이기 때문이다. 투수와 타자뿐만 아니라 바람, 구장, 경기 상황 등도 고려사항에 속하는데 이처럼 고도의 심리전인 야구에서 고려해야 할 것들로 가득한 투수 리드는 매우 골치 아프지만, 그렇다고 쉽게 가려다가는 타자에게 한 방 얻어맞을 확률만 높아질 뿐이다.

이렇듯 투구 때마다 복잡한 과정을 거치는 투수 리드를 잘하는 포수와 못하는 포수를 구별하는 방법이 있을까? 야구를 숫자로 구성하려는 사람들에게 어려운 분야가 수비이고 그중에서도 가장 어려운 것이 바로 투수 리드다. 그 까닭은 타자와의 승부 결과에 '포수의 투수 리드'와 '투수의 구위' 중 어느 것이 더 큰 영향을 미쳤는지 구별하기 힘들기 때문이다. 사실 오래전부터 포수의 투수 리드 능력 차가 과연 큰 의미가 있는지에 대한 의문이 있어왔고, 이에 대한 해답을 제시하기 위해 1989년에 크레이그 라이트가 『야구를 분석하다The Diamond Appraised』에서 포수 평균자책점CERA : Catcher's ERA의 개념을 처음으로 소개하기도 했다. 하지만 팀 평균자책점과 해당 포수가 마스크를 착용하고 있을 때의 평균자책점을 비교하는 포수 평균자책점은 배터리를 이룬 투수, 구장, 야수 등에 따라 크게 좌우되는 문제점 때문에 널리 사용되지는 않는다.

투수 리드의 능력 차를 구별하는 것이 힘든 것처럼 투수 리드가 경기에서 차지하는 비중도 정답을 얻기 힘들다. 일부에서는 투수 리드 능력이 뛰어난 포수는 보통 투수도 에이스급 투수로 바꿀 수 있다고 말하며 포수의 투수 리드가 승부의 열쇠라고 주장하기까지 한다. 실제로 경기 후 인터뷰에서 "포수의 뛰어난 투수 리드 덕분에 호투를 펼칠 수 있었다"고 말하는 투수들이 꽤 있다. 반면에 타자와의 승부에서 열쇠를 쥐고 있는 사람은 결국 투수이고 포수는 종속적인 위치라며 투수 리드의 중요성을 회의적으로 보는 사람들도 있다. 이들은 포수가 타자의 머릿속을 훤히 꿰뚫어보며 타자를 농락하는 투수 리드를 하더라도 투수가 제대로 던지지 못하면 홈런을 맞을 수 있는 것이 야구라고 주장하면서 많은 투수들이 인터뷰에서 포수의 뛰어난 투수 리드 덕분에 호투를 펼쳤다고 말하는데 그렇다면 상대 타자들에게 흠씬 두들겨 맞았을 때는 포수의 나쁜 투수 리드 때문이라고 말하는 것이 맞냐고 반박한다.

신시내티 레즈의 포수 윌러드 허시버거Willard Hershberger, 1910~1940는 1940년 7월 31일 뉴욕 자이언츠와의 경기에서 9회말에 홈런 2방을 허용하며 역전패를 당한 책임이 자신의 서투른 투수 리드 때문이라고 심하게 자책했고 결국 자살이라는 극단적인 선택을 했다. 하지만 포수의 기억에 의존했던 과거와 달리 타자의 장단점에 대한 정밀한 분석 자료가 넘쳐나는 오늘날 투수 리드에서 포수의 책임은 과거에 비해 줄어들었다. 어쩌면 오늘날 투수 리드에서 포수의 책임은 타자가 안타를 때리지 못하게 하는 것이 아니라 투수의 공이 한가운데로 몰리면 살짝 비켜 앉아 투수에게 타깃을 바꿔주는 것처럼 투수의 마음을 잘 헤아려 좋은 공을 던지도록 돕는 데 있다고 할 수 있겠다.

117_ 도루 저지율

포수의 도루 저지 능력을 나타내는 지표로, 도루 저지 횟수를 도루 허용과 저지를 합한 횟수로 나눠 간단히 측정할 수 있다. 메이저리그의 평균 도루 저지율은 3할 수준으로 4할 이상을 기록하면 도루 저지 능력이 뛰어난 포수로 인정받는다. 도루 저지 능력이 좋은 포수를 흔히 '강견 포수'라고 치켜세우며 도루 저지에서 강한 어깨를 최우선적으로 강조하는 분위기이지만 사실 강한 어깨보다 중요한 것은 빠른 송구 동작과 송구의 정확성이다. 아무리 강철 같은 어깨로 송구를 한들 송구 동작이 느려터지거나 송구가 정확하지 않으면 도루 저지가 어렵기 때문이다. 따라서 포수는 포구 후 정확한 송구 자세로 재빨리 전환할 수 있게 하체가 강해야 하고 발놀림이 빨라야 하며, 포구할 때 단 한 번에 포심으로 공을 잡아 송구가 2루 베이스 바로 앞쪽에 빠르고 정확하게 떨어지도록 던져야 한다. 도루 저지를 위해서는 특히 전력 분석팀의 지원도 필요하다. 전력 분석팀에서는 상대 팀 주자별로 도루를 시도할 때의 자세와 그렇지 않을 때의 자세, 주로 뛰는 볼카운트, 피치아웃 후 주자의 특성 등을 면밀히 분석해야 한다. 예를 들어 어떤 주자는 도루를 시도하지 않을 때 팔을 가슴 쪽으로 모으는 반면, 시도할 때는 팔을 아래로 내려뜨리고, 피치아웃이 시도된 후 다음 투구에 무조건 뛰는 주자들도 있다. 이러한 상대 팀에 대한 분석과 함께 전력 분석팀에서는 소속팀 투수들의 투구 동작과 견제 동작에서의 차이점을 숨은그림 찾기 하듯 발견해 두 동작의 차이점이 없어지도록 지원해야 하고, 어떤 특정 볼카운트에서 포수가 스트라이크를 잡는 데 집중해 주자 견제에 소홀한지까지도 분석해야 한다. 역사상 최고의 도루 저지율을 기록한 포수는 로이 캄파넬라Roy Campanella, 1921~1993로 그는 6할대 도루 저지율을 무려 4번이나 달성하며 통산 0.574의 도루 저지율을 기록했다. 그가 안방을 지키는 동안 상대 팀 주자들이 발을 쉽사리 놀릴 수 없었음은 물론이다. 참고로 현역 최고의 도루 저지 능력을 자랑하는 야디에르 몰리나의 통산 도루 저지율은 0.403이다.

일반적으로 포수의 수비력을 평가할 때 투수 리드, 블로킹 그리고 도루 저지를 꼽는다. 이처럼 도루 저지가 중요한 이유는 도루 저지 능력이 탁월한 포수가 안방을 지키고 있으면 공격팀에서 1루 주자를 2루에 보내려고 아웃카운트 하나를 소비하며 희생 번트를 댈 수밖에 없기 때문이다. 반면, 도루 저지 능력이 확연히 떨어지는 포수가 안방을 지키고 있으면 희생 번트를 댈 바보 같은 팀은 없을 것이고 결국 공격팀 입장에서는 아웃카운트를 아낄 수 있어 득점 확률을 높일 수 있다. 또한 도루 저지 능력이 좋은 포수와 배터리를 이룬 투수는 타자에만 집중할 수 있어 심리적으로 안정을 갖는 장점도 있다.

하지만 도루 저지율이 경기에서 차지하는 중요도가 좀 부풀려 있고 포수의 수비력을 평가할 때 객관적이지 못해 허수에 지나지 않는다는 두 가지 반론이 꾸준히 제기되고 있다. 먼저 한 경기에 주자가 누상에 나갈 가능성을 투수들의 평균 WHIP 1.30으로 가정하면 11.7명 수준으로, 한 경기에 12명이 누상에 나가더라도 모든 주자가 단독 도루 능력이 있는 것은 아니다. 게다가 도루 저지율이 3할인 포수와 4할인 포수의 차이는 주자들의 도루 시도 횟수가 같다고 가정할 경우 한 시즌을 통틀어 7~8개 더 또는 덜 허용한 정도다. 이처럼 포수의 도루 저지율이 경기에서 차지하는 비중은 팬들이 생각하는 만큼 그리 크지 않다.

다음으로 팬들은 도루를 저지할 때 포수가 송구를 하다 보니 도루 저지의 책임을 포수에게 일방적으로 돌리는 경향이 강하다. 과연 도루를 저지하지 못한 책임이 오로지 포수에게만 있을까? 극단적인 가정이지만 몰리나와 같은 명포수가 앉아 있고 팀 웨이크필드와 같은 너클볼 투수가 마운드에 서 있는 상황에서 몰리나가 도루 저지에 실패했다고 몰리나를 탓하는 것이 바람직할까? 결론적으로 도루 저지는 포수만이 아닌 포수와 투수의 합작품으로 봐야 한다. 투수의 투구 동작과 견제 동작이 확연히 구별되고, 투수가 주자를 방치하는 데다 투구 동작까지 느리다면 몰리나와 같은 포수가 안방을 지키고 있을지라도 주자의 도루 성공은 보증수표나 다름없을 것이다. 오죽하면 "도루는 포수가 아닌 투수로부터 뺏는 것이다"라는 야구계 격언까지 있을까. 이처럼 도루 저지율에 한계가 많다 보니 1할대를 기록하던 포수가 이듬해 3할대로 급상승하는 것처럼 포수의 도루 저지율은 일관성이 매우 고르지 못한 특성이 있다. 한 예로 한심한 도루 저지 능력으로 유명했던 제이슨 켄달Jason Kendall, 1974~은 2007년에 0.152의 도루 저지율을 기록했으나 이듬해에는 0.427이라는 뛰어난 도루 저지율을 기록하며 1년 만에 전혀 다른 기록을 보여줬다. 이상과 같이 도루 저지율에 대한 신뢰도가 워낙 낮다 보니 포수의 도루 저지 능력을 알기 위해 상대 팀의 도루 시도 횟수도 함께 찾아볼 것을 권장하는데 이는 도루 저지 능력이 탁월한 포수가 안방을 지키고 있으면 아무래도 도루 시도 횟수가 적을 것이기 때문이다.

한편, 도루 저지에 지나치게 집착한 일부 포수들은 투수에게 바깥쪽 패스트볼을 던지도록 유도하는 바람에 타자들의 노림수에 걸려들어 팀을 더 큰 위기에 빠뜨리기도 한다. 그래서 포수가 도루 저지율에 신경을 덜 쓸수록 팀 승리의 가능성이 높아진다는 말까지 있을 정도다. 이를 쉽게 설명해보면 주자 1루에 1루수는 1루 주자를 견제하기 위해 1루 베이스에 붙어 있을 수밖에 없고 이 상황에서 포수가 도루 저지에 집착한 나머지 투수에게 바깥쪽 패스트볼을 던지게 하면 타자는 1루와 2루 사이를 노려 가볍게 밀어 안타를 때릴 확률이 높아진다는 것을 의미한다. 이처럼 도루를 저지하겠다는 욕심은 경기를 망치는 원인으로 작용할 수도 있다.

118_ 홈플레이트 충돌

야구는 농구, 축구, 풋볼 등 다른 스포츠와 비교해 육탄대결을 벌일 필요가 거의 없는 스포츠다. 다만 포수만큼은 몸을 던져야 할 상황이 가끔 있다. 주자가 홈플레이트를 향해 빠른 속도로 달려와 부딪치는 경우로 이 과정에서 간혹 포수가 큰 부상을 당하기도 한다. 이와 관련한 대표적인 사례 두 가지가 있다.

신시내티 레즈와 뉴욕 양키스가 맞붙은 1939년 월드시리즈에서 양키스가 첫 3경기를 휩쓴 가운데 4차전이 열렸다. 정규 이닝에서 접전을 펼친 양 팀은 결국 4 대 4로 연장전에 돌입했고 승부는 10회초에 판가름났다. 1사 1, 3루에서 터진 조 디마지오의 우전안타에 3루 주자가 여유 있게 득점을 올렸고 우익수의 실책이 더해지자 '킹콩'이라는 별명에서 알 수 있듯 체격이 탄탄한 1루 주자 찰리 켈러까지 홈플레이트를 파고들었다. 이 과정에서 켈러와 포수 어니 롬바르디Ernie Lombardi, 1908~1977가 강하게 충돌했고 그 충격으로 롬바르디가 정신을 잃으며 그대로 쓰러졌다. 이 틈을 타서 디마지오까지 유유히 득점을 올리며 양키스가 4차전마저 7 대 4로 승리해 우승을 차지한다. 레즈가 10회말 무사 1, 2루의 좋은 기회가 있었던 것을 감안해보면 이 충돌이 없었으면 4차전 결과가 바뀌고 나아가 양키스의 일방적인 우승으로 끝나지 않았을 수도 있었다. 켈러와의 충돌로 롬바르디가 정신을 잃은 상황을 두고 언론에서는 '롬바르디의 깊은 낮잠'으로 표현했고 이 말은 그가 세상을 뜰 때까지 따라다녔다.

또 하나의 사례는 1970년 올스타전에서 나왔다. 그렇다. 정규 시즌이나 포스트시즌이 아닌 축제 성격이 짙은 '올스타전'이다. 내셔널리그와 아메리칸리그가 4 대 4로 맞선 연장 12회말 2루 주자 피트 로즈는 때마침 터진 중전안타에 홈플레이트를 향해 미친 듯 달렸다. 그러나 중견수

아모스 오티스의 정확한 송구로 포수 레이 포스Ray Fosse, 1947~가 로즈를 여유 있게 잡아낼 것처럼 보였다. 하지만 로즈는 마치 '미사일'이라도 되는 듯 포스를 향해 몸을 내던졌고 충격을 받은 포스가 공을 떨어뜨리고 말았다. 이 점수로 내셔널리그가 승리하며 올스타전이 마무리됐으나 충돌의 후유증은 예상보다 컸다. 정규 시즌 3경기에 결장한 로즈와 달리 전도유망한 포수로 꼽히던 포스는 이때 입은 어깨 부상으로 그저 그런 포수로 전락한다. 많은 사람들이 올스타전에서까지 그렇게 과격한 플레이를 할 필요가 있었냐며 비난의 목소리를 냈지만 평소 열정적인 플레이와 강한 승부욕으로 '찰리 허슬'로 불리던 로즈에게는 어림없는 소리였고, 더구나 자신의 홈구장 신시내티에서 열린 올스타전이어서 더더욱 어림없는 소리에 지나지 않았다.

이처럼 홈플레이트에서 격투기와 다름없는 장면이 발생하는 이유는 주자 입장에서 포수라는 최후의 방어선을 뚫으면 득점을 올릴 수 있지만 포수 입장에서는 반드시 지켜야 할 곳이기 때문이다. 특히 아웃될 것이 확실한 상황에서 포수가 쥐고 있는 공을 떨어뜨릴 목적으로 몸을 내던지는 주자들이 꽤 있다. 타이 코브가 그 대표적인 주자로 평소 야구를 전투처럼 생각했던 그는 이 같은 상황에서 포수의 급소를 향해 노골적으로 날아차기에 가까운 슬라이딩을 하기도 했다.

홈플레이트에서의 격렬한 충돌이 큰 싸움으로 확대되기도 한다. 2006년에 시카고 화이트삭스와 시카고 컵스의 경기에서 화이트삭스의 3루주자 A.J. 피어진스키가 홈플레이트로 돌진하며 포수 마이클 바렛과 크게 충돌하자 화가 치솟은 바렛이 피어진스키에게 강펀치를 날렸고 양 팀 선수들이 그라운드로 몰려나와 난투극을 벌이다가 당사자인 두 선수를 포함한 네 명의 선수가 퇴장당하는 일이 벌어지기도 했다.

야구? 격투기?

홈플레이트 충돌은 이처럼 부상이나 난투극으로 이어지는 경우가 많아 팬들 사이에서 오랫동안 이야깃거리가 된다. 한때 이러한 충돌은 야구의 일부분이며 최고의 허슬 플레이로 꼽혔다. 그러나 2011년 메이저리그를 대표하는 포수 버스터 포지Buster Posey, 1987~가 홈플레이트에서 주자와의 충돌로 정강이뼈가 부러지고 발목 인대마저 파열되는 큰 부상을 당하자 이에 대한 개선책이 논의되기 시작했다. 그 결과 2014년부터 주자가 포수 또는 홈플레이트를 커버하려는 야수와 부딪칠 목적으로 주로를 벗어나면 포수 또는 야수가 공을 놓쳤더라도 아웃되고, 포수가 공을 갖고 있지 않은 상태로 주자의 주로를 막으면 세이프되는 것을 핵심으로 한 '홈플레이트 충돌 방지법'이 등장했는데 덕분에 주자와 포수 사이의 육탄전은 많이 줄어들었다.

119_ 런다운 플레이

야수들이 베이스 사이에서 주자의 베이스 터치를 막으며 주자를 몰아 태그아웃시키는 것을 의미하며 더블 플레이와 함께 팀의 내야 수비 능력을 보여주는 척도로 사용된다. 주자가 투수의 견제구에 걸렸을 때, 또는 도루를 시도했으나 이를 간파한 배터리가 피치아웃을 했을 때 주로 일어나지만 가끔은 주자가 작전상 '독 안에 든 쥐'가 돼 런다운 플레이run down play를 유도하기도 한다. 무사 1,

3루에 타자가 투수 앞 또는 3루수 앞 땅볼을 때렸을 때 3루 주자가 홈을 향해 뛰어들며 런다운 플레이를 끌어내는 경우로, 이 틈을 타서 1루 주자와 타자주자가 2루와 1루에 도달하게 하려는 목적이다. 만약 3루 주자가 움직이지 않아 수비팀에서 2루와 1루로 연결되는 더블 플레이를 성공시키면 2사 3루가 돼 1사 1, 2루보다 득점을 올리기가 더 어려워지기 때문으로 재치 있는 3루 주자는 이러한 상황에서 시간을 벌어주며 1사 2, 3루를 만들기도 한다.

런다운 플레이의 기본은 주자를 원래 있던 베이스로 몰아가는 것이다. 주자를 아웃시키지 못해도 최소한 원위치에 머물게 할 수 있기 때문이다. 이러한 기본 사항과 함께 런다운 플레이에 성공하려면 주자가 베이스 사이의 중앙 부근에 이르렀을 때부터 시작하고, 공이 엇갈려 주자의 몸에 맞는 것을 방지하기 위해 양쪽의 야수들은 주자가 달리는 길 중 하나를 선택해 같은 위치에 서야 한다. 그리고 야수는 머리 위로 공을 치켜들고 주자를 쫓아 반대편 야수의 던지라는 소리에 따라 송구해야 하는데, 송구는 1~2개로 최소화하는 것이 좋으며 태그는 되도록 베이스와 떨어진 곳에서 한다. 야수가 방심하거나 협력 플레이가 제대로 이루어지지 않아 가끔씩 런다운 플레이가 실패로 끝나기도 한다. 대표적인 사례가 시카고 화이트삭스와 뉴욕 자이언츠가 맞붙은 1917년 월드시리즈 6차전에서 나왔다. 당시 4회초 화이트삭스의 3루 주자 에디 콜린스가 런다운 플레이에 걸렸으나 3루수 하이니 짐머맨Heinie Zimmerman, 1887~1969이 송구는 하지 않고 콜린스를 뒤쫓기만 하다가 선취 득점을 허용해 이는 결국 자이언츠가 4 대 2로 패배한 원인이 되었다.

이와 반대로, 런다운 플레이 상황에서 주자가 할 수 있는 최선의 방법은 공을 갖고 있지 않은 야수와 부딪히는 것이다. 이때 주루 방해가 선언된다. 예를 들어 1, 2루 사이에서 런다운 플레이에 걸린 주자가 1루를 향해 달리다 공을 갖고 있지 않은 야수와 충돌하면 주루 방해가 적용돼 2루로 진루할 수 있다. 따라서 야수는 주자의 이러한 노림수에 말려들지 않도록 유의해야 한다.

120_ 콜 플레이

1912년 10월 16일 펜웨이파크에서 보스턴 레드삭스와 뉴욕 자이언츠의 월드시리즈 8차전이 열렸다. 야간 경기가 없던 시절, 2차전을 연장 11회까지 펼쳤지만 일몰로 무승부가 되어 다시 치른 경기였다. 벼랑 끝에서 만난 양 팀의 마지막 승부답게 치열하게 진행됐다. 정규 이닝에서 1 대 1로 승패를 가리지 못한 양 팀은 연장전에 돌입했고 자이언츠는 10회초 프레드 머클의 적시타에 힘입어 2 대 1로 앞서며 월드시리즈 우승의 가능성을 높였다. 무엇보다 당대 최고의 투수 크리스티 매슈슨Christy Mathewson, 1880~1925 이 마운드에 버티고 있었기에 자이언츠는 자신감이 넘쳐났다. 그러나 10회말 레드삭스의 첫 타자로 등장한 클라이드 잉글의 평범한 좌중간 플라이 타구를 중견수 프레드 스노드그래스가 떨어뜨리면서 경기장에 이상한 분위기가 흐르기 시작했다.

잉글을 2루에 두고 타석에 들어선 해리 후퍼가 희생 번트를 댈 것이라는 예상을 뒤엎고 강공으로 나서며 좌중간으로 라인 드라이브 타구를 날렸으나 스노드그래스가 실책에 대한 속죄라도 하듯 멋진 수비로 아웃카운트를 잡아냈고 그사이 잉글은 3루에 진루했다. 매슈슨이 스티브 여크스를 볼넷으로 보내 1사 1, 3루가 된 상황에서 타석에는 당대 최고 타자 중 한 명인 트리스 스피커가 등장했다. 그러나 레드삭스 팬들의 기대와 달리 스피커는 1루 코치박스 위로 떠오르는 평범한 파울플라이를 때렸다. 1루수 프레드 머클은 물론 매슈슨도 충분히 잡을 수 있는 타구였다. 그러나 어찌된 영문인지 매슈슨은 포수 치프 마이어스에게 잡으라는 콜을 계속했다. 타구를 힘겹게 쫓아간 마이어스가 넘어지면서까지 미트를 들이댔으나 타구는 결국 땅바닥으로 떨어졌다. 죽었다 살아난 스피커는 보란 듯 적시타를 때려 3루 주자를 홈으로 불러들이고 1루 주자를 3루로 진루시켰다. 이에 자이언츠가 더피 루이스를 고의4구로 내보내며 만루 작전으로 맞섰으나 이어 나온 래리 가드너가 우익수 쪽으로 희생플라이를 때려 레드삭스는 3 대 2로 짜릿한 역전승을 거뒀다. 레드삭스의 우승으로 막을 내린 이해의 월드시리즈는 결과적으로 매슈슨의 잘못된 콜 플레이 하나로 시리즈의 운명을 갈랐다고도 볼 수 있다.

콜 플레이call play란 야수들이 고함을 지르며 하는 의사소통으로, 플라이 타구가 야수 사이에 떠올라 야수 간 교통정리가 필요하거나 번트 타구 처리에서 포수가 다른 야수에게 송구 방향을 지시할 때 자주 등장한다. 외야수와 내야수 중간의 플라이 타구는 외야수가 전진하며 잡아야 하고, 우중간 플라이 타구에서 중견수와 우익수가 모두 오른손잡이라면 송구 자세에서 유리한 우익수가 잡아야 한다는 등의 기본 원칙은 있지만 실제 상황에서는 여러 변수가 있어 콜 플레이가 필요하다. 콜 플레이에서 악머구리 끓듯 하는 관중의 소리는 큰 장애요인으로, 야수들 간 소리가 잘 들리지 않을 뿐만 아니라 의미 전달이 정확하지 않기 때문에 야수들은 다양한 방법으로 의사소통을 한다.

예를 들어 플라이 타구를 처리하겠다고 결심한 야수만 소리를 지르고 나머지 야수는 침묵을 지키는 것으로 소리를 지른 야수가 끝까지 달려가 타구를 처리하게 한다. 이때 주변에서 소리가 들리면 비켜주되 소리가 들리지 않으면 타구를 계속 쫓아야 한다. 또 한 손을 흔드는 수신호를 사용하거나 포구할 때 팔을 최대한 넓게 벌려 동료 야수가 접근하면 팔에 닿게 하는 방법도 있다. 이러한 콜 플레이는 간단해 보이지만 제대로 이루어지지 않으면 서로 잡으려고 달려들어 야수 간 충돌이 발생하거나, "형님 먼저, 아우 먼저" 하며 서로 미뤄 아무도 잡지 않는 상황이 벌어지기도 한다. 특히 야수 간 충돌은 단순히 아웃카운트 하나를 놓치는 것을 넘어서 야수의 큰 부상으로 이어질 수 있다. 메이저리그에서 벌어진 일은 아니지만 1961년 7월 19일 한국 아마야구 인천고와 동산고의 경기에서 인천고 고인환이 때린 좌중간 플라이 타구를 동산고의 중견수 김용우와 좌익수 이창남이 서로 잡으려다 충돌했는데 이 사고로 김용우가 머리를 크게 다쳐 병원으로 옮겨졌으나 안타깝게도 다음날 숨을 거두고 말았다. 위 사례들에서 알 수 있듯 콜 플레이는 승패에 영향을 끼치는 것은 물론 선수의 안전에도 중요하므로 야수는 항상 자신 있고 큰 소리로 콜을 외쳐야 한다.

121_ 더블 플레이와 트리플 플레이

야구에서 가장 박진감 넘치는 플레이로 손꼽히는 더블 플레이double play는 연속된 수비로 아웃카운트 2개를 잡아내는 것을 의미하며 이 때문에 '투수의 가장 좋은 친구'라고도 한다. 누상에 주자가 나가 있는 위기 상황에서 아웃카운트 2개를 한꺼번에 지우는 더블 플레이가 승패에 미치는 영향이 크다 보니 더블 플레이와 밀접한 관계에 있는 규칙과 작전을 어렵지 않게 찾을 수 있다. 인필드플라이, 고의낙구, 스트라이크 아웃 낫아웃은 모두 고의적인 더블 플레이를 막기 위한 규칙이다. 공격팀에서 히트 앤드 런을 걸고 타순을 짤 때 걸음이 느린 타자를 연달아 배치하지 않는 것 역시 더블 플레이를 당할 위험을 최소화하기 위한 작전이다.

팀 내야 수비가 견고할수록 더블 플레이의 성공 확률이 높아지며, 야수는 타구의 방향과 속도, 주자의 스피드 등을 고려하여 더블 플레이를 시도한다. 이 과정에서 야수의 실책이 나오면 아웃카운트 1개도 잡아내지 못하기도 한다. 대표적으로 야수가 주자에 신경 쓰거나 급히 송구하려다 타구를 놓치는 경우, 빠르게 송구를 한다고 좋지 않은 자세에서 악송구를 하는 경우, 동료 야수가 베이스에 들어오기 전에 송구하는 경우가 대표적이다. 더블 플레이를 성공하려면 야수들 간에 호흡이 척척 맞는 것은 기본이고, 강한 어깨보다는 날렵한 송구 동작이 중요하다. 2루에서 1루까지의 송구 거리가 짧으므로 공이 날아가는 시간 차보다는 글러브 속에 든 공을 꺼내 송구하는 과정에서 벌어지는 차가 더 크기 때문이다. 이와 함께 1루수는 허수아비처럼 가만히 서서 포구할 것이 아니라 송구하는 야수를 향해 팔다리를 쭉 뻗으며 포구하여 송구 거리를 약 1미터 줄여줌으로써 더블 플레이의 성공 확률을 최대한 높여야 한다.

1900년대 초 시카고 컵스의 유격수 조 팅커Joe Tinker, 1880~1948, 2루수 조니 에버스Johnny Evers, 1881~1947, 1루수 프랭크 챈스Frank Chance, 1877~1924가 합작해낸 더블 플레이는 역사상 최고 작품으로 꼽히며 컬럼니스트 프랭클린 애덤스는 1910년에 「야구의 슬픈 말Baseball's sad lexicon」이란 시에서 이들의 빠르고 역동적인 더블 플레이 연출 장면을 표현하기까지 했다. 1923년부터 집계가 시작된 더블 플레이 통산 기록을 내야수별로 살펴보면 1루수는 미키 버넌의 2044개, 2루수는 빌 마제로스키의

1706개, 3루수는 브룩스 로빈슨의 618개, 유격수는 오마 비즈켈의 1734개다. 그러나 더블 플레이에 많이 성공했다고 해서 더블 플레이 능력이 뛰어나다고 볼 수는 없다. 아무래도 투수력이 약한 팀일수록 누상에 주자를 많이 내보내 야수들이 더블 플레이를 시도할 기회가 많기 때문이다.

더블 플레이의 형뻘인 트리플 플레이triple play는 더블 플레이와 유사하나 아웃카운트 2개가 아닌 3개를 잡아낸다는 차이점이 있다. 트리플 플레이는 걸음이 느린 타자가 무사 1, 2루 상황에서 강한 3루 땅볼 타구를 날릴 때 주로 등장하는데, 연속된 수비로 3개의 아웃카운트를 잡아내는 것이 흔하지 않아 1961년과 1974년에는 단 한 차례도 트리플 플레이가 나오지 않았다. 이처럼 보기 힘든 트리플 플레이 중에서 동료 야수의 도움 없이 혼자서 아웃카운트 3개를 잡아내는 것을 언어시스티드 트리플 플레이unassisted triple play라고 한다. 이 플레이는 1909년 닐 볼이 최초로 달성한 이래 현재까지 오직 15명의 야수만이 기록했을 만큼 퍼펙트게임보다 드물다. 팬들의 입에 가장 많이 오르내리는 언어시스티드 트리플 플레이는 브루클린 다저스와 클리블랜드 인디언스가 맞붙은 1920년 월드시리즈 5차전에서 연출됐다. 인디언스에 7 대 0으로 뒤지고 있는 상황에서 5회초 공격에 나선 다저스는 피트 킬더프와 오토 밀러가 연속 안타를 터뜨리며 대반격의 시동을 걸었다. 다저스 벤치에서 히트 앤드 런 작전이 떨어지자 누상의 주자들은 스타트를 끊었고 타석에 들어선 클레런스 미첼은 2루 베이스 쪽으로 라인 드라이브 타구를 날렸다. 2루로 뛰기 시작한 1루 주자를 따라 2루 베이스로 향하던 2루수 빌 웜스건스Bill Wambsganss, 1894~1985의 글러브로 타구가 그대로 빨려 들어가 원아웃, 그리고 3루로 달리던 2루 주자 킬더프가 제때 귀루하지 못하자 웜스건스가 2루 베이스를 밟아 투아웃, 마지막으로 어느새 2루 베이스 앞까지

빌 웜스건스의 언어시스티드 트리플 플레이

와 있던 1루 주자 밀러를 역시 웜스건스가 태그해서 스리 아웃을 잡아냈다. 혼자서 북 치고 장구 치고 꽹과리까지 치는 보기 드문 플레이를 선보인 순간이었다.

122_ 불규칙 바운드

'운명의 돌멩이'. 1924년 10월 10일 그리피스 스타디움에서 뉴욕 자이언츠와 워싱턴 세너터스가 월드시리즈 7차전을 벌이고 있었다. 자이언츠에 3 대 1로 끌려가던 세너터스는 8회말에 2사 만루라는 황금 같은 기회를 만들었다. 그러나 타석에 들어선 버키 해리스는 허무하게도 3루수 프레디 린드스트럼Freddie Lindstrom, 1905~1981 앞으로 평범한 땅볼 타구를 때리고 말았다. 경기장 곳곳에서 세너터스 팬들의 깊은 탄식이 흘러나오는 순간 기적 같은 일이 벌어졌다. 평범하게 굴러가던 땅볼 타구가 돌멩이에 맞고 튀어오르며 린드스트럼의 머리 위로 훌쩍 넘어간 것이다. 덕분에 주자 두 명이 들어와 경기는

3 대 3 동점이 됐다. 여기서 돌멩이의 기적이 끝났다면 '운명'이라는 단어를 쓸 수 없을 것이다. 12회말 세너터스는 1사 1, 2루의 기회를 만들었으나 기대와 달리 얼 맥닐리가 때린 타구는 3루수 앞 땅볼 타구에 그쳤다. 아니 그칠 뻔했다. 이 타구를 자이언츠는 더블 플레이로 연결하여 이닝을 종료하려 했으나 타구가 또다시 돌멩이에 맞고 솟아오르며 린드스트럼의 머리 위로 넘어간 것이다. 그사이 2루 주자가 홈플레이트를 밟으며 4 대 3으로 승리했다. 창단 후 첫 월드시리즈 우승의 기쁨을 누린 세너터스는 기본적으로 선수들의 실력이 뛰어났지만 결정적인 순간마다 운명처럼 나타나 불규칙 바운드를 일으킨 돌멩이의 힘도 절대적이었다.

초창기 야구장의 그라운드에는 돌멩이들이 여기저기 널려 있어 불규칙 바운드가 많이 일어났다. 오죽하면 내야수들이 써레 비슷한 도구를 가지고 나가 그라운드를 고를 정도였겠는가. 상황이 이렇다 보니 일부 타자들은 전략적으로 땅볼 타구를 때리기까지 했다. 그라운드 정비 기술의 발전으로 최근 그라운드는 눈부실 만큼 매끄럽게 잘 정돈되어 있다. 그렇다고 불규칙 바운드가 완전히 사라진 것은 아니다. 콩알만 한 돌멩이, 주자가 남긴 발자국 등으로 불규칙 바운드는 여전히 일어난다. 이러한 불규칙 바운드를 최소화하려면 야수는 그라운드에 들어가는 즉시 그라운드 상태를 점검하고 주변의 흙을 밟으며 잘 다져야 한다. 주자들의 이동이 많아 발자국이 여기저기 남아 있는 1루 주변은 특히 신경 써야 하는 지역이다. 이렇게 그라운드 상태를 잘 정돈한 야수는 땅볼 타구가 어디로 튈지 모른다는 마음의 준비와 함께 땅볼 타구가 날아오면 뒤로 물러서지 않고 최대한 앞으로 나와 처리해야만 타구가 불규칙하게 움직일 가능성을 낮출 수 있다.

땅볼 타구가 특정 물체에 부딪히면서 야수가 예상하지 못한 방향으로 튕겨나가는 불규칙 바운드 상황에서 야수가 타구를 제대로 처리하지 못해도 실책이 아닌 타자의 안타로 기록된다. 땅볼 타구의 속도는 보통 시속 100킬로미터 수준으로, 이 속도로 날아오는 타구가 야수 앞 5미터 이내에서 불규칙 바운드를 일으키면 야수의 반응 속도를 감안할 때 타구를 잡는 것이 사실상 불가능하다. 수비력이 탄탄한 내야수라도 불규칙 바운드 앞에 서면 작아질 수밖에 없는 이유다. 이러한 불규칙 바운드로 야수는 타구를 놓치고 심할 경우 이가 부러지는 등 부상을 당하기도 한다. 그래서 불규칙 바운드는 야수들에게 '공공의 적'으로 통한다. 한편으로는 언제 어디서 무슨 일이 벌어질지 모르는 우리 인생처럼 야구의 묘미를 더해주는 약방의 감초와 같은 존재가 바로 '불규칙 바운드'다.

8회 베이스 러닝

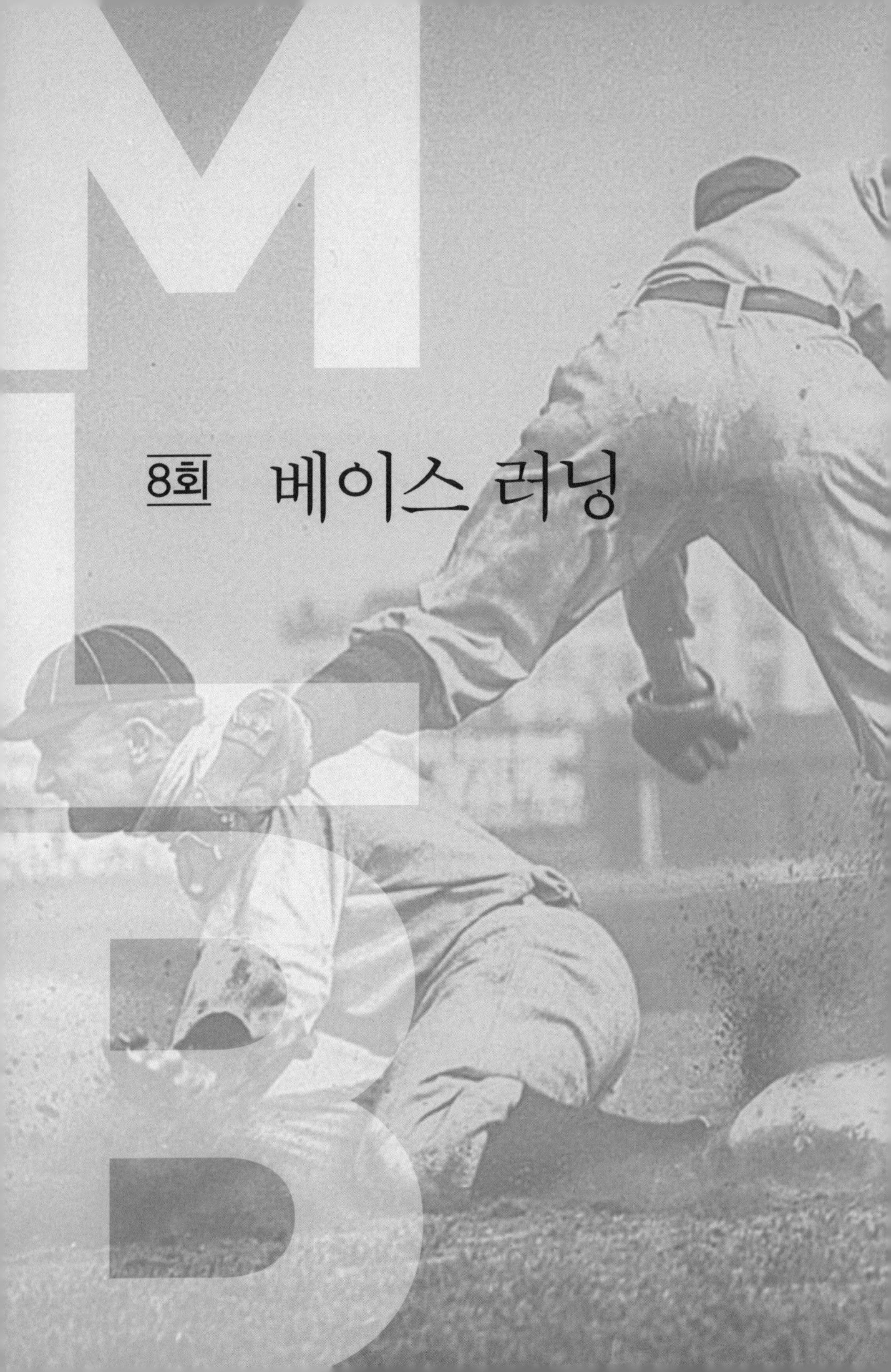

MLB

123_ 베이스 러닝

타자가 출루 또는 주자가 진루하기 위해 베이스를 향해 달려가는 것을 의미한다. 야구에서 공격이란 베이스 하나하나를 차지해 나아가며 홈플레이트를 밟아 점수를 얻어내는 과정이므로 공격은 '타격으로 시작해서 베이스 러닝으로 완성'된다고 할 수 있겠다. 베이스 러닝을 잘하는 팀은 무사 또는 1사 1루에서 우전 안타가 나왔을 때 1루 주자가 3루까지 진루해 다음 타자의 평범한 땅볼 또는 외야 플라이만으로 쉽게 점수를 올리지만 그렇지 못한 팀은 똑같은 상황에서 1루 주자가 2루까지만 진루해 다음 타자가 안타를 때려야만 득점을 올린다. 대부분의 팬들은 베이스 러닝의 가치를 과소평가하는 경향이 있지만 이처럼 야구는 공과 배트 외에 발로도 하는 것이다.

베이스 러닝의 가치를 보여준 대표적인 사례로 세인트루이스 카디널스와 보스턴 레드삭스가 맞붙은 1946년 월드시리즈 7차전을 들 수 있다. 양 팀이 3 대 3 동점으로 맞선 8회말 2사 1루에서 타석의 해리 워커가 배트를 휘두르자마자 1루 주자인 에노스 슬로터Enos Slaughter, 1916~2002는 용수철 튕기듯 앞으로 튀어나가며 무섭게 달리기 시작했고, 좌중간으로 떨어진 타구를 중견수 레온 컬버슨이 잡아 유격수 조니 페스키에게 중계했다. 2루를 돌아 3루로 향하던 슬로터에게 3루 코치가 정지 사인을 보냈고 모두들 슬로터가 3루에서 당연히 멈출 것이라고 생각했다. 하지만 슬로터는 브레이크가 고장 난 폭주 기관차처럼 미친 듯 홈까지 돌진했고, 이에 당황한 페스키가 포수를 향해 허겁지겁 공을 던지는 바람에 정확히 송구하지 못했다. 슬로터의 질주로 결승 득점을 올린 카디널스는 월드시리즈 우승을 차지했고, 당시 그 장면은 이른바 '광란의 질주Mad dash'로 메이저리그 역사의 한 페이지를 장식하고 있다.

이처럼 결정적인 상황에서 주자가 한 베이스를 더 진루하고 못 하고의 차이는 승패를 직접적으로 가를 뿐만 아니라 베이스 러닝 능력이 뛰어난 주자는 팀을 간접적으로 지원하기도 한다. 즉, 주자가 도루를 시도할 듯 말 듯하면서 교란하면 투수의 집중력이 떨어지고 야수 중 한 명이 베이스 커버에 들어가게 되어 내야의 공간이 넓어져 타자가 안타를 때릴 확률을 높여준다. 게다가 도루를 저지하려고 투수가 느린 변화구가 아닌 패스트볼을 던질 가능성을 높여주고 때로는 피치아웃을 유도해 타자의 볼카운트까지 유리하게 해준다. 이와 같은 역할 외에 베이스 러닝이 좋은 주자는 더블 플레이 상황에서 상대 야수를 깨부수듯 과감하게 돌진해 송구 자세를 무너뜨리며 아웃카운트 하나를 아끼기도 한다.

베이스 러닝에서 중요한 것은 주자의 적극성으로, 야수들이 조그만 허점이라도 보이면 주자는 지체 없이 다음 베이스를 노려야 한다. 다만 적극적인 베이스 러닝이 지나쳐 아웃되면 아웃카운트 하나가 늘어나는 데다 주자 한 명이 사라지는 이중 손해가 벌어지므로 주자는 자신의 리드

거리와 주력, 야수의 어깨, 그라운드 상태, 투수의 구위, 타자의 컨디션, 아웃카운트 및 양 팀의 점수 차와 같은 경기 진행 상황 등을 종합적으로 고려해야 한다. 예를 들어 9회말 1사 1루에서 타자가 안타를 때렸을 경우 3점 차로 뒤진 상황이라면 1루 주자가 무리해서 3루까지 뛸 필요가 없지만, 1점 차로 뒤진 상황이라면 다음 타자가 평범한 땅볼을 때려도 동점을 만들 수 있기 때문에 적극적으로 3루를 노릴 만한 충분한 가치가 있다.

베이스 러닝에 대한 가장 큰 오해는 베이스 러닝을 잘하려면 단거리 육상선수처럼 발이 빨라야 한다는 생각이다. 물론 발이 빠른 것이 나쁘지는 않지만 그렇다고 훌륭한 베이스 러닝을 보장하는 것은 아니다. 뛰어난 베이스 러닝을 보여준 조 디마지오 역시 발이 빠른 것과는 거리가 먼 선수였다. 보통 수준의 스피드만으로 훌륭한 베이스 러닝을 선보이기에 충분하며 대신 투수의 견제와 야수의 송구 능력 등 상대 팀 수비 능력, 경기 진행 상황 등을 정확히 판단하는 능력과 함께 빠른 스타트, 좋은 슬라이딩 등을 두루 갖춰야 한다. 예를 들어 좌익수가 좌중간에 수비 위치를 잡고 있는 상황에서 타구가 좌측 방면으로 날아간다 싶으면 주자는 스타트를 빨리 해야 하는데 이러한 판단은 감각에 따른 것으로, 경기 전 타격 연습 시간에 주자로 나가 타자들이 친 타구가 어떻게 뻗어나가는지를 관찰하면서 시야를 확보하는 훈련과, 공과 배트가 부딪히는 소리에서 타구에 실린 힘을 파악하는 청력 훈련도 꾸준히 해야 한다.

이런 노력들이 어느 정도 도움은 되겠지만 베이스 러닝은 기본적으로 선천적인 능력에 의존하는 기술이다. 순간적인 전력 질주, 급박한 상황에서 뛸지 말지를 판단하는 능력은 후천적인 노력으로 향상시키기에는 한계가 있게 마련이다. 이렇게 선천적인 능력이 중요한 베이스 러닝이어도 전력 질주는 타고난 재능이 필요하지 않다. 미세한 차이로 아웃과 세이프가 갈리는 야구에서 전력 질주는 베이스 러닝의 기본으로 꼽힌다. 그러나 배트를 휘두르고 나서 타구를 한참 동안 쳐다본 후 아웃이 될 것 같으면 마지못해 터벅터벅 조깅하듯 달리는 타자들이 꽤 있다. 천문학적인 연봉을 받고 동시에 수많은 팬들을 거느린 이들이 하루에 타석에 들어서는 횟수는 겨우 네 차례 정도, 전력 질주할 기회 자체가 많지 않음에도 말이다. 분명한 것은 타자가 배트로 공을 때린 후 타구는 타자의 통제 범위에서 벗어나며 타자는 주자로 바뀐다는 사실이다.

따라서 허벅지 뒤쪽의 근육과 힘줄, 곧 햄스트링hamstring 부상 위험을 안고 있는 타자가 아닌 이상 잠시 곁눈질로 타구의 방향을 본 후 살 가능성이 1퍼센트라도 있다면 1루를 향해 전력으로 질주해야 한다. 눈부신 햇빛 또는 미끄러운 잔디에 야수가 타구를 놓칠 수 있고, 작은 돌멩이 하나에 불규칙 바운드가 얼마든지 일어날 수 있기 때문이다. 또한 외야 쪽으로 단타성 타구를 날렸다 해도 1루를 밟는 것에 만족하지 말고 야수의 작은 실수를 틈타 2루를 밟겠다는 마음으로 처음부터 힘껏 달려야 한다. 야구에 대한 존중을 몸소 보여줬던 데릭 지터Derek Jeter, 1974~는 늘 전력 질주를 하는 것으로 유명했는데 이처럼 주자가 전력 질주를 하면 야수들이 심리적으로 당황하여 실책을 저지르는가 하면 팀이 잘 훈련되어 있음을 보여줌으로써 상대 팀의 기를 누르는 효과까지 얻을 수 있다.

124_ 도루

주자가 동료 타자나 수비팀 실책과 같은 도움 없이 투구의 틈을 이용해 다음 베이스를 점유하는 것을 의미한다. 도루의 역사는 1865년에 필라델피아 키스톤스의 네드 커스버트

Ned Cuthbert, 1845~1905가 1루에서 2루로 뛴 후 다시 돌아오라는 심판의 말에 규칙상 1루를 뜨지 말라는 내용은 없다고 응수하면서 시작됐다. 이후 1886년 도루에 관한 규칙이 공식화됐으나 당시에는 주자의 힘으로 진루한 것도 도루에 포함되어 지금의 도루와는 약간 차이가 있었다. 이를테면 타자가 단타를 때린 상황에서 1루 주자가 3루까지 가면 2루에 진루한 것은 안타로, 3루까지 진루한 것은 도루로 인정하는 식이었는데 1898년에야 현재와 같은 도루 규칙이 만들어졌다. 도루의 탄생은 3시간여 동안 경기가 진행되면서도 실제로 선수들이 뛰어다니는 시간은 몇십 분밖에 되지 않는 야구에 역동성과 긴장감을 불어넣어 흥미를 더하는 효과를 가져왔다.

잘 알려진 대로 도루는 희생 번트와 달리 아웃카운트 하나를 소비하지 않고도 주자를 득점권에 진루시키는 전략적 가치가 있다. 그리고 눈에 잘 띄지는 않지만 도루 능력이 좋은 주자는 여러 면에서 팀을 돕는다. 즉, 상대 투수의 집중력을 떨어뜨려 실투를 유도하고 도루를 저지하기 위해 변화구보다는 패스트볼을 던질 가능성을 높여 타자의 노림수에도 도움을 준다. 또한 이러한 주자가 1루에 있을 때 1루수가 베이스에 묶여 있는 시간이 길어지고 2루수나 유격수가 송구를 받기 위해 2루 쪽으로 이동해야 하므로 1, 2루 간 또는 2, 3루 간 폭이 넓어져 타구가 내야를 빠져나갈 확률이 높아진다. 이러한 것들은 아주 미세한 차이지만 승부에 영향을 미치기에 충분하다.

그러나 도루가 이렇게 긍정적인 면으로 가득한 것만은 아니다. 부상 위험이 높고 체력 부담이 큰 데다 실패할 경우 아웃카운트 하나가 늘어나며 경기의 맥까지 끊는 역효과를 불러오기도 한다. 이런 이유로 도루는 성공 가능성이 70퍼센트 이상은 돼야 시도해볼 가치가 있다는 평을 든는다. 일반적으로 투수가 던진 공이 포수 미트에 들어가기까지 1.3초, 포수가 던진 공이 2루에 도달하기까지 2초 정도의 시간이 걸리므로 도루를 위해 주자에게 주어진 시간은 3.3초 정도다. 이에 비해 100미터를 12초대에 달리는 주자라도 베이스 간 거리 27.43미터를 달릴 때는 3.5초 정도가 소요되므로 도루의 성공 가능성은 이론상 '0퍼센트'라고 볼 수 있다.

그렇다면 주자는 어떻게 도루에 성공할 수 있을까? 대부분의 팬들은 도루 하면 베이스 간 거리를 달리는 주자의 모습에 주목하면서 빠른 발을 가장 먼저 떠올린다. 하지만 빠른 발이 도루에 도움이 되긴 하나 발이 빠른 것과 도루를 잘하는 것은 사실상 별개다. 도루를 잘하려면 주자는 투수가 패스트볼보다는 느린 변화구를 던질 가능성이 높거나 피치아웃이 힘들며, 동료 타자가 헛스윙으로 포수의 2루 송구를 방해함으로써 주자를 도울 수 있는 볼카운트 2-0 상황 등 도루에 유리한 조건을 잘 파악해야 한다. 이와 함께 주자의 몸에 붙은 속도를 효율적으로 줄이며, 포수의 송구보다 늦게 베이스에 접근했더라도 야수의 태그를 유효적절하게 피할 수 있는 능숙한 슬라이딩 능력까지 갖추고 있어야 한다. 마지막으로 투수의 투구 동작과 견제 동작의 차이를 유심히 관찰하면서 리드를 하고 견제가 아닌 투구 동작으로 판단되면 재빨리 스타트를 끊을 수 있어야한다. 이는 도루 성공에 가장 중요한 요소로 꼽히며 그래서 도루는 발이 아닌 눈으로 하는 것이라는 말까지 있을 정도다.

이러한 도루 성공의 요소들을 완벽하게 파악한 주자라 할지라도 무턱대고 도루를 시도해서는 안 된다. 즉, 뛰어야 할 상황과 뛰는 척만 하며 참아야 할 상황을 잘 구별해야 한다는 것이다. 예를 들어 누상에 주자가 나가기만 하면 이에 신경 쓰느라 제구력이 흐트러지는 투수가 마운드에 있고 1루 주자를 견제하기 위해 베이스에 바짝 붙어 있는 1루수의 발이 느리다면 볼넷 또는 1, 2루 간을 빠지는 안타를 얻어내기에 유리한 상황이다. 이때 1루 주자가 초구부터 냅다 도루를 해서 성공한다면 개인 기록은 챙기겠지만, 투수는 타자에 집중할 수 있고 타구가 1, 2루 간을 빠져나갈 가능성이 낮아져 팀으로서는 손해를 보게 된다.

1920년 베이브 루스의 홈런쇼가 본격적으로 시작되기 전까지만 해도 2루에 주자를 두지 않고는 득점이 어려웠으므로 도루는 최고의 공격 수단으로 꼽혀왔다. 그러다 1920년대 들어 반발력 높은 야구공의 등장과 함께 항상 새 공으로 경기를 치르고 여기에 스핏볼까지 금지되면서 홈런을 비롯한 장타가 터질 가능성이 높아지자 도루를 바라보는 인식에 변화가 생겨났다. 1926년 월드시리즈 7차전은 도루에 대한 당시의 인식을 보여주는 대표적 사례로 꼽힌다. 뉴욕 양키스가 세인트루이스 카디널스에 2 대 3으로 뒤진 9회말 마지막 공격에서 2사 후 루스가 볼넷으로 출루하고 타석에는 전년도에 홈런왕과 타점왕을 동시에 차지했던 밥 뮤젤이 등장하자 양키스 팬들은 동점 또는 역전을 생각하며 들썩였다. 하지만 이 분위기는 금세 가라앉고 말았다. 느려터진 루스가 초구에 2루 도루를 감행하다 허무하게 아웃됐기 때문이다. 경기가 끝나자 루스는 인터뷰에서 1루에 있으면 득점을 올리기가 어려워 도루를 시도했다고 태연하게 밝혔다. 1920년대 들어 야구계에 많은 변화가 있었음에도 그는 이러한 흐름을 제대로 감지하지 못했던 것이다.

1930년대부터는 도루의 비중이 눈에 띄게 낮아졌다. 도루를 16개 기록한 스탠 핵이 1938년 내셔널리그 도루왕을 차지하고, 도루 15개를 기록한 돔 디마지오가 1950년 아메리칸리그 도루왕을 차지하기도 했다. 이러한 분위기 속에 1959년 루이스 아파리시오Luis Aparicio, 1934~가 56개의 도루로 15년 만에 50도루 이상을 달성하며 도루의 부활을 알린 데 이어 1962년에는 모리 윌스Maury Wills, 1932~ 가 104개의 도루로 1915년 타이 코브가 달성한 96개 기록을 넘어서며 도루의 가치를 선보이자 야구계는 도루에 대해 다시 생각하기 시작했다. 윌스 이후로 루 브록, 리키 헨더슨, 빈스 콜맨 등과 같은 대도들의 등장으로 도루는 다시 경기의 중심으로 들어왔다. 이들 중 23년 연속 20도루 이상을 달성한 헨더슨은 1982년 130개의 도루로 20세기 이후 단일 시즌 최다 도루 기록과 함께 통산 1406개라는 최다 도루 기록까지 보유하고 있다. 콜맨 역시 도루 역사에서 빼놓을 수 없는 인물로 그는 50도루 연속 성공은 물론 1985년부터 3년 연속 100도루 이상을 달성하는 기록을 세웠다. 도루와 관련하여 재미있는 기록은 메이저리그에서 13년 동안 1470경기를 뛰며 단 2개의 도루를 기록한 세실 필더가 그 주인공으로, 그는 무려 1096경기 연속 무도루라는 기록을 세웠다.

125_ 무관심 도루

첨단 보안 시스템이 설치되어 있고 주인까지 떡하니 버티고 있는 집을 터는 도둑질과 대문이 훤히 열려 있는 빈집을 터는 도둑질의 난이도가 같을까? 비유가 좀 황당하지만 도루에도 '진짜 도루'와 '가짜 도루'가 있다. 즉, 수비팀이 도루를 막으려는 의지가 없는 상황에서 성공한 도루는 '도루'가 아닌 '야수 선택'으로 기록된다는 의미다. '무관심 도루'라는 이 도루는 주로 두 팀의 점수 차가 크게 벌어진 경기 후반에 나오며 무관심한 상황인지 아닌지는 오직 공식기록원의 판단에 따른다. 가짜 도루를 선별해내기 위해 1920년에 도입된 무관심 도루는 경기의 승패가 거의 갈린 상황에서 개인 기록을 쌓으려고 성공한 도루가 자칫 수비팀을 골탕 먹이려는 수작으로 비춰져 빈볼과 몸싸움으로 이어지는 것을 예방하는 역할로 그 가치를 인정받고 있다.

이러한 무관심 도루와 관련하여 생각해야 할 점이 있다. 많은 점수 차로 승부가 기운 상황에, 이기고 있는 팀에서 홈런을 터뜨린 선수에게는 홈런 기록과 동시에 축하해주는데, 왜 도루를 성공한 선수에게는 무관심 도루라며 도루로 인정하지 않고 비난까지 퍼붓는 것일까? 이는 점수가 많이 기운 상황에서 나온 도루를 확실히 승리를 챙기겠다는 의지가 아닌 상대 팀 선수들의 비위를 상하게 하려는 행위로만 해석하기 때문이다. 상대 팀이 두 손을 번쩍 들며 "우리가 졌소"라고 인정하지 않는 이상 승리를 보장하는 점수 차는 애초부터 야구에 존재하지 않는다. 한 예로 2001년 클리블랜드 인디언스는 시애틀 매리너스를 상대로 7회초까지 14 대 2로 크게 뒤지고 있었으나 포기하지 않고 악착같이 물고늘어진 결과 15 대 14로 대역전승을 거두었다. 당연한 사실이지만 야구에서 본질적으로 추구하는 것은 '승리'이지 '상대 팀 선수들에 대한 배려'가 결코 아니다. 따라서 경기가 종료되는 순간까지 선수 개개인이 지닌 재능을 홈런이든 도루든 그라운드에 모두 쏟아붓는 것이 진정한 프로 정신이지, 승부의 추가 많이 기울었다고 도루를 하거나 또는 이를 막을 생각조차 하지 않고 대충대충 하는 자세야말로 프로 정신에 어긋나는 것 아닐까?

126_ 3루 도루

1991년 5월 1일 오클랜드 어슬레틱스와 뉴욕 양키스의 경기에 팬들의 시선은 온통 2루 주자로 나가있는 오클랜드의 리키 헨더슨에 쏠려 있었다. 이에 보답이라도 하듯 헨더슨은 3루를 향해 쏜살같이 달린 후 멋진 헤드퍼스트 슬라이딩으로 도루에 성공한 다음 3루 베이스를 뽑아 하늘을 향해 치켜드는 화려한 퍼포먼스를 선보이며 자신이 루 브록의 통산 최다 도루 938개를 뛰어넘었음을 만천하에 알렸다. 이러한 이유로 팬들은 3루 도루 하면 메이저리그 명장면으로 자주 등장하는 헨더슨의 939번째 도루를 떠올리곤 한다.

그런데 3루 도루에 관한 의문점 하나. 과연 대부분 팬들의 생각처럼 3루 도루는 어려운 것일까? 홈플레이트에서 2루까지의 거리 38.79미터에 비해 3루까지의 거리는 27.43미터로, 11여 미터 짧아 포수의 송구가 2루로 던질 때보다 정확하고 0.3초가량 빠르게 도착한다. 이 시간은 주자에게 약 3미터의 차이를 의미하며 이는 2루 주자가 1루 주자로 있을 때보다 3미터 이상 리드를 더 해야 함을 뜻한다. 따라서 많은 팬들이 3루 도루가 2루 도루보다 어렵다고 생각하는 것은 이론상 당연해 보인다.

그럼에도 3루 도루가 오히려 쉽다는 주장도 만만치 않게 제기되고 있으며 그 근거는 다음과 같다. 1루수가 베이스에 바짝 붙어 1루 주자를 묶어두는 것과 달리 유격수와 2루수는 2루 주자를 묶어두기 힘들고, 투수가 90도 회전하여 1루를 견제하는 데 비해 2루 견제를 할 때는 180도를 회전해야 한다. 여기에 유격수 또는 2루수와 호흡이 잘 맞지 않아 견제구가 외야로 빠질지도 모른다는 두려움 때문에 투수가 2루 견제를 잘 하지도 않는다. 따라서 2루 주자는 1루 주자로 있을 때보다 2~3보 더 멀리 리드할 수 있는 데다 좀 더 움직임이 자유로워져 스타트를 경쾌하게 끊을 수 있다. 이러한 장점과 함께 오른손 타자가 타석에 들어서면 포수가 3루 송구에 불편함을 느끼고 흔치 않은 3루 도루에 수비팀의 대처가 늦어진다는 점도 3루 도루가 더 쉽다는 근거로 활용된다.

이렇듯 3루 도루가 2루 도루보다 쉬운지 어려운지의 판단은 관점에 따라 다를 수 있다. 분명한 것은 3루 도루가 2루 도루에 비해 훨씬 적다는 사실인데 그 원인은 "3루에서 첫 번째 아웃과 세 번째 아웃을 당하지 말라"는 야구계 격언에서 찾을 수 있다. 무사 2루 상황에서 주자가 3루 도루에 성공하면 안타가 아니더라도 득점에 성공할 수 있는 가능성이 높아지지만 이 이득이 3루 도루 실패에 따른 위험을 감수할 만큼은 아니다. 비슷한 관점에서 2사에 주자가 3루에 있는 것이 2루에 있는 것보다 그나마 유리한 것은 사실이지만, 3루 도루에 실패하면 그대로 이닝이 종료되는 큰 아픔을 맛봐야 한다. 다만, 1사에 주자가 3루에 있으면 평범한 내야 땅볼이나 외야 플라이 타구에도 득점을 올릴 가능성이 높아지기 때문에 3루 도루를 시도해볼 가치가 있다. 주자 1루 상황에서 득점을 올리려면 장타가 나오지 않는 이상 2개의 단타가 필요하기 때문에 2루 도루는 매력적인 작전임에 틀림없다. 그러나 위에서 말했듯 3루 도루는 실패에 따른 위험을 감수할 만큼 얻을 수 있는 득이 적고, 이 사실은 3루 도루가 적은 것과 매우 관계가 밀접하다. 따라서 3루 도루를 논할 때의 핵심은 '성공률'이 아닌 '전술상 필요성'이 되어야 할 것이다.

127_ 홈스틸

3루 주자가 홈플레이트를 향해 시도하는 도루를 의미한다. 많은 사람들이 투수와 타자의 싸움에 집중하

홈스틸

고 있는 상황에서 느닷없이 3루 주자가 투수가 던진 공과 달리기 시합이라도 하듯 홈플레이트를 파고드는 모습은 짜릿함을 안겨준다. 이러한 홈스틸의 의미와 매력을 모르는 팬은 거의 없지만 홈스틸, 특히 단독 홈스틸을 직접 본 팬은 그리 많지 않을 것이다. 그래서 홈스틸은 야구에서 가장 흥미로운 기술이자 보기 힘든 기술로 꼽힌다. 홈스틸은 더블 스틸, 단독 스틸이라는 두 가지 방식으로 실행되며 주로 주자 1, 3루에서 1루 주자가 2루 도루로 스타트를 하고 이에 포수가 2루로 송구를 하면 3루 주자가 홈플레이트를 파고드는 더블 스틸 방식으로 이루어진다. 이와 같은 상황에서는 수비팀도 공격팀의 속셈을 뻔히 알기 때문에 포수가 2루 송구를 포기하거나 포수의 송구를 투수나 내야수가 중간에서 가로채 홈플레이트로 향하는 3루 주자를 잡아내곤 한다. 더블 스틸도 홈스틸 방식이긴 하나 아무래도 순도 100퍼센트의 단독 홈스틸보다 짜릿함이 덜하다. 단독 홈스틸은 타자의 방망이 실력이 크게 떨어지고 마운드에 올라 있는 왼손 투수가 3루 주자 견제에 소홀한 상황에서 주로 시도되는데 그 목적은 팬서비스 차원이라고 해도 무방하다.

홈스틸에 성공하려면 발이 빠르고 주루 감각도 뛰어나야겠지만 무엇보다 과감히 홈플레이트로 쇄도할 수 있는 대담함이 필요하다. 이와 관련한 대표적인 사례는 1982년 8월 22일 세인트루이스 카디널스와 샌프란시스코 자이언츠의 경기에서 볼 수 있다. 연장 12회까지 접전을 벌인 이날 경기에서 12회말 2사에 3루 주자로 나가 있던 글렌 브루머Glenn Brummer, 1954~가 벤치의 작전 없이 과감하게 홈플레이트를 파고들며 끝내기 홈스틸을 성공했는데 이 홈스틸이 화제가 됐던 이유는 메이저리그에서 5년 동안 뛴 브루머의 통산 도루가 4개라는 점에서 알 수 있듯 그는 스피드가 느린 선수로 유명했기 때문이다. 강심장 타이 코브는 단독스틸 25개, 더블 스틸 23개, 트리플 스틸 6개로 단일 시즌(8개)과 통산(54개) 최다 홈스틸 기록을 보유하고 있으며 2위 맥스 캐리의 21개보다 월등히 앞서 있다. 게다가 1950년 전후로 활약하며 통산 19개의 홈스틸로 9위에 올라 있는 재키 로빈슨을 제외하면 통산 홈스틸 10위 안에 1900년대 초중반에 활약했던 선수들만 가득할 정도로 오늘날 매우 보기 힘든 기술이 된 홈스틸의 현실에서 코브의 기록은 불멸의 기록으로 남을 가능성이 높아 보인다.

홈스틸이 매우 드물게 나오기 때문인지 관련 규칙들을 어렵게 느끼는 팬들이 꽤 있다. 관련 규칙을 퀴즈 형식으로 세 가지 상황을 가정하고 알아보자. 첫째, 2사 3루에 볼카운트 2-2에서 홈플레이트로 맹렬히 대시한 주자가 스트라이크 존 안에서 무릎으로 투구를 막으며 홈플레이트를 밟았다면? 제3스트라이크가 선언되며 타자는 삼진 아웃되고 득점도 인정되지 않는다. 다만 2사가 아닌 무사 또는 1사였다면 타자는 삼진 아웃되며 볼데드가 되지만 득점은 인정된다. 둘째, 2사 3루에 투수가 세트포지션에 들어가려는 찰나에 주자가 홈플레이트로 돌진하자 투수가 재빨리 투수판에서 중심발을 뗀 후 포수에게 공을 던졌다. 주자의 아웃이 뻔해 보이자 타자가 이 공을 휘둘러 안타를 때렸다면? 수비 방해로 타자는 아웃된다. 투수가 중심발을 투수판 뒤로 빼면 내야수와 같아 이때는 투구가 아닌 송구였기 때문이다. 만약 무사 또는 1사에 이 상황이 나왔다면 타자의 수비 방해로 주자까지도 함께 아웃된다. 셋째, 2사 만루에 볼카운트 3-2에서 홈스틸을 시도한 3루 주자가 투구에 앞서 홈플레이트를 밟았고 이어 주심이 타자에게 삼진 아웃을 선언했다면? 제3아웃의 직전에 홈플레이트를 밟았으나 득점은 인정되지 않는다. 3루 주자가 홈플레이트를 먼저 밟았다 해도 타자가 1루에서 아웃되거나 삼진 아웃을 당하면 득점이 인정될 수 없기 때문이다. 이러한 규칙들을 생각해보면 아마도 홈스틸이 가장 반갑지 않은 사람은 주심일지 모르겠다. 갑작스러운 상황에 투구의 스트라이크 여부를 판단하고 타자가 수비 방해를 했는지, 그리고 주자가 아웃인지 세이프인지 등을 함께 판단해야 하기 때문이다.

128_ 대주자

2004년 아메리칸리그 챔피언십시리즈에서 뉴욕 양키스와 맞붙은 보스턴 레드삭스는 첫 3경기를 모두 내준 데다 4차전마저 9회초까지 4 대 3으로 뒤져 있었다. 게다가 마운드에는 당대 최고의 마무리 투수 '마리아노 리베라'가 버티고 있어 레드삭스의 2004년 야구는 이대로 끝날 것처럼 보였다. 이러한 분위기에서 9회말 선두타자로 등장한 케빈 밀라가 볼넷으로 출루하자 테리 프랭코나 감독은 정규 시즌에서 38개의 도루를 달성한 데이브 로버츠Dave Roberts, 1972~를 대주자로 기용하며 그의 빠른 발에 한 가닥 희망을 걸었다. 로버츠의 도루 능력을 익히 알고 있던 리베라는 3개의 견제구를 연속으로 던진 후 투구를 했고 그 순간 2루를 향해 쏜살같이 달린 로버츠는 가까스로 도루에 성공했다. 곧이어 터진 중견수 앞 안타에 로버츠가 잽싸게 홈플레이트를 밟아 경기는 연장전으로 접어들었고 레드삭스는 결국 12회말 터진 데이비드 오티스의 끝내기 홈런으로 짜릿한 승리를 거뒀다. 4차전을 극적으로 승리하며 분위기를 끌어올린 레드삭스는 남은 3경기를 모두 휩쓸며 포스트시즌 역사상 최초로 3연패 후 4연승을 거두는 리버스 스윕Reverse sweep으로 월드시리즈에 진출했다. 분위기를 이어간 레드삭스는 월드시리즈에서 만난 세인트루이스 카디널스를 가볍게 제압하며 '밤비노의 저주'를 풀고 86년 만에 우승을 차지하는 기쁨까지 누렸다. 대주자로 등장한 로버츠가 극적인 우승의 불씨를 지핀 셈이었다.

로버츠처럼 기존의 주자를 대신해 경기에 투입되는 선수를 대주자라고 한다. 대주자를 기용하는 목적은 도루도 있지만 안타가 나올 때 최대한 진루해 득점 가능성을 높이고 더블 플레이를 막아내며 수비팀에 강한 압박을 주기 위해서다. 대주자는 발이 빠르고 주루 감각이 뛰어나지만 타격이 떨어지는 선수가 대부분으로 경기 막판 1점이 꼭 필요한 상황에서 주로 등장한다. 대부분의 팀들은 전략적으로 대주자 전문요원을 두고 있는데 허브 워싱턴Herb Washington, 1951~이 대표적 대주자 전문요원으로 꼽힌다. 단거리 육상선수 출신으로 야구 경력이라고는 고등학교 시절에 잠시 해본 것이 전부였던 그는 지명주자제도의 도입을 제안하기도 했던 찰리 핀리가 구단주로 있는 오클랜드 어슬레틱스에 1974년 입단했다. 그는 2년간 105경기에서 단 한 번도 배트를 쥐거나 글러브를 끼지 않고 대주자로만 나서서 31개의 도루를 기록하는 동안 도루 실패는 17개에 달하고 결정적인 상황에서 견제사를 당하기도 했다. 결국 '허리케인 허브'로 불릴 만큼 스피드가 뛰어났음에도 야구에 대한 이해가 부족하다는 단점을 극복하지 못한 그는 대주자로서 좋은 활약을 펼치지 못했다.

타격 솜씨는 빼어나지만 걸음이 느려 깊숙한 내야 땅볼을 때리고도 허무하게 아웃되는 타자들을 보면 답답한 마음에 대주자 전문요원을 타자 옆에 대기시킨 후 타자가 타격하는 순간 대주자로 투입하면 좋겠다고 생각하는 팬들도 있을 것이다. 그러나 선수 교체는 볼데드 상황에서만 할 수 있어 그런 일은 벌어질 수 없다. 대주자와 관련해 팬들은 물론이고 야구로 먹고사는 선수들조차 정확히 알지 못하는 사항이 있다. 바로 대주자로 경기에 뛴 것만으로는 연속경기 출장 기록을 이어갈 수 없다는 점이다. 예를 들어 연속경기 출장 기록을 이어가던 선수가 손을 다쳐 타격을 할 수 없는 상황이 되어 기록 연장을 위해 대주자로만 경기에 투입됐다면 이 기록은 중단된다. 연속경기 출장 기록을 인정받으려면 야수로 최소 1이닝 이상을 수비하거나 타자로 타석을 1회 이상 완료해야 하기 때문이다.

129_ 태그업

무사 또는 1사에서 야수가 플라이나 직선 타구에 접촉하는 순간 주자가 점유하고 있던 베이스에서 발을 뗀 후 다음 베이스를 향해 뛰는 플레이를 의미한다. 흔히 3루에서 홈플레이트로 뛰는 것만을 태그업으로 생각하지만 1루에서 2루, 2루에서 3루로 뛰는 것도 포함된다. 태그업의 정의에서 포구가 아닌 '접촉하는 순간'이라는 문구는 중요한 의미를 담고 있다. 만약 포구한 순간이라면 외야 깊숙한 곳으로 타구가 날아올 경우 주자의 태그업을 막을 목적으로 외야수가 포구 대신 글러브로 공을 튕기면서 내야 쪽으로 달려갈 수도 있을 것이다.

태그업은 야구라는 스포츠가 공격과 수비의 균형을 맞추려고 얼마나 세심하게 노력했는지를 보여주는 대표적인 본보기로 꼽힌다. 만약 플라이 타구가 공중에 떠 있는 상황에서 주자에게 어떠한 제약도 가하지 않는다면 주자는 플라이 타구의 긴 체공 시간을 활용해 2개루 이상을 진루할 수 있어 수비팀은 플라이 타구를 유도하며 타자를 아웃시키고도 주자에게 진루를 허용하는 불공평한 일이 벌어진다. 반대로 같은 상황에서 주자의 진루를 무조건 금지한다면 수비팀에서 플라이 타구를 잡지 못해도 공격팀의 주자가 타구의 체공 시간을 활용하지 못하는 억울한 일이 생긴다. 그래서 규칙에는 주자가 플라이 타구에 진루를 시도해도 상관없으나 그 타구를 야수가 잡으면 본래 점유하고 있던 베이스로 돌아가야 하고 이때 공보다 늦게 도착하면 아웃되는 것으로 정하고 있다. 이렇게 타구가 잡힌 상황에서 주자는 본래의 베이스에 위치한 후 진루를 노릴 수 있게 제한하고 있다.

태그업을 노리는 상황은 주자가 점유하고 있는 베이스, 타구 위치, 아웃카운트 등에 따라 조금씩 달라진다. 예를 들어 무사 2루에서 외야 깊숙한 곳으로 플라이 타구가 날아가면 주자는 베이스에 위치해 태그업을 준비해야 하지만, 같은 상황이 1사에서 나왔다면 안타가 될 경우 홈까지 뛰어들어 득점을 노려야 하므로 베이스에서 떨어져 리드를 해야 한다. 무사 또는 1사 3루에서 외야로 플라이 타구가 날아가면 야수가 타구를 포구하지 못해도 득점할 수 있으므로 무조건 태그업을 준비해야 하고 파울 타구가 나올 상황에서도 무조건 태그업을 노려야 한다. 반대로 짧은 플라이 타구가 나와 진루가 힘들 것 같은 상황에서는 태그업을 노려서는 안 된다. 이때는 베이스에서 떨어져 리드를 하며 야수가 공을 떨어뜨리는 틈을 엿봐야 한다.

경기 전 상대 외야수의 송구 능력을 확인하는 것은 태그업의 성공을 위한 주자의 가장 기본적인 사항이다. 이와 함께 주자는 타구를 지켜보기 쉽고 스타트를 끊기 좋은 자세를 취해야 한다. 그래서 주자는 허리를 구부려 낮은 자세를 취하면서 베이스 앞쪽 끝 부분에 스파이크를 대고 발끝으로 지면을 딛고 있다가 야수가 타구를 접촉하는 순간 베이스를 밟은 발로 몸을 앞으로 밀면서 스타트해야 한다. 이때 중요한 것은 발의 위치다. 이는 주자가 몸의 균형을 유지하면서 베이스 러닝에 편안한 시야를 확보해야 하기 때문으로 이를 위해 주자는 타구가 날아가는 방향쪽에 가까운 발을 베이스에 대고 있어야 한다. 예를 들어 주자 2루에서 타구가 우측 외야로 날아갔다면 주자는 우측 외야에 가까운 왼발을 베이스에 대고 좌측 외야로 날아갔다면 좌측 외야에 가까운 오른발을 베이스에 대고 태그업을 준비해야 한다. 한편, 태그업을 할 때 속도를 높이기 위해 베이스 뒤로 물러났다 뛰어들면 좋겠다고 생각할 수 있으나 이러한 '플라잉 스타트'는 수비팀에서 어필할 경우 주자에게 아웃이 선언된다.

태그업 과정에서 가장 많은 논란은 야수가 타구를 접촉하기 전에 주자가 베이스를 떠난 경우에 벌어지며 이때 수비팀에서 주자의 몸을 태그하거나 주자가 본래 점유하던 베이스를 터치하면 주자에게 어필 아웃이 선언된다. 이러한 어필 상황에서 주자들의 번뜩이는 재치가 빛을 발할 수도 있다. 예를 들어 1사 1, 3루에 타자가 외야로 플라이 타구를 날리자 3루 주자가 태그업을 해서 홈플레이트를 밟았으나 야수가 타구를 접촉하기 전에 베이스를 떠난 상태였다. 수비팀이 3루에서 어필하면 3루 주자가 어필 아웃됨과 동시에 제3아웃이 선언돼 공격팀의 득점은 인정되지 않을 상황인데 여기서 공격팀이 할 수 있는 최선의 방법은 무엇일까? 정답은 1루 주자가 2루로 달려서 아웃이 되는 것이다. 수비팀이 규칙을 제대로 이해하지 못하고 있다면 무모한 질주를 한 1루 주자를 아웃시키고 영문도 모른 채 덕아웃으로 들어갈 것이기 때문이다. 1루 주자가 수비팀이 3루 주자에 대한 어필 아웃으로 제3아웃을 잡기 전에 스스로 미끼가 돼 1점을 얻어내는 멋진 작전을 연출했다는 사실도 모른 채 말이다.

130_ 리드

주자가 도루를 비롯한 베이스 러닝을 효과적으로 하기 위해 점유하고 있는 베이스에서 점유하려는 베이스 쪽으로 떨어지는 동작을 의미한다. 투수의 동작에 복잡한 제약이 없던 초창기 야구에서는 투수의 견제구가 언제 날아올지 예측하기가 힘들어 주자는 베이스에 바짝 붙어 있을 수밖에 없었다. 그러나 1898년 보크 규칙이 공식적으로 등장하면서 투수의 동작에 제약이 가해지자 주자는 비로소 베이스에서 떨어질 수 있게 되었고 아웃과 세이프가 한 뼘 정도의 미세한 차이로 갈리는 경우가 많은 야구에서 이는 적지 않은 영향을 미쳤다. 베이스에서 최대한 멀리 떨어지려는 주자와 베이스에 최대한 바짝 묶어두려는 투수 사이에 숨바꼭질과 같은 신경전이 펼쳐지기 시작했고 주자의 공격적인 베이스 러닝이 활발해져 야구에 박진감이 더해지게 된 것이다.

주자는 리드로 달려야 할 거리를 줄여 도루 성공 가능성을 높이고 상대의 더블 플레이를 좀 더 적극적으로 막아낼 수 있으며 추가적인 베이스 진출처럼 직접적인 효과들을 누릴 수 있다. 뿐만 아니라 주자가 뛸 듯 말 듯 요란을 떨면 투수를 비롯한 상대 팀의 신경이 곤두서 주자를 베이스에 묶어두려고 내야수들이 베이스에 가까이 위치하게 된다. 또 도루를 막기 위해 투수가 패스트볼 위주로 피칭을 하는 등 간접적인 효과까지 얻을 수 있다.

이렇듯 작은 움직임만으로 다양한 효과를 얻는 리드이지만 견제구에 횡사당하면 달아오른 팀 분위기에 찬물을 끼얹는 행위가 될 수 있다. 따라서 주자는 투수가 투수판에 위치하기 전까지 베이스에 착 달라붙어 있어야 하고 베이스를 떠나기 전에 누가 공을 가지고 있는지 정확히 확인해야 한다. 이후 투수와 포수가 사인을 주고받을 때 조금씩 리드를 시작해 견제구에 아웃되지 않을 거리까지 해야 한다. 그 거리는 주자의 베이스 러닝 능력과 투수와 포수의 견제 능력에 따라 다르지만, 보통 주자 키의 2배 정도로 정한다. 이렇게 1차 리드를 한 주자는 투수가 투구 동작에 들어가면 2차 리드를 시도하여 리드 폭을 멀리한 후 타자의 타격에 따라 다음 베이스로 스타트를 하거나 즉시 귀루를 해야 한다.

주자가 리드를 잘하려면 무엇보다 각 투수마다 가지고 있는 깨알 같은 습관까지 관찰해 투수가 어떤 자세를 취할 때 견제구를 던지고 어떤 자세를 취할 때 투구를 하는지 꿰뚫고 있어야 한다. 또한 항상 똑같은 리드 자세를 취해 상대에게 의도를 들켜서는 안 되고, 중심이 오른발 쪽에 실려 있으면 투수가 견제구를 던질 가능성이 높으므로 가운데에 둬야 한다. 이러한 리드의 기본 외에 리드를 하는 방법은 아웃카운트와 주자가 점유하고 있는 베이스에 따라 달라진다. 예를 들어 같은 2루 주자라 해도 무사 또는 1사 상황이라면 3루까지 빨리 도달하기 위해 2루와 3루 사이의 베이스 라인과 일직선상에서 리드를 잡아야겠지만 2사 상황이라면 안타 하나에 홈플레이트를 파고들어야 하므로 2루와 3루 사이 베이스 라인의 3미터 정도 뒤쪽에서 리드를 잡아야 한다. 이렇게 하면 거리는 좀 멀어지지만 3루를 돌아 홈플레이트로 향할 때 작은 곡선을 그리면서 가속도를 조금 줄인 상태로 달릴 수 있어 시간적으로 유리하다.

3루 주자는 1루 주자나 2루 주자에 비해 리드를 편안하게 할 수 있다. 3루수가 3루에 바짝 붙어 있기 힘든 데다 견제구가 악송구가 되거나 보크가 선언될 경우 바로 한 점을 내줄 수 있는 위험 부담이 있어 투수가 견제를 소홀히 하기 때문이다. 그렇다 해도 득점을 앞에 두고 있는 3루 주자는 무리하게 리드할 필요가 없다. 다만 폭투나 패스트 볼이 나오면 재빠르게 홈플레이트를 파고들 수 있을 만큼은 리드하고 있어야 한다. 3루 주자가 리드를 할 때 중요한 원칙은 파울 라인 바깥쪽에서 리드해야 한다는 점이다. 왜냐하면 핫코너로 불리는 3루 방면으로 빠른 타구가 많이 날아오는데 주자가 파울 라인 안쪽에서 타구를 피하지 못하고 맞으면 아웃되기 때문이다. 더구나 이 타구는 주자가 맞지 않았다면 장타로 연결될 가능성이 높은 타구이므로 그 아쉬움은 더욱 크다고 할 수 있겠다. 이러한 원칙과 함께 3루 주자는 포수가 견제구를 던지려 하면 파울 라인 안쪽으로 귀루하여 포수의 송구 각도를 좁힘으로써 포수가 정확한 견제구를 던지지 못하도록 최대한 방해해야 한다.

131_ 슬라이딩

주자가 베이스를 향해 몸을 낮추며 미끄러지듯 들어가는 주루 플레이를 의미한다. 슬라이딩의 역사는 명확하지 않으나 1865년 네드 커스버트가 도루를 하면서 헤드퍼스트 슬라이딩을 했다는 기록과 함께 1869년에 밥 애디가 도루 과정에서 슬라이딩을 했다는 기록이 남아 있는 것으로 보아 역사가 꽤 오래되었음을 알 수 있다. 슬라이딩의 역사에서 빼놓을 수 없는 인물이 있다. 1880년대 활약한 킹 켈리King Kelly, 1857~1894가 그 주인공으로 켈리는 훅 슬라이딩, 헤드퍼스트 슬라이딩을 널리 선보이며 베이스 러닝에 대단한 혁명을 일으켰는데 그의 이러한 활약은 1889년에 히트한「켈리, 슬라이드, 켈리!Kelly, Slide, Kelly!」와 같은 음악에 이어 1927년에 같은 제목으로 상영된 영화의 배경이 될 정도였다.

일부 팬들은 주자가 베이스에 빨리 도달하기 위해 슬라이딩을 시도하는 것으로 알고 있으나 슬라이딩은 서서 달려가는 것보다 결코 빠를 수 없다. 슬라이딩의 목적은, 목표로 한 베이스를 터치한 후 베이스를 지나치지 않게 달리는 속도를 원만하게 줄이고 야수의 태그를 피하는 것에 있기 때문이다. '니그로리그의 아버지'로 알려진 루브 포스터는 주자들에게 특별한 상황이 아니면 반드시 슬라이딩을 하라고 지시하면서 서 있는 상태로 태그아웃될 경우 가차 없이 5달러의 벌금을 내릴 만큼 슬라이딩의 중요성을 강조했다고 한다. 여기서 특별한 상황이란 다음과 같은 두 가지 상황을 의미한다. 하나는 3루 주자가 포수가 던진 견제구에 3루로 돌아갈 때 등 뒤에서 공이 날아올 상황으로, 주자가 슬라이딩을 하지 않고 서 있는 자세로 돌아가면 포수는 정확한 타깃을 확보하기 힘들 뿐만 아니라 3루수도 포수가 던진 견제구를 보기가 어려워진다. 다른 하나는 홈플레이트에서 아웃될 것이 거의 확실한 상황으로, 이때 주자는 포수를 향해 슬라이딩이 아닌 서 있는 상태로 질주해서 포수가 공을 떨어뜨리게 유도해야 그나마 득점을 올릴 수 있는 희망이 있다.

슬라이딩은 크게 벤트레그 슬라이딩과 헤드퍼스트 슬라이딩으로 나뉘며 주자는 상황에 따라 선택한다. 가장 흔히 볼 수 있는 벤트레그 슬라이딩은 약간 눕는다는 느낌으로 한쪽 다리는 구부리고 다른 다리는 쭉 펴서 4자 모양으로 만들고 두 손을 위로 들며 들어가는 슬라이딩이다. 이 슬라이딩은 양손을 위로 벌린 상태로 강하게 들어가기 때문에 야수의 더블 플레이를 방해하기에 효과적이고, 오른발로 베이스를 밟을 때 생기는 반동으로 몸을 쉽게 일으킬 수 있어 수비 측의 실책이 나올 경우 다음 베이스로의 진루에도 적합한데 팝업 슬라이딩, 훅 슬라이딩 등은 모두 벤트레그 슬라이딩을 응용한 슬라이딩이다.

헤드퍼스트 슬라이딩은 손을 앞쪽으로 쭉 뻗고 엎드린 상태로 들어가는 슬라이딩이다. 이 슬라이딩은 벤트레그 슬라이딩처럼 주자가 무게 중심을 뒤쪽으로 이동시킬 필요 없이 달리는 방향 앞쪽으로 몸을 던지기 때문에 속도 측면에서 유리하고 야수의 태그를 피하기에도 매우 용이하다. 하지만 부상 위험이 높은 데다 슬라이딩 후 일어서서 다음 베이스로의 진루가 힘들다는 단점이 있다. 간혹 내야 땅볼을 친 타자가 깻잎 한 장 차이로 아웃이 될 것 같으면 1루 베이스를 향해 헤드퍼스트 슬라이딩을 시도하기도 한다. 기존의 가속도를 활용해 그대로 서서 달려가는 것이 헤드퍼스트 슬라이딩을 하는 것보다 빠르다는 사실이 과학적으로 입증되었음에도 일부 선수들은 급한 마음 또는 동료와 팬들에게 투혼을 보여주고 싶은 마음으로 부상 위험이 큰 1루 헤드퍼스트 슬라이딩을 시도하지만 이는 '아주 무모한 짓'일 뿐이다.

주자가 목표로 삼은 베이스를 슬라이딩으로 터치한 후 관성을 이기지 못하고 베이스를 지나치는 오버 슬라이딩 상황이 가끔 일어나곤 한다. 이러한 경우 주자가 야수에게 태그아웃되면 기록은 목표로 삼은 베이스에 도달하지 않은 것으로 된다. 예를 들어 주자가 도루를 시도했으

타이 코브의 거침없는 슬라이딩

나 오버 슬라이딩을 해 태그아웃되었다면 도루로 기록되지 않고, 타자가 2루 베이스를 오버 슬라이딩을 해 태그아웃되었다면 2루타가 아닌 단타로 기록된다. 다만 오버 슬라이딩이 아닌 오버 런처럼 서서 베이스를 밟고 지나친 후 태그아웃되었다면 최종적으로 밟은 베이스로 누타수를 정하기 때문에 위와 같은 상황에서는 단타가 아닌 2루타로 기록된다는 차이점이 있다.

주자가 빠르게 달리며 슬라이딩을 하다 보니 때론 거친 슬라이딩이 나와 상대 야수와 얼굴을 붉히는 상황이 벌어지기도 한다. 존 맥그로, 타이 코브, 조 메드윅Joe Medwick, 1911~1975, 피트 로즈, 돈 베일러는 둘째가라면 서러워할 만큼의 거친 슬라이딩을 한 것으로 유명하다. 디트로이트 타이거즈와 세인트루이스 카디널스가 맞붙은 1934년 월드시리즈 7차전에서 거친 슬라이딩이 발단이 돼 큰 다툼이 벌어졌다. 카디널스가 7점 차로 여유 있게 앞서 있던 6회초 타석에 들어선 조 메드윅은 외야를 가르는 큰 타구를 날린 후 2루를 돌아 3루를 향해 맹렬히 돌진하며 3루수

마브 오웬을 경기장 밖으로 날려버리기라도 할 듯 다리를 높이 쳐들며 슬라이딩을 했다. 그렇지 않아도 큰 점수 차로 뒤지고 있어 침울했던 타이거즈 팬들은 슬라이딩을 할 필요가 없을 정도로 시간적인 여유가 충분한 상황에서 거친 슬라이딩으로 오웬을 나뒹굴게 한 메드윅을 보자 피가 거꾸로 솟기 시작했다. 카디널스가 6회초에 2점을 추가하며 9 대 0으로 앞선 상황에서 6회말에 타이거즈 팬들은 좌익수 수비에 나선 메드윅에게 과일, 빈병, 쓰레기 등을 던지며 극도의 분노를 표출했고, 때마침 현장에서 경기를 지켜보던 케네소 랜디스 커미셔너가 메드윅의 안전 문제로 그를 퇴장시키라고 명령해 그는 그라운드를 떠나야 했다.

132_ 주루 방향과 추월

규칙상 주자는 진루를 할 때 1루, 2루, 3루, 홈플레이트를 순서대로 밟아야 한다. 덕분에 왼손 타자는 오른손 타자보다 1루까지의 거리가 한두 걸음 가까운 데다 배트를 휘두른 후 1루로 쏠려 있는 몸의 중심을 유지한 채 달릴 수 있어 내야 땅볼을 내야 안타로 바꿀 수 있는 확률은 높이고 더블 플레이를 당할 확률은 낮추는 혜택을 누리고 있다. 주루 방향이 시계 반대 방향으로 정해진 이유가 왼손 타자를 배려하기 위한 것은 아니었다. 이는 우리 두 다리의 기능에 따라 정한 것으로, 보통 왼쪽 다리는 지지하는 기능이 좋은 반면 오른쪽 다리는 추진 기능이 좋아 오른쪽 다리가 바깥쪽에 있는 상태로 달리면 원심력이 최소화되어 원하는 누에 도달하는 시간을 줄여주기 때문이다. 야구에서 단타성 안타를 때리고도 빠른 걸음으로 2루타를 만들어내는 선수들의 박진감 넘치는 모습이 연출될 수 있는 것도 시계 반대 방향으로

짐 브레인

호너스 와그너

설계된 주루 방향의 힘이라고 볼 수 있겠다.

주루 방향과 관련한 재미있는 일화는 1902년에 등장했다. 시카고 오펀스의 짐 브레인Jim St. Vrain, 1883~1937은 공은 왼손으로 던지지만 배트는 오른손으로 휘두르는 신인 투수였다. 어느 날 프랭크 실리 감독이 타격이 워낙 형편없던 브레인에게 타격을 왼손으로 해보라는 제안을 반농담조로 했고 이를 진지하게 받아들인 그는 낯선 왼쪽 타석에 들어서서 유격수 앞으로 땅볼을 때렸다. 그러고는 순간 착각을 해 1루가 아닌 3루를 향해 잽싸게 달려나갔고 이에 리그 최고의 유격수였던 호너스 와그너Honus Wagner, 1874~1955마저 잠시 당황하며 3루 쪽으로 송구할 뻔한 코미디 같은 일이 벌어졌다.

주자의 주의사항에 추월이 있다. 추월은 뒷주자가 앞주자를 앞지르는 것을 뜻하며, 뒷주자가 앞주자를 앞지르는 순간 뒷주자에게 추월 아웃이 선언된다. 추월은 주자들이 주루 코치의 사인 또는 타구를 서로 엇갈려서 판단할 때 매우 드물게 일어나며, 대표적인 사례는 2006년 4월 16일 볼티모어 오리올스와 LA 에인절스와의 경기에서 나왔다. 볼티모어의 하비 로페스가 미구엘 테하다를 1루에 두고 좌중간 펜스 근처로 큰 타구를 날리자 중견수 대런 얼스테드가 펜스 앞에서 글러브를 쭉 내밀며 높이 점프를 한 후 펜스 아래로 고통스럽게 쓰러졌다. 타구가 펜스를 살짝 넘어갔는지 얼스테드에게 잡혔는지 구별하기 힘든 상황에서 로페스는 1루를 돌아 2루로 뛰었고, 2루로 향하던 테하다는 타구가 잡힌 것으로 알고 1루로 되돌아 뛰었다. 그 순간 로페스가 테하다를 앞질렀는데 이 타구가 펜스를 넘어간 것이 문제였다. 결국 테하다의 타구 판단 실수가 원인이었지만 규정상 추월한 뒷주자 로페스가 아웃됐고 로페스가 때린 타구는 2점 홈런이 아닌 1타점 단타로 바뀌고 말았다.

9회 승리와 패배

133_ 벤치 워머

경기에 나서지 않는 후보 선수들은 경기가 진행되는 동안 벤치에 앉아 대기하기 때문에 '벤치를 따뜻하게 덥히는 사람'이라는 뜻에서 벤치 워머Bench warmer라고 한다. 초창기 야구에서는 벤치 워머들의 수가 적었고 그 역할도 매우 제한적이었다. 예를 들어 1880년대 야구팀은 투수 2명, 야수 8명, 후보 선수 1명처럼 11명의 선수로 구성됐다. 이는 당시 야구에서 투수의 역할이 경기를 진행시키는 수준이라 투수가 이틀에 한 번씩 마운드에 올라도 체력적으로 문제가 없었기 때문이다. 시간이 흐르면서 투수 수가 늘어나면서 11명에서 15명으로 됐고 이후 23명에 이어 25명으로 늘더니 현재와 같은 26명에 이르렀다. 초창기 야구나 현대 야구나 경기에 뛰는 선수 수는 9명(아메리칸리그는 10명)으로 변화가 거의 없지만 팀의 선수 수는 2배 이상 증가한 것인데 이는 벤치 워머들의 수가 늘어났음을 의미한다.

이 벤치 워머들을 적재적소에 잘 활용하는 것은 팀 성적을 좌우할 만큼 매우 중요한 일이다. 왜냐하면 주전 선수가 6개월간의 정규 시즌을 뛰다 보면 육체와 정신이 지쳐 최상의 기량으로 모든 경기에 나서는 것이 불가능하기 때문이다. 따라서 벤치 워머들은 이닝 사이에 몸을 충분히 풀어둬 감독의"한 건 해 달라"는 말이 떨어지면 즉시 그라운드로 달려나가 자신의 가치를 확실히 보여줄 수 있어야 한다. 이러한 역할 외에 벤치 워머들은 비록 몸은 그라운드와 떨어져 있지만 투구 하나하나에 집중하면서 자기 팀 동료들이 잘했을 때는 환호와 괴성을 지르며 활기를 불어넣고, 상대 팀 선수나 심판에게 짓궂은 야유를 보내는 심리전도 펼쳐야 한다. 또한 상대 팀의 사인을 간파하거나 투수의 미세한 동작 차이에 따른 구종을 알아내는 스파이 역할을 하는 동시에 자기 팀의 사인이 상대 팀에게 간파되었는지를 점검하는 것도 이들의 중요한 역할이라 할 수 있다.

벤치 워머들이 이러한 역할을 잘 수행하도록 감독은 이들의 관리에도 많은 관심을 기울여야 한다. 이들은 비록 벤치 워머 신세이지만 메이저리그에 뛸 자격을 갖춘 선수들이다. 그러다 보니 벤치 워머들 중에는 자신이 벤치나 덥히고 있을 만큼 실력이 뒤지지 않는다고 자부하며 감독에게 불만을 나타내는 선수들이 종종 있다. 이들은 자신들의 먹잇감이 되던 선수들은 여전히 마이너리그에 남아 있고, 자신들을 먹잇감으로 삼던 선수들이 이곳 메이저리그에 올라와 우글거리고 있다는 현실을 쉽게 인정하려 하지 않는다. 그러면서 감독의 선수 기용 방식에 불평을 늘어놓거나 팀이 어려워져 자신이 주전이 되기를 바라는 마음에 팀 분위기를 깨뜨리는 행동을 하고, 경기가 진행되는 동안에도 벤치에 앉아 그라운드가 아닌 관중석을 바라보며 자신의 미래 걱정, 현실에 대한 끝없는 불평 등으로 시간을 보낸다. 그렇게 경기에 집중하지 못하고 멍하니 관중석만 쳐다보다가는 머지않아 관중석에서 야구를 보게 되는 날이 올 수 있다는 것을 잊은 채 말이다.

이처럼 벤치 워머들이 팀에 녹아들지 못하고 분위기를 어수선하게 하지 않도록 감독은 벤치 워머들의 위치를 명확하게 해둬야 한다. 이들의 기량이 좋아져 주전 선수들과 건전한 경쟁을 하는 것은 매우 바람직하지만, 여전히 주전으로서 기량이 부족한 이들에게 곧 주전이 될 것이라는 착각을 불러일으키면 오히려 팀에 불협화음만 더 커질 뿐이다. 당연한 이치이지만 팀을 이끌어가는 입장에서 팀에 가장 필요한 선수는 자신에게 주어진 위치에서 묵묵히 최선을 다하며 자신의 역할에 만족하는 선수다. 결론적으로 좋은 영화가 만들어지려면 주연과 조연과의 조화가 필수이듯 야구 역시 주전 선수들과 벤치 워머들과의 조화가 매우 중요하다고 할 수 있겠다. 우승은 최고의 선수들로 구성된 팀이 아니라 선수들 간의 조화가 가장 잘 이루어지는 팀이 거두는 것이기 때문이다.

134_ 선수 교체

승부처의 고비에서 감독이 꺼낼 수 있는 작전 중 하나다. 야구는 교체 투입된 선수의 활약도에 따라 경기 분위기가 확 바뀌곤 하는데 이 때문에 적시에 적절한 선수를 투입하는 능력은 감독을 평가하는 대표적 기준으로 꼽힌다. 참고로 경기 중 선수 교체가 언제든지 가능해진 것은 1891년부터로 그전에는 부상 선수가 발생할 때 상대 팀의 동의가 있어야만 선수를 교체할 수 있어 부상 정도에 따라 교체 가능 여부를 놓고 팀 사이에 분쟁이 많이 일어났다.

선수를 교체할 경우 감독은 주심에게 즉시 알려야 한다. 비록 알리지 않았더라도 타자가 타석에 들어섰을 때, 투수가 투수판을 밟았을 때, 교체된 야수가 야수의 통상적인 수비 위치에 자리 잡고 경기가 재개됐을 때, 교체된 주자가 전 주자가 점유했던 누에 섰을 때는 유효한 선수 교체가 된다. 이러한 선수 교체는 규칙상 볼데드 상황에서 언제든지 할 수 있다. 교체 투입된 선수는 물러난 선수의 타순을 이어받으며, 경기에서 한 번 물러난 선수는 해당 경기에 다시 출전할 수 없게 되어 있다. 이는 기본적인 내용들이지만 선수 교체가 볼데드 상황에서 가능하다는 전제 조건은 매우 중요한 개념이다. 만약 이 전제 조건이 없다면 어떤 상황이 벌어질까? 타격 실력은 출중하나 발이 매우 느린 타자가 타석에 들어섰을 때 발 빠른 동료 선수가 타자 옆에 준비하고 있다가 배트에 공이 맞는 순간 "대주자요!"라고 소리치며 1루를 향해 쌩쌩 달려가는 황당한 상황이 벌어질 것이다.

수비 팀에서 2명 이상의 선수를 동시에 교체할 때는 교체 투입될 선수들이 수비 위치에 자리 잡기 전에 감독이 선수들의 타순을 주심에게 알려야 하는데 이때 등장하는 작전이 '더블 스위치'다. 더블 스위치는 2명 이상의 선수를 한꺼번에 교체하면서 공격력이 약한 선수가 타석에 들어서는 것을 최대한 미루는 작전으로, 투수가 타석에 들어서는 내셔널리그에서 경기 종반에 자주 사용한다. 예를 들어 이닝이 8번 타자에서 종료됐을 때 감독은 8번 타자와 함께 9번 타자로 들어설 투수를 동시에 교체하면서 9번 타자 자리에 새로 투입된 야수를 넣고 8번 타자 자리에 새로 투입된 투수를 넣으면 타순이 한 바퀴 돌 때까지 상대적으로 공격력이 떨어지는 투수가 타석에 가장 늦게 들어서는 이득을 볼 수 있다.

치열한 승부의 세계에 사는 감독들은 경기가 조금이라도 안 풀리면 선수 교체로 분위기를 전환하려 한다. 그러나 1976년 신시내티 레즈는 뉴욕 양키스와 맞붙은 월드시리즈에서 4연전을 벌이는 동안 투수 교체를 제외한 대타, 대주자는 물론 대수비를 한 번도 기용하지 않고 우승을 차지하는 진기록을 세워 눈길을 끌었다. 이는 스파키 앤더슨 감독이 이끌던 당시 레즈가 피트 로즈, 조 모건, 조니 벤치 등을 주축으로 '빅 레드 머신'이라는 강타선을 구축했기에 가능한 일이었다.

135_ 플래툰 시스템

플래툰platoon은 본래 '소대'를 의미하는 군사용어로 한 소대에 기관총수, 소총수 등 다양한 유형의 공격 자원으로 상황에 맞게 공격을 펼치는 것을 의미한다. 야구에서는 한 포지션에 두 명 이상의 선수를 교대로 기용하는 의미로 사용된다. 선수라면 누구나 주전으로 마르고 닳도록 뛰고 싶지만 포지션은 8개로 한정돼 있는 반면, 머릿수는 넘쳐나고 게다가 선수 개개인에게 좋은 일과 팀 전체에 좋은 일이 얼마든지 다를 수 있다. 따라서 포지션을 맡은 선수가 주전으로 기용될 만큼 실력이 뛰어나지 않다면 두 명 이상의 선수를 교대로 기용하며 각자의 장점만을 뽑아쓰는 것이 효율적일 것이다. 플래툰 시스템은 이러한 목적에서 등장한 전략으로 여기서 장점이란 주로 투수와의 좌우 관계를 뜻한다. 실제로 마운드 위 투수와 반대 손을 사용하는 타자가 기용되는 모습을 어렵지 않게 볼 수 있다. 이외에 부상이나 슬럼프 같은 컨디션에 따라 기용하는 선수를 달리할 수 있으며, 또한 경기 초반에 공격력이 좋은 선수를 먼저 기용한 후 승리를 굳혀야 할 상황에는 수비력이 좋은 선수를 기용하려는 팀 전략도 플래툰 시스템의 하나다. 이뿐만 아니라 팀 분위기에 긴장감을 불어넣기 위한 수단으로도 활용된다.

자기 포지션의 '터줏대감'으로 생각하고 자만하는 주전 선수에게는 언제든지 포지션을 빼앗길 수 있다는 긴장감을, 벤치에 앉아 있는 후보 선수에게는 열심히 노력하면 언젠가 포지션의 주인공이 될 수 있다는 희망을 줘 팀에 팽팽한 긴장감을 불어넣음으로써 팀 전력을 끌어올릴 수 있기 때문이다.

플래툰 시스템과 관련하여 잘못 알려진 두 가지가 있다. 먼저, 플래툰 시스템이 1950년대 뉴욕 양키스의 황금시대를 이끌었던 케이시 스텡겔 감독이 창안했다는 설이다. 하지만 초창기 야구에서도 투수와 타자의 좌우 관계를 바탕으로 한 플래툰 시스템이 존재했다. 다만 스텡겔은 선수 시절 플래툰 시스템의 적용을 많이 받았고, 이를 토대로 양키스 감독 재임 당시 플래툰 시스템을 잘 활용하여 '플래툰 시스템의 대가'로 불렸을 뿐이다. 굳이 이 시스템의 선구자를 꼽는다면 1914년 꼴찌가 확정적으로 보였던 보스턴 브레이브스를 우승으로 이끌어 '기적의 브레이브스'라는 말을 탄생시킨 조지 스탤링스George Stallings, 1867~1929 감독이라고 할 수 있겠다.

다음으로 플래툰 시스템에 적용된 선수들이 불규칙한 경기 출전으로 기량이 떨어진다는 주장이다. 이는 전적으로 틀린 주장으로 볼 순 없으며 플래툰 시스템을 비난하는 근거로 많이 사용된다. 하지만 플래툰 시스템으로 선수에게 자신감을 불어넣고 장기적으로 기량을 끌어올릴 수 있다는 점을 간과해서는 안 된다. 즉, 주전으로 뛸 만한 실력을 갖추지 못한 선수에게 공략하기 힘든 유형의 투수 대신 공략하기 쉬운 유형의 투수들만 상대하도록 해 자신감을 키워줄 수 있는 것이다. 이 자신감이 증폭되어 기량이 향상되면 공략하기 어려웠던 유형의 투수들을 상대하는 횟수를 점점 늘려줌으로써 플래툰 시스템에서 벗어나 확고한 주전으로 올라서게 할 수도 있다.

한편, 플래툰 시스템을 활용할 때는 두 선수 모두가 경기에 대한 감각을 잃지 않게 조율하는 것이 중요하다. 이러한 이유로 감독이 경기 중반에 둘 중 나머지 한 선수를 기용하는데 이는 교체 투입한 선수가 좋은 활약을 보일 것이라는 기대도 있지만 두 선수의 출장 시간을 고르게 해서 경기 감각을 유지해주려는 목적도 크다 하겠다.

136_ 벤치 클리어링

선수들이 경기를 펼치다 보면 기분을 상하게 하는 상대 선수의 행동에 불편한 감정이 하나하나 쌓일 때가 있다. 이렇게 쌓이고 쌓인 불편한 감정이 참을 수 있는 한계에 다다르면 투수는 타자에게 빈볼을 던지고, 주자는 야수를 향해 거친 슬라이딩을 하는 등 다양한 방식으로 분노를 표출하면서 마침내 싸움이 벌어진다. 이때 양 팀 벤치의 선수와 코칭스태프가 벤치를 박차고 모두 그라운드로 뛰쳐나가 일부는 함께 싸우고 일부는 싸움을 말리면서 서로 뒤엉키는데 이를 벤치클리어링Bench-clearing brawl이라 한다.

1900년대에 들어서며 그라운드에서 폭력 사태가 많이 줄어들긴 했지만 여전히 잊을 만하면 큰 싸움이 일어나곤 한다. 애들이라면 싸우면서 크는 거라고 이해할 수 있겠지만 성인들이 신성한 그라운드에서 주먹질을 해대는 이유는 무엇일까? 앞서 말한 대로 선수들 간에 쌓인 불편한 감정이 가장 큰 원인일 것이다. 그러나 상대 팀과 한바탕 싸우는 과정에서 팀원들 간의 해묵은 갈등을 털어냄과 동시에 결속력을 단단히 하고 축 처진 팀 분위기를 끌어올리기 위해 의도적으로 벤치클리어링을 유도

하는 경우도 가끔씩 있다. 실제로 메이저리그에서는 벤치클리어링이 일어나면 부상 선수와 다음날 선발 투수로 예정된 선수를 제외한 모든 선수가 그라운드로 우르르 몰려나가 동료애를 보여야 한다는 것이 불문율로 되어 있으며 벤치클리어링에 참여하지 않은 선수에게 책임을 물어 벌금을 매기기도 한다.

천문학적 몸값을 자랑하는 메이저리그 선수들은 몸이 곧 재산이므로 벤치클리어링 과정에서 벌어질 부상을 우려하여 거친 몸싸움보다는 상대에게 으르렁거리거나 밀치는 수준에서 마무리하는 편이다. 하지만 가끔은 야구장을 '사각의 링'으로 착각하게 하는 큰 물리적인 충돌이 벌어지곤 하는데, 1965년 8월 22일에 열린 LA 다저스와 샌프란시스코 자이언츠의 경기가 대표적인 사례다. 평소 견원지간으로 유명한 두 팀의 이날 경기는 가을야구 진출을 위한 순위 다툼과 함께 시리즈 내내 펼쳐진 치열한 신경전으로 많은 이목을 끌었다. 여기에 다저스에서 샌디 쿠팩스, 자이언츠에서 후안 마리샬Juan Marichal, 1937~을 내세워 에이스 간 자존심 대결까지 성사되자 경기장은 4만 명이 넘는 관중으로 우글거렸고 경기는 초반부터 화끈하게 달아올랐다. 쿠팩스와 마리샬은 경쟁이라도 하듯 위협구를 던져댔고 보다 못한 심판이 경고를 줄 정도로 두 팀 간 전운이 감도는 분위기 속에 마침내 운명의 3회말이 찾아왔다. 마리샬이 타석에 서자 포수 존 로스보로John Roseboro, 1933~2002는 쿠팩스에게 다가가 위협구를 던지자고 제안했다. 그러나 쿠팩스가 이를 거절하자 그는 단독으로 일을 벌이기로 작정했고 투구로 받은 공을 쿠팩스에게 돌려주며 공이 마리샬의 귀를 스치도록 던졌다. 이에 화들짝 놀란 마리샬은 분노에 찬 시선으로 로스보로를 노려봤고 로스보로 역시 질 수 없다는 듯 마스크를 벗고 마리샬을 차갑게 쏘아보았다. 그러

후안 마리샬의 배트에 맞아 쓰러지는 존 로스보로

자 순간적으로 이성을 잃은 마리샬이 로스보로의 머리를 향해 쥐고 있던 배트를 거세게 휘둘렀다. 살벌하기 그지없는 상황이 눈앞에 펼쳐지자 격앙된 양 팀 선수들은 14분 동안 긴 벤치클리어링을 벌였다. 머리에서 많은 피를 흘린 로스보로는 즉시 병원으로 옮겨져 14바늘을 꿰맸고 이 일로 마리샬에게 8경기 출장 정지와 함께 당시로서는 엄청난 1750달러의 벌금이 부과됐다. 그나마 다행인 것은 메이저리그 역사에 남을 싸움을 벌인 두 선수가 세월이 흐른 뒤 화해를 했고 피보다 더 진한 우정을 나누는 사이가 되었다는 점이다.

신성한 야구장에서 동업자 의식을 저버리고 선수들 간 벤치클리어링을 벌이는 모습을 보면 한심하기 짝이 없다. 그러나 한편으로는 불구경 다음으로 재미있다는 싸움 구경을 야구장에서 하는 것도 야구 못지않게 재미가 있다는 사실 역시 부인할 수 없을 것이다.

137_ 히트 앤드 런

더블 플레이를 막고 주자를 한 베이스 이상 진루시키고자 투수가 투구 동작을 취하는 순간 주자는 다음 누를 향해 달리고 타자는 땅볼 타구를 날리는 작전이다. 히트 앤드 런hit and run의 역사는 정확히 알려지지 않았다. 다만 존 몽고메리 워드가 1888년에 출간한 『야구 : 선수가 되는 방법Base-Ball : How to Become a Player』이라는 책에 '히트 앤드 런'이라는 용어가 등장하고 있는 것으로 보아 역사가 꽤 오래되었음을 알 수 있다.

희생 번트로 1루 주자를 2루에 진루시킨 후 적시타를 노리는 방식에 익숙했던 시절, 히트 앤드 런의 등장은 그라운드에 새로운 바람을 일으켰다. 이 때문에 1800년대 후반 히트 앤드 런을 적극 활용한 팀으로 알려진 볼티모어 오리올스에서 활약했고 훗날 메이저리그 역사에 남을 명감독이 된 존 맥그로John McGraw, 1873~1934는 "히트 앤드 런을 수행할 수 없는 선수를 어디에 써먹겠어?"라는 말을 남기기까지 했다.

존 맥그로

히트 앤드 런은 무사 또는 1사 주자 1루 상황에서 주로 사용된다. 투수가 투구 동작에 들어가는 순간 1루 주자가 도루를 시도하듯 2루를 향해 달리면 2루수 또는 유격수가 베이스 커버에 들어가게 마련이다. 이때 타자가 땅볼 타구를 때리면 타구가 외야로 빠져나갈 확률이 높아져 1루 주자가 3루까지 진루할 수 있고, 설령 타구를 내야수가 잡더라도 주자가 스타트를 빨리 했으므로 더블 플레이를 막을 수 있어서다. 그런데 이렇게 일석이조의 효과를 노릴 수 있음에도 히트 앤드 런이 경기당 두 세 차례 밖에 나오지 않는 이유는 왜일까? 수비 팀에서 히트 앤드 런을 간파하고 피치아웃을 하거나 타자가 공을 때리지 못하면 주자가 '낙동강 오리알' 신세가 돼 객사를 당할 수 있는 데다 타자가 내야 플라이 또는 내야 라인 드라이브를 때리면 더블 플레이를 당할 위험이 높아지기 때문이다. 또한 타자는 원하지 않는 공까지 무조건 때려내야 하므로 타자 입장에서 심적 부담감이 커 좋은 타구를 만들기 어렵다는 점도 히트 앤드 런을 꺼리는 요인으로 꼽힌다.

이러한 단점들로 히트 앤드 런은 1루에 발 빠른 주자가 나가 있고 타석에 공을 맞히는 능력이 뛰어난 타자가 들어서 투수가 스트라이크를 던져야 할 상황, 즉 2-1처럼 타자에게 유리한 볼카운트 상황에서 주로 시도된다. 볼카운트가 2-1인 상황에서 피치아웃을 하며 볼카운트 3-1로 할 가능성이 낮아서다.

히트 앤드 런을 성공하려면 가벼운 스윙으로 땅볼 타구를 만들어야 하는 타자의 역할 못지않게 주자의 역할도 중요하다. 주자는 달리면서 타구의 방향을 반드시 확인해야 한다. 간혹 히트 앤드 런 상황에서 눈을 내리깔고 달리며 눈앞에 보이는 내야수들의 움직임만으로 타구 방향을 지레 짐작하는 주자들이 있는데 이 때문에 추가 진루를 못 하게 되거나 더블 플레이를 당할 수 있다. 실제로 타구가 높이 뜬 상황에서 유격수와 2루수가 땅볼 타구를 더블 플레이로 처리하려는 듯 펼치는 동작에 속아 1루 주자가 더블 플레이를 막는답시고 2루 베이스를 향해 슬라이딩을 하는 바람에 제때 1루로 귀루하지 못해 아웃되기도 한다.

이렇게 히트 앤드 런 상황에서 1루 주자가 상대 내야수들의 더블 플레이 동작에 속아 낭패를 본 대표적인 사례는 미네소타 트윈스와 애틀랜타 브레이브스가 맞붙은 1991년 월드시리즈 7차전이다. 양 팀이 0 대 0으로 팽팽하게 맞선 8회초 브레이브스는 주자 1루 상황에서 테리 펜들턴이 좌중간 담장을 때리는 2루타를 날렸으나 1루 주자였던 로니 스미스가 홈으로 들어오지 못한 채 3루에 머물렀고 끝내 득점을 올리지 못했다. 당시 스미스가 홈으로 들어오지 못한 이유는 트윈스 내야수들의 멋진 더블 플레이 동작에 속았기 때문이다. 스미스는 펜들턴의 타석에서 히트 앤드 런 작전이 나오자 고개를 푹 처박고 2루를 향해 달리다 트윈스 유격수와 2루수가 더블 플레이를 시도하는 듯한 동작에 속아 2루 베이스를 돌아선 뒤 머뭇거렸고 그 결과 3루에 도달하는 것으로 만족해야 했다. 8회초 위기를 내야수들의 재치로 모면한 트윈스는 연장 10회말 진 라킨의 끝내기 안타로 월드시리즈 우승을 차지하는 기쁨을 누렸다.

한편, 히트 앤드 런과 유사한 작전으로 런 앤드 히트run and hit가 있다. 두 가지 모두 더블 플레이를 막고 주자를 한 베이스 이상 진루시키려는 목적은 같지만 타자의 타격 재량권 여부에 차이점이 있다. 포수가 포구할 수 있는 수준의 공이라면 타자가 무조건 방망이를 휘둘러야 하는 히트 앤드 런과 달리 런 앤드 히트는 타자가 원하지 않는 공은 기다려도 되는 재량권이 있으며 타자가 공격하지 않아도 주자가 도루를 시도한 것과 같아진다. 두 가지 작전 중 어떤 것을 선택하느냐는 상황에 따라 다르겠지만 일반적으로 주자의 발이 매우 빠르고 타자의 타격 능력이 뛰어날수록 런 앤드 히트가 좀 더 적합한 편이다.

138_ 고의4구

야구는 축구, 배구, 농구 등 다른 스포츠에 비해 걸출한 선수 한두 명이 팀 성적을 좌지우지하기 힘든 스포츠다. 이에 대한 근거로 제시하는 것 중 하나가 바로 '고의4구'다. 고의4구란 투수가 의도적인 볼넷으로 타자를 1루에 보내는 작전을 의미한다. 타율이 3할을 넘으면 뛰어난 타자로 인정받는 야구에서 타자와 정면 승부를 피하고 1루로 보내는 것이 쉽게 이해되지 않을 수 있으나 고의4구는 경기 상황에 따라 유용한 작전이다. 여기서 경기 상황이란 주자 2루 또는 2, 3루처럼 1루가 비어 있는 상황에서 1루를 채워 넣고 더블 플레이를 유도하려는 경우, 타자가 워낙 강해 투수가 정면 승부를 벌여 이길 가능성이 희박한 경우를 의미한다.

매우 독특한 경우로 만루 상황에서 고의4구가 등장하기도 한다. 밀어내기로 상대 팀에게 점수를 헌납하는 것이 납득이 되지 않겠지만 강타자에게 한 방을 맞아 대량 실점을 하는 것보다 밀어내기로 1점을 주는 것이 낫다고 판단되는 상황에서는 충분히 가능한 작전이다. 예를 들어 1998년 5월 28일 샌프란시스코 자이언츠에 8 내 6으로 앞서던 애리조나 다이아몬드백스가 9회 2사 만루에서 배리 본즈를 고의4구로 거른 후 8 대 7로 승리하고, 2008년 8월 17일 텍사스 레인저스에 7 대 3으로 앞서던 템파베이 레이스가 9회 2사 만루에서 조시 해밀턴을 고의4구로 거른 후 7 대 4로 승리했던 것처럼 말이다. 이러한 상황은 1881년 8월 2일 버팔로 바이슨스가 시카고 화이트스타킹스의 애브너 달림플을 상대로 고의4구를 내준 이래 총 6번 나왔는데 도박과도 같았던 이 작전들은 모두 성공했다.

고의4구와 관련된 기록을 살펴보면, 본즈는 통산 688개로 300개를 겨우 넘긴 2위 앨버트 푸홀스에 멀찌감치 앞서 있으며 2004년 한 시즌 동안 무려 120개의 고의4구를 얻기도 했다. 참고로 고의4구가 1955년부터 공식 집계되었기 때문에 베이브 루스가 고의4구를 몇 개 얻었는지는 알 수 없지만, 루스 뒤에 루 게릭이라는 또 다른 괴물 타자가 버티고 있었던 점을 감안하면 제아무리 루스라도 본즈처럼 많은 고의4구를 얻지 못했을 것으로 보인다.

공으로 타자와 한판 승부를 벌이는 투수 입장에서 고의4구는 달갑지 않을 수 있다. 한 예로 샌디에이고 파드레스와 디트로이트 타이거즈가 맞붙은 1984년 월드시리즈 5차전에서 파드레스의 마무리 투수 구스 고시지는 감독의 고의4구 지시를 어기고 커크 깁슨과 정면 승부를 강행하다 3점 홈런을 허용하며 월드시리즈 패배의 원인을 제공했다. 반면 뛰어난 제구력과 두뇌 피칭 능력을 선보였던 그레그 매덕스는 허용한 볼넷의 18퍼센트가 고의4구일 만큼 고의4구를 잘 활용한 투수로도 유명하다. 그는 2001년에 72와 3분의 1이닝 연속 무볼넷 기록을 달성하며 빌 피셔가 1962년에 달성한 84와 3분의 1이닝 연속 무볼넷 기록 경신을 향해 나아가던 중 팀 승리를 위해 전략적으로 고의4구를 내줘 화제가 됐다.

2017년 고의4구 규칙에 큰 변화가 생겼다. 기존에는 투수가 타자의 배트가 닿지 않는 곳에 공 4개를 던져야 했으나 이해부터 이 과정을 생략하고 수비팀 감독의 수신호만으로도 타자를 1루에보낼 수 있게 변경한 것이다. 경기 시간 단축에 사활을 거는 메이저리그가 겨우 1분가량의 시간을 줄이기 위해 변경한 이 규칙은 많은 경우의 수와 뜻밖의 상황이 언제 어디에서 일어날지 모르는 야구의 특성에 비춰볼 때 이해하기 힘든 조치다. 고의4구를 던지는 상황에서 폭투나 보크가 나올 수 있고, 미겔 카브레라처럼 가운데로 약간 몰린 공을 거침없이 받아쳐 결승타를 만들 수도 있으며, 로베르토 알로마처럼 도루를 할 수도 있기 때문이다. 심지어 이런 일도 있었다. 1972년 월드시리즈 3차전을 펼치던 오클랜드 어슬레틱스의 딕 윌리엄스 감독은 1 대 0으로 뒤진 8회말 1사 2, 3루의 위기에서 신시내티 레즈의 강타자 조니 벤치와 풀카운트 승부를 하던 투수 롤리 핑거스를 향해 마운드로 올라가 고의4구를 지시하는 동작을 취하고 마운드를 내려왔다. 경기 상황, 감독의 동작, 고의4구를 받아내려고 일어선 포수의 모습에서 많은 사람들은 고의4구를 예상했고 타석에 있던 벤치 역시 약간 긴장을 푼 채 1루를 향해 걸어나갈 준비를 하고 있었다. 그런데 핑거스가 공을 던지는 순간 일어서 있던 포수 진 테나스가 번개같이 자리에 앉았고 벤치는 멍한 상태에서 삼진을 당하고 말았다. 경기 시간 단축에 매몰된 나머지 어설프게 개정된 규칙으로 야구의 이런

고의4구, 이제는 사라진 풍경

묘미는 이제 영화에서나 볼 수 있게 됐다.

139_ 스트라이크 존

믿기지 않겠지만 야구 역사를 살펴보면 타자가 투수에게 어느 지점으로 공을 던지라고 요구했던 시절이 있었다. 구체적으로 설명하자면 허리와 무릎 사이를 통과하는 낮은 공, 어깨와 허리 사이를 통과하는 높은 공 중에서 하나를 요구할 수 있었던 것이다. 이러한 규칙이 1887년에 사라짐과 동시에 공이 일정한 공간을 통과하면 스트라이크로 선언하는 규칙이 생겼고 자연스레 스트라이크 존이라는 개념이 등장했다. 스트라이크 존이란 쉽게 말해 타자와 투수가 '공정한 대결'을 펼치는 공간으로 볼 수 있다. 즉, 타자가 공을 때리는데 무리가 없는 공간을 정해놓고 이 공간을 통과하지 못한 공을 던진 투수에게는 볼을 선언해 불이익을 주고, 이 공간을 통과한 공을 치지 않은 타자에게는 스트라이크를 선언해 불이익을 주는 것이다.

스트라이크 존은 홈플레이트 위에 설정된 가상의 공간이다. 좌우로는 홈플레이트 크기인 야구공 6개 정도가 들어가는 공간으로 고정돼 있지만, 상하로는 타자의 어깨 윗부분과 바지 윗부분의 중간 지점부터 무릎 아랫부분까지의 공간으로 정의돼 있어 타자의 키와 타격 자세에 따라 얼마든지 달라질 수 있다. 이처럼 스트라이크 존이 딱히 정해져 있지 않은 데다 주심의 성향에 따라 조금 달라질 수 있는 주관적 공간이다 보니 '욕먹는 것이 직업'인 심판들이 가장 많은 비난을 받는 것이 스트라이크 판정이다. 과거에는 주심들의 성향에 따라 스트라이크 존의 차이가 상당했다. 그러나 투수가 던진 공을 전파로 추적한 후 컴퓨터로 심판의 스트라이크 판정이 얼마나 정확한지를 측정하는 퀘스텍 시스템Questech system이 2001년부터 2008년까지 제한적으로 도입되면서 주심이 규칙상 스트라이크 존과 자신의 스트라이크 존을 비교할 수 있는 계기가 마련됐고, 그 결과 주심들의 성향에 따라 들쑥날쑥했던 스트라이크 존은 과거와 비교해 상당히 균일해졌다. 그렇다고 스트라이크 존에 대한 논란이 사라진 것은 아니다. 하지만 주심이 스트라이크 존을 일관성 없게 적용해 투수와 타자 모두를 혼란스럽게 하지 않는 이상 이를 크게 문제 삼을 필요는 없다. 주심의 정확하지 않은 스트라이크 존으로 손해를 본 선수와 팬들의 입장에서는 주심 자리에 컴퓨터를 세워놓고 싶은 마음이 굴뚝같겠지만 이는 야구의 인간적인 매력을 잃어버리는 더 큰 문제를 일으키기 때문이다.

야구의 주를 이루는 타자와 투수의 치열한 승부가 스트라이크 존에서 결정된다고 할 만큼 스트라이크 존이 야구에서 차지하는 영향력은 막강하다. 그러다 보니 메이저리그 사무국은 투타의 균형을 유지하기 위한 수단으로 스트라이크 존을 적극 활용해왔다. 예를 들어 1950년 스트라이크 존이 축소된 후 타자들의 기세가 지나치게 강해지자 1963년 스트라이크 존을 확대했다. 이에 투수들이 던질 수 있는 공간이 넓어진 반면, 타자들은 때리기 힘든 곳으로 날아든 공에도 배트를 휘둘러야 하는 상황이 벌어졌고 결과적으로 타율, 출루율, 장타율 등 타격 관련 기록이 급속히 떨어졌다. 역사적인 투고타저 시즌으로 기억되는 1968년에 메이저리그 평균자책점은 2.98에 지나지 않았으며, 밥 깁슨이 1.12의 평균자책점을 기록하는 등 1점대 평균자책점 투수가 무려 7명이나 등장했다. 아메리칸리그 타격왕 칼 야스트렘스키Carl Yastrzemski, 1939~의 타율은 3할에 겨우 턱걸이한 0.301였다. 이렇듯 투수들의 기세가 지나치게 강해지자 메이저리그 사무국은 타자들의 방망이에 불을 지피고자 이듬해부터 마운드 높이를 낮춤과 동시에 스트라이크 존을 1963년 확대 전으로 좁혔다. 이러한 조치로 이듬해 메이저리그 평균자책점은 3.61로 올랐고 7명이던 1점대 평균자책점 투수는 단 한 명도 나오지 않았다.

140_ 사인

작전을 낼 때 상대 팀이 알 수 없게 사용하는 손짓이나 몸짓 등을 의미한다. 사인은 1800년대 후반 청각 장애 선수였던 더미 호이Dummy Hoy, 1862~1961를 위해 처음 만든 것으로 전해지며 사인의 등장으로 상대 팀이 알 수 없는 다양한 작전이 펼쳐져 야구의 재미가 한층 깊어지게 됐다.

팀이 경기를 풀어가는 방식은 사인을 통해 팀원들 사이에 공유된다. 공격을 할 때는 3루 코치가 타자와 주자에게 춤을 추듯 다양한 손짓과 몸짓으로 끊임없이 사인을 보내고, 수비를 할 때는 포수가 투수에게 던질 공에 대해 손가락으로 하나하나 사인을 보내며 수비 코치는 야수에게 수비 위치 등과 관련된 사인을 수시로 보낸다. 이렇게 쉴 틈 없이 오가는 사인은 경기당 무려 1000여 건에 이른다.

당연한 얘기이지만 사인의 핵심은 '보안'이다. 사인이 상대 팀에게 노출되는 순간 상대에게 패를 보여주고 벌이는 카드 게임과 다름없기 때문이다. 이를 방지하려고 포수는 상대 타자와 1, 3루 코치가 사인을 볼 수 없게 무릎과 미트를 이용해 사인을 숨기고, 2루 주자가 포수의 사인을 고스란히 보고 타자에게 은밀히 알려줄 수 있는 상황에서는 투수가 포수의 사인과 다르게 투구를 하기도 하며, 사인이 상대 팀에게 노출되었다고 판단되면 경기 중이라도 즉시 사인을 바꾼다.

이렇게 사인을 숨기려고 많은 노력을 기울이지만 상대의 사인을 간파하면 손쉽게 승리를 가져올 수 있어 양 팀 벤치에서는 첩보전을 방불케 할 만큼 뜨거운 사인 훔치기 전쟁을 벌인다. 참고로 규칙에 사인 훔치기를 금지하는 내용이 없으니 정당한 사인 훔치기는 사기가 아닌 승리를 향한 노력으로 봐도 된다. 다만 정당치 않은 방법으로 사인을 훔칠 경우가 문제인데, 대표적 사례는 1951년 내셔널리그에서 찾을 수 있다. 당시 뉴욕 자이언츠는 8월 11일까지 선두 브루클린 다저스에 무려 13.5게임이나 뒤처졌으나 남은 44경기에서 37승 7패라는 무서운 상승세를 보이며 다저스와 극적인 동률을 이뤘다. 결국 양 팀은 리그 우승팀을 가리기 위한 3전 2선승제의 플레이오프를 치렀고 2차전까지 사이좋게 1승씩을 나눠 가졌다. 그리고 잘 알려진 것처럼 마지막 3차전에서 4 대 2로 끌려가며 패색이 짙던 자이언츠는 9회말 바비 톰슨Bobby Thomson, 1923~2010의 극적인 끝내기 3점 홈런으로 리그 우승을 차지하는 기쁨을 맛봤고, 톰슨이 때린 이 홈런은 '세계에 울려퍼진 한 방'으로 메이저리그 역사의 한 페이지를 장식했다. 그러나 이 홈런은 훗날 정당치 않은 사인 훔치기의 도움을 받은 것으로 알려져 큰 논란이 됐다. 당시 자이언츠가 외야에서 망원경으로 다저스 포수의 사인을 훔친 후 버저 시스템으로 불펜에 전달했고 불펜이 타자에게 알려주는 치졸한 행위가 들통난 것이다.

과거에는 이처럼 외야에서 망원경을 동원하여 상대 포수의 사인을 훔치는 행위가 주로 논란이 됐으나 최근에는 방송 카메라 또는 스마트 워치와 같은 첨단 장비를 사용하는 것이 문제가 되기도 한다. 전자기기를 사용한 사인 훔치기는 규칙상 금지되어 적발되면 벌금과 같은 징계를 받게 됨에도 말이다. 이렇게 온갖 수단을 동원한 사인 훔치기에서 사인을 지키는 것은 사인을 훔치는 것만큼이나 중요하다. 단순히 생각하면, 사인을 복잡하게 만들면 될 것 같지만 이럴 경우 자기 팀 선수마저 헷갈려 사인 미스가 일어날 불상사가 따를 수 있다. 결국 사인이라는 것은 상대 팀이 볼 때 매우 복잡하지만 자기 팀에서는 아주 간단하게 느껴지게 짜는 것이 핵심이라 할 수 있겠다. 이때 유용한 것이 바로 키 사인key sign이다. 키 사인은 가짜 사인과 진짜 사인을 구별하기 위한 사인을 의미하며 만약 키key가 모자를 만지는 것이라면 앞선 동작은 속임수일 뿐이고 모자를 만지고 난 뒤의 사인이 진짜 사인이다. 키 사인을 이용한 방법 외에 의미 없이 요란하게 몸동작을 한 후 마지막에 손가락 몇 개를 펼치는 것으로 진짜 사인을 내는 방법, 양발을 모은 상태에서의 사인은 가짜 사인이고 양발을 벌린 사인이 진짜 사인인 방법, 성姓을 부르면 번트를 대고 이름을 부르면 강공을 시도하는 방법 등 상대 팀에게 들키지 않으면서 자신들만이 알 수 있는 다양한 사인을 구상하여 사용하고 있다.

사인은 제각각 중요한 의미가 있다. 그래서 선수는 단순히 사인을 전달받는 것으로 끝날 것이 아니라 벤치에서 '왜 이 사인을 냈을까?' 하며 상황을 이해하려고 노력해야 사인에 대한 이해가 깊어지고 변수가 발생할 경우 유연하게 대응할 수 있다. 그러나 선수도 사람이다 보니 집중력이 떨어진 상황에서 사인을 주고받다가 미스가 생기기도 해 폭투, 패스트 볼passed ball, 주루사 등이 나오곤 한다. 사인을 주고받을 때 선수뿐만 아니라 벤치도 집중해야 한다. 예를 들어 코를 만지면 스퀴즈를 의미하는 것으로 약속한 상황에서 감독이 콧속에 들어간 이물질에 자신도 모르게 코를 만지면 선수가 이를 정식 사인으로 착각하여 횡사하는 일이 벌어질 수도 있기 때문이다. 이처럼 벤치의 의도와 다른 엉뚱한 사인이 선수에게 전달될 수 있으므로 감독이나 코치는 작은 몸동작 하나에도 늘 주의를 기울여야 한다.

141_ 부상

야구는 농구나 축구와 비교하여 격렬함이 덜해 부상 위험이 작아 보이는 스포츠다. 그러나 실제로는 햄스트링, 팔꿈치, 발목 등에 이런저런 부상을 당하며 그 경중에 따라 하루 이틀 결장하거나 10일(투수는 15일) 또는 60일짜리 부상자 명단에 올라 로스터에서 제외되는 선수들을 흔히 볼 수 있다. 이처럼 야구에 부상이 많은 이유는 정지한 상태에서 순간적으로 속도를 내야 하는 동작이 많아 근육과 관절에 큰 무리가 따르고, 타격이든 피칭이든 신체를 주로 한쪽 방향으로만 사용하다 보니 근육이 균형 있게 발달하지 않아서다.

부상이 팀과 선수 개인에게 미치는 악영향은 매우 크다. 탄탄한 전력을 보유한 팀이라도 핵심 선수들이 줄부상을 당하면 속수무책으로 무너질 수밖에 없다. 또한 선수 개인으로 보면 부상 때문에 그라운드에서 마음껏 뛸 수 없을 뿐만 아니라 훈련에도 지장을 받아 기량 향상에 어려움을 겪고, 심각할 경우 선수 생활에 종지부를 찍을 수 있다. 부상의 악영향이 이처럼 크다 보니 미키 맨틀과 행크 아론은 도루 능력이 뛰어남에도 각각 통산 153개, 240개 도루에 머물렀는데 이는 이들이 부상 위험이 높은 도루를 하다 부상으로 경기에 빠지는 것보다 도루를 자제해 부상당하지 않는 것이 팀에 더 도움이 되기 때문이었다.

이렇게 팀과 선수 모두에게 피해를 주는 부상이지만 가끔 행운으로 작용하기도 한다. 투수 유망주였던 스탠 뮤지얼Stan Musial, 1920~2013이 왼쪽 어깨를 크게 다친 후 타자로 전향하여 메이저리그 역사에 남을 위대한 타자가 되고, 1996년 8월 1일 메이저리그에 데뷔한 스콧 롤렌Scott Rolen, 1975~이 같은 해 9월 7일 투구에 손을 맞아 부상을 당하는 바람에 신인 자격을 유지하다가 1997년도 신인왕의 영광을 차지했던 것처럼 말이다. 또한 날고 기는 주전 선수를 뛰어넘기 힘든 상황에서 주전 선수가 부상당한 틈을 타 멋진 활약을 펼치며 야구 인생을 꽃 피운 사례도 무수히 많다. 전날 대타로 나선 루 게릭은 월리 핍의 두통 덕분에 본격적으로 경기에 나서기 시작해 2130경기 연속 출장 기록을 세웠고, 바비 톰슨의 발목 부상으로 아론이 주전 자리를 꿰찬 것은 대표적인 사례로 꼽힌다.

부상을 예방하려면 몸을 유연하게 단련하고 워밍업과 정리운동을 철저하게 해야 한다. 만약 부상을 당했다면 선수는 회복의 책임이 자신에게 있음을 분명히 하고, 부상 전의 건강했던 몸은 얼른 잊고 힘들고 지루한 재활 프로그램으로 회복에 전념해야 한다. 특히 작은 부상이 큰 부상으로 번지는 경우가 많은 만큼 작은 부상이라도 제때 적절하게 치료하고 몸이 100퍼센트 회복할 때까지는 그라운드를 누비고 싶은 마음을 자제해야 한다. 디지 딘의 사례는 적절한 치료의 중요성을 보여주는 사례로 자주 언급된다. 1937년 올스타전에서 얼 애버릴의 타구에 발가락을 맞은 후 완쾌되지 않은 상태로 마운드에 오른 딘은 발가락 통증 때문에 투구 동작이 무너지면서 어깨가 망가졌는데 1932년부터 5년간 120승을 쓸어 담을 정도로 메이저리그를 호령했던 딘이지만 이 부상으로 위력적인 강속구를 되찾지 못하고 1938년부터 4년간 단 16승만을 추가하고서 쓸쓸히 은퇴했기 때문이다.

선수는 부상을 당하지 않을 수 없고 '도마뱀의 꼬리'처럼 쉽게 회복되지도 않는다. 중요한 것은 어떤 부상에도 오뚝이처럼 일어나 착실히 재활 프로그램을 소화하는 것이라 할 수 있다. 다행히 오늘날 재활 시스템은 과거와 비교해 몰라보게 좋아졌다. 1900년대 초만 해도 팀 내 트레이너가 단 한 명밖에 없었던 데다 그마저도 선수들의 건강 챙기기보다 유니폼이나 장비를 손보는 일에 집중했다. 또한 주치의도 없었기에 경기 중에 선수가 부상을 입으면 관중석에서 의사를 찾곤 했다. 오늘날에는 부상 예방과 부상 선수의 신속하고 정확한 재활의 중요성이 높아져 팀 내 여러 트레이너와 주치의가 선수들의 건강을 꼼꼼히 챙겨주고 있다. 덕분에 예전 같으면 바로 은퇴해야 할 큰 부상에서 회복해 선수 생활을 이어가는 선수들이 많아졌다. 이러한 시대의 변화를 보면서 스모키 조 우드, 허브 스코어, 샌디 쿠팩스, 미키 맨틀 등 부상으로 더 좋은 활약을 펼치지 못한 선수들이 안타깝게 느껴진다.

142_ 행운

배구, 농구, 축구 등 대부분의 스포츠는 실력과 승부에서의 결과가 거의 일치하는 편이지만 야구는 실력 외에 작용하는 변수들이 워낙 많아 의외성이 높은 대표적 스포츠로 꼽힌다. 리그 내 대표적인 약팀이라도 강팀에 맞서서 3번 중 1번 정도 이기는 경우가 많은데 이렇게 야구의 의외성을 높이는 핵심 변수가 바로 '행운'이다. 실제로 빗맞은 타구가 안타가 되거나 평범한 땅볼 타구가 야수 앞에서 불규칙 바운드를 일으키며 안타로 바뀌는 반면, 잘 맞은 타구가 야수 정면으로 향하거나 아슬아슬하게 파울 지역으로 벗어나는 경우를 어렵지 않게 볼 수 있다. 이 때문에 야구에서는 치밀한 전술이 아닌 단순한 행운으로 승패가 갈리는 경우들이 꽤 있으며, 뉴욕 자이언츠와 워싱턴 세너터스가 맞붙은 1924년 월드시리즈 7차전이 대표적인 사례다. 자

1924년 월드시리즈

이언츠에 3 대 1로 뒤지던 세너터스는 8회말 2사 만루에서 버키 해리스가 때린 3루수 앞 땅볼 타구가 불규칙 바운드를 일으키며 3루수 머리 위로 넘어간 덕분에 극적인 동점을 이룬 데 이어 12회말 1사 1, 2루에서도 얼 맥닐리가 때린 3루수 앞 땅볼 타구가 또다시 불규칙 바운드를 일으키며 3루수 머리 위로 넘어갔다. 중요한 순간마다 나온 기적 같은 행운에 힘입어 세너터스는 자이언츠를 4 대 3으로 누르며 월드시리즈 우승을 차지했다. 또 하나의 사례를 들면 1962년 월드시리즈 7차전에서 뉴욕 양키스에 0 대 1로 뒤지던 샌프란시스코 자이언츠의 상황이다. 9회말 2사 2, 3루에서 윌리 맥코비가 빨랫줄 같은 타구를 때려냈으나 이 타구는 하필 2루수 정면으로 향하고 말았다. 이것으로 시리즈가 그대로 끝나고 말았는데 만약 맥코비의 타구가 조금만 벗어났더라면 우승 반지의 주인공은 양키스가 아닌 자이언츠가 됐을 것이다.

이와 같은 사례들에서 알 수 있듯 야구와 행운은 떼려야 뗄 수 없는 관계에 있다. 하지만 승부의 세계에서 불운 때문에 졌다고 말하면 변명처럼 들리고, 행운 때문에 이겼다고 말하는 것은 자존심이 허락하지 않는 일이다 보니 선수들은 행운을 잘 언급하지 않는다. 그러나 분명한 것은 야구에서는 '뒤로 자빠져도 코가 깨지는 날'이 있는 반면, '물에 빠져도 익사는커녕 보물단지를 안고 나오는 날'이 얼마든지 있다는 사실이다. 다만 좋은 타자가 결국 3할 이상의 타율을 달성하고 탄탄한 전력을 갖춘 팀이 많은 승리를 챙기는 모습에서 행운과 불운은 장기적으로 볼 때 공평하게 분배된다는 것을 알 수 있다.

평범한 내야 땅볼을 때리고도 1루까지 힘껏 달려 안타를 만들어내고 상대 팀 외야수에게 잡힐 것이 뻔해 보이는 타구를 날리고도 열심히 뛴 덕분에 2루타를 얻어내는 선수들이 있다. 반면, 상대 야수가 타구를 더듬었음에도 조깅하듯 달리는 바람에 아웃되는 선수들도 있다. 이처럼 당연한 사실이지만 좋은 선수가 되려면 행운까지 자신의 편으로 만들려고 노력하는 태도가 중요하다는 깨달음에 도달할 수 있겠다.

143_ 트레이드

팀의 취약 부분을 보강하여 전력을 강화하기 위한 행위를 의미한다. 두 팀이 1:1, 2:1, 2:2와 같이 선수를 맞바꾸는 방식과, 선수와 금전으로 맞바꾸는 방식이 있으며, 한쪽 선수의 기량이 월등해서 1:1 트레이드가 힘들 때는 금전으로 보조하는 두 가지 방식을 혼용하기도 한다. 매우 드문 사례이지만 선수만 해당되는 것은 아니어서 1960년 시즌 중에 디트로이트 타이거즈의 지미 다이크스Jimmy Dykes, 1896~1976 감독과 클리블랜드 인디언스의 조 고든Joe Gordon, 1915~1978 감독이 맞트레이드되는 일도 있었다.

트레이드 마감일이 다가오면 팀들은 포스트시즌 진출을 위해 즉시 전력감(경기 전체를 뛰고 소속 팀의 전술에서 중심축 역할을 하는 선수)의 선수를 사들이는 '바이어Buyer'가 될지, 아니면 훗날을 기약하며 유망주를 보강하는 대신 거물급 선수를 내보내는 '셀러Seller'가 될지 중대한 결정을 해야 한다. 트레이드 마감일에 팀 간 논의만으로 자유롭게 트레이드하는 논 웨이버 트레이드 데드라인Non-waiver Trade deadline(7월 31일), 리그 최하위 팀의 동의 등 까다로운 절차를 거쳐야 하는 웨이버 트레이드 데드라인(8월 31일)과 같은 두 차례의 트레이드 데드라인이 있었으나 8월의 웨이버 트레이드는 거의 이루어지지 않자 2019년부터 논 웨이버 트레이드 데드라인 하나로 통합되었다. 7월 31일을 지나 8월 이후에도 마이너리그 선수에 대한 트레이드는 할 수 있지만 포스트시즌 로스터에 들려면 포스트시즌에 진출한 메이저리그팀 또는 그 산하의 마이너리그팀에 9월 전까지 소속되어야 한다는 제한이 있다.

메이저리그 초창기만 해도 세인트루이스 카디널스가 구단주와 껄끄러운 관계에 있던 로저스 혼즈비를 뉴욕 자이언츠에 내주고 자이언츠 역시 감독과 앙숙 관계에 있던 프랭키 프리시를 카디널스에 내주었던 것처럼 트레이드는 구단과 불편한 관계에 있는 선수를 처분하기 위한 수단이었다. 그러나 최근에는 단기적이든 장기적이든 팀의 부족한 부분을 채우기 위한 전력 강화 수단으로 활용되는 편이다. 팬의 입장에서 팀의 간판선수가 트레이드되어 떠나면 아쉬운 마음이 드는 것이 당연하고 때로는 거리 시위나 경기 관람 보이콧 운동을 전개하며 분노를 표출하고 심지어 단장에게 살해 협박을 가하는 일까지 벌어지기도 한다. 선수 입장에서도 자신의 울타리를 벗어나 새로운 동료와 구장에 적응해야 하므로 트레이드가 달갑지 않게 느껴질 수 있다. 그러나 팀에서 밀려난 선수가 새 팀에서 기회를 얻고 난 후 움츠렸던 날개를 활짝 펼치며 펄펄 날아다니는 모습들을 어렵지 않게 찾아볼 수 있는 메이저리그에서 트레이드는 긍정적으로 받아들여야 할 것이다.

트레이드는 일반적으로 단장이 감독의 의견을 청취한 후 주도하며 결과에 따른 책임 역시 단장의 몫이다. 감독이 아닌 단장이 주도하는 이유는 현장을 책임지는 감독이 주도할 경우 눈앞의 성적에 급급한 트레이드를 추진할 우려가 높은 데다, 트레이드 과정에서 보안이 지켜지지 않아 언론을 통해 트레이드 대상 선수의 귀에 들어가기라도 하면 대상 선수가 감독에게 배신감과 비슷한 감정을 느끼면서 선수단 분위기가 흐트러질 수 있기 때문이다. 전력 강화 측면에서 높은 비중을 차지하는 트레이드를 성공하려면 단장은 팀 전력과 중장기 선수 수급 계획을 정확히 꿰뚫고 소속 선수뿐만 아니라 다른 팀 선수까지 현재와 미래의 활용 가치 등을 파악한 후 추진해야 한다. 이때 선수의 기량뿐만 아니라 가정사나 부상 이력과 같은 개인 신상과 함께 소속 선수들과 홈구장과의 궁합 같은 것까지도 면밀히 따져보게 된다.

단장의 주도 아래 철저한 분석을 거쳐 조금이라도 남는 장사를 위해 끊임없이 흥정하고 합의점을 찾아 힘들게 성사된 트레이드는 의도만 놓고 보면 양 팀의 부족한 부분을 채워주는 윈-윈 트레이드가 되어야 할 것이다. 그러나 그 결과는 예상을 빗나가기 일쑤여서 한쪽에서 일방적인 이익 또는 손해를 보는 트레이드가 많으며, 특히 메이저리그 역사에 최악의 트레이드로 꼽히는 사례들은 팬들의 입에 오랫동안 오르내린다. 대표적으로 1900년에 신시내티 레즈가 신예 크리스티 매슈슨을 뉴욕 자이언츠로 보내고 자이언츠에서 트레이드로 받은 통산 246승에 빛나는 에이머스 루지가 레즈에서 단 1승도 올리지 못하고 은퇴한 반면, 매슈슨은 자이언츠에서 무려 372승을 올렸다.

1971년에는 뉴욕 메츠가 뛰어난 투수진 사이에서 효용가치가 낮은 놀런 라이언을 3명의 선수와 묶어 캘리포니아 에인절스로 넘기고 에인절스에서 공수를 겸비한 유격수 짐 프레고시를 영입하는 트레이드를 단행했으나 프레고시가 기대에 훨씬 못 미치는 성적을 거둔 반면, 라이언은 에인절스에서 뛴 8년 동안 꾸준히 10승 이상을 올리고 리그 탈삼진왕을 7회나 차지하는 맹활약을 펼쳤다.

1993년에는 LA 다저스가 중간 계투 요원으로 쏠쏠한 활약을 펼치던 페드로 마르티네스를 보내고 몬트리올 엑스포스에서 발이 빠른 2루수 딜리아노 디실즈Delino DeShields, 1969~를 영입했으나 다저스에서 깊은 부진에 빠진 디실즈와 달리 엑스포스로 건너간 마르티네스는 선발 투수로 보직을 변경한 뒤 사이영상을 수상하는 등 리그를 호령하는 투수로 성장했다.

이렇게 트레이드에서 손해를 본 팀의 팬들은 정신 나간 트레이드였다며 혀를 끌끌 차곤 한다. 그러나 진정한 팬이라면 결과에 앞서 트레이드가 추진된 배경을 냉정히 살펴볼 필요가 있다. 예를 들어 다저스 최악의 트레이드로 꼽히는 마르티네스의 트레이드 추진 배경을 살펴보자. 당시 다저스는 2루수 자리를 채우기 위해 마이너리그를 샅샅이 뒤지고, 유격수 호세 오퍼맨에게 2루수로의 전향을 권유해보았지만 해법이 나오지 않자 깊은 고민에 빠졌다. 반면, 투수진은 탄탄했고 게다가 마이너리그에도 이스마엘 발데스, 대런 드라이포트 등과 같은 유망주들이 넘쳐나는 상황이었다. 이러한 분위기에서 감독, 단장 그리고 주치의까지 모두들 가냘픈 체구로 강속구를 뿌려대는 마르티네스가 부상에 시달리다 조만간 은퇴할 가능성이 높다고 평가하자 다저스는 마르티네스를 2루수로 둔갑시키기로 결정했다. 탄탄한 2루 수비와 함께 4년 연속 40개 이상의 도루를 기록할 만큼 뛰어난 기동력은 물론이고 정확한 타격까지 뽐내던 디실즈와 맞바꾸기로 한 것이다.

결과적으로 이 트레이드는 다저스에게 땅을 칠 일이 되었지만 트레이드 당시만 해도 다저스가 이익을 볼 것이라는 평가가 우세했을 만큼 다저스 입장에서는 충분히 시도할 만한 트레이드였다. 또한 마르티네스가 다저스에 계속 머물렀다면 뛰어난 투수들과 넘쳐나는 유망주 사이에서 치열한 경쟁을 벌이다 일찌감치 부상을 당해 메이저리그에서 사라졌을 가능성 역시 무시해서는 안 될 것이다.

이렇게 손익 결과만 놓고 보면 완벽하게 실패한 트레이드에도 그 추진 배경을 하나하나 짚어보면 고개가 끄덕여지는 경우가 대부분이다. 한치 앞을 알 수 없는 인생과 마찬가지로 선수가 미래에 어떤 모습을 보일지는 신이 아닌 이상 알 수 없으므로 팀 전력 보강에 책임을 진 단장 입장에서는 트레이드 시점에 팀이 보유한 자원을 효율적으로 활용하기 위한 최선의 선택을 했을 뿐이다.

연장전

못다 한 이야기

MLB

144_ 야구의 특성

수많은 스포츠들 중 야구가 유독 많은 사랑을 받는 이유는 여느 스포츠와 구별되는 여러 특성들이 많은 사람들의 욕구를 깊이 충족시켰기 때문일 것이다. 그렇다면 야구의 특성에는 무엇이 있을까? 축구나 농구처럼 시간제도 아니고 배구처럼 점수제도 아니어서 이론적으로 한 경기가 끝없이 지속될 수 있다는 점, 규정된 공간 밖으로 공을 때릴 경우 아웃되지 않고 홈런이 되거나 파울이 되더라도 계속 공격 기회를 가질 수 있다는 점 등 여러 특성들이 떠오른다. 지금의 야구를 있게 한 야구의 네 가지 주요 특성을 살펴보자.

첫째, 불확실성이 매우 높다. 그래서 야구는 승부 예측이 매우 어려운 스포츠로 꼽힌다. 전문가들이 내놓은 시즌 예상은 빗나가기 일쑤여서 결과적으로 보면 어린이 팬이 내놓은 것과 별반 차이가 없으며, 심지어 당일 경기 승패의 예상조차 빗나가는 경우도 부지기수다. 이는 이들의 전문성이 부족해서가 아니라 야구라는 스포츠가 본래 그렇기 때문이다. 다시 말해 배구, 농구 등의 스포츠는 실력이 고스란히 승부와 직결되는 편이지만 야구는 실력 외에 행운, 선수들의 당일 컨디션을 비롯한 여러 변수가 승부에 큰 영향을 미친다는 의미다. 실제로 잘 맞은 타구가 야수 정면으로 가는 바람에 더블 플레이로 이어지고, 빗맞은 타구가 안타가 되거나 평범한 땅볼 타구가 불규칙 바운드 덕분에 안타로 바뀌는 경우를 어렵지 않게 볼 수 있다. 또한 에이스급 투수가 컨디션 난조로 흔들려 경기 초반부터 무너지는가 하면 평범한 투수라도 공이 손에 제대로 긁히는 날에는 완벽한 투구를 선보이곤 한다. 이러한 이유들로 최약체로 꼽히는 팀이라도 강팀을 상대로 3번 중 1번 정도는 승리하는 것이 바로 야구다. 그래서 야구에서는 하위권 팀도 40퍼센트 정도의 승률을 보이고 상위권 팀이라도 60퍼센트 정도의 승률에 머무는 것을 알 수 있다. 경우의 수가 많은 데다 뜻밖의 상황이 언제 어디서 일어날지 모르는 야구의 불확실성 때문에 강팀은 경기에 자만하지 않으며, 약팀은 희망의 끈을 놓지 않고 또 팬들은 긴장과 흥미를 지속적으로 느끼게 된다. 스포츠 중계에서 생방송이 특별히 더 재미있고, 팬들의 스포츠에 대한 관심이 승패가 어떻게 갈릴지 모르는 궁금증에서 시작된다는 점에서 볼 때 수시로 일어나는 '기대의 배반'은 야구의 인기를 지탱하는 힘이다.

둘째, 정靜과 동動을 끊임없이 반복한다. 쉴 틈 없이 전개되는 농구, 축구 등과 비교해 야구는 멈추고 움직이는 시간이 반복되는 스포츠다. 그 시간을 따져보면 움직이는 시간보다 멈춰 있는 시간이 훨씬 많음을 알 수 있다. 이렇게 경기 중 쉼표가 많다 보니 선수들은 땀 흘릴 일이 거의 없고 여유롭게 껌을 질겅질겅 씹어대며 그라운드를 누빈다. 어쩌면 선수들의 모습이 마치 풀밭을 한가로이 누비는 양떼처럼 보일 수도 있어 어떤 이들은 야구를 '지루한 스포츠'라고 비판하기까지 한다. 하지만 선수

1914년 펜웨이파크를 가득 메운 관중

들이 움직이지 않는다고 경기가 멈춘 것은 아니다. 투수가 타자를 향해 공을 던지기 전 양측은 경기 상황을 정확히 파악하고 시의적절한 전략을 수립하는 등 고도의 심리전을 펼친다. 팬들 역시 이 시간에 멍하니 있는 것이 아니라 감독이라도 된 것처럼 나름의 전략을 고민한다. 야구는 단순히 던지고 때리고 달리는 스포츠가 아니다. 야구의 진정한 묘미는 홈런이 아니라, 정지 상태에 머물 때 호흡을 고르며 두뇌를 굴리는 것에 있다. 다른 스포츠도 마찬가지이지만 유독 알면 알수록 야구가 더 큰 재미를 느낄 수 있는 스포츠로 알려진 이유다.

셋째, 팀 스포츠이면서 개인주의 성향이 강하다. 야구는 근본적으로 팀 스포츠다. 승리를 위해 아홉 명의 선수들은 그라운드를 열심히 누비고 때론 주자를 진루시키려 아웃카운트를 일부러 소모해가면서까지 희생 번트를 댄다. 그러나 '기록의 스포츠'인 야구는 그라운드에서 벌어지는 선수들 개인 성적 하나하나가 기록되고 심지어 승리 투수, 패전 투수와 같이 팀의 승패를 특정 투수에게 부여하기까지 한다. 그러다 보니 선수들은 팀 성적만큼이나 홈런, 다승, 도루 등 다양한 개인 기록에 민감한데 팀이 아쉬운 역전패를 당해도 4타수 3안타를 친 타자는 속으로 웃음이 끊이지 않고, 팀이 역전승을 거두었을지라도 4타수 무안타를 친 선수는 가슴속에 우울함이 가득한 것도 이 때문이다.

넷째, 특정 선수에 대한 의존도가 낮다. 탁구 복식경기를 제외한 스포츠에서는 '몰빵' 농구, '몰빵' 배구라는 말에서처럼 걸출한 선수 한두 명이 팀 성적을 좌우하는 경우가 많다. 이것이 가능한 것은 선수들이 포지션과 역할은 달라도 전원이 동시에 경기에 관여하기 때문이다. 그러나 야구는 선수들이 각자에게 주어진 순간에만 집중하면 그만이다. 잘 치는 타자라고 타격 기회가 더 많은 것도 아닌 오직 타순표에 적힌 순서대로 공평하게 한 번씩 돌아가며 타격할 기회를 가질 뿐이다. 순번의 차이는 있을지라도 공격 기회는 3할 타자든 1할 타자든 공평하게 배분된다.

야구는 분명 박진감이 넘치지 않으면서 무려 세 시간여 동안 진행되는 스포츠다. 그럼에도 한 세기가 넘도록 많은 사람들이 투수가 던진 공의 궤적과 타자가 때린 타구의 낙하지점을 놓고 웃고 울었던 것은 야구의 이러한 특징들이 있기에 가능했다. 이러한 특징들은 야구가 처음 생겼을 때와 비교해 거의 그대로여서 세대 차가 큰 할아버지와 손자라도 같은 시각으로 야구를 즐길 수 있다.

145_ 베이브 루스 vs 배리 본즈

팬들은 걸핏하면 과거 선수와 최근 선수를 비교하며 누가 더 뛰어난 선수였는지를 놓고 설전을 벌인다. 가령 1920년대 주로 활약하며 통산 타율 0.342와 714홈런 2214타점 OPS 1.164를 기록한 베이브 루스Babe Ruth, 1895~1948와 1990년대 주로 활약하며 통산 타율 0.298와 762홈런 1996타점 OPS 1.051을 기록한 배리 본즈

베이브 루스

배리 본즈

Barry Bonds, 1964~를 비교하며 옥신각신하는 것처럼 말이다. 이러한 설전의 내용을 지켜보면 한쪽에서는 "요즘 선수들은 과거 선수들에 비하면 아무것도 아니다"라는 식으로 최근 야구를 얕잡아보고, 다른 한쪽에서는 "그 당시 야구가 어디 야구라고 할 수 있겠느냐?"라는 식으로 과거 야구를 폄훼한다.

이와 같은 설전에서 팬들은 선수들의 기록을 중심에 놓고 맞선다. 사실 이러한 기록들은 단순한 참고사항일 뿐이다. 왜냐하면 과거 선수와 최근 선수의 기록을 비교하려면 '두 선수가 기록을 쌓는 과정에서 뛴 조건이 모두 동일해야 한다'는 공정성이 전제되어야 하기 때문이다. 그러나 변화를 거듭해온 야구에서 이러한 공정성 확보는 불가능하고, 굳이 비교하고 싶다면 기록과 함께 이들이 뛴 시대적 특성을 고려해야 한다. 여기서 말하는 시대적 특성이란 무엇을 의미하는 것일까?

루스를 지지하는 팬들과 본즈를 지지하는 팬들의 입장에서 예를 들어 설명하면 다음과 같다. 루스를 지지하는 팬들은 두려움과의 싸움이라고 할 수 있는 타격에서 루스는 빈볼과 위협구가 난무하던 시절에 헬멧이 아닌 천으로 만든 모자를 쓴 데다 팔꿈치 보호대와 같은 보호 장비를 걸치지 않고 타석에 들어서야 했던 것을 강조할 것이다. 또한 루스는 그 어떤 변화구보다 위력적인 스핏볼을 상대해야 했고 배트 제조 기술도 발달하지 않아 무거운 배트를 사용해야 했으며 지금처럼 체계적인 식단이나 과학적인 훈련이 도입되지 않은 시대에 뛰었다고 주장할 것이다.

이에 반해 본즈를 지지하는 팬들은 루스가 활동하던 시절은 기차로 미국 동부지역만을 이동하면 그만이었으나 팀 증설 시대에 뛴 본즈는 미국 중부와 서부까지 장거리 이동을 하며 최대 3시간의 시차와, 이에 따른 먹고 자는 시간의 불규칙함과 싸워야 했음을 강조할 것이다. 또한 투수 분업화가 자리를 잡은 시대에 활약한 본즈는 완급 조절 없이 처음부터 전력투구를 하는 선발 투수를 상대해야 했고 선발 투수가 지칠 무렵이면 자신에게 강점을 보이는 구원 투수를 상대해야 했으며 탁월한 야수들만이 뛰어난 수비 위치를 잡았던 과거와 달리 구단에서 치밀하게 분석해 정리해준 자료를 바탕으로 너나없이 최선의 수비 위치를 선정하고 있는 시대에 뛰었다고 주장할 것이다.

몇 가지 시대적 특성들을 예로 들었지만 이것만으로 과거 선수와 최근 선수를 비교하는 것 역시 '눈 감고 코끼리 만지는 것'에 지나지 않는다. 이와 같은 특성 외에도 경기 수 증가, 야간 경기와 인조 잔디의 등장, 스트라이크 존 크기와 마운드 높이의 변화, 흑인을 비롯한 중남미와 아시아 선수들의 진출, 야구공과 글러브의 변화, 스테로이드와 같은 약물 복용 등처럼 무수히 많은 시대적 특성들이 있고 이러한 특성들이 야구에 끼친 영향이 매우 크기 때문이다. 결국 과거 선수와 최근 선수를 공정한 입장에서 정확히 비교하는 것에는 한계가 있다. 따라서 팬 개인의 선호에 따라 유리한 기준을 적용하기 마련이며 이런 입씨름에는 어쩔 수 없이 목소리 큰 팬이 이기기 십상이다.

이러한 설전을 간략하고 명확히 정리하자면 '그 시대의 최고 선수면 최고 선수'인 것이다. 마라톤을 예로 들어보자. 1960년 로마올림픽 마라톤에 참가한 아베베 비킬라는 2시간 15분 16초로 세계 신기록을 세우며 금메달을 목에 걸었는데 60여 년이 지난 현재 마라톤 세계 기록은 2018년 베를린 마라톤에서 엘리우드 킵초게가 달성한 2시간 1분 39초다. 기록상 아베베의 기록은 킵초게의 기록 앞에 초라하게 보이지만 자신에게 맞는 운동화를 구하지 못해 맨발로 달려야 했던 아베베와 달리 킵초게는 첨단 과학의 결정체라고 할 수 있는 마라톤 전용 운동화를 신고 달렸다. 두 선수를 기록만으로 단순히 비교해보면 킵초게가 아베베보다 뛰어난 마라토너라는 것은 삼척동자도 알 수 있다. 그러나 운동화, 식단 등 다양한 측면에서 상상도 못 할 만큼 변화가 있었다는 시대적 특성을 함께 고려한다면 과연 킵초게가 아베베보다 한 수 위의 마라토너라고 단정지을 수 있을까?

146_ 기록 만들기

야구는 그라운드에서 벌어지는 모든 일들이 낱낱이 기록되는 스포츠다. 이러한 기록들이 쌓이고 쌓여 통계가 되고 결국 역사로 이어진다. 이러한 이유에서 야구를 '기록의 스포츠'라고 하는데 여기에는 야구 기록법의 힘이 컸다. 알렉산더 카트라이트가 고안한 후 헨리 채드윅이 발전시킨 야구 기록법은 체계성이 탁월해 오래전 경기도 마치 어제 펼쳐진 것처럼 또렷하게 재현할 수 있다.

야구에서 기록은 단순한 숫자가 아니다. 전력 분석과 연봉 협상에 사용되는 것은 물론 방송 관계자들은 시청자들의 흥미를 끄는 자료로, 팬들은 경기를 되짚어볼 수 있는 도구로 활용한다. 이렇게 기록이 갖는 의미가 워낙 크다 보니 선수들은 너나없이 기록에 집착하게 마련이다. 이러한 집착은 선수와 야구 발전을 위해 바람직하나 지나칠 경우 조작에 가까운 기록 만들기로 변질되어 신성한 야구판을 오염시키기도 한다.

야구에서 기록 만들기는 타격, 피칭, 수비, 베이스 러닝 등 분야를 가리지 않고 다양한 방식으로 진행되어왔다. 가장 흔한 모습은 타격 1위에 올라 있는 선수가 정규 시즌 막판에 타율을 관리하려고 경기에 나서지 않는 것으로 여러 선수들이 이 꼼수를 동원해 타격왕을 차지했다. 1928년에는 아메리칸리그 타격왕을 놓고 독특한 꼼수가 등장해 흥미를 끌었다. 이해 구스 고슬린Goose Goslin, 1900~1971과 하이니 마누시는 타격왕을 놓고 정규 시즌 마지막까지 뜨거운 경쟁을 펼쳤는데 고슬린은 마지막 타석을 앞두고 0.3780의 타율로 0.3777인 마누시에 근소한 차로 앞섰기에 벤치에 앉아만 있어도 타격왕을 차지할 수 있었다. 하지만 '비겁한 타격왕'이라는 꼬리표를 달고 싶지 않았던 고슬린은 당당히 타석에 들어섰다. 막상 볼카운트 0-2로 몰리며 타격왕을 마누시에게 넘겨줄 위기감이 찾아오자 고슬린은 괜히 타석에 들어섰다는 후회가 밀려오기 시작했다. 그 순간 고슬린은 기발한 아이디어가 떠올랐다. 퇴장을 당해 자신의 이번 타석을 지우기로 한 것이다. 이를 위해 그는 스트라이크 판정을 문제 삼으며 심판에게 5분여 간 거친 항의를 해댔다. 하지만 심판은 고슬린의 속을 꿰뚫어보고 있었다. 쓸데없는 수작을 멈추고 얼른 타석에 들어서라는 심판의 명령에 다시 타석에 들어선 고슬린은 다행히 안타를 때려냈고 덕분에 떳떳한(?) 타격왕을 차지할 수 있었다.

이듬해 1929년에는 홈런왕을 놓고 볼썽사나운 모습이 벌어졌다. 이해 필라델피아 필리스의 척 클라인과 뉴욕 자이언츠의 멜 오트는 내셔널리그 홈런왕을 놓고 치열한 경쟁을 벌였다. 43개의 홈런으로 1위에 올라 있는 클라인을 오트가 1개 차로 바짝 뒤쫓는 상황에서 마침 두 선수가 정규 시즌 마지막 경기에서 맞붙게 되자 오트가 막판 뒤집기로 홈런왕에 오를지도 모른다는 기대감이 팬들의 관심을 사로잡았다. 그러나 둘의 홈런왕 경쟁은 싱겁게 끝나고 말았다. 필리스에서 클라인의 홈런왕을 지켜주기 위해 오트에게 무려 5개의 고의성 볼넷을 내주며 오트의 타격 기회를 원천적으로 봉쇄했기 때문으로 이 중 하나는 만루 상황이었다.

기록에 대한 선수들의 비뚤어진 집념 때문에 벌어지는 이와 같은 기록 만들기는 잊을 만하면 등장해 많은 사람들의 눈살을 찌푸리게 했다. 선수 입장에서 타이틀을 차지하거나 특정한 기록을 세울 기회가 자주 오지 않기 때문에 기록 관리를 하고 싶은 마음은 충분히 이해된다. 그러나 조금만 깊이 생각해보면 기록은 결국 살아 숨 쉬는 경기를 사후 방부 처리한 것에 지나지 않는다. 따라서 선수는 기록을 위해 살아 있는 경기를 죽이는 우를 범해서는 안 된다. 당연한 사실이지만 기록은 선수들이 최선의 노력을 다하고 남은 흔적이어야 그 의미가 있다. 테드 윌리엄스 Ted Williams, 1918~2002가 그랬던 것처럼 말이다. 윌리엄스는 1941년에 시즌 마지막 날 더블헤더를 앞두고 0.39955의 타율을 기록해 반올림을 하면 1930년 빌 테리 이후 4할 타자에 오를 수 있었다. '꿈의 4할 타자'에 등극할 수 있는 절호의 기회였기에 조 크로닌 감독을 비롯한 주변의 동료들은 그에게 경기에 나서지 말 것을 권유했다. 그러나 윌리엄스는 "비겁한 4할 타자가 되기 싫다"며 더블헤더 두 경기 모두에 나섰고 8타수 6안타를 때리며 타율을 0.406으로 끌어올렸다. 타율이 오른 것보다 더 중요

테드 윌리엄스

한 것은 그가 당당한 4할 타자로 인정받게 되었다는 점이다. 만약 윌리엄스가 주변의 말을 듣고 벤치에 앉아 계산기로 두들겨 탄생한 4할 타자가 되었다면 지금처럼 마지막 4할 타자로 존경받고 있을까?

"비난은 짧고 기록은 영원하다"는 말이 있다. 인간의 기억력에 한계가 있다는 것을 바탕으로 한 이 말은 언뜻 그럴듯하게 들린다. 그러나 야구를 모독한 뻔뻔스러운 기록 만들기가 팬들의 가슴에 오랫동안 남아 두고두고 회자되는 것을 보면 이는 분명 잘못된 말이다. 따라서 "기록도 영원하고 비난도 영원하다"는 표현이 적절하다 할 수 있겠다.

147_ 시구

경기 시작을 알리고자 특정 인물을 초대해 투구 하는 행사를 의미한다. 시구자가 공을 던지면 타자는 날아오는 공이 스트라이크 존에 들어오든 그렇지 않든 상관없이 헛스윙을 하며 시구자에 대한 배려를 표시한다. 이어서 시구자가 마운드에서 내려오면 본격적으로 경기가 시작된다.

시구는 1908년 11월 22일 일본에서 열린 미국 선발팀과 와세다대학과의 친선경기에 와세다 대학의 오쿠마 시게노부 총장이 처음 던졌으며, 메이저리그에서는 그로부터 2년여 뒤인 1910년 4월 14일 필라델피아 어슬레틱스와 워싱턴 세너터스와의 시즌 개막전에 윌리엄 태프트 대통령이 최초로 던졌다. 재임 중 메이저리그를 관전한 최초의 대통령은 1892년 6월 6일 신시내티 레즈와 워싱턴 세너터스와의 경기를 관전한 벤저민 해리슨이지만 시구로는 태프트가 최초인 셈이다. 당시 태프트는 그라운드가 아닌 관중석에서 일어나 그라운드로 공을 던졌는데 이후로 대통령이 메이저리그 개막전에 시구를 하는 전통이 생겨나 지미 카터와 도널드 트럼프를 제외한 대통령들은 재임 중 적어도 한 번 이상 개막전 시구를 했다. 개막전 시구를 가장 많이 한 대통령은 1937년 최초로 올스타전을 관람한 대통령으로도 알려진 프랭클린 루스벨트로 그는 12년 재임 중 9번이나 시구를 했다. 대통령의 시구는 많은 이야깃거리들을 남겼다. 재임 중 야구장을 16번 찾은 것으로 유명한 해리 트루먼은 1945년 9월 8일 시구에서 미국인들에게 제2차 세계대전이 끝났음을 우회적으로 표현하며 국민들에게 이제 일상으로 복귀해도 된다는 메시지를 전했다. 드와이트 아이젠하워 대통령은 시구를 할 때 볼을 높고 멀리 던지며 강한 어깨를 은근히 자랑했고, 전 세계인을 충격에 빠뜨린 9.11 테러의 공포가 채 가시지 않은 상황에서 열린 2001년 월드시리즈에 조지 W. 부시 대통령은 무장 병력이 덕아웃 뒤에서 대기하고 있는 가운데 방탄조끼를 입고 마운드로 나와 시구를 했다.

시구하는 버락 오바마 대통령

시구는 가끔 정치인, 연예인 등의 홍보 수단으로 사용된다. 대중의 관심을 먹고사는 이들에게 시구는 자신을 알릴 수 있는 좋은 기회이기 때문이다. 이처럼 눈살을 찌푸리게 하는 시구가 있는 반면 감동적인 시구도 있다. 2008년 보스턴 레드삭스의 시즌 홈 개막전 빌 버크너Bill Buckner, 1949~2019의 시구처럼 말이다. 버크너는 통산 2715개의 안타를 때려낸 훌륭한 선수라기보다 '보스턴의 역적'으로 더 알려졌는데 이는 그가 오랫동안 월드시리즈 우승에 목말라 있던 보스턴이 월드시리즈 우승을 눈앞에 둔 1986년 월드시리즈 6차전에서 결정적인 알까기 실책을 범했기 때문이다. 버크너가 시구자로 선정되자 그에게 안전상 문제가 일어날지도 모른다는 걱정 어린 시선까지 있을 만큼 그를 향한 보스턴 팬과 언론의 비난은 험악하기 그지없었다. 막상 버크너가 시구를 하자 모든 관중이 자리에서 일어나 박수를 보내고 버크너의 이름을 외치며 그를 용서했음을 표현했다. 이에 버크너가 뜨거운 눈물을 흘리며 손을 흔들자 야구장은 화해와 감동의 물결로 넘쳐났다.

148_ 9이닝제와 홈팀 후공

야구는 두 팀이 9이닝 동안 공격과 수비를 교대로 펼쳐 점수를 많이 낸 팀이 승리하는 경기다. 만약 9이닝 동안 동점을 기록해 승부를 가리지 못하면 연장전에서 승부를 가리게 된다. 여기까지는 웬만한 야구팬이라면 다 아는 사실일 것이다. 야구가 처음부터 이러한 이닝제를 적용했던 것은 아니었다. 초창기 야구에서는 6이닝이든 10이닝이든 이닝에 관계없이 21점을 먼저 내는 팀이 승리하는 방식을 택했다. 당시 야구는 점수가 펑펑 쏟아지는 환경 속에 펼쳐졌고 무엇보다 중상류층의 취미 활동에 머물러 21점을 올리는 과정에서 시간이 엿가락처럼 늘어져도 아무런 문제가 되지 않았기에 가능한 일이었다. 그러나 피칭 기술의 향상으로 21점을 올리기가 힘들어지며 날이 어두워지기 전까지 승부를 가리지 못하는 일이 빈번해졌다. 게다가 야구의 비즈니스적인 가치가 주목받는 상황에서 경기 시간이 한없이 늘어져 적정한 시간 안에 승부를 가리지 못하면 관중을 끌어모으기 힘들다는 것이 문제점으로 나타났다. 이에 1857년에 대니얼 애덤스의 주도로 9이닝제가 도입됐고 지금까지 이어져 오고 있다. 다만 당시에는 양 팀의 아웃카운트 수가 동일해야 한다는 규칙 때문에 후공을 펼치는 팀이 9회초가 끝난 상황에서 앞서 있더라도 27아웃을 채우기 위해 9회말 공격을 펼치는 불합리한 면이 있었다. 이 규칙은 1880년 9회초가 종료된 시점에서 후공팀이 앞서 있거나 9회말 공격에서 후공팀이 경기에 앞서가는 점수를 얻으면 그대로 경기를 마치는 것으로 개선되었다.

여기서 9회말 공격을 펼치는 팀을 홈팀이 아닌 후공팀이라고 표현한 것은 당시만 해도 지금처럼 홈팀이 후공을 펼친다는 규칙이 없었기 때문이다. 당시에는 홈팀에 선공 또는 후공 중 선택권이 있었는데 후공이 경기 상황에 맞는 전략을 펼치기에 조금 유리하다 보니 대부분의 홈팀이 후공을 선택하면서 자연스레 홈팀이 후공을 펼치는 불문율이 생겨났을 뿐이다. 이처럼 홈팀의 후공이 규칙으로 명시되어 있지 않았기에 홈팀이 기선을 제압하고 싶거나, 상태가 좋은 공을 타격하고 싶다는 등의 이유로 홈팀이 선공을 펼치기도 했다. 예를 들어 오늘날 메이저리그 최고의 명문 팀으로 자리 잡은 뉴욕 하이랜더스(현 뉴욕 양키스)의 역사상 첫 경기가 열린 1903년 4월 22일에 홈팀인 워싱턴 세너터스(현 미네소타 트윈스)가 선공을 선택하는 바람에 방문팀인 하이랜더스가 후공을 펼친 것처럼 말이다. 오늘날 우리가 익히 알고 있는 홈팀이 후공을 펼쳐야 한다는 규칙은 1950년이 되어서야 등장했는데 이는 홈팀 선수들이 수비 위치에 자리하고 방문팀 첫 타자가 배터스 박스에 들어섰을 때 주심이 '플레이'를 외치면 경기가 시작된다는 내용에서 찾을 수 있다.

149_ 게임차와 매직넘버

야구를 관람하기에 앞서 경기 결과에 따라 현재의 팀 순위가 어떻게 변동될지를 확인해보는 것은 경기에 대한 몰입도를 높일 수 있는 좋은 방법이다. '승차'라고도 하는 '게임차'는 이러한 상황에서 유용한 야구 용어다. 앞선 팀과 뒤따르는 팀 사이의 차이를 수치로 표시한 게임차에서 앞선 팀이 몇 패를 하고 뒤따르는 팀이 몇 승을 올려야 승률이 같아지는지를 쉽게 알 수 있기 때문이다. 게임차는 양 팀이 동시에 이기거나 지면 그대로이지만 양 팀의 승패가 엇갈리면 1씩 변동되고 어느 한 팀만 승패를 기록하면 0.5씩 변동된다. 예를 들어 A팀과 B팀이 3게임차 상황에서 A팀이 3번 지고 B팀이 3번 이기면 두 팀의 게임차는 사라진다. 게임차를 계산하는 공식은 '상위팀의 승수 - 하위팀의 승수'를 계산한 후 여기에 '하위팀의 패수 - 상위팀의 패수'를 더한 후 나온 값을 2로 나누면 된다. 예를 들어 1위 팀이 70승 60패, 2위 팀이 68승 64패라면 [(70 - 68) + (64 - 60)] ÷ 2를 하면 3이므로 두 팀은 3게임차가 나고 있음을 알 수 있다. 여기서 3게임차는 1위 팀이 3연패를 당하는 동안 2위 팀이 3연승을 해야 양 팀의 게임차가 같아진다는 의미로, 공식에서 2로 나누는 이유가 여기에 있다. 게임차의 표시는 1위 팀과 나머지 팀들과의 차이가 얼마씩 벌어져 있는가를 한눈에 알 수 있게 하는 방법과 바로 앞에 있는 팀과의 차이를 보여주는 방법 두 가지가 사용된다. 정규 시즌의 목표가 오로지 1위라는 관점에서 볼 때 전자의 방법처럼 1위를 중심으로 승차를 표시하는 것이 의미가 더 있어 보이지만

1위가 아닌 나머지 순위도 나름의 중요도가 있고 팀들 간의 순위 싸움 현황이 잘 보인다는 측면에서 후자의 방법도 의미가 있겠다.

게임차와 함께 알아두면 유용한 야구 용어로 '매직넘버'가 있다. 매직넘버magic number는 정규 시즌이 종반을 향해 치달을 무렵에 자주 등장하는 용어로 2위 팀이 잔여 경기를 모두 승리할 경우 1위 팀이 몇 승을 더 거두면 단독 우승을 확정할 수 있는지를 나타내는 수치다. 양 팀이 모두 10경기를 남겨놓은 가정 아래 1위 팀은 90승 62패, 2위 팀은 85승 67패인 경우 2위 팀이 남은 10경기를 모두 이기면 95승이지만 1위 팀은 6경기만 이기면 96승으로 우승이 확정되므로 1위 팀의 매직넘버는 '6'이 된다. 매직넘버를 계산하는 공식에는 여러 가지가 있지만 가장 간단한 공식은 정규 시즌 경기 수 162에 1을 더한 후 1위 팀의 승수와 2위 팀의 패수를 빼면 된다. 예를 들어 1위 팀이 88승 64패, 2위 팀이 78승 72패라면 162 + 1 - 88 - 72로 계산해서 3이 나오는데 이것이 바로 1위 팀의 매직넘버다. 즉, 2위 팀이 잔여 경기를 모두 이겨도 1위 팀은 3경기만 이기면 무조건 우승을 할 수 있다. 이때 정규 시즌 경기 수 162에 1을 더하는 이유는 1을 더하지 않으면 공동 우승팀이 생길 수 있기 때문이다. 매직넘버가 정해진 상황에서 1위 팀이 이기고 2위 팀이 지면 매직넘버는 한꺼번에 2가 줄어들고, 같이 지거나 이기면 1이 줄어들며, 1위 팀이 지고 2위 팀이 이기면 그대로다. 만약 1위 팀이 계속 지고 2위 팀이 계속 이겨 2위 팀의 우승 가능성이 생기면 1위 팀의 매직넘버는 사라진다. 참고로 매직넘버에는 별도의 단위가 붙지 않으므로 숫자로만 표현한다. 개막을 앞둔 상황에서 모든 팀의 매직넘버는 163이며, 경기를 치를수록 매직넘버는 감소할 뿐 증가하지 않는다.

150_ 니그로리그

오늘날 메이저리그는 야구만 잘하면 뛸 수 있었지만 100여 년 전만 해도 날고 기는 야구 실력이 있다 해도 피부색이 검으면 뛸 수 없었다. 원래는 1884년 아메리칸 어소시에이션에서 활약했던 플릿 워커처럼 피부색이 검더라도 뛸 수 있었으나 지독한 인종차별주의자였던 캡 앤슨의 선동으로 1887년부터 메이저리그는 완벽한 '화이트리그'로 변해버렸다. 1885년 쿠반 자이언츠라는 흑인 프로야구팀이 최초로 창단한 데 이어 1887년에 흑인 프로야구팀들로만 구성된 내셔널 컬러드 베이스볼리그National Colored Base Ball League가 출범하는 등 흑인들의 야구 열정은 여전히 뜨거웠지만 경제적인 상황이 좋지 않은 데다 정치적인 힘마저 부족했던 흑인들의 야구는 화이트리그처럼 성장하지 못했다. 무엇보다 흑인을 인간으로 보지 않았던 미국 사회 분위기가 야구를 좋아하는 흑인들에게 너무나 높은 벽으로 다가왔다. 이러한 상황이 이어지는 가운데 1919년에는 시카고에서 비롯된 흑백 갈등이 도화선이 돼 '붉은 여름'으로 불리는 미국 역사상 최악의 흑백 충돌로 흑인 23명, 백인 15명이 사망하는 사건이 벌어지기까지 했다.

루브 포스터

메이저리그의 인종차별 분위기가 도무지 나아질 조짐이 보이지 않자 흑인 선수들은 화이트리그에 맞서 자신들만의 리그를 결성하기 시작했다. 1920년 루브 포스터Rube Foster, 1879~1930가 8개의 흑인 야구팀들로 구성된 니그로 내셔널리그Negro National League를 결성해 기대 이상의 인기를 모으자 1923년 이스턴 컬러드리그Eastern Colored League, 1937년 니그로 아메리칸리그Negro American League 등 여러 니그로리그가 우후죽순처럼 생겨났다. 니그로리그는 메이저리그와 비교해 격렬하면서도 오락적인 요소가 뒤섞여 있고 여기에 메이저리거들과의 순회 경기에서 통산 309승 129패라는 기록이 말해주듯 뛰어난 기량까지 보유해 많은 팬들을 끌어모았다. 이러한 니그로리그 투타의 중심에는 새첼 페이지와 조시 깁슨이 있었다.

메이저리그 역사상 최고의 투수로 월터 존슨이 꼽히지만 야구 역사상 최고의 투수로 범위를 확대하면 새첼 페이지를 꼽는 전문가들이 꽤 있을 만큼 페이지는 강속구와 뛰어난 제구력으로 타자들을 압도한 투수였다. 그가 통산 약 2000승과 3만 개의 탈삼진을 기록했다는 말을 곧이곧대로 받아들이기는 힘드나 분명한 사실은 그는 '위대한'이라는 단어로 표현하기에는 부족한, 차원이 다른 투수였다는 점이다. 1947년에 재키 로빈슨의 메이저리그 진출로 흑인들의 메이저리그 진출이 다시 가능해지자 1948년에 페이지는 남들이 은퇴할 42세의 나이로 메이저리그에 데뷔했다. 1952년에 12승을 거두며 46세의 나이로 올스타에 뽑힌 페이지는 1953년을 마지막으로 메이저리그를 떠났고, 그 후 니그로리그와 독립리그를 돌며 공을 던지다 1965년 59세의 나이로, 변경된 연금 수령 조건을 채우기 위해 깜짝 복귀해 3이닝을 1피안타로 막아내는 노익장을 과시하기도 했다. 그가 메이저리그에서 거둔 통산 성적은 28승 31패에 평균자책점은 3.29였지만 이는 그가 전성기가 한참 지난 후 메이저리그에 진출하여 거둔 성적일 뿐이었다. 디지 딘은 "내가 본 투수 중 페이지보다 위력적인 투수는 없었다"고 말했고, 조 디마지오는 "지금까지 상대한 투수 중에서 페이지보다 빠른공을 던진 투수는 없었다"라고 말할 만큼 그는 여러 스타플레이어들에게 인정받은 투수였다.

'검은 베이브 루스'로 불리는 조시 깁슨은 일부에서 베이브 루스를 '하얀 조시 깁슨'으로 불러야 한다는 의견이 나올 만큼 니그로리그의 전설적인 타자로 통한다. 그는 체력적으로 부담이 큰 포수를 맡았음에도 단일 시즌 84홈런에 통산 0.370 정도의 타율과 800여 개의 홈런을 때린 것으로 알려졌다. 깁슨을 두고 니그로리그 스타 몬테 어빈은 "테드 윌리엄스의 눈과 베이브 루스의 힘을 가진 선수"라고 평가했다. 니그로리그의 기록이 증언 등에 의존한 '믿거나 말거나'인 불명확한 기록인 데다 스타플레이어들에 대해 좀 과대평가하는 경향이 있다고 하지만 깁슨은 메이저리그 올스타팀과의 대결에서도 결코 밀리지 않는 실력을 선보였다. 실제로 기록을 살펴보면 그는 디지 딘, 조니 반더 미어 등 메이저리그를 주름잡은 투수들을 상대로 61차례 타석에 들어서서 5개의 홈런과 0.426의 타율이라는 빼어난 성적을 기록했다. 게다가 86년의 오랜 역사를 가진 양키스타디움에서의 장외 홈런 3개 중 미키 맨틀의 1개를 제외한 2개의 주인공이 모두 깁슨일 만큼 그는 무시무시한 힘을 증명해보였다. 1942년 말부터 뇌종양을 앓으면서도 야구에 전념한 깁슨은 안타깝게도 1947년, 그토록 원했던 메이저리그 그라운드를 단 한 번도 밟지 못한 채 36세의 젊은 나이로 세상을 떠나고 말았다.

1947년 재키 로빈슨이 높아만 보이던 인종차별의 벽을 허물고 브루클린 다저스와 계약하며 메이저리그에 진출한 것은 매우 바람직한 일이었다. 그러나 아이러니하게도 이는 니그로리그의 몰락을 알리는 신호탄으로 돌아왔다. 로빈슨의 뒤를 이어 새첼 페이지, 래리 도비, 윌리 메이스, 로이 캄파넬라 등 니그로리그 스타플레이어들이 메이저리그로 진출하며 1940년대 후반부터 와해되기 시작한 것이다. 결국 니그로리그는 1960년대 초 니그로 아메리칸리그를 마지막으로 역사 속으로 사라졌다. 40

여 년 간 이어진 니그로리그에 대해 대부분의 메이저리거들은 그 수준을 높이 평가했으며 테드 윌리엄스는 1966년 명예의 전당 헌액식에서 니그로리그를 주름잡던 새첼 페이지Satchel Paige, 1906~1982, 조시 깁슨Josh Gibson, 1911~1947과 같은 선수들이 명예의 전당에 헌액되지 못한 것은 단지 그들이 메이저리그에서 제대로 뛸 수 없었기 때문이라며 이들이 명예의 전당에 올라야 한다고 강조했다. 마침내 1971년 페이지가 니그로리그 출신 최초로 명예의 전당에 헌액됐고, 1972년에는 깁슨이 메이저리그에서 단 한 경기도 뛰지 못한 선수 최초로 명예의 전당에 헌액됐으며 이외에 니그로리그를 주름잡던 여러 선수들이 명예의 전당에 헌액됐다. 선수뿐만 아니라 니그로리그의 발전을 위해 자신의 모든 것을 활활 태웠던 '니그로리그의 아버지' 루브 포스터가 1981년 명예의 전당에 헌액된 데 이어 백인 여성임에도 뉴어크 이글스의 구단주를 맡아 야구를 흑인 인권신장의 매개체로 적극 활용한 에파 맨리Effa Manley, 1897~1981가 2006년에 여성 최초로 명예의 전당에 헌액되기도 했다.

니그로리그 선수들은 피부색이 검다는 이유만으로 숙박시설과 식당 등을 이용할 때 거부당하는 일이 비일비재했을 만큼 열악한 환경에서 야구를 해야 했다. 그러나 야구를 향한 이들의 열정은 그 누구보다 뜨거웠다. 이러한 열정으로 흑인 야구의 명맥이 이어질 수 있었고 훗날 행크 아론, 돈 뉴컴 등과 같은 뛰어난 선수들이 메이저리그에 진출하면서 메이저리그가 더 풍성해질 수 있었다. 니그로리그 선수들을 기리기 위해 메이저리그에서는 니그로리그 선수들이 착용했던 유니폼을 입고 경기를 펼치는 니그로리그 헌정경기가 열리고, 커티스 그랜더슨과 같은 선수는 니그로리그 선수들처럼 스타킹을 높게 올려 신으며 이들에 대한 존경심을 표시하고 있다. 이러한 분위기 속에서 메이저리그 사무국은 니그로리그 창설 100주년을 맞은 2020년에 니그로리그를 메이저리그의 공식 역사에 포함하기로 결정했다.

151_ 여자프로야구

메이저리그 사무국과 구단들이 여성 관중 확보를 위해 적극적으로 노력한 결과 최근 야구장을 찾는 관중의 절반이 여성일 정도로 여성 관중이 눈에 띄게 늘어났음을 알 수 있다. 이렇게 여성 관중이 빠른 속도로 늘어나면서 야구는 여성에게도 친근한 스포츠로 확실히 자리 잡았지만 여자 야구 선수를 찾아내기란 여간 어려운 일이 아니다. 대부분의 팬들은 1990년대 중후반 마이너리그에서 활약하며 미국프로야구 최초의 여자 선수로 알려진 일라 보더스Ila Borders, 1975~를 제외하고 야구 역사에서 여자 선수를 떠올리지 못한다. 심지어 일부 팬들은 보더스의 존재조차 모른다.

그러나 1866년 바사르 대학에 최초의 여자 야구팀이 창단된 이래 야구 역사 곳곳에 여자 선수들의 흔적을 찾아내는 것은 그리 어렵지 않다. 토니 스톤, 메이미 존슨, 코니 모건과 같은 3명의 여자 선수들이 니그로리그에서 뛰었고, 1890년대 후반부터 1930년대 중반까지 블루머 걸스팀과 같이 전국을 돌아다니며 시범경기를 펼친 여자 야구팀들도 꽤 있었다. 참고로 블루머 걸스팀에는 여장을 한 남자 선수 4명 정도가 뛰었는데 이 팀에는 로저스 혼즈비, 스모키 조 우드처럼 훗날 메이저리그에서 맹활약하게 될 선수들이 잠시 몸을 담기도 했다.

이러한 여자야구 역사에서 결코 빠뜨려서는 안 될 흔적이 있으니 바로 전미여자프로야구리그All-American Girls Professional Baseball League이다. 제

2차 세계대전의 발발로 19세 이상의 청년들이 군에 징집되어 마이너리그 팀들이 하나 둘 해체되고 조 디마지오, 테드 윌리엄스와 같은 스타플레이어들이 전쟁터로 달려가는 바람에 야구가 대중의 관심 속에서 멀어지자 야구인들은 커다란 위기감을 느꼈다. 이 위기를 타파하기 위해 시카고 컵스의 구단주 필립 리글리는 컵스의 단장 켄 셀즈에게 야구에 대한 대중의 관심을 다시 끌어모을 수 있는 방안을 위원회를 마련해 알아보라고 지시했다. 이에 위원회는 야구와 유사한 소프트볼 세미프로 선수들이 미국 전역에서 4만여 명이 활동하고 있다는 점에 주목해 여자소프트볼 리그창설을 건의했고 이 제안에 리글리는 무릎을 탁 쳤다.

1943년 봄 리글리는 많은 사람들의 기대와 우려속에 전미여자소프트볼리그All-American Girls Softball League를 창설했다. 리그는 락포드 피치스, 레이신 벨스, 케노사 코메츠, 사우스벤드 블루삭스 등 4팀으로 구성됐고 팀들의 연고지는 리그 본부가 있는 시카고 인근에 있으면서 메이저리그 팀이 없는 지역으로 선정했다. 또한 280명의 선수를 대상으로 타격, 송구, 포구, 주루 등을 테스트해 60명의 선수를 최종 선발한 후 일부 팀의 독주로 관중의 흥미가 반감되는 것을 막고자 실력이 뛰어난 선수들을 각 팀에 골고루 배분했다. 그리고 소프트볼 규칙에 박진감을 더할 수 있는 야구 규칙을 뒤섞은 새로운 규칙을 적용하기로 했다. 리그의 운영방식은 매우 독특해서 선수들은 야구 실력뿐만 아니라 여성미를 가꾸는 데도 많은 시간을 쏟아부어야 했다. 이는 리글리가 리그의 성패를 좌우할 핵심 요소로 선수들의 '여성미'를 꼽았기 때문이다. 따라서 헬레나 루벤스타인 뷰티 살롱과 계약한 후 선수들이 훈련을 마친 뒤 야간에 기본적인 에티켓과 옷의 코디법을 배우도록 했으며 외모를 매력적으로 꾸밀 수 있도록 화장세트를 지급하고 사용법을 가르쳤다. 유니폼 역시 여성미를 강조하고자 당시의 피겨 스케이팅 복장을 모방하여 몸에 달라붙는 짧은 원피스 형태로 제작했는데 이는 선수들의 플레이에 많은 장애가 됐지만 관중을 끌어모으기 위한 어쩔 수 없는 조치였다. 분위기가 이러다 보니 선수들은 경기 준비보다 외모를 꾸미는 시간이 더 걸릴 정도였고 어떤 선수는 입술에 립스틱을 바르지 않아 덕아웃으로 불려 나오는 황당한 일이 벌어지기도 했다. 선수들은 시즌 중에 다른 직업을 가질 수 없었고 야구장 밖에서도 화장한 얼굴에 하이힐을 신고 치마를 입어야 했으며 공공장소에서 흡연이나 음주가 금지되는 등 까다로운 계약조건을 따라야 했다. 그래도 이들이 받는 주당 45달러에서 85달러, 또는 그 이상의 보수는 당시로서는 꽤 괜찮은 수준이었다.

1943년 5월 30일 리그의 본격적인 출발을 알리는 역사적인 공식 개막전을 시작으로 9월 1일까지 정규 시즌이 펼쳐졌고 이후 상위 팀들끼리 플레이오프를 치른 결과 레이신 벨스의 우승으로 역사적인 첫 시즌을 마쳤다. 온통 전쟁에만 관심이 쏠려 있던 상황에서 출발한 리그는 그 시작 자체만으로도 사람들의 관심을 끌기에 충분했다. 처음에 관중의 눈길을 끈 것은 여성미와 같은 경기 외적인 요소였지만 시간이 지나면서 선수들이 그라운드에서 펼치는 경기력에 관중은 리그의 매력에 빠져들었다. 결과적으로 리그는 첫 시즌 108경기에 17만 6000명의 관중이 입장해 성공적인 출발을 했다. 리그 명칭이 전미여자야구리그All-American Girls Baseball League로 바뀌고 다시 일반적으로 많이 알려진 명칭인 전미여자프로야구리그All-American Girls Professional Baseball League로 바뀌고 또다시 미국여자야구리그American Girl's Baseball League로 바뀌는 사이 팀 수가 4팀에서 10팀으로 늘어나고 다시 6팀으로 줄어드는 등 변화를 거쳤고 규칙 역시 점점 소프트볼 규칙에서 벗어나 야구 규칙과 비슷해졌다. 공의 크기는 야구공과 같아지고 베이스 간 거리는 85피트(25.91미터)로 멀어지고 투수와 포수 간 거리도 60피트(18.29미터)로 멀어져 야구와 유사한 수준으로 바뀌었으며, 투구폼 역시 소프트볼에서 적용하던 언더핸드 스로 외에 사이드암 스로를 허용하더니 1948년부터는 오버핸드 스로도 허용했다.

당초 전쟁 기간에만 리그를 운영하려 했던 경영진의 의도와 달리 리그는 전쟁이 끝난 후에도 한동안 계속됐다. 이렇게 리그가 예상을 뛰어넘는 성공을 거둘 수 있었던 가장 큰 요인은 야구에 대한 선수들의 뜨거운 열정과 예상을 넘어선 뛰어난 실력이었지만, 전쟁이라는 시대적 상황과 중소도시에 연고지를 둔 지역적 요인도 함께 작용했다고 볼 수 있다. 전쟁은 미국인들의 생활을 제한했고 이 때문에 다양한 여가 생활을 즐길 수 없는 상황에서 여자 선수들이 그라운드를 누비는 모습은 미국인들의 관심을 끌기에 충분했다. 여기에 여자 선수들이 전쟁 중 부상당한 병사를 방문하고 군부대 지원을 위한 시범경기를 개최하는 등 그들이 보여준 높은 애국심은 리그가 미국인들에게 긍정적으로 인식되는 데 크게 기여했다. 대부분의 팀들이 연고지를 중소도시에 두었다는 점 역시 중요한 성공 요인이었다. 중소도시의 시민들은 대도시의 시민들에 비해 상대적으로 야구 이외의 다양한 여가를 즐길 수 있는 공간이 부족했고, 대도시의 언론이 리그에 관한 보도를 하지 않거나 부정적인 면을 강조했던 반면, 중소도시의 언론에서는 리그의 모든 경기와 관련하여 기사를 내는 등 리그에 호의적이었다.

1948년 단일 시즌 최다 관중인 91만 명을 끌어모으며 승승장구할 것만 같던 리그의 열기는 이듬해부터 점점 사그라졌다. 그 원인은 기존의 중앙집권적 통제 방식에서 벗어난 분권화로 각 팀에 대한 리그의 통제력 상실과 함께 1950년대 초반부터 등장한 다양한 오락 수단과 본격적으로

1948년 마그 캘러헌의 거침없는 슬라이딩

시작된 메이저리그의 중계방송 때문이었다. 리그는 점점 팬들의 관심을 잃어갔고 1954년에는 다섯 팀만 남게 되더니 결국 역사 속으로 사라졌다. 리그는 조앤 위버, 진 포트, 코니 비스니우스키 등 여러 명의 스타와 다양한 기록들을 탄생시켰다.

특히 1946년에 203번의 도루를 시도해 201개를 성공한 소피 커리스 Sophie Kurys, 1925~2013의 기록은 1982년에 메이저리그에서 리키 헨더슨이 세웠던 단일 시즌 최다 도루 130개보다 무려 71개나 많았다. 물론 베이스 간 거리가 남성들의 경기보다 5미터 정도 짧은 덕을 봤지만 커리스는 불편하고 부상의 위험이 높은 유니폼을 입고 도루를 성공했다는 점을 감안하면 결코 간과해서는 안 될 기록이다. 이렇게 여자 선수들이 흙먼지를 휘날리며 그라운드를 누비는 것에 많은 사람들이 뜨거운 박수를 보내기도 했지만 '야구를 스포츠가 아닌 쇼로 만들고 있다'는 냉소 어린 시선 역시 만만치 않았다.

하지만 우리가 기억해야 할 것은 여자 선수들의 미니스커트 유니폼과 화장기 가득한 얼굴이 아니라 그라운드 위에서 야구 선수라는 이름으로 보여준 야구를 향한 뜨거운 열정이다. 1943년부터 1954년까지 운영되어 600여 명의 여자 선수들이 활약했던 전미여자프로야구리그 시대는 야구 역사상 가장 독특한 시대로 기억되고 있으며, 이들의 활약상은 1992년 「그들만의 리그A league of their own」라는 영화로 제작됐다.

152_ 109센티미터 최단신 타자 등장 사건

2미터에 달하는 장신 선수들이 넘쳐나는 메이저리그에 190센티미터가 아닌 109센티미터, 쉽게 말해 초등학교 1학년의 평균 키에도 미치지 못할 만큼 작은 선수가 활약했다면 믿을 사람이 얼마나 될까? 만화에서도 등장하기 힘든 일이 1951년 8월 19일 스포츠맨스 파크에서 펼쳐졌다. 이날 홈팀 세인트루이스 브라운스는 디트로이트 타이거즈를 상대로 더블헤더 경기를 펼치고 있었다. 하위권을 맴도는 팀 성적으로 브라운스 팬들은 경기에 별다른 흥미를 느끼지 못했고 축 처진 분위기 속에 더블헤더 두 번째 경기가 열렸다. 1회말 브라운스의 공격이 시작되었을 때 1번 타자 프랭크 소시어의 타석에 배트보이처럼 작아도 한참 작은 선수가 대타로 등장하려 하자 관중은 눈을 휘둥그레 뜨며 놀란 표정을 지었다. 키가 보통 선수의 절반만 한 이 선수의 등장에 타이거즈 측에서 항의했지만 브라운스 측에서 정식 등록 선수임을 증명한 데다 키가 작으면 야구를 할 수 없다는 야구 규칙은 어디에도 없었다.

소란 끝에 타석에 들어선 이 선수가 40센티미터 정도 되는 작은 배트를 어깨에 걸치고 조 디마지오와 유사한 타격 자세로 타격을 준비하자 꼬마 아이가 잠시 장난치는 것이라고 생각했던 관중은 눈앞에 펼쳐진 황당한 상황에 입을 다물 수 없었다. 황당함을 느낀 것은 관중만이 아니었다. 타자의 작디작은 키로 크게 좁아진 스트라이크 존에 당황한 타이거즈 배터리는 타임을 요청하고 마운드에 모여 이 상황을 어떻게 해결할지 의견을 모아야 했다. 타이거즈의 투수 밥 케인은 좁아진 스트라이크 존에 단 하나의 스트라이크도 꽂아 넣지 못해 볼넷을 허용했고 1루에 걸어나간 이 선수는 대주자 짐 델싱과 바로 교체된 후 관중의 기립 박수를 받으며 유유히 사라졌다.

다른 선수들을 마치 『걸리버 여행기』에 나오는 거인으로 바꿔놓으며 많은 사람들을 놀라게 한 이 사건의 주인공은 26세 청년 에디 개델Eddie Gaedel, 1925~1961이었다. 그는 발육 부진으로 키가 109센티미터에 지나지 않아 당연히 메이저리그 역사상 최단신 선수로 기록되었으며 2000년대 활약한 211센티미터의 최장신 선수 존 라우치Jon Rauch, 1978~와의 키 차는 무려 102센티미터에 이른다. 이 황당한 사건을 기획한 인물은 평소 관중 동원을 위해서라면 수단과 방법을 가리지 않았던 브라운스의 구단주 빌 베크Bill Veeck, 1914~1986였다. 그는 아메리칸리그 탄생 50주년을 기념하고 동시에 관중 동원을 꾀하고자 이렇게 황당무계한 일을 벌였는데 그만큼 당시 브라운스의 관중 동원 능력은 끔찍하기 그지없었다. 1930년대 총 120여만 명의 관중 수를 기록하며 최소 관중 동원 팀이라는 불명예를 안았던 브라운스는 1940년대에도 총 330여 만 명의 관중 수를 기록하며 관중 동원력이 가장 떨어지는 팀이라는 오명을 벗지 못했고, 이러한 상황이

에디 개델

1950년대 들어서도 계속되자 브라운스 관계자들은 머리에 쥐가 날 지경이었다. 결국 베크가 고민 끝에 보통 사람이라면 상상하기 힘든 깜짝 이벤트를 기획해낸 것이었다.

베크는 이벤트의 성공을 위해 치밀하게 준비했다. 개델에게 몇 시간에 걸쳐 타격 자세를 가르치며 타석에서는 배트를 휘두르지 말고 허수아비처럼 가만히 서 있으라고 신신당부를 해두는 한편, 개델을 클럽하우스로 데려올 때도 나무 상자에 넣어 숨겨올 만큼 철저하게 보안을 유지했다. 야구계를 떠들썩하게 한 이 사건에 윌 해리지 아메리칸리그 회장은 베크에게 이 사건으로 메이저리그의 권위가 크게 훼손됐다며 유감을 표시했고, 이틀 뒤 개델의 출장 금지 발표가 이어졌다. 결국 개델은 한 타석만으로 메이저리그 생활을 마쳤고 메이저리그 역사상 단 한 타석에 들어서서 볼넷을 얻은 다섯 명 중 한 명으로 남게 됐다. 연봉, 엄밀히 말해 일당 100달러를 받았던 개델의 메이저리그 선수 생명은 짧게 끝났지만 베크는 이 사건으로 유명인사가 된 개델을 이런저런 프로모션에 활용했다. 개델 사건은 오랜 역사를 자랑하는 메이저리그에서 손꼽히는 황당 사건으로, 개델이 착용했던 등번호 1/8이 새겨진 유니폼은 명예의 전당에 전시되어 있다.

153_ 연속경기 출장 기록

선수 개인의 연속경기 안타 기록은 소속팀이 치른 경기와 관계없이 해당 선수가 출장한 경기만으로 기록을 산출한다. 뿐만 아니라 해당 선수가 타석을 4사구, 타격방해, 주루방해와 희생 번트만으로 마쳤을 때에도 기록이 중단되지 않는다. 이와 달리 연속경기 출장 기록은 소속팀이 치른 경기에 꼬박꼬박 출장해야만 인정받을 수 있다. 구체적으로 설명하자면 타자로 타석을 1회 이상 완료하거나 야수로 1이닝 이상의 수비를 해야만 인정받을 수 있다. 다만 대주자로 출장할 경우 경기에 출장한 것은 인정되나 연속경기 출장 기록으로는 인정받을 수 없다. 이렇게 까다로운 연속경기 출장 기록 조건 속에서도 대기록을 세운 두 명의 전설이 있었으니 루 게릭Lou Gehrig, 1903~1941과 칼 립켄 주니어Cal Ripken Jr., 1960~가 그 주인공이다.

게릭은 1925년 6월 1일에 피 위 웨닝거의 대타로 시작해 1939년 4월 30일까지 14년 동안 2130경기를 단 한 번도 거르지 않고 출장하며 에버렛 스콧의 1307경기 연속경기 출장 기록을 훌쩍 넘어섰다. 이는 '철마Iron Horse'라는 그의 별명에 어울리는 대기록이었는데 이 기록이 중단된 것은 병마 때문이었다. 강철 같은 체력을 자랑하던 게릭이었지만 언제부턴가 조금씩 몸에 이상증세가 생겼고 1939년 시즌이 시작될 무렵에는 그 정도가 심해졌다. 결국 시즌 개막 후 8경기 동안 4개의 단타만을 기록하는 그답지 않은 모습을 보인 끝에 5월 2일 경기에 스스로 라인업에서 물러났다. 게릭의 위대한 기록이 중단될 위기에 처하자 게릭을 대신하여 경기에 출장한 베이브 달그런이 게릭에게 교체 출장할 것을 제안했지만 게릭은 이를 단호히 거절했다. 게릭이 경기에 출장하지 못할 만큼 부진에 빠졌던 이유는 근육이 서서히 마비하다 사망에 이르게 되는 근위축성 측색경화증에 걸렸기 때문으로 이 병은 훗날 게릭의 이름을 따 '루 게릭병'으로 더 알려졌다. 그의 기록은 2130에서 멈췄지만 지금과 비교할 수 없을 만큼 낙후되었던 당시의 부상 치료나 체력 강화 시스템 속에서 이루어낸 대기록이라 더 높은 평가를 받고 있다.

반세기가 넘도록 유지되면서 불멸의 기록이라고 여겨지던 게릭의 연

립켄이 게릭의 연속출장 기록을 뛰어넘은 순간

속경기 출장 기록을 뛰어넘은 주인공은 1982년 5월 30일부터 1998년 9월 19일까지 16년간 2632경기를 개근한 '철인Iron Man' 립켄이었다. 립켄이 세운 이 기록은 모든 스포츠를 통틀어 가장 위대한 기록으로 꼽힐 정도라서 그가 게릭의 기록을 뛰어넘던 1995년 9월 6일 빌 클린턴 대통령을 비롯한 많은 인사들이 경기장을 방문해 역사적인 순간을 함께하기도 했다. 립켄은 1982년 6월 15일부터 1987년 9월 14일까지 903경기 동안 전 이닝을 소화하며 8243이닝을 연속으로 출장해 기록의 순도까지 높았다. 뛰어난 실력과 초인적인 의지를 지녔던 립켄이었지만 이런저런 부상과 과거에 비해 떨어진 실력으로 팀에 부담을 주기 싫어 결국 1998년 9월 20일 스스로 라인업에서 빠지며 연속경기 출장 기록에 마침표를 찍었다.

역사상 많은 선수들이 연속경기 출장 기록에 도전했지만 조 시웰은 고열로 1103경기에서, 여전히 내셔널리그 연속경기 출장 기록 보유자인 스티브 가비는 홈플레이트를 커버하다가 입은 손가락 골절로 1207경기에서, 미구엘 테하다는 투구에 맞은 손목 골절로 1152경기에서 중단하고 말았다. 그렇다면 연속경기 출장 기록 달성을 위해 가장 중요한 요건은 무엇일까? 당연히 매일 경기에 나설 수 있는 실력이다. 게릭은 12년 연속 3할 이상의 타율과 13년 연속 100타점 이상을 기록하며 리그를 지배했고, 립켄 역시 역사상 24번째로 통산 3000안타를 달성하고 올스타에 19번이나 선정된 실력파 선수였다. 실력 다음으로는 철저한 자기관리와 강인한 의지가 필요하다. 야구는 4월부터 9월까지 거의 매일 경기가 열리는 스포츠다. 그러다 보면 선수들이 야구에 대한 집중력이 떨어질 때가 있고 타구 또는 투구에 맞아 크게 멍이 들 수도 있으며 전력 질주를 하다 햄스트링 부상을 당할 수도 있다. 게릭과 립켄도 예외는 아니었다. 게릭은 1933년 투구에 머리를 강하게 맞은 충격으로, 1934년에는 심한 허리 통증으로 연속경기 출장 기록이 중단될 뻔했다. 립켄 역시 1985년 왼쪽 발목 부상으로, 1993년에는 시애틀 매리너스와의 경기 중 벤치클리어링 과정에서 당한 오른쪽 무릎 부상으로 기록이 중단될 뻔했다. 이러한 어려운 상황에서도 이들은 강인한 의지로 그라운드에 나섰다. 사실 립켄의 연속경기 출장 기록에서 가장 큰 위기는 실력 부진이나 부상이 아닌 1994년에 발생한 선수 노조파업이었다. 파업의 장기화로 1995 시즌 개막 무렵에 구단 측에서 대체선수들로 시즌을 강행하려고 하는 바람에 기록이 중단될 위기에 처한 것이었다. 다행히 볼티모어 의회에서 구단 측이 대체선수들로 시즌을 강행할 경우 메이저리그 사무국에 경기당 1천 달러의 벌금을 부과하겠다는 립켄 법안을 공표해 파업에 나선 선수 측과 립켄의 도전을 응원하는 등 많은 사람들의 관심 속에 파업이 잘 해결돼 립켄은 연속경기 출장 기록을 이어갈 수 있었다. 큰 위기를 넘긴 립켄은 1997년부터 떨어진 체력을 감안해 포지션을 유격수에서 3루수로 옮겨 기록을 연장해 나갔다.

한편, 연속경기 출장 기록이 소속팀이 치른 경기에 출장해야만 인정받을 수 있다 보니 투수에게는 남의 나라의 이야기일 수밖에 없다. 다만,

투수로 범위를 한정할 경우 연속경기 출장 기록은 1974년 마이크 마셜, 1986년 데일 모호릭과 같은 중간 계투요원이 세운 13경기다.

154_ 신인왕

리그별로 가장 뛰어난 활약을 펼친 신인에게 수여하는 상이다. 신인왕의 역사는 1940년으로 올라가며 당시 시카고의 야구 기자들이 매년 최고의 신인을 선정하던 것을 메이저리그가 이어받아 1947년부터 공식적으로 신인왕을 선정하고 있다. 제정 당시만 해도 양대 리그를 통틀어 단 1명에게만 수여했으나 1949년부터 리그별로 1명씩 수여하고 있으며 1987년부터는 초대 수상자인 재키 로빈슨을 기리는 의미에서 재키 로빈슨상이라고도 한다.

신인왕은 전미야구기자협회BBWAA 소속으로 팀당 2명, 리그별로 따지면 30명씩 배정된 기자들이 정규 시즌 종료 후 실시한 투표 결과로 선정한다. 다만 그 결과는 신인왕에 대한 팬들의 관심을 집중시키고자 월드시리즈 종료 후 발표한다. 처음에는 투표권을 가진 기자가 1명의 선수에게 투표하여 가장 많은 표를 받은 선수를 선정하는 방식이었으나 1976년에 내셔널리그에서 부치 메츠거와 팻 자크리가 공동 수상한 데 이어 1979년 아메리칸리그에서도 존 카스티노와 알프레도 그리핀이 공동 수상하자 1980년부터 1위표 5점, 2위표 3점, 3위표 1점으로 환산하여 총점이 가장 높은 선수에게 수여하는 방식으로 바뀌었다.

선수 생활 동안 단 한 번밖에 도전 기회가 주어지지 않는 특성 때문에 MVP, 사이영상보다 신인왕을 가치 있게 생각하는 선수들도 많다. 신인왕 후보 자격은 1956년까지는 기자들의 재량에 따랐으나 1957년에 이

전 해까지 75타수 이하, 45이닝 투구 이하의 선수에게만 신인왕 도전 자격을 주는 것으로 기준이 제정되었다. 이후 약간의 변경을 거쳐 현재는 1971년에 채택한 대로, 이전 해까지 9월 확정 로스터 전 25인 로스터에 45일 미만 등록, 투수는 50이닝 투구 이하, 타자는 130타수 이하를 기준으로 삼고 있다. 이러한 자격 기준 때문에 1994년 메이저리그 데뷔 후 1996년에 풀타임 첫해를 보낸 알렉스 로드리게스는 MVP 투표에서 2위를 차지할 만큼 맹활약을 펼쳤음에도 지난 2년 간 196타수를 기록했다는 이유로 신인왕을 데릭 지터에게 넘겨줘야 했다. 신인왕은 나이나 경력에 제한이 있는 것처럼 보이지만 33세의 나이로 신인왕을 수상한 샘 제스로의 사례에서 알 수 있듯 나이는 전혀 문제되지 않으며 메이저리그 경력 3년차든 5년차든 아니면 그 이상의 선수라도 자격 기준만 충족되면 언제든지 신인왕을 노려볼 수 있다. 신인왕 자격에서 논란이 되는 것은 일본 프로야구리그처럼 다른 프로야구리그 경력의 인정 여부다. 일본 프로야구리그 출신으로 1995년에 노모 히데오가 신인왕을 수상한 후 2000년 사사키 가즈히로, 2001년 스즈키 이치로가 잇달아 신인왕을 수상하고 2003년에는 마쓰이 히데키가 앙헬 베로아에게 근소한 차로 신인왕을 넘겨주는 일이 벌어졌다. 그러자 일부에서는 메이저리그가 최고의 리그라는 자부심에 빠져 일본 프로야구를 정복하고 넘어온 선수들을 마이너리그에서 갓 올라온 선수들과 동일하게 보는 것은 다른 프로야구리그를 지나치게 무시하는 것이라고 주장하며 신인왕 후보 자격을 재검토해야 한다는 주장이 일기도 했다.

신인왕 수상자들 가운데 뛰어난 활약으로 강렬한 기억을 남긴 선수들이 있다. 1975년에 프레드 린Fred Lynn, 1952~은 타율 0.331에 103득점 OPS 0.967은 물론이고, 수비에서도 골드글러브를 수상할 만큼 맹활약하며 메이저리그 최초로 신인왕과 MVP를 한꺼번에 거머쥐었는데 이러한 동시 수상은 2001년 타율 0.350, 56도루 242안타와 골드글러브를 수상한 스즈키 이치로Suzuki Ichiro, 1973~가 재현했다. 1981년 페르난도 발렌수엘라Fernando Valenzuela, 1960~는 선수 노조의 파업으로 경기 일정이 약 30퍼센트 축소된 상황에서 강력한 스크루볼을 바탕으로 8경기 완봉승을 거두는 등 13승 7패에 평균자책점 2.48을 기록하며 메이저리그 역사상 유일하게 신인왕과 사이영상을 동시 수상하는 위업을 달성했다. 참고로 신인왕이 제정되기 전인 1911년에 데뷔한 피트 알렉산더Pete Alexander, 1887~1950는 이해 28승 13패 2.57의 평균자책점에 탈삼진 227개를 잡아내는 뛰어난 활약을 펼쳐 비록 신인왕을 수상하지는 못했지만 역사상 최고의 신인으로 꼽히고 있다.

일반적으로 신인왕을 수상할 정도의 선수라면 으레 신인 드래프트에서 매우 높은 순위로 지명받았을 것이라고 생각하기 쉽다. 하지만 신인왕과 신인 드래프트 지명 순서는 그리 밀접하지 않다. 1965년 신인 드래프트가 시작된 이후 전체 1순위로 지명된 선수 중 신인왕을 수상한 선수는 밥 호너, 대럴 스트로베리, 브라이스 하퍼, 카를로스 코레아로 단 4명이며 스티브 칠콧, 브라이언 테일러, 마크 어펠과 같은 선수는 신인왕은 커녕 메이저리그 무대를 밟아보지도 못하고 은퇴했다. 이와 대조적으로 통산 타율 0.308 427홈런 1335타점을 기록하며 최고의 공격형 포수로 이름을 날린 마이크 피아자Mike Piazza, 1968~는 1993년 내셔널리그 신인왕 수상을 비롯하여 12번 올스타에 선정되고 명예의 전당에 헌액되는 영광을 누렸지만 정작 1988년 드래프트에서는 전체 1390순위로 가까스로 LA 다저스의 지명을 받았다. 이마저도 당시 다저스 감독이었던 토미 라소다 Tommy Lasorda, 1927~2021 감독과 피아자 집안과의 친분 때문에 가능한 일

토미 라소다(좌)와 마이크 피아자(우)

이었다. 피아자와 함께 하위 드래프트의 대표적 성공작은 앨버트 푸홀스를 꼽을 수 있다. 푸홀스는 1999년 드래프트에서 전체 402순위로 세인트루이스 카디널스의 지명을 받았지만 2001년 신인왕을 수상한 이후 10여 년 간 메이저리그 최고의 타자로 군림했다.

신인왕을 언급할 때마다 빠지지 않는 팀은 무려 18명의 신인왕을 배출한 LA 다저스다. 다저스는 1979년부터 1982년까지 4년 연속 신인왕을 배출하더니 1992년 에릭 캐로스를 시작으로 1993년 마이크 피아자, 1994년 라울 몬데시, 1995년 노모 히데오, 1996년 토드 홀랜스워스까지 신인왕을 수상하며 메이저리그 역사상 전대미문의 5년 연속 신인왕을 배출해 '신인왕은 다저스의 몫'이라는 등식을 이룰 정도였다. 이러한 다저스와 달리 애리조나 다이아몬드백스는 메이저리그 30개팀 중 신인왕을 단 1명도 배출하지 못한 팀으로 남아 있다.

한편, 2020년까지 총 148명의 신인왕 중 타자와 투수의 비율은 3 대 1 정도이다. 신인왕을 수상한 선수들 중에 윌리 메이스, 프랭크 로빈슨, 로드 커류, 조니 벤치, 데릭 지터 등 15명의 타자들이 이후에도 꾸준히 좋은 모습을 보이며 명예의 전당까지 입성한 반면, 투수들 중에는 톰 시버 단 1명만이 명예의 전당에 입성했을 뿐이다.

155_ MVP

리그별 최고의 기량을 선보인 선수 1명에게 수여하는 상이다. 세계 최고의 선수들이 모인 메이저리그에서

MVPMost Valuable Player를 수상하기란 하늘의 별따기만큼이나 어려우면서 무척 영광스러운 일일 것이다. 이러한 MVP의 역사는 1910년에 시작됐으며 지금까지 세 종류의 MVP가 있었다.

먼저 1911년부터 1914년까지 존재했던 '차머스상Chalmers Award'이다. 야구광이자 차머스 자동차의 사장이었던 휴 차머스는 1910년에 자사 자동차의 홍보를 위해 시즌 최고 타율을 기록한 선수에게 자사의 최신 자동차 '차머스Chalmers 30'을 선물하겠다고 선언했다. 그는 공정성을 높이고자 투수는 100타수, 포수는 250타수, 내·외야수는 350타수 이상의 선수로 자격을 제한했는데 최신 자동차는 당시 선수들의 주머니 사정으로 볼 때 매우 큰 선물이었기에 선수들은 시즌 내내 뜨거운 경쟁을 벌였다. 시즌 마지막 날을 앞두고 0.376의 타율을 기록하던 나폴레옹 라조이가 0.383의 타이 코브를 따라잡으려면 8타수 8안타의 맹타를 휘둘러야 했기에 코브는 타율 관리 차원에서 경기에 출전하지 않았다. 그런데 라조이가 세인트루이스 브라운스와의 시즌 마지막 날 더블헤더 경기에서 8타수 8안타를 몰아치는 일이 벌어졌다. 기적 같은 일이라 생각할 수 있겠지만 8안타 중 7안타가 번트였다는 사실에서 추측할 수 있듯 라조이의 안타는 선수들 사이에 미움을 많이 산 코브가 잘되는 꼴을 보기 싫었던 브라운스의 3루수가 의도적으로 깊은 수비를 하며 만들어준 안타들이었다. 이를 두고 논란이 일자 차머스는 자동차를 두 선수 모두에게 주는 것으로 사태를 수습하며 이듬해부터 양대 리그에서 최고의 기량을 선보인 각각의 선수에게 자동차를 선물하는 방식으로 바꾸었다. 이렇게 해서 오늘날 MVP의 기원이 된 '차머스상'이 탄생했고 내셔널리그의 프랭크 슐트, 아메리칸리그의 타이 코브가 최초의 수상자로 이름을 올렸다. 그러나 이 상은 오래 가지 못했다. 야구광 이전에 기업가였던 차머스가 자동차 후원이 홍보 측면에서 재미를 보지 못한다고 판단해 1915년부터 자동차 후원을 중단하면서 한 해 최고의 선수를 선정하는 상이 사라졌다.

그러다 1922년에 아메리칸리그가 한 해 최고의 활약을 보인 선수에게 '리그상League Award' 수여를 도입했고 내셔널리그도 1924년부터 이를 따라하게 된다. 다만 양대 리그의 리그상 선정 방식에서 중요한 차이점이 있었다. 아메리칸리그는 리그상을 한 번 수상하면 다시 수상할 수 없지만 내셔널리그는 그렇지 않았다. 1927년에 베이브 루스가 60개의 홈런을 쏘아올리며 단일 시즌 최다 홈런을 기록했음에도 이 상을 받지 못한 이유는 그가 1923년에 이미 이 상을 수상했기 때문이다. 따라서 일부에서 MVP를 7회 수상한 배리 본즈보다 루스의 수상 횟수가 너무 적다며 루스를 과소평가하는 것은 당시의 이러한 수상 기준을 잘 알지 못하고 하는 소리라 할 수 있다.

1929년에 아메리칸리그가 리그상을 폐지하자 이듬해 내셔널리그에서 똑같은 조치를 취했고, 1931년에 오늘날 MVP와 같은 제도가 등장했다. 전미야구기자협회는 양대 리그에서 가장 뛰어난 활약을 보인 선수에게 각각 상을 수여하기로 하고 리그상 시절 내셔널리그에서 채택한 재수상 가능 방식을 도입했다. 내셔널리그의 프랭키 프리시, 아메리칸리그의 레프티 그로브가 첫해 수상의 영광을 안았고 MVP는 많은 상들 중에서도 높은 가치를 인정받으며 지금까지 이어지고 있다.

MVP는 정규 시즌 종료 직후 전미야구기자협회 소속의 팀당 2명, 리그별로 따지면 30명씩 배정된 기자들 투표로 선정한다. 기자들은 투표용지에 1위부터 10위까지 10명의 선수를 기입하는데 1위 표는 14점, 2위 표는 9점, 2위부터는 순위가 내려갈 때마다 1점씩 낮아져 10위는 1점을 받게 된다. 투표를 포스트시즌이 아닌 정규 시즌이 끝나고 실시하는 이유는 포스트시즌에서의 활약상이 투표에 영향을 미칠 수 있기 때문이다. 포스트시즌 MVP가 별도로 있는 데다 각 후보들의 공정한 경쟁을 위해 정규 시즌을 마치고 바로 투표하는 이 방식은 매우 합리적이라고 볼 수 있겠다. 다만 MVP에 대한 대중의 관심을 최대한 높이고자 투표 결과는 월드시리즈 종료 후 발표하는 방식을 취하고 있다.

한편, MVP는 신인왕, 사이영상에 비해 많은 논란에 휩싸여 왔으며 여기에는 크게 두 가지 이유가 있다.

첫째, MVP 수상에서 투수가 찬밥 신세라는 점이다. 대표적 예로 1999년 페드로 마르티네스는 23승 4패 2.07의 평균자책점과 313개의 탈삼진을 잡아내는 무시무시한 활약에도 35홈런 113타점 타율 0.332를 기록한 이반 로드리게스에게 MVP를 내주었다. 2011년도에 저스틴 벌랜더가 MVP를 수상하기 전 MVP 수상 투수가 1991년 데니스 에커슬리였으니 20여 년간 투수 MVP는 없었던 셈이다. 포지션 제한이 없는 MVP 선정에서 투수가 소외되는 이유로는 선발 투수가 긴 이닝을 버티며 승패에 큰 영향을 미쳤던 과거와 달리 5인 선발로테이션, 투구 수 관리, 투수 분업화 등으로 특정 투수가 승패에 미치는 영향이 줄어들었기 때문이라는 의견이 있다. 틀린 말은 아니지만 진짜 이유는 1956년에 제정된 사이영상에 있다는 의견이 대다수다.

MVP를 선정하기 시작한 1931년부터 MVP를 수상한 투수는 22명이며 이 가운데 1956년 이후 수상자는 단 11명뿐이다. 즉, 사이영상이 등장하기 전까지만 해도 50번의 MVP 수상에서 투수의 비율은 22퍼센트(11/50)를 차지했지만 1956년 이후 2020년까지 130번의 MVP 수상에서 투수의 비율은 8퍼센트(11/130)로 확연히 낮아진 것이 이를 증명한다. 결국 사이영상의 등장 이후 시즌을 화려하게 보낸 투수는 사이영상을 수상하므로 사이영상과 동등한 가치를 지닌 MVP는 타자가 차지해야 한다는 분위기가 투수의 MVP 수상 가능성을 떨어뜨린 것으로 볼 수 있겠다. 타자들만 수상할 수 있는 행크 아론상이 있지만 그 가치가 사이영상보다 높지 않아 이 논란은 앞으로도 계속될 것으로 보인다.

둘째, 팀 성적이 MVP 수상에 미치는 영향이다. 2002년 알렉스 로드리게스는 57홈런 142타점을 활약을 펼치고도 최하위를 기록한 팀 성적에 발목을 잡혀 34홈런 131타점을 기록한 미겔 테하다에게 MVP 투표에서 밀리고 말았다. 개인상의 성격이 짙은 MVP에 팀 성적은 개인 성적에서 우열을 가리기 힘들 때 차선책으로 고려해야 할 사항인데도 말이다. 일부에서는 굳이 따진다면 오히려 약팀에서 뛰어난 성적을 올린 것을 더 높이 평가해야 한다며 팀 성적이 부진하다는 이유로 개인 성적을 평가절하하는 현실에 이의를 제기하고 있다.

MVP 수상 관련 주요 기록을 살펴보면 프랭크 로빈슨은 양대 리그에서 MVP를 모두 수상한 유일한 선수이며, 할 뉴하저는 1944년과 1945년에 연속으로 MVP에 올라 투수로서 유일하게 2년 연속 MVP 수상자로 남아 있다. 1979년 돈 베일러가 지명타자로 MVP를 수상하긴 했으나 1루수와 외야수를 겸했으므로 순수한 지명타자 MVP 수상자는 아직 없다고 봐야 할 것이다. 한편, 1994년 MVP는 내셔널리그에서 제프 배그웰Jeff Bagwell, 1968~, 아메리칸리그에서 프랭크 토머스Frank Thomas, 1968~가 수상하며 큰 화제가 됐는데 그 이유는 두 선수의 생년월일이 1968년 5월 27일로 똑같았기 때문이다. 야구 천재들로 가득한 메이저리그에서 한 해 최고의 기량을 선보인 두 선수의 생년월일이 똑같을 확률은 과연 얼마나 될까?

156_ 명예의 전당

메이저리그 무대를 밟는 것은 전 세계 모든 야구 선수들의 꿈이다. 이처럼 '꿈의 무대'로 통하는 메이저리그에서 활약하는 선수들에게 또 하나의 꿈이 있으니 바로 명예의 전당 입성이다. 지금까지 명예의 전당에 입성한 선수는 240여 명으로 메이저리그를 거쳐 간 2만여 명의 선수들 중 1퍼센트 정도에 지나지 않는다. 이들이 메이저리그에 데뷔하고 이곳에서 1퍼센트에 들기까지의 과정을 곰곰이 생각해보면 왜 명예의 전당을 '야구의 신'에게만 허락된 곳이라고 하는지 고개가 절로 끄덕여진다.

명예의 전당은 메이저리그에서 10년 이상 활약하고 은퇴한 지 5년이 지난 선수를 대상으로 전미야구기자협회 소속 기자들 중 10년 이상 경력의 기자 450여 명이 매년 한 번씩 최대 10명의 선수들에게 투표하여 75퍼센트 이상 득표를 한 선수에게만 문을 열어놓고 있다. 후보 자격을 얻은 후 10년이 지나면 후보 자격이 박탈되며 10년이 지나지 않았더라도 5퍼센트 미만을 득표하면 다음해부터 후보 자격이 박탈된다. 10년이 지났을 때 후보 자격을 박탈하는 것은 투표권을 가진 기자들이 직접 본 후보 선수들에 한하여 투표하기 위함이며, 은퇴 후 5년이 지나야 자격을 얻도록 한 것은 은퇴 시점에서의 온정적인 평가를 배제하고 후보의 선수 생활 전반에 대해 냉정한 평가를 하려는 장치다. 이렇게 까다로운 헌액 절차 속에 마리아노 리베라처럼 후보 자격을 얻은 첫해에 만장일치로 손쉽게 입성한 선수가 있는 반면, 랄프 카이너Ralph Kiner, 1922~2014처럼 후보 자격 마지막 해에 75퍼센트를 힘겹게 넘기며 헌액된 선수도 있다.

10년 동안 명예의 전당에 입성하지 못했다고 명예의 전당 입성 가능성이 완전히 사라진 것은 아니다. 16명의 야구 원로들로 구성된 원로위원회Veterans Committee에서 75퍼센트 이상의 지지를 받으면 명예의 전당에 피선될 수 있기 때문이다. 원로위원회에서는 기자단 투표에서 고배를 마신 선수들 중 명예의 전당에 입성할 만한 선수들에 대한 재평가를 하는데 지금까지 원로위원회에서 명예의 전당에 입성한 선수들의 수는 기자단 투표로 입성한 선수들의 수와 거의 비슷하다. 원로위원회는 이렇게 기자단 투표에서 탈락한 선수들은 물론 감독, 기자, 심판, 커미셔너 등 메이저리그 발전에 기여한 야구인들을 대상으로 명예의 전당 헌액 여부를 심사하는 역할을 한다.

20세기 최초의 흑인 선수로 알려진 재키 로빈슨처럼 인종차별이라는 높은 벽을 무너뜨린 공로를 인정받아 명예의 전당에 입성한 선수도 있지만 명예의 전당 입성에 가장 필요한 조건은 역시 뛰어난 성적이다. 여기서 성적이란 디지 딘, 샌디 쿠팩스와 같이 짧은 기간 동안 리그를 압도한 성적을 올린 것도 포함되지만 대부분 오랫동안 꾸준히 뛰어난 성적을 올린 것을 의미한다. 이 때문에 야구계에는 500홈런, 3000안타, 300승 등을 달성하면 명예의 전당을 예약했다는 인식이 퍼져 있다. 다만 이러한 인식도 시대에 따라 조금씩 바뀌어 최근에는 500홈런의 가치가 많이 떨어진 반면 3000안타와 300승의 가치는 올랐다.

이처럼 성적이 가장 중요하지만 좋은 성적은 명예의 전당 헌액에 '필요조건'일 뿐 '충분조건'은 아니다. 실제로 피트 로즈처럼 성적으로만 보면 명예의 전당 입성 자격이 넘침에도 도덕적 문제로 헌액되지 못한 선수들이 있다. 로즈는 누구보다 많은 4256개의 안타를 때렸고 3562경기에 출장했지만 도박을 했다는 사실이 밝혀져 여전히 명예의 전당에 입성하지 못하고 있다. 그러나 도덕적 문제에 발목을 잡힌 로즈를 지지하는 팬들의 입장에서 이러한 기준은 불공평하게 느껴질 것이다. 왜냐하면 타이 코브, 캡 앤슨 등처럼 지독한 인종차별주의자들은 물론 올랜도 세페다와 같이 마리화나 소지로 문제가 된 선수들도 명예의 전당에 버젓이 입성해 있기 때문이다.

1936년에 타이 코브, 베이브 루스, 호너스 와그너, 크리스티 매슈슨, 월터 존슨이라는 슈퍼스타 5명을 회원으로 받아들인 명예의 전당은 3년 후 쿠퍼스타운에 개관하며 최초의 헌액식을 개최했다. 초반에는 지금과 달리 명예의 전당에 헌액되는 것을 대수롭지 않게 여기는 선수들도 있었으나 오늘날에는 선수들 사이에 최고의 영광으로 여겨지고 있다.

명예의 전당에 방문하는 팬들의 수 역시 초반에는 한 해 1천여 명에 지나지 않았으나 요즘에는 수십만 명이 방문할 정도로 명예의 전당은 야구의 메카로 성장했다. 비록 애브너 더블데이가 쿠퍼스타운에서 야구를 창안했다는 명예의 전당 설립 근거는 누구나 다 아는 거짓으로 들통

1936년 최초로 명예의 전당에 헌액된 5명(왼쪽부터 코브, 루스, 와그너, 매슈슨, 존슨)

명예의 전당(1939년 최초의 헌액식, 코브는 불참)

났지만, 이와 관계없이 명예의 전당은 메이저리그라는 세계 최고의 무대에서 탁월한 실력을 뽐냈던 선수들과 메이저리그 발전에 기여한 야구인들을 기억하고 존중하는 문화에 이바지하고 있다.

157_ 괴짜의 전당

메이저리그 역사에는 좋게 표현하면 '개성이 강한', 정확히 표현하면 '도저히 보통사람으로 볼 수 없는' 괴짜들이 우글거렸다. 이러한 괴짜들은 특히 1900년대 초중반에 많았는데 당시에는 교통과 미디어가 발달하지 않아 도시에서 자란 사람과 시골에서 자란 사람의 생활 차이가 크고, 지금과 달리 학교 교육을 제대로 받기 힘들던 시절이다 보니 사람들의 개성이 강하고 괴상할 수밖에 없었다. 그러나 도시와 시골의 차이가 거의 없어지고 선수들 대부분이 고등 교육을 받은 데다 에이전트를 통해 제 앞가림을 제대로 하고 있는 오늘날에는 이러한 괴짜들을 찾아보기가 힘들어졌다. 결과적으로 이 사람이 저 사람 같고 저 사람이 이 사람 같은 획일적인 사회 분위기에 따라 야구장에서도 괴짜들이 사라진 셈이다.

어찌됐든 매사에 제멋대로이고 계획성이라고는 손톱만치도 없던 괴짜 선수들과 함께한 감독들은 정신이 몽롱해지고 속은 새까맣게 타들어가며 머리털이 죄다 빠질 지경이었지만 동료나 팬들은 이들 덕분에 배꼽을 움켜쥐고 웃을 수 있었다. 한편으로는 "야구가 없었다면 이들은 과연 어디서 무엇을 했을까?"라는 부질없는 가정도 해본다. 메이저리그 역사 속 많은 괴짜들 중에서 보통 괴짜들도 하루만 함께 있으면 두 손을 바짝 들게 했던 대표 괴짜 5명을 꼽아봤다. 명예의 전당이 첫해 타이 코브, 베이브 루스, 호너스 와그너, 크리스티 매슈슨, 월터 존슨이라는 슈퍼스타 5명을 회원으로 받아들인 것처럼 '괴짜의 전당'이 있다면 이들 5명이 처음으로 입성하지 않을까 싶다.

루브 워델

첫 번째 루브 워델Rube Waddell, 1876~1914. 야구가 없었다면 정신병원에 처박혔을 것이다. 강속구와 기막힌 커브를 주무기로 삼았던 워델은 명감독 코니 맥에게 '자신이 본 투수 중 최고의 투수'라는 찬사를 받았지만 생각과 행동은 어린아이와 별반 다르지 않았다. 야구 이외에 소방차, 과자, 낚시, 술 등 다방면에 지나칠 정도로 흥미가 많았던 그는 소방서 인근에서 살기를 고집했으며, 경기 중 마운드에서 공을 던지다가도 소방차 사이렌 소리가 들리면 소방차를 정신없이 쫓아갔고 소방대원들과 함께 불을 끄기도 했다. 선발 등판이 예정되어 있음에도 낚시를 하다가 경기에 지각을 하는가 하면 야구장으로 가는 길에 눈에 띈 동네 야구에 선수로 뛰다가 늦게 오기도 했다.

과자를 엄청 좋아했던 워델은, 원정경기를 떠나면 숙소의 룸메이트들은 그가 밤새 부스럭거리며 과자를 먹는 소리에 시끄러워 잠을 잘 수 없다고 불평을 해댔고, 구단에서는 워델과 연봉 계약할 때 '과자를 침대에서 먹지 않는다'는 독특한 조항을 넣기도 했다. 어느 시범경기에서는 자기가 얼마나 뛰어난 투수인지 보여주겠다며 외야수들을 내야로 불러들인 후 한 이닝 동안 상대 타자 모두를 삼진으로 처리한 적도 있었다. 은퇴 후 1912년 겨울에 홍수를 막기 위해 제방 쌓는 일을 하다가 차가운 물에 오랜 시간 있었던 탓에 폐결핵에 걸린 워델은 그 후유증으로 1914년 4

월 1일에 세상을 떠났다. 13일의 금요일에 태어나 만우절에 세상을 떠난 그는 삶의 시작과 끝마저도 신비스러운 인물이다.

두 번째 저머니 섀퍼Germany Schaefer, 1876~1919. 괴짜라는 표현은 아마도 섀퍼를 위해 존재하는 단어일 것이다. 1906년 시카고 화이트삭스와의 경기에 2 대 1로 뒤지던 9회초 2사 1루에서 대타로 나선 그는 타석으로 들어가다가 돌연 뒤돌아서 모자를 벗고 흔들며 관중석을 향해 "신사 숙녀 여러분! 여러분 앞에 서 있는 저는 지구상에서 가장 뛰어난 대타 요원 저머니 섀퍼올시다. 잠시 후 제가 좌측으로 홈런을 날릴 예정이니 유심히 지켜보시기 바랍니다"라고 크게 외친 뒤 타석에 들어섰다. 그의 연설 자체도 황당했지만 그때까지 때린 통산 홈런이라고는 2개에 지나지 않았다. 섀퍼의 말에 모두들 어처구니없다는 웃음을 지을 수밖에 없었다. 그런데 놀라운 일이 벌어졌다. 섀퍼가 상대 투수의 2구째를 두들겨 좌측으로 홈런을 날려버린 것이다. 섀퍼는 타구가 펜스를 넘어갈 때까지 오만한 자세로 꼼짝하지 않고 감상하고 나서 공중으로 폴짝 뛰어오른 후 1루로 달려가더니 헤드퍼스트 슬라이딩을 했다. 그리고 벌떡 일어나며 "섀퍼가 4분의 1까지 1등입니다!"라고 외친 후 2루를 향해 내달리면서 또 슬라이딩을 하며 "섀퍼가 중간까지도 1등입니다!"라고 외쳤고 3루에서도 똑같이 했다. 마지막으로 홈플레이트을 향해 슬라이딩을 하고 나서 "섀퍼가 아슬아슬하게 1등을 먹었습니다."라고 말하며 먼지를 털고 일어났다. 그는 관중석을 향해 "신사 숙녀 여러분! 응원해 주셔서 대단히 감사합니다!"라고 외치면서 예의바르게 인사까지 했다.

저머니 섀퍼

섀퍼의 괴짜 행동 중 가장 유명한 사건은 '1루 도루사건'이다. 1908년 클리블랜드 인디언스와의 경기에서 1루에 나가 있던 섀퍼는 자신이 2루 도루를 노리는 동안 3루에 있는 주자가 홈스틸을 시도할 수 있게 3루 주자와 더블스틸을 시도했다. 그러나 이들의 전략을 꿰뚫어본 상대 포수는 2루 송구를 하지 않았고 주자는 2, 3루가 되었다. 그런데 투수가 다음 공을 던지는 순간 섀퍼는 "다시 해보자!"라고 외친 후 괴성을 지르며 1루로 냅다 달리더니 먼지를 잔뜩 일으키며 슬라이딩해 들어갔다. 그는 이렇게 하면 포수가 1루로 송구를 하게 될 것이고 이 틈에 3루 주자가 홈스틸을 할 수 있을 것이라고 생각했거나 아니면 1루로 돌아간 뒤 다시 2루 도루를 시도하려는 목적이었을 것이다. 하지만 섀퍼의 기대와 달리 눈앞에서 벌어진 너무나 황당한 장면에 포수는 허수아비처럼 꼼짝도 하지 못했고 1루수는 베이스를 커버할 생각조차 하지 못했다. 당시만 해도 역주를 금지하는 규칙이 없었기 때문에 심판들조차 섀퍼의 해괴한 짓에 어찌할 바를 몰랐다. 결과적으로 처음과 같이 주자 1, 3루가 되어 섀퍼는 물 만난 물고기처럼 다시 2루로 달렸고, 화가 치밀 대로 치민 포수가 2루를 향해 높디높은 송구를 한 그사이 3루 주자가 더블스틸로 홈플레이트를 밟았다. 섀퍼는 이후에도 이러한 역도루를 했고 이를 계기로 수비 보호를 위해 야구 규칙에서 1920년부터 역도루를 금지했다.

세 번째 찰리 파우스트Charlie Faust, 1880~1915. 많은 사람들은 파우스트가 4차원의 성격인 것으로 알고 있지만, 만약 '5차원의 성격'이 존재한다면 5차원에 더 가까웠을 것이다. 1911년 시즌 초 어느 날 검은 모자를 쓰고 남루한 정장 차림의 한 사나이가 경기를 준비하고 있는 뉴욕 자이언츠의 존 맥그로 감독을 찾아왔다. 그는 찰리 파우스트라고 이름을 밝힌 뒤 자신이 자이언츠에서 투수를 하면 자이언츠가 반드시 우승할 것이라

찰리 파우스트

는 점쟁이의 말을 전하며 거창하게 자신을 소개했다. 우승을 할 수 있다는 그의 말에 귀가 솔깃해진 맥그로 감독은 그의 실력을 테스트하기로 결정했다. 그는 맥그로 감독과 머리를 맞대며 던질 구종의 사인을 정했으나 정작 그가 팔을 빙글빙글 돌리며 던진 구종은 하나같이 아리랑 볼들이었다. 맥그로 감독이 그에게 타격 실력을 묻자 그는 타격 역시 상당히 뛰어나다고 대답했다. 그의 타격 실력이 궁금했던 자이언츠 선수들은 타석에 들어서는 그가 배트조차 제대로 쥐지 못하자 장난기가 발동해 투수에게 치기 쉬운 공을 던지라고 했다. 파우스트가 유격수 앞 땅볼을 때리자 유격수는 고의로 공을 놓치고 더듬은 후 1루에 악송구를 했다. 이런 속사정을 아는지 모르는지 파우스트는 죽어라 달려 2루까지 슬라이딩해 들어갔고 이어지는 자이언츠 선수들의 고의 실책 덕분에 파우스트는 홈까지 슬라이딩해 들어갈 수 있었다. 정장을 입고 영문도 모른 채 죽을 힘을 다해 달리는 그의 모습에 많은 이들이 배꼽을 붙잡고 웃었으나 미신 추종자였던 맥그로 감독은 파우스트를 팀의 일원으로 영입하는 황당한 결정을 내렸다.

다음날부터 파우스트는 마치 당장이라도 마운드에 오를 기세로 유니폼을 입고 몸을 풀었다. 사실상 팀의 응원단장이 주역할이었던 그는 통산 2경기에 등판해 평균자책점 4.50이라는 나름 훌륭한 성적을 기록했는데, 이는 그의 투구가 뛰어나서가 아니라 너무 형편없는 공에 타자들이 때릴 의욕을 잃은 탓이었다. 어찌됐든 점쟁이의 예언이 적중했는지 파우스트를 영입한 1911년도에 자이언츠는 6년 만에 내셔널리그 정상에 올랐다. 1912년과 1913년에 파우스트는 마운드에 단 한 번도 오르지 못했지만 그의 인기는 하늘을 찔렀고 어느 순간부터 그의 이름은 '빅토리' 파우스트로 바뀌었다. 빅토리 파우스트 덕분인지 아니면 당시 미신을 믿는 선수들이 많았던 시대적 상황에서 선수들이 그 미신을 듣고 우승할 수 있다는 자신감이 높아져서인지 알 수 없지만 1912년, 1913년에도 자이언츠는 내셔널리그 우승을 차지했다. 1914년 빅토리 파우스트는 건강상의 문제로 요양소에 들어갔고 그해 자이언츠는 내셔널리그 우승을 보스턴 브레이브스에게 내주고 만다. 빅토리 파우스트는 건강이 계속 악화되어 1915년에 세상을 뜨고 말았다.

네 번째 후보 디지 딘Dizzy Dean, 1910~1974. 야구에 대고 미친 짓을 가장 많이 한 선수다. 본명은 '제이 해나 딘'이지만 군 복무 시절 '디지(현기증 나는)'라는 별명을 얻었다. 하는 일마다 늘 혼란스러웠던 그는 뛰어난 투구 능력만큼이나 일반인이라면 도저히 생각할 수 없는 행동과 허풍에 가까운 약속을 지키는 것으로 유명했다. 어린이 병원을 방문한 자리에서 내셔널리그의 마지막 4할 타자인 빌 테리를 삼진으로 처리하겠다고 약속한 후, 경기에 등판해 2사 1, 2루 상황에서 1할 타자 휴이 크리츠(0.187)를 고의4구로 거르고 테리(0.341)와의 상대를 자청하더니 약속대로 삼진을 잡아내고 말았다. 또한 포수 사인을 하나하나 보기가 귀찮다며 상대 팀 감독에게 "내가 오늘 패스트볼만 던질 것이니 그리 아쇼!"라고 큰소리친 후 결국 4안타 완봉승을 거두었다.

디지 딘

언젠가는 조 디마지오의 형인 빈스 디마지오를 매 타석 삼진으로 잡아내겠다고 큰소리를 치고 나서 세 타석 모두 삼진을 잡아낸 뒤 네 번째 타석에서 디마지오가 포수 파울플라이를 때리자 포수에게 "놓쳐! 놓쳐야 해!"를 외치며 잡지 않게 한 후 기어코 삼진을 잡아냈다. 1937년에 딘은 "세트 포지션에서 양손을 모은 후 일시 정지를 하지 않으면 보크를 선언하겠다"는 주심의 말을 따르지 않고 던지다가 보크를 지적당하자 화가 단단히 나서 상대 타자들을 향해 수차례의 빈볼을 던졌다. 이 경기 후 다음 경기에 등판한 딘은 주심의 말을 매우 잘 따랐다. 세트 포지션에서 3, 4분간 멈춰 있다 공을 던지며 심판을 향해 '이것도 보크냐'는 무언의 시위를 한 것이었다. 내성적이고 침착했던 디지의 동생 폴이 같은 팀에 들어왔을 때 동료들은 디지에 대한 편견만으로 폴에게 '대피(바보 같은)'라는 별명을 지어주었다. 폴의 입장에서는 억울하겠지만 어쩔 수 없는 일이었다.

다섯 번째 후보 지미 피어설Jimmy Piersall, 1929~2017. 메이저리그 역사상 최고의 개그맨으로 꼽힌다. 어느 날 1루 주자로 나간 피어설은 투수인 새첼 페이지가 와인드업을 하면 똑같이 와인드업을 하는 등 투수의 모든 동작을 따라해 보는 이들의 웃음을 자아냈다. 보스턴 레드삭스와의 경기에 외야수로 나선 피어설은 상대 팀 타자로 테드 윌리엄스가 등장하자 외야에서 이리저리 정신없이 미친개처럼 돌아다녔다. 피어설은 윌리엄스의 무시무시한 타격을 막기 위한 전략이라고 설명했으나 심판은 이에 아랑곳하지 않고 타자를 어지럽게 했다는 이유로 그를

지미 피어설

퇴장시켜버렸다.

야구 실력만 놓고 보면 지극히 평범했던 피어설이 야구팬들에게 영원히 기억에 남는 사건은 1963년에 일어났다. 뉴욕 메츠 소속이던 피어설이 자신의 통산 100호 홈런을 때린 뒤 이를 자축하고자 뒷걸음질로 돌아 홈플레이트에 도착하는 돌출행동을 벌인 것이다.

158_ 인간 승리 드라마

클레이턴 커쇼Clayton Kershaw, 1988~의 환상적인 투구, 브라이스 하퍼Bryce Harper, 1992~의 호쾌한 스윙처럼 멋진 플레이를 보고 있노라면 메이저리그의 매력에 푹 빠져들게 마련이다. 하지만 과연 메이저리그가 최고의 인기 스포츠로 성장할 수 있었던 원동력이 선수들의 출중한 실력 때문만이었을까? 물론 세계 최고의 실력을 뽐내는 선수들의 플레이가 메이저리그 인기의 핵심 요소라는 것은 부인할 수 없는 사실이다. 그러나 피나는 노력으로 장애를 극복하며 깊은 감동을 안겨준 선수들 역시 메이저리그의 인기에 큰 역할을 해왔음을 잊어서는 안 될 것이다. 월드시리즈 우승보다 더 감동적인 인간 승리의 드라마를 쓴 세 명의 선수를 만나보자.

짐 애벗Jim Abbott, 1967~. 오른쪽 팔꿈치 아래가 없는 선천적 장애 때문에 '조막손 투수'로 알려진 애벗은 투수로서 재능이 뛰어났지만 오른손이 없다는 것은 수비에서 큰 어려움이었다. 그러나 애벗은 이에 굴하지 않고 벽에 공을 튕기며 오직 한 손으로 공을 잡고 송구까지 해내는 힘든 수비 훈련을 지쳐 쓰러질 때까지 반복했다. 이러한 노력 끝에 애벗은 글러브를 오른쪽 팔꿈치에 낀 상태에서 왼손으로 투구 후 타구가 자신에

짐 애벗

게 날아오면 민첩하게 왼손으로 글러브를 끼고 공을 잡아, 다시 글러브를 오른손으로 옮겨 글러브에서 공을 꺼내 왼손으로 송구하는 복잡한 과정을 빠르고 정확하게 처리해낼 수 있게 됐다. 그 결과 1988년 서울 올림픽에 미국 대표로 참가해 결승전 승리 투수가 되었고 드래프트에서는 전체 8순위로 캘리포니아 에인절스에 뽑히는 영광을 안았다. 이후 마이너리그에서 단 한 경기도 뛰지 않고 1989년 메이저리그에 곧바로 데뷔한 애벗은 첫해 12승 12패에 3.92의 평균자책점으로 무난한 데뷔 시즌을 치렀고, 1991년에는 18승 11패에 2.89의 평균자책점으로 사이영상 투표에서 3위까지 올랐으며 뉴욕 양키스로 트레이드된 1993년에는 노히터라는 대기록마저 달성했다. 애벗은 "희망이 100퍼센트 없어지기 전까지는 결코 불가능한 일이 없습니다. 장애는 성공을 위해 넘어야 할 하나의 과정에 지나지 않습니다"라는 명언으로 많은 이들에게 감동을 선사했다.

모데카이 브라운Mordecai Brown, 1876~1948. '세 손가락 브라운'으로 알려진 브라운은 7세 때 옥수수 절단기에 손을 집어넣는 실수로 집게손가락 두 마디가 절단되고 엄지와 새끼손가락까지 다치는 사고를 당했다. 이 사고가 터진 후 얼마 지나지 않아 설상가상으로 돼지를 뒤쫓다가 정상적이었던 3, 4번째 손가락마저 골절되는 부상을 입었는데 이렇게 연속된 커다란 사고에도 제대로 치료를 받지 못해 그의 손가락은 마치 꽈배기처럼 기형적으로 변해버렸다. 보통 사람이라면 처절하게 망가진 자신의 손가락을 보며 좌절하고 삶의 의욕마저 잃었겠지만 어린 시절부터 탄광에서 일하는 고된 생활 속에서도 야구 선수의 꿈을 포기하지 않았

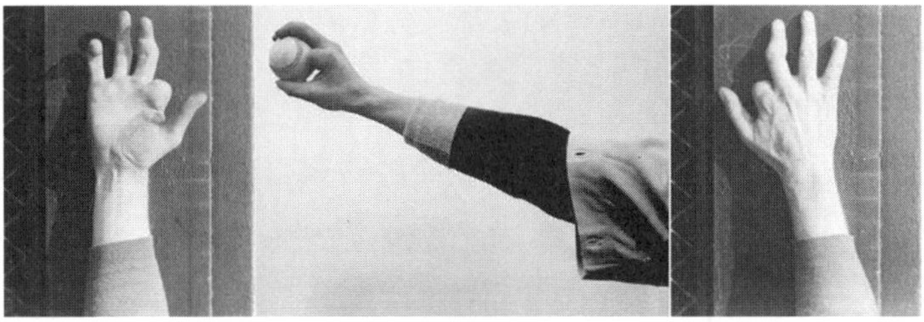

모데카이 브라운의 손

던 브라운은 이러한 신체적 결함을 장점으로 승화시켰다. 그가 던진 커브는 기형적인 손가락 덕분에 예리한 각을 만들어 당대 최고의 구종으로 통했고 이 커브를 주무기로 브라운은 1906년부터 1910년까지 5년 연속 1점대 평균자책점을 기록하며 크리스티 매슈슨과 내셔널리그 최고의 투수 자리를 놓고 다투게 됐다. 브라운은 자신의 저서 『커브 던지는 법How to Pitch Curves』의 마지막에 "제 '행운의 손'이 늘 당신들의 곁을 지키고 있을 것입니다"라고 표현하며 그의 기형적인 오른손이 장애가 아닌 행운을 가져다준 소중한 손이었음을 강조했다. 물론 그 장애를 행운으로 바꾼 것은 브라운의 피나는 노력이 있었기에 가능했지만.

피트 그레이Pete Gray, 1915~2002. 오른팔이 없으면서 외야수로 활약했던 그레이는 가장 큰 장애를 안고 활약했던 메이저리거로 꼽힌다. 그레이는 6세 때 채소 배달을 돕던 중 채소 트럭에서 내리다 넘어졌고 하필 그때 출발한 트럭의 바퀴에 오른팔이 깔리는 큰 사고로 오른팔을 잘라내야 했다. 오른손잡이에게 오른팔이 없다는 것은 일상생활에서조차 큰 고통으로 다가오는 아픔임에도 그레이는 야구 선수를 향한 소중한 꿈을 포기하지 않고 끊임없이 노력한 끝에 마침내 왼손잡이 변신에 성공했다. 그레이는 배트를 휘두를 때 왼손으로 모든 균형을 잡아야 했고, 수비를 할 때는 땅볼로 굴러온 타구를 왼손에 낀 글러브로 포구한 뒤 공을 바로

피트 그레이

공중으로 띄운 후 잽싸게 글러브를 벗고 왼손으로 공을 잡아 송구를 하는 번거로움을 겪어야 했지만 야구를 향한 그의 열정 앞에 이러한 것들은 장애가 될 수 없었다.

하늘은 스스로 돕는 자를 돕는다고 했던가. 제2차 세계대전으로 선수들이 전쟁터로 향하는 바람에 선수 부족 문제를 해결하고 야구에 대한 팬들의 관심을 높이기 위해 세인트루이스 브라운스 구단은 마이너리그에서 맹활약하던 그레이를 1945년 4월 17일에 메이저리그 무대에 데뷔시켰다. 그레이는 빠른공에는 나름 잘 대처했으나 한 팔로 타격을 하다 보니 배트를 중간에 멈출 수 있는 능력이 떨어져 체인지업에 약점을 보였다. 이해 그레이는 77경기에 나서서 0.218의 타율과 13타점에 0.959의 수비율을 기록하며 일반적으로 보면 부족하나 한쪽 팔로만 일궈낸 성적이라는 점을 감안하면 기적 같은 훌륭한 기록을 남겼다.

그레이의 활약은 전쟁으로 침체되었던 야구 열기를 끌어올리는 역할을 했음은 물론이고 전쟁 중에 부상을 당한 참전 용사들에게 큰 힘을 주었다. 그레이가 착용했던 글러브는 명예의 전당에 전시되어 있으며, 어릴 적 꿈이었던 야구 선수가 되기까지의 과정을 그린 ABC-TV 영화「승리자는 결코 포기하지 않는다A Winner Never Quits」가 제작되기도 했다.

지금까지 자신의 신체적 장애에 굴하지 않고 야구 선수가 되기 위한 피나는 노력으로 메이저리그 무대에 올라 활약한 선수들을 만나봤다. 물론 이 세 선수들 외에도 한쪽 다리가 의족이었던 '버트 쉐퍼드', 외팔이 투수로 노히터까지 달성했던 '휴 데일리', 청각 장애를 딛고 도루왕을 차지한 '더미 호이' 등 미처 소개하지 못한 인간 승리의 주인공들이 여럿 있다. '프로는 연봉으로 말한다'는 속설에 따라 고액 연봉을 받는 선수일수록 최고의 선수라고 생각하기 쉽지만, 꿈을 포기하지 않고 남들보다 몇 갑절 이상의 노력으로 장애를 이겨낸 이들이야말로 '메이저리그의 진정한 영웅'이 아닐까?

메이저리그 구단 변천사

내셔널리그 National League

서부 West

Arizona Diamondbacks(1998~)

Colorado Rockies(1993~)

Los Angeles Dodgers(1958~)
- Brooklyn Dodgers(1911~1957)
- Brooklyn Robins(1914~1931)
- Brooklyn Superbas(1899~1913)
- Brooklyn Bridegrooms (1888~1898)
- Brooklyn Grooms(1891~1895)
- Brooklyn Grays(1885~1887)
- Brooklyn Atlantics(1884~1884)

San Diego Padres(1969~)

San Francisco Giants(1958~)
- New York Giants(1885~1957)
- New York Gothams(1883~1884)

중부 Central

Chicago Cubs(1903~)
- Chicago Orphans(1898~1902)
- Chicago Colts(1890~1897)
- Chicago White Stockings (1876~1889)

Cincinnati Reds(1890~)
- Cincinnati Redlegs(1954~1958)
- Cincinnati Red Stockings (1882~1889)

Milwaukee Brewers(1970~)
- Seattle Pilots(1969~1969)

Pittsburgh Pirates(1891~)
- Pittsburgh Alleghenys (1882~1890)

St. Louis Cardinals(1900~)
- St. Louis Perfectos(1899~1899)
- St. Louis Browns(1883~1898)
- St. Louis Brown Stockings (1882~1882)

동부 East

Atlanta Braves(1966~)
- Milwaukee Braves(1953~1965)
- Boston Braves(1912~1952)
- Boston Bees(1936~1940)
- Boston Rustlers(1911~1911)
- Boston Doves(1907~1910)
- Boston Beaneaters(1883~1906)
- Boston Red Stockings (1876~1882)

Miami Marlins(2012~)
- Florida Marlins(1993~2011)

New York Mets(1962~)

Philadelphia Phillies(1890~)
- Philadelphia Quakers (1883~1889)

Washington Nationals(2005~)
- Montreal Expos(1969~2004)

아메리칸리그 American League

서부 West

Houston Astros(1965~)
Houston Colt.45s(1962~1964)
Los Angeles Angels(1961~)
Los Angeles Angels of Anaheim (2005~2015)
Anaheim Angels(1997~2004)
California Angels(1965~1996)
Oakland Athletics(1968~)
Kansas City Athletics (1955~1967)
Philadelphia Athletics (1901~1954)
Seattle Mariners(1977~)
Texas Rangers(1972~)
Washington Senators (1961~1971)

중부 Central

Chicago White Sox(1901~)
Cleveland Indians(1915~)
Cleveland Naps(1903~1914)
Cleveland Bronchos(1902~1902)
Cleveland Blues(1901~1901)
Detroit Tigers(1901~)
Kansas City Royals(1969~)
Minnesota Twins(1961~)
Washington Senators (1901~1960)

* Washington Senators
: (1901-1960)과 (1961-1971)은 별개의 팀

동부 East

Baltimore Orioles(1954~)
St. Louis Browns(1902~1953)
Milwaukee Brewers(1901~1901)
Boston Red Sox(1908~)
Boston Americans(1901~1907)
New York Yankees(1913~)
New York Highlanders (1903~1912)
Tampa Bay Rays(2008~)
Tampa Bay Devil Rays (1998~2007)
Toronto Blue Jays(1977~)

사진 출처

14쪽 _ www.flickr.com ©James J. Williams

34쪽 _ en.wikipedia.org ©Bob Sandberg

44, 60쪽 _ www.flickr.com ©Arturo Pardavila III

47쪽 _ www.flickr.com ©Darrin

55쪽 _ www.af.mil ©Master Sgt. Stan Parke

62쪽 _ www.flickr.com ©Josh Hallett

68쪽 _ www.flickr.com ©Ted Straub

83쪽 _ https://oztypewriter.blogspot.com

93쪽 _ www.flickr.com ©MissChatter

100쪽 _ www.flickr.com ©Ben Borkowski

123쪽 _ http://digital.lib.uh.edu ©KUHT

129쪽 _ www.flickr.com ©Torres, Leoraúl

132쪽 _ www.flickr.com ©randomduck

134쪽 _ en.wikipedia.org ©Ranged Ranger

136쪽 _ www.flickr.com ©redlegsfan21

140쪽 _ www.flickr.com/people/misschatter/

164쪽 _ en.wikipedia.org ©Googie man on en.wikipedia

169쪽 _ https://qns.com/story

198쪽 _ en.wikipedia.org ©NewJack984

201쪽 _ www.flickr.com ©Keith Allison

208쪽 _ http://thesportdigest.com

211쪽 _ www.flickr.com ©Gary Soup

220, 246쪽 _ www.flickr.com ©Keith Allison

222쪽 _ en.wikipedia.org ©Onetwo1

242쪽 _ en.wikipedia.org ©Stephen V. Russell

248쪽 _ www.flickr.com ©shgmom56

271쪽 _ 왼쪽 www.flickr.com ©keithallison 오른쪽 en.wikipedia.org ©Brent Nycz

279쪽 _ 오른쪽 en.wikipedia.org ©Googie Man

302쪽 _ www.flickr.com ©shgmom56

326쪽 _ calltothepen.com

346쪽 _ baseballhall.org

407쪽 _ theclassical.org

413쪽 _ www.flickr.com ©jimcchou

422쪽 _ www.baseballhistorycomesalive.com

433쪽 _ en.wikipedia.org, Barry Bonds ©Kevin Rushforth

452쪽 _ www.flickr.com ©State Library and Archives of Florida

454쪽 _ en.wikipedia.org ©National Baseball Hall of Fame Library

462쪽 _ www.sonsofstevegarvey.com

469쪽 _ 아래 www.vintagedetroit.com

475쪽 _ https://baseballhall.org

476쪽 _ www.mlb.com

478쪽 _ www.jimabbott.net ©James Anthony Abbott

480쪽 _ https://petegraysite.wordpress.com

참고 도서

레너드 코페트 지음, 이종남 옮김, 『야구란 무엇인가 1, 2』, 황금가지, 1999

로버트 어데어 지음, 장석봉 옮김, 『야구의 물리학』, 한승, 2006

잭 햄플 지음, 문은실 옮김, 『야구 교과서』, 보누스, 2009

조지 벡시 지음, 노지양 옮김, 『야구의 역사』, 을유문화사, 2007

조혜연 지음, 김박 그림, 『알기쉬운 일러스트 야구규칙』, 지성사, 2007

켄 레비자·톰 핸슨 지음, 정청희·신동성 공역, 『야구경기를 위한 심리기술훈련』, 금광, 2000

Bill James, *The New Bill James Historical Baseball Abstract*, Free Press, 2003

Johnson Lloyd, *Baseball's Book of Firsts Running*, Press Book Publishers, 1999

Lawrence S. Ritter, *The Glory of Their Times: The Story Of The Early Days Of Baseball Told By The Men Who Played It*, Perennial, 1992

Seymour Siwoff, *The Elias Book of Baseball Records 2019*, Elias Sports Bureau, 2019

메이저리그

메이저리그에 관한 거의 모든 것

초판 1쇄 발행일 2019년 10월 10일
초판 2쇄 발행일 2021년 2월 26일

지은이 한상범
펴낸이 이원중

펴낸곳 지성사 출판등록일 1993년 12월 9일 등록번호 제10-916호
주소 (03458) 서울시 은평구 진흥로 68 정안빌딩 2층(북측)
전화 (02) 335-5494 팩스 (02) 335-5496
홈페이지 www.jisungsa.co.kr 이메일 jisungsa@hanmail.net

ISBN 978-89-7889-424-1(03690)

이 도서의 국립중앙도서관 출판예정도서목록(CIP)은 서지정보유통지원시스템 홈페이지(http://seoji.nl.go.kr)와
국가자료종합목록 구축시스템(http://kolis-net.nl.go.kr)에서 이용하실 수 있습니다.(CIP제어번호 : CIP2019037463)